파워 스피치의 이론과 실제

파워 스피치의 이론과 실제

초판 1쇄 발행일_2008년 9월 17일
초판 2쇄 발행일_2010년 8월 10일

지은이_이한분
펴낸이_최길주

펴낸곳_도서출판 BG북갤러리
등록일자_2003년 11월 5일(제318-2003-00130호)
주소_서울시 영등포구 여의도동 14-5 아크로폴리스 406호
전화_02)761-7005(代) | 팩스_02)761-7995
홈페이지_http://www.bookgallery.co.kr
E-mail_cgjpower@yahoo.co.kr

값 15,000원

ISBN 978-89-91177-62-8 03320

파워 스피치의 이론과 실제

| 이한분 지음 |

BG 북갤러리

| 책을 펴내며 |

산업평론가 피터 드러커 박사는 "인간에게 있어서 가장 중요한 능력은 자기표현이며 경영이나 관리는 커뮤니케이션에 의해서 좌우 된다"고 했고, 인간관계 전문가 제임스 F. 벤더 박사가 미국의 컵 리더들을 대상으로 조사한 결과 "리더가 갖추어야 할 제1 조건은 스피치"라고 말했습니다.

어떤 상황이든 영향력을 미치는 최종 요소는 '스피치' 라는 것을 잊어서는 안 됩니다. 우리는 변화의 시대에 살고 있습니다. 자신이 말을 바꿈으로써 다른 사람도 변화시킬 수 있다는 것은 '스피치' 로 변화를 줄 수 있기 때문에 매우 중요합니다. 성공한 사람들을 잘 관찰해 보면 지도자로서 '스피치' 를 계속 향상시켜 왔다는 사실을 알 수 있습니다.

스피치는 현실의 극복뿐만 아니라 미래의 새로운 창조를 위해서 필수적입니다. 외부의 환경이 어떠하든지 간에 스스로 자신의 운명을 지배하는 스피치를 발휘한다면 누구나 인생에 있어서의 성공을 할 수 있습니다. 그래서 말을 잘하면 생각이 바뀌고, 행동이 바뀌고, 운명이 바뀐다고 말할 수 있습니다.

21세기의 화법은 경쟁력이며, 준비된 말이 성공을 부릅니다. 남녀노소를 막론하고 우리는 '잘 말하기' 를 원합니다. 그래서 몇 년 전부터 웅변학원은 발자취를 감추고 '스피치 & 리더십' 학원이 우후죽순으로 생겨났습니다. 그래서 좀 더 잘 말하기를 원하는 사람은 전문 학원을 방문해서 훈련을 받습니다.

우리는 살아가면서 누구나 말 때문에 어려움을 겪는 경우를 한번쯤은 경험했으리라 생각합니다. 필자 역시 마찬가지입니다. 독자 여러분들도 말 때문에 겪은 이야기, 공포증, 에피소드를 털어놓으라고 하면 누구나 신바람나게 이야기를 할 것입니다.

필자는 어느 날부터 말에 대해 관심을 갖기 시작했습니다. '어떻게 하면 좀 더 자신감을 가지고 남 앞에서 말을 조리 있게 잘할 수 있을까?' 하는 생각에 많은 연구도 해보았습니다. 즉, 화술에 대한 전문적인 책을 읽고, 그 다음날엔 뒷산에 올라가서 연습을 하다보면 시간가는 줄도 모르게 발성과 원고 연습을 하곤 했습니다. 그렇습니다. 누구나 내가 좋아하는 일을 하면 시간 가는 줄도 모르고 돈벌이가 안 되어도 그냥 행복합니다. 그리고 이 직업을 필자는 천직으로 생각합니다. 신이 나에게 아름다운 음성을 주시고, 그래서 더욱 살맛이 납니다.

노력한 끝에 기회가 오는 것일까? 어느 날부터 '나' 라는 존재를 확인함으로써 긍정의 힘과 말에 대해서 자신감과 스피치에 대한 욕심이 생겼습니다. 스피치를 좀 더 체계적으로 공부를 해서 전문 스피커가 되어 보겠다는 꿈을 가지게 되었습니다.

사람은 누구나 꿈을 가지고 목표를 향해 꾸준히 노력하면 그 꿈은 반드시 이루어집니다. 필자도 그 꿈을 이루어냈습니다. 지금은 꿈이 현실적으로 이루어져서 오래 전부터 스피치 강사로 활동을 하며, 더 나아가 지금은 펀스피치 컨설팅, 이한분펀스피치연구소 대표로 전국을 순회하며 웃음과 행복을 전파하는 강사로 활동을 하고 있습니다.

지금도 많은 사람들이 "내가 지금은 자신이 없어서, 소심해서, '말주변머리' 가 없어서 말을 못한다"고 생각을 합니다. 그래서 말 때문에 자신감을 상실한 사람들이 주변에 너무나 많은 것을 보았습니다. 이 책은 스피치 강사로 활동하시는 분, 스피치에 입문하시는 분, 발표 때문에 고민을 하는 분들께 좀 더 체계적으로 지식을 공유하고자, 독자 여러분을 위해서 '파워 스피치 이론과 실제' 를 만들게 되었습니다.

이 책은 실제로 현장에서 적용할 수 있는 '가장 기본적인 스피치 실전 기본서' 라고 말할 수 있습니다. 필자가 현장에서 수년간 활동을 하면서 얻은 현장에서의 강의 노하우, 각 교육기관에서 들은 강의 내용, 스피치에 관한 전문서적, 인터넷 그리고 그동안의 스피치 강의 자료를 총정리, 한 권의 교재를 출간하게 되었습니다.

늘 물신양면으로 도움을 주는 사랑하는 가족 최두현, 자영, 근영 그리고 이 책이 나올 수 있도록 조언을 해주신 모든 분들께 감사합니다. 아울러 현장에서 맹활약중인 이한분펀스피치연구소 연구생들과 스피치의 동반자인 독자 여러분에게 진심으로 감사드립니다.

21세기에는 누구나 할 것 없이 스피치가 필요한 시대입니다. 정치인들만 필요한 것이 아니라, 요람에서 무덤에 가기까지 남녀노소를 막론하고 기본 무기가 된 것이 바로 스피치입니다. 기본 무기인 '파워 스피치' 를 잘 사용해서 보람찬 인생의 삶의 활력소가 되며 '죽고 싶을 정도로 말 잘하기를 원한다' 면 이 책을 통해 자신감 있는 인생을 살아가시기를 기원합니다.

2008년 8월
이한분

Contents
차 례

Part II 파워 스피치 스킬(skill)

부록

Part I

파워 스피치의 이론

말 한마디!!!

부주의한 말 한마디가 싸움의 불씨가 되고 잔인한 말 한마디가 삶을 파괴합니다.
쓰디쓴 말 한마디가 증오의 씨를 뿌리고 무례한 말 한마디가 사랑의 불을 끕니다.
은혜스러운 말 한마디가 길을 평탄케 하고 즐거운 말 한마디가 하루를 빛나게 합니다.
때에 맞는 말 한마디가 긴장을 풀어주고 사랑의 말 한마디가 축복을 줍니다.

제1장 스피치(Speech)란 무엇인가?

영어사전에 의하면 스피치는 '말, 언어' 라는 뜻과 '청중을 상대로 하는 이야기. 연설' 내지 '말하는 능력' 이라고 풀이하고 있다. 즉, 스피치는 일방적인 의사표시가 아닌 상대를 설득하는 의사소통으로서 기분을 살리고 기운을 북돋우는 에너지다.

말을 잘하기보다는 스피치가 좋아야 하고, 스피치가 좋은 사람이 행복하고 성공할 수 있다. 말 한마디로 천냥 빚을 갚는 시대에서는 잘 다듬어진 스피치를 통해서 많은 인간관계에서 '말' 로 성공을 해야 한다. **21세기 속담은 "웅변은 은이고, 침묵은 금이고, 스피치는 다이아몬드이다"**라고 말을 한다.

한마디로 인생살이는 말의 연속이며, 민주사회는 말로 시작해서 말로 끝난다. 그래서 산업평론가 피터 드러커 박사는 "인간에게 있어서 가장 중요한 능력은 자기표현이며, 경영이나 관리는 커뮤니케이션에 의해서 좌우 된다"고 했고, 인간관계 전문가 제임스 F. 벤더 박사가 미국의 컵 리더들을 대상으로 조사한 결과 "리더가 갖추어야 할 제1 조건은 스피치"라고 말했다.

그렇다면 설득력 있는 스피치는 어떻게 이루어지는 것일까? 화법(話法) + 화술(話術) = 화력(話力)이다. 화법이란 말을 잘하는 이론이고, 화술은 말을 잘하는 기술이며, 화력은 말을 잘하는 실력이다. 어떤 분야이든 이론과 기술을 겸비했을 때 비로소 실력이 나온다. 스피치도 역시 마찬가지이다. 특히 연설은 많은 청중을 대상으로 말하는 것이기 때문에 일대 일 대화와는 달리 특별한 법칙과 기술을 요구한다.

1. 말의 목적

말은 그 사회의 약속이다. 사람의 의사소통에는 말과 글이 있지만 보다 직접적이고, 일반적인 방법은 말이다. 자기의 사상과 생각, 느낌이나 감정을 전달하기 위해서이다. 그것은 상대방을 알고 이해하며, 문제를 해결하고 정보를 주고받으며, 협력해야 원만한 인간관계를 맺기 때문이다.

(1) 화술의 5대 측면

① 내용적 측면 : IQ, 독서, 정보, 체험, 관심, 상상력, 사고력, 기억력, 논리력

② 심리적 측면 : 불안, 두려움, 회피, 갈등, 망설임, 타인의식, 소극적 등

③ 기술적 측면 : 표현력, 유창성, 묘사력, 설득력, 호소력, 음성조절, 감정이입, 제스처

④ 기능적 측면 : 건강, 음성, 호흡, 발성기관

⑤ 상대적 측면 : 청자, 장소, 분위기, 상황, 시간 등이 있다.

(2) 말하는 상황(장면) 5갈래

① 일상의 대화, 면접, 면담

② 의논, 토론, 논쟁, 토의

③ 연설, 강연, 강의, 보고(브리핑), 발표

④ 회의

⑤ 코미디(연극, 방송, 개그 등)

(3) 말하는 회로 3갈래

① 쌍방적인 경우

② 일방적인 경우

③ 집단적인 경우

(4) 말하는 것의 기능적 분류

① 이야기하는 것 : 가족, 친구, 동료, 농담, 잡담, 인사, 여흥 등

② 설명하는 것 : 학문, 이론, 정보, 뉴스, 상품, 소개, 강의 등

③ 설득하는 것 : 유세, 설교, 구애, 세일, 호소, 비판, 논쟁 등

(5) 말하고자 하는 동기적 분류

① 생활상의 용건을 부탁할 때

② 어떤 사실에 강한 감정과 확신을 가질 때

③ 직접적인 화제를 가지고 있을 때

④ 견해 차이, 이해, 납득시킬 때

⑤ 새로운 사실과 비밀을 알고 있을 때

(6) 말하는 것의 시간적 분류

① 사전적 : 준비, 수집, 구상, 작성, 연습, 개인지도

② 즉흥적 : 반사적, 순발력, 임기응변, 경험, 노련, 배짱

2. 스피치의 기본원칙

스피치의 기본원칙은 천천히, 크게, 또박또박, 자연스럽게 말하는 것이다. 이것은 연설, 강연, 웅변, 대화, 좌담, 기념사, 축사, 모든 말하기의 기본원칙임을 꼭 알아두어야 한다.

(1) 천천히 말하자

연설자가 말이 너무 빠르면 아무리 좋은 내용이라도 청중은 무슨 말인지 알아들을 수 없다. 특히 대중연설의 경험이 많지 않다든지, 처음으로 정치연설을 하는 후보자의 경우 흥분과 초조, 불안과 기대가 뒤섞여 자신도 모르는 사이에 연설의 속도가 빨라지는데 많은 청중 앞에서도 천천히 말할 수 있다는 것은 그만큼 여유가 있고 침착하다는 증거로서, 내용의 정확한 전달은 말할 것도 없고 청중에게 좋은 인상을 주는 것이다.

그러나 이러한 침착과 여유는 단기간에 되는 것이 아니고 오랜 기간의 꾸준한 연습과 수많은 경험을 통해서 생겨난 자신감 속에서 길러진다. 보통 청중이 듣기 알맞은 연설의 속도는 1분간에 200자 원고지 1.3장~1.5장 정도가 좋다(띄어쓰기와 줄바꾸기를 제대로 한 상태).

(2) 크게 말하자

듣는 사람이 신경을 집중해서 들어야 할 정도의 작은 음성은 말하는 내용이 제대로 전달될 수 없으며, 처음에는 들으려 하다가도 조금만 시간이 지나면 주의가 산만해져 소란스러워지기 쉽다. 그러므로 연설의 경험이 많지 않은 연설자는 연단에 서면 평소 자기 음성보다도 작아지는 경우가 대부분이라는 사실을 명심하고 큰소리로 연습하지 않으면 안 된다.

또한 큰소리 연습만이 감정표현을 잘할 수 있고, 나아가 작은 소리도 똑똑하게 표현하는 지름길이기 때문이다. 청중들이 편안한 자세로 들을 수 있는 음성의 크기를 말하는 것이다.

(3) 또박또박 말하자

연설하는 내용을 분명하면서도 효과적으로 강하게 전달하기 위해서이다.

단어나 문장은 물론이고 정확하고 분명하게 발음해야 한다. 그렇다고 낱말 한 문장과 단어, 조사

나 내용 등을 잘 살펴, 연결해서 말해야 할 곳과 떼어서 말해야 할 곳을 구분하는 것이 좋다.

(4) 자연스럽게(부드럽게) 말하자

자연스러운 태도와 음성표현은 청중에게 친근감을 주어 일체감을 조성하며, 말하는 사람의 진실성을 엿보게 할 수 있다. 그러므로 자연스럽게는 모든 말하기에서 큰 효과를 거둘 수 있다. 그리고 스피치는 간결하게 정곡만을 찌르는 핵심만을 전달해야 한다.

자연스럽게 말하는 법을 터득하는 것은 참으로 어려운 일로서 오직 꾸준한 연습만이 해결할 수 있다. 많은 사람이 있다는 생각을 버리고 단 둘이 이야기한다는 기분으로 말하면 자연스러워질 것이다.

3. 스피치의 형식

연단에 서기 전에 어떤 형식으로 연설을 할 것인가를 정한 다음, 그 요령과 장단점을 파악하여 준비하면 커다란 효과를 볼 수 있다. 준비하는 방법에 따라 다음의 네 가지로 나눈다.

(1) 즉흥 스피치

어떤 모임에 참석했다가 뜻밖의 요청을 받았거나 또는 청중의 한 사람으로서 전혀 준비 없이 즉석에서 연설하는 경우이다. 준비 없이 즉흥적으로 말해야 하니 곤경에 빠진 상태에서 어쩔 수 없이 해야만 하는 임기응변이라고도 할 수 있다.

즉석 스피치를 할 경우에는 긴 스피치를 할 필요가 없다. 2～3분간의 짧은 시간에 중요한 핵심을 말하는 스피치를 하는 것이 가장 효과적이다. 평소에 생각하고 느꼈던 것을 그대로 말한다. 될 수 있으면 자신이 많이 알고 있는 자신있는 소재를 선택한다.

즉흥 스피치는 능숙한 연설자가 아니고는 성공하기 어렵다. 많은 사람들이 연설을 두려워하고 공포증에 시달리는 이유 중의 하나가 즉흥 스피치에서 실패를 경험했기 때문이다. 즉흥 스피치는 연설을 준비할 틈이 없이 하게 되는 것이니 평소부터 스피치의 기초능력을 향상시키고 자기 의견을 명백하게 종합하는 실력을 길러두는 것이 필요하다

(2) 낭독 스피치

미리 원고를 작성해 가지고 나와서 원고를 보면서 읽는 것을 말한다. 기념사, 식사, 학술연구의 발표, 담화 등 요점을 빠뜨리거나 잘못 말할 위험성을 피하기 위한 경우에 사용하며, 바쁜 일정에

쫓기는 연설자들이 많이 사용한다. 청중이 잘 알아듣도록 읽어야 하며, 연설의 기본원칙에 충실하여 연습해야 하며, 음성표현 역시 높고 낮음, 강하고 약함, 길고 짧음, 내용에 따라 감정표현 등 변화를 주어 자연스럽고 실감이 나도록 낭독한다. 연설자 자신이 낭독할 내용을 확실히 파악하고 청중에게 충분히 전달하기 위해서 묵독 – 음독 – 낭독의 삼단계 연습과정을 거치도록 한다.

낭독 스피치는 가장 적은 노력으로 가장 정확하게 뜻을 전달할 수 있다. 되풀이되는 말이 적고 내용을 알차게 구성할 수 있다. 자칫 잘못하면 녹음기를 듣는 인상을 주게 되고, 음성의 변화가 없을 경우에는 지루한 느낌을 주기 쉽다. 그리고 원고에만 시선을 주게 되어 청중의 주위가 산만해지기 쉽다. 그래서 각별히 신경을 쓰고 주의를 기울여야 한다.

(3) 암송 스피치

연설문을 미리 외워서 암송하는 법으로 웅변, 동화, 시, 발표대회가 있다. 암송 스피치는 내용 전부를 외워야 하므로 시간과 정력의 소모가 크다. 낱말 하나하나를 암송한다는 것은 사상의 줄거리를 외우는 것보다 더 힘이 든다. 그러므로 도중에 잊어버릴 염려가 많다. 능숙한 연설자가 아니면 말의 속도가 점차 빠르고 암송법이 서투르면 녹음기를 듣는 것같이 진실성이 없어 보인다. 무조건 줄줄 외울 것이 아니라 연설자 자신이 말의 뜻을 생각하면서 연설하는 것이 좋은 방법이다. 즉흥 스피치보다는 내용이 풍부하고 정확한 의사를 일정한 시간에 전할 수 있다.

(4) 메모 스피치

내용의 요점만 간추려 메모하여 앞뒤에 말을 더하여 연설하는 방법이다. 내용의 전체 줄거리를 메모하는 것과 중요한 문구나 어구, 숫자, 통계, 결론 등만 메모를 해서 발표하는 경우도 있다.

즉석 스피치보다는 내용이 충실하며 논리가 비교적 정연하여 청중에게 진실성을 보여줄 수 있고, 암송 스피치와 같이 원고를 잊을 염려가 없기 때문에 메모 스피치의 훈련을 많이 권장하고 있다. 또한 즉석에서 연설을 하게 될 경우라 할지라도 메모할 시간이 조금이라도 있다면 중요한 줄거리라도 몇 자 적어서 횡설수설이 되지 않도록 하는 것이 좋다.

4. 스피치 형태의 분류

미국의 스피치 학자 앨런 몬로는 《스피치의 원리와 형태》라는 저서에서 연설을 표현하는 방법에 따라 여러 가지로 분류하였다.

(1) 웅변형 스피치

말의 리듬이나 억양, 음성의 변화를 중요시하며, 풍부한 성량이 중요시 된다. 그러므로 내용보다는 어조에 치중하다보니 청중 역시 선거 연설 본래의 목적인 '내용의 이해' 보다 연설의 기술에만 치중하게 되어 있다. 선도연설의 효과에만 그치게 되므로 설득되어 행동으로 이끄는 단계까지 연결되기에는 좀 부족한 감이 든다. 오늘날 대부분의 웅변, 궐기, 데모나 스트라이크에서의 연설 등이 이에 속한다.

(2) 횡설수설형 스피치

내용도 없고 논리도 없으며, 줄거리도 일관되지 않으면서 이것도 조금, 저것도 조금씩 언급하면서 앞뒤 없이 왔다갔다 되풀이 되고, 자꾸 시간만 잡아먹는다. 청중 역시 다 듣고 난 다음 도대체 무슨 말을 들었는지 전혀 생각이 안 되는 경우로, 이는 연설자가 말하고자 하는 바를 정확하게 전달하려는 목적의식이 서있지 않았기 때문이다.

(3) 미사여구형 스피치

언어의 표현에 미사여구와 관용어구를 많이 사용하고 관념적이며, 추상적인 문장이다. 누구나 알기 쉬운 단어보다는 깊고도 복잡한 말로 표현하며, 살아있는 자연스러운 표현보다는 멋진 문자로 수식한 표현을 좋아한다. 이는 연설의 목적보다는 학식을 자랑하겠다는 의도가 강하며, 형식주의적인 보수 성향을 띤 사람들이 많이 사용한다. 이제는 구식 정치인, 시대적 감각이 뒤떨어진 사람들의 연설로 인식되는 실정이나 이런 형태의 연설에서 벗어나려는 노력이 필요하다.

(4) 독선형 스피치

대개 딱딱한 학문을 강의하는 학자나 권위를 앞세우는 연설에서 볼 수 있다. 처음부터 청중의 반응이야 어떻든 말의 높낮이도 없고, 그저 무조건 자기 말만 하면서 청중을 감동시키는 노력조차 전혀 보이지 않는다. 이런 연설은 연설자가 아무리 뛰어난 경륜과 지식을 가지고 있다 해도 어떤 효과도 기대하기 힘들다.

(5) 설교형 스피치

연설자가 청중을 얕보고 자기의 의견만을 고집하려는 데서 오는 것이다. 이 역시 독선형과 비슷하나 독선형은 청중이 듣든 말든 내 알바 아니라는 것에 비해, 설교형은 자기의 가르침을 청중에게 주입시키려고 노력한다. 표현도 일방적이고 독선적인데, 대개 교사나 경찰관 목사 출신들에게 이런 경향이 많다. 음성표현을 최고 음성으로 높이며 고급스런 형용사를 많이 사용하고, 속사포를 쏘

아대듯이 쉴 새 없이 떠드는 것이다. 그래서 청중의 감정을 뒤흔들고 군중심리 속에 몰아넣으며, 행동을 촉구하는 목적으로 달성하는 데는 효과적이다.

(6) 구걸형 스피치

1980년대 중반까지도 우리 국회의원 선거 연설에서 흔히 볼 수 있었으며, 실제 당선한 예도 있었다. 아무리 당선이 목적이라 해도 정치인이라면 이제는 이러한 연설형은 그만 두어야 할 것이다. 유권자의 감정에만 호소하여 이성적인 판단을 단절시키고 오직 애걸복걸 동정심으로 연설자의 요구에 응하게 하려는 것이다. 내용보다도 청중의 마음을 흔드는 과장된 표현과 애원하는 어조이다. 옛날 기차나 버스 속의 고학생의 하소연 조를 지금도 선거 유세장에서 볼 수 있다.

(7) 대화형 스피치

몇몇 사람과의 대화는 물론 선거 유세장의 많은 청중 앞에서 하는 일방적인 연설이라도 보통 일상의 대화체로 자연스럽게 말하는 것이다. 누구나 알아듣기 쉬운 말, 구체적인 사실을 들어 위트나 유머를 섞어가며 자신의 뜻을 바르게 전달하려고 애쓰면서, 음성표현이나 제스처도 자연스러우며 허세를 부리지 않는다. 이 연설의 목적은 상대를 이해시키는 것인데, 세계적인 현상이자 최근 우리나라에서도 차츰 이 연설을 향해 앞으로 나아가는 경향이다.

(8) 브리핑형 스피치

브리핑은 계획 또는 운영에 대한 상세 정보를 짧고 정확하게 요약 정리하여 말하는 것으로 청중에게 정보를 전달하거나 설득을 목적으로 한다.

생활 속의 스피치 기법

- 인사말을 분명히 하라.
- 불평, 불만, 비난의 말을 삼가라.
- 예, 아니오를 분명히 하여 주체성을 확립한다.
- 상대가 말할 때는 눈과 귀와 가슴을 열고 경청한다.
- 윗사람에게 보고할 때는 겸손과 당당함을 갖추어야 한다.
- 칭찬과 격려를 많이 하라.
- 미소 띤 얼굴로 대하라.
- 광고의 효과를 활용하라.
- 쉽게 말하라.

제2장 스피치 커뮤니케이션

1. 스피치 커뮤니케이션의 개념

오늘날은 스피치 커뮤니케이션의 시대이다. 스피치를 못하면 자신의 능력을 충분히 표출시키기가 어렵다. 반면에 스피치를 잘하면 인생의 목적을 쉽게 달성할 수 있다. 스피치는 '인생의 목적지로 이끌어주는 배' 이다.

촌철살인(寸鐵殺人)이라는 말처럼 한마디 말로 설복시킬 수도 있고 행복하게 할 수도 있으며, 반대로 말로 타인을 죽음에 이르게 하거나 평생토록 한 맺히게 할 수도 있다. 그러므로 우리는 이 사회를 아름답게 가꾸고 풍요롭게 하기 위해서도 스피치를 갈고 닦을 필요가 있다. 태어나면서부터 말을 잘하는 사람은 없다. 실제로 스피치는 학습과 반복적인 훈련을 통해서 점점 나아진다는 것을 명심하자.

스피치 커뮤니케이션의 기본이 되는 개념은 과정, 상징, 이해, 나눔, 의미 등이다. 커뮤니케이션에 대한 정의는 어느 측면을 강조하는가에 따라 여러 가지로 할 수 있겠지만, 대체로 다음과 같이 간단히 규정해 볼 수 있다. 즉, 스피치 커뮤니케이션이란 사람들 간에 상징을 통해 주고받는 정보의 의미를 이해하고, 그 의미를 서로 나누는 과정이다.

스피치 커뮤니케이션의 중요성과 스피치 커뮤니케이션에 대한 체계적인 학습이 왜 필요한가에 대한 답을 다음과 같이 정리해 볼 수 있다.

첫째, 커뮤니케이션의 본질과 현상을 이론적으로 이해함으로써 실제 어떤 사람은 남들과 커뮤니케이션을 원활하게 해서 여러 가지 이득을 보는 반면, 어떤 사람은 왜 그렇지 못한가에 대한 이유를 분명히 알 수 있을 것이다.

둘째, 여러 가지 상황에 따라 커뮤니케이션의 형태가 어떻게 달라지는가 알게 되면 좀 더 나은 커뮤니케이터가 될 수 있을 것이다.

셋째, 스피치 커뮤니케이션에 대한 보다 긍정적인 태도를 가짐으로써 자신감을 가질 수 있고, 실제 능력을 향상시킬 수 있을 것이다.

넷째, 스피치 커뮤니케이션의 기초가 되는 듣기와 말하기의 기본 원리를 이해하면 좀 더 나은 커뮤니케이터, 좀 더 원활한 대인관계를 유지할 수 있을 것이다.

다섯째, 언어 커뮤니케이션, 비언어 커뮤니케이션을 함께 배움으로써 메시지를 전달하고 수용하는 데 이 두 가지가 어떻게 연결되는가에 대한 이해를 할 수 있을 것이다.

여섯째, 스피치 커뮤니케이션 상황별로 '대인커뮤니케이션 상황, 공중커뮤니케이션 상황, 매스커뮤니케이션 상황', 즉 커뮤니케이션 기법을 배움으로써 각 상황에서 적용되는 구체적 기법을 이해하고 연습하여 자기능력을 개선하고 계발할 수 있을 것이다.

2. 스피치 커뮤니케이션 이론

스피치 커뮤니케이션의 이론적 배경은 서구의 고대 수사학이론으로 거슬러 올라간다. 수사학(수사법 혹은 화법)은 스피치 커뮤니케이션의 기법을 연구하는 분야이다. 간단히 말하자면 말 잘하는 방법에 관한 것이다.

인류 역사를 보면 말하는 법, 즉 '화법'은 항상 문명을 이루고 발전시키는 데 기본이 되는 중요한 위치를 차지하였다. 그것은 인류 문명의 발전이 말과 글과 매스미디어의 출현과 밀접한 관계에 있었다는 점에서 쉽게 이해될 수 있다. 화법은 서구의 고등교육기관에서 맨 처음 가르친 7개 교양과정 화법인 '논리, 문법, 음악, 수학, 계산, 기하학, 천문학'의 하나였다.

이 장에서는 고대에서 현대에 이르기까지 시대별로 구분하여 각 시대의 대표적인 학자를 중심으로 스피치 커뮤니케이션학의 이론적 배경을 참고(강대건 역, 《수사법》, 서울대학교 출판부, 1987 ; 김현 편, 《수사학》, 문학과지성사, 1990 ; 박우수, 《수사학과 말의 힘 : 크리스토퍼 말로우 연구》, 대흥, 1992 등), 정리하여 살펴보고자 한다.

1) 고대 스피치 커뮤니케이션

서구 문명의 발상지인 지중해 연안의 고대 그리스에서는 대중 설득을 다루는 수사학 연구가 상당히 중시되었다. 당시 아테네 사회에서 성공하기 위해서는 법정에서 혹은 정치적인 문제가 벌어졌을 때나 사회적 문제가 발생했을 때 다른 사람에게 자신의 입장을 설명하여 확신을 줄 수 있는 능력이 절대적으로 필요했다.

법적 소송이나 분쟁 상태에 있는 사람은 스스로 자신을 변론해야 했기 때문에 남을 설득하는 기술인 수사법을 효과적으로 활용할 줄 알아야 했다. 당시의 수사법은 타인의 설득에 초점이 맞추어졌다. 이와 같이 수사학은 당시 많은 사람이 실생활에서 필요로 했던 실용성 때문에 크게 발전할 수 있었다.

일찍이 서양에서는 보다 말을 잘하고, 말하는 것을 꾸미는 것에 대하여 보다 합리적인 연구를 하였다. 그 결과 고대 그리스에서 수사학이라는 학문이 만들어지게 되었는데, 수사학은 그리스어 '레토리케(rhetorike)' 와 '테크네(techne)' 가 결합된 것으로 '잘 말하는 기술' 이라고 볼 수 있다. 로마시대에 로마인들이 수사의 이론보다는 실제적인 것을 더 중시하였으므로 웅변술이 더 강조되기도 하였다.

수사학이 학문적으로 이론적 체계를 가지고 과학적으로 다루어진 것은 특히 아리스토텔레스에 의해서였다. 그는 수사학이 논리학 못지않은 그 자체의 독자적인 지적 엄밀성을 지니고 있음을 증명하려고 함으로써 조직적이고 과학적인 학문으로서 수사학의 체계를 확립하였다.

아리스토텔레스로부터 시작하여 고대 수사학의 발전 과정을 다음과 같이 몇 단계로 살펴보기로 하겠다.

(1) 소크라테스 이전 기

고대 아테네에서 소크라테스의 영향은 상당히 컸다. 소크라테스의 사상과 기법은 그의 제자인 플라톤에 큰 영향을 미쳤고, 그 영향은 다시 플라톤의 제자인 아리스토텔레스로, 아리스토텔레스에서 다시 후학으로 연결되었기 대문이다. 소크라테스는 수사학 연구의 기초를 제공하였는데, 그리스의 초기 작품을 보면 소크라테스 이전에도 이 분야에 대한 관심이 높았음을 알 수 있다.

● **호머**

기원전 약 800년경의 작품인 호머의 '일리아드와 오디세이' 를 보면 효과적인 수사법에 관한 여러 가지 사례를 발견할 수 있다. 여기에 나오는 연설문은 청중에게 비단 설득의 사례로써 뿐만 아니라 후대에 전승될 문화적 자산으로서 중요한 자료적 가치가 있다는 평가를 받고 있다. 여기서 수사법은 싸움터에서 필요한 용병술만큼이나 그 중요성이 강조되어 있다. 영웅은 물리적 힘뿐만 아니라 유창한 화술도 갖추어야 하는 것으로 되어 있다.

● **코렉스와 티시아스**

고대 그리스에서는 설득 과목이 기본 교과과정으로 개설될 만큼 중요했지만, 회의론자들도 있었다. 코렉스와 그의 제자였던 티시아스의 일화를 보자. 기원전 470년경 코렉스는 "수사학은 문제가 아닌 확률의 문제를 다룬다"고 주장했다.

예컨대 얼음은 0℃ 이하에서 생긴다는 과학적 사실을 놓고 말로 논쟁하지는 않을 것이다. 왜냐하면 이것은 증명의 문제이기 때문이다. 하지만 누가 누구를 정말 살해했는가와 같은 문제는 확률의 문제이므로 논쟁의 여지가 있다. 얼음의 형성 여부를 수사학으로 증명할 수는 없지만 어떤 사람이 유죄냐, 아니면 무죄냐에 대해서는 계속적인 논쟁으로 사람들을 설득시킬 수 있다.

따라서 설득의 주제에는 확률의 문제, 우연의 문제, 논쟁거리 등이 해당된다는 것이다. 이러한 발견이 코렉스의 커다란 공헌이다. 그는 설득의 회의적 측면에 대해서도 다음과 같은 예를 통해 설명했다. 티시아스는 코렉스에게 설득의 기술을 배우겠다고 계약을 맺었지만, 배우고 난 후에도 돈을 지불하지 않아 둘은 법정에 서게 되었다.

티시아스는 다음과 같이 따졌다. "만약 코렉스가 약속에 따라 나를 설득 전문가로 만들었다면 나는 당신에게 내가 그 돈을 지불하지 않아도 된다는 것을 설득시킬 수가 있어야 할 것이고, 반면에 내가 그럴 능력이 못된다면 그는 약속을 지키지 않은 것이므로 그에게 돈을 지불하지 않아도 된다." 배심원들은 두 수사학자들의 어불성설에 화가 나서 그 사건을 취하해 버렸다. 이처럼 설득의 기술은 명료한 측면도 있지만, 혼란스럽거나 거짓일 수도 있다는 측면 때문에 회의적인 평가를 받기도 했다.

- **프로타고라스**

수사학 기술은 기원전 4세기에 가장 번성하였다. '수사학의 아버지'라고 불릴 만큼 수사학을 크게 발전시킨 프로타고라스(B. C. 481-411)는 수사학에 큰 기여를 했다. 즉, 가치판단의 중심에 인간을 위치시킨 유명한 구절인 '인간은 만물의 척도'라는 개념을 발견한 것이다. 법정 소송에서 유죄냐, 무죄냐를 결정하는 것도 배심원이란 사람이고, 어떤 법을 만들 것인가를 결정하는 것도 입법부 의원들의 몫이고, 시장에서 상품이나 서비스의 성공 여부를 결정짓는 것도 다름 아닌 고객들이다. 즉, 수사학의 관심은 인간이 어떻게 결정을 내리고 무엇이 그런 결정을 하게 만드는가에 있다고 본 것이다.

- **고르기아스**

고대 그리스의 뛰어난 수사학자인 고르기아스(B. C. 438-375)는 수사학 기술에서 표현과 언어의 선택을 강조했다. 그는 언어가 중요한 결과를 만들어낼 수 있는 반면에 속임수일 수도 있다고 경고했다. 고르기아스가 강조한 요지는 다음과 같다.

사람들은 로고스(단어, the word)를 말하지만, 로고스는 물질도 아니고 실재하는 것도 아니다. 그러므로 실체와는 다른 무엇인 로고스 없이는 실재하는 것들을 말할 수도 없다. 따라서 고르기아스는 무엇인가를 알 수 있다고 해서 서로가 대화를 나눌 수 있는 것은 아니라고 생각했다. 즉, 외적 실재 자체는 로고스가 되지 않으며, 로고스가 되지 않는다면 자신을 타자에게 드러낼 수 없게 된다는 점에서 언어 선택, 표현의 중요성을 강조하였다.

● **소크라테스와 플라톤**

소크라테스는 플라톤의 스승으로, 플라톤(B. C. 428-348)의 저작인 '대화편' 에서 소크라테스 이전 학자들은 진리를 가르친 것이 아니라 진리의 외형만을 가르쳤다고 비판했다. 즉, 플라톤은, 수사학의 기술은 선을 악으로, 중요한 것을 그렇지 않은 것으로, 유죄를 무죄로 만들 수 있는 하나의 속임수라고 간주하여 소크라테스 이전의 수사학자들은 기술이 아닌 허풍쟁이 기교만을 가르친 사람들이라고 비판한 것이다.

후기(대화편)에서 플라톤은 어떤 주장의 진위에 대해 주의 깊은 조사가 선행된다면 수사학도 어느 정도 유용성이 있다고 인정하면서 다소 완화된 입장을 보였다. 그는 또 청중의 심리 상태를 알고, 청중을 만족시킬 수 있는 방법을 생각하는 것이 중요하다고 여기고, 진리에 기초를 둔 수사학은 이를 청중의 특성에 맞게 적용할 수 있을 때 수용할 수 있다고 인정하였다.

● **아리스토텔레스**

플라톤의 제자인 아리스토텔레스(B. C. 384-322)는 수사학 기술에 대해 훨씬 긍정적인 입장을 보였다. 수사학은 '속이는 기술' 이 아니라 다음과 같은 네 가지의 중요한 가치를 가지고 있기 때문에 유용하다고 보았다.

첫째, 수사학은 각 주장에 동등한 기회를 제공한다. 둘째, 수사학은 삼단논법이나 플라톤의 변증법적 토론술을 배우지 않은 사람도 가르칠 수 있다. 셋째, 수사학은 서로 다른 입장을 주장하는데 사용될 수 있는 기술이다. 넷째, 수사학은 언어를 통해 자신을 방어하는데 유용하다. 언어를 통한 자기방어 기술은 오늘날은 물론 고대 아테네에서도 필수적이었다.

아리스토텔레스는 말에 의한 설득방법으로 세 가지를 지적하였다.

첫째는 화자의 개인적 특성에 의한 설득, 둘째는 청중에게 특정한 인식의 틀을 심어주는 방법, 셋째는 명백한 증명을 통한 방법이다. 구체적으로 보면 우선 설득에서는 화자의 개인적인 특성이 중요하다. 설득이란 화자가 신뢰할만한 사람이라고 여겨질 때 이루어질 수 있기 때문이다.

예를 들어 착한 사람이라는 평이 이루어지면 사람들이 그의 말을 더 신뢰할 수 있을 것이다. 아리스토텔레스는 "어떤 수사학자는, 화자의 개인적인 선행은 설득에 아무런 영향을 미치지 않는다고 하지만, 이것은 맞지 않는다"고 생각했다. 오히려 개인적 특성은 그가 가진 가장 효과적인 설득의 수단이 될 수도 있다고 말했다. 화자가 말을 어떻게 하는가를 통해서 청중에게 깊은 인상을 심어줄 수도 있다. 그런 의미에서 화자는 수용자에게 지식이 많고, 신뢰가 가고, 다정한 사람으로 다가가야 한다.

아리스토텔레스는 또한 '파토스', 즉 감정을 통한 증명에 많은 시간을 보냈다. 그는 청중의 특성을 연령 집단에 따라서 분석할 수 있다고 보았다. 예를 들어 욕구가 강한 젊은 층은 신뢰성이 높고,

편의보다는 명예를 중히 여기고, 야망이 있는 반면, 연령이 높아질수록 명예와 편의를 고수하려 하고, 지나치게 자만하거나 비겁하지 않고, 매사에 경제성을 고려할 것이라는 식의 연령 집단별 특성을 고려하였다. 아리스토텔레스는 설득이란 논리적인 제시의 문제를 넘어서 청중의 감정을 자극하는 것이라고 청중의 요소를 강조하였다.

(2) 로마 수사학

로마인도 그리스인처럼 교육과 공중생활의 핵심으로 수사학을 강조했다. 많은 로마의 수사학자들 중에서도 키케로(B. C. 106-43)가 가장 유명하였다.

- **키케로**

키케로는 설득에 대한 이론적인 작업과 연설(이 연설들은 웅변술의 모델로서 지금도 연구되고 있다)에서 수사학의 기술에 대한 사용 능력으로 정평이 나 있다. 그를 비롯한 로마 수사학자들은 실용성을 강조하여 이용하기 편리한 설득기술의 체계화를 시도하였다. 이들은 수사학의 개념을 다음과 같이 창조, 조합, 스타일, 전달, 기억의 다섯 가지로 정리했다.

첫째, 화자는 논제에 대해 무슨 말을 할 것인가를 생각해 낸다. 둘째, 화자는 논제에 대한 여러 생각을 조합한다. 셋째, 조합된 생각을 효과적인 방법으로 나타낸다. 넷째, 목소리와 제스처를 효과적으로 이용한다(그리스처럼 로마사회도 구어체 문화였기 때문이다). 다섯째, 기억한다.

- **퀸틸리안**

로마 수사학자인 퀸틸리안(A. D. 35-100)의 웅변연구소는 웅변가를 교육하는데 필요한 12권의 책을 만들었다. 퀸틸리안은 다른 로마시대 수사학자들처럼 "수사학은 단순한 설득적인 목적 이상의 역할을 해야 한다"고 주장하였다. 수사학은 '정보를 알리고, 감동을 주고, 청중을 매혹시키는 세 가지 목적이 있다' 고 믿었다.

대부분의 설득적인 상황은 단순히 논쟁만이 있는 것은 아니다. 예를 들어 판매촉진에서 단순히 고객들에게 물건을 사도록 설득하는 것도 중요하지만 판매과정에서 정보와 안내 가이드를 제공하는 것도 중요하다. 그리고 가장 훌륭한 화자는 사람들을 매혹시킬 수 있는 사람이라고 보았다.

(3) 중세 스피치 커뮤니케이션 이론

중세 시대는 서구 역사에서 서기 500년부터 1500년까지의 기간이다. 이 기간에 수사학 기술은 고전적인 전통의 계승, 설교 기술, 실용적 글쓰기 기술, 시작법(詩作法) 기술의 네 가지 형태로 발전했다.

- **고전적인 전통**

수사학은 중세시대를 거쳐 계속된 설득적인 담론의 기술이다. 이러한 전통의 계승은 샤를마뉴

대제의 보좌역이었던 알퀸(Alcuin, 735-804)의 작업에서 찾을 수 있다. 그의 가장 유명한 작업은 알퀸과 그의 제자이자 황제였던 샤를마뉴와의 대화 형태로 씌어졌다. 주로 키케로를 해석하는 것으로 로마 수사학에서 전형적으로 논의된 개념을 따르고 있다.

수사학은 정치를 목표로 하는 의도적인 수사학, 법적인 탄원에 관심을 두는 변론 수사학, 칭찬과 비난을 목적으로 하는 직증적인 수사학의 세 가지 장으로 이루어져 있다. 이러한 목적을 달성하기 위해서 알퀸은 다음과 같이 창조, 조합, 스타일, 전달, 기억이라는 전통적인 키케로의 초점을 기술했다.

첫째, 내가 말할 것을 생각하고, 둘째, 생각한 것들을 조합한다. 셋째, 조합한 결과를 단어로 표현하고, 넷째, 이것을 기억 속에 남게 한다. 가장 중요한 것은 기억 속에 고정되어 있는 것을 전달하는 것이다.

● **설교**

기독교가 전 유럽으로 확산되고 정치적인 상황과 뒤섞이면서 수사학은 신이라는 단어를 확산시키며, 기독교와 경쟁하는 다른 사상들로부터 교회를 지켜내기 위한 수단으로서 새로운 해석의 도마에 오르게 된다. 중세 수사학의 장르에서 가장 영향력 있는 인물은 성 아우구스틴(A. D. 354-430)이었다.

아우구스틴은 수사학의 논리를 교회라는 새로운 영역으로 확장시켰다. 아우구스틴같은 수사학자에게 창조란 성스러운 작품을 해석하고 표현하는 것이고, 조합은 가장 효과적인 설교문을 만들어내는 것이었다. 아우구스틴의 기독교 수사학서는 스타일과 단어의 선택을 특히 중요시했다. 전달의 측면은 그다지 중요한 것이 아니었지만, 청중에게 설교 내용을 알아듣기 쉽고 설득적이게 하기 위해서 필요한 설교자의 기술적인 측면에서는 중요했다.

● **글쓰기**

글쓰기는 중세사회에서 실용적 필요에 의해 채택된 장르다. 먼 거리 커뮤니케이션을 하기 위해서는 글을 통한 커뮤니케이션이 필요하게 된 것이다. 이러한 사회적 요구 때문에 수사학 기술은 말에서 글을 통한 커뮤니케이션으로 확장되었다.

동문(同文) 편지 형식의 기원은 7세기까지 거슬러 올라간다. 중세 수사학연구로 주목받는 학자인 제임스 머피는 "봉건사회의 출현은 계급과 서열을 복잡하게 만들었다. 이 결과 사회적, 법적으로 발생하는 문제가 증가했고, 글쓰기에 많은 영향을 미치게 되었다. 글쓰기 문제를 해결하기 위해서는 여러 상황에서 사용할 수 있는 표준화된 진술문, 즉 공식을 만들어야 한다"고 말했다.

동문 편지의 모음집 외에도 중세 수사학자들은 효과적인 글쓰기 교본을 만들었다. 이 교본에는 수사학의 전통적인 요소와 스타일을 특별히 강조하여 글쓰기는 호칭, 인사말, 내용(편지 쓴 목적에 대한 설명), 부탁, 결론의 5부문으로 형식을 맞추었다.

● **시학(詩學)**

중세시대 수사학에 영향을 미친 또 한 분야는 시작법(詩作法) 기술이었다. 문법은 구문에 관한 연구라고 흔히 생각하지만, 중세 수사학자들은 이 용어를 훨씬 광범위하게 사용했다. 현재 우리가 말하는 문학 연구뿐만 아니라 문법적인 장르는 전통적인 라틴의 구문 법칙과 라틴의 시작법(詩作法)을 연구하는데 주안점을 두었고, 설득에서 시의 영향력은 여전히 존재했다.

(4) 근대 스피치 커뮤니케이션 이론

근대는 르네상스시대에서 20세기로 전환하기 전까지의 기간에 해당한다. 이 기간은 수사학 이론에서 청중의 심리에 초점을 맞춘 새로운 발전의 시기였다.

● **프란시스 베이컨**

근대 과학적인 방법론을 발전시킨 영국의 철학자 프란시스 베이컨(1561-1626)은 수사학과 심리학의 재등장에 중추적인 역할을 한 인물이다. 그는 기능심리학인 "정신은 각기 다른 영역에서 작용하는 기능의 여러 측면으로 구성된 것이다"를 지지했다. 베이컨은 "학습자의 발전에서 수사학이란 자신의 의지를 활성화시키는 이성의 적용"이라고 정의했다. 지식의 습득, 판단. 기록, 전달에 사용된 기능심리학은 인간커뮤니케이션 심리학에 새로운 과학적 관점을 제공했다.

● **조지 캠벌**

조지 캠벌(1719-1796)은 근대 수사학에서 또 하나의 중요 인물이다. 그는 수사학의 철학에서 고전적인 수사학의 개념을 심리학적 효과에 토대를 둔 개념으로 수정했다. 또 청중에 대한 일반적인 원칙과 분위기를 분석하는 '청중 분석' 을 강조했다.

캠벌은 표현에서도 청중심리학이 중요하다고 강조하고, '효과적인 수사학은 생생해야 한다' 는 개념을 도입했다. 생생함이란 느낌을 통해서 화자의 말이 청중에게 화자의 경험과 비슷한 경험을 만들어 낸다는 것인데, 캠벌은 이 개념을 표현에서 가장 중요한 요소로 간주했다.

● **휴 블레어**

휴 블레어(1718-1800)는 지금까지와는 다소 다른 시각에서 수사학의 개념에 접근하였다. 블레어의 주된 관심은 수사학과 시학(詩學)과의 오랜 관계에 있었다. 그는 수사학이 단기적인 효과 이상의 가치가 있는 것이라면 진리와 아름다움과도 관련이 있을 것이라고 보았다.

블레어의 수사학 연구에 대하여 수사학자 더글러스 어닝거가 평가한 것을 보면, 그는 수사학과 시학, 구어체와 문어체 담론 사이의 고전적인 구분을 무시하고, 네 가지 영역을 작문과 전달이라는 한 가지 과학으로 통합하는 새로운 틀을 만들었다. 또한 공중 연설에 대한 관심 이외에도 수사학의 일상적 주제인 글쓰기와 수필에 대해서도 새로운 시각을 제시하였다.

(5) 현대 스피치 커뮤니케이션 이론

현대 수사학은 대개 20세기로 넘어가는 전환기에 시작되었다. 금세기의 수사학은 영문학, 철학, 심리학, 정치학, 사회학, 기타 여러 학파에서 유래된 스피치 커뮤니케이션학으로 출현되었다. 여기서는 청중과의 효과적인 메시지 교환을 강조하려 했던 고대, 중세 그리고 근대 수사학을 발전적으로 극복하는데 주된 관심이 있었다. 현대의 학자들은 수사학의 역사적인 전통을 벗어나는 방법을 모색하고자 하였다.

● **케네스 버크**

20세기에 가장 영향력 있는 학자 중 한 사람인 케네스 버크(1897-1994)는 "고전적인 수사학은 설득에 토대를 두었지만, 새로운 수사학은 동일시, 즉 청중과의 상징적 상호작용을 통한 커뮤니케이션 행위에 토대를 둔다"고 말했다. 이것은 법적, 정치적, 사회적 논쟁에서 주장과 설득에 초점을 두었던 과거의 수사학과는 분명한 단절을 의미한다. 버크의 수사학 이론은 인간의 상호작용에 상징을 사용한다는 새로운 개념을 제시하였다.

버크가 제시한 새로운 개념 중에서 대표적인 것은 동일시, 드라마티즘, 수사학의 기능이다. 동일시는 설득 내용을 청중과 밀접하게 연결하는 문제다. 어떤 면에서 보면 청중은 설득 내용과 동일시 관련되는데, 즉 화자와 하나가 된다.

동일시는 설득 커뮤니케이션과 밀접하게 관련되는데, 즉 화자는 동일시를 이용하여 청중을 설득하려 한다. 따라서 설득행위의 목적은 화자의 관심에 청중을 동일시하게 하려는 데 있고, 화자는 자신과 청중 간의 관계를 구성하기 위해 관심의 동일시를 이끌어낸다는 것이다.

화자는 어떻게 하면 청중이 화자의 주장에 따라오게 할 것인가 하는 점보다는 어떻게 하면 청중을 동일시시킬 수 있을까 하는 점에 초점을 맞추어야 한다고 강조했다.

두 번째의 핵심개념은 드라마티즘이다. 그는 언어를 정보전달 수단으로 간주하는 대신에 '드라마틱한 행위'로 보아야 한다고 제안했다. 버크는 다음과 같은 용어를 사용해 수사학의 상황을 이해하는 것이 중요하다고 보았다. 이와 같은 하나하나의 요소가 서로 연결되어 커뮤니케이션이 이루어진다는 점에 착안하였다.

● **리처드 위버**

리처드 위버(1910-1963)는 케네스 버크와 마찬가지로 수사학을 윤리적, 사회적인 결과를 초래하는 광의의 개념으로 이해하였다. 위버는 다음과 같은 문장으로 자신의 관점을 설명하고 있다. "언어는 설교적인 것이다. 따라서 사람들은 모두 사적 혹은 공적 설교 능력을 가진 설교자인 셈이다. 우리는 단순히 말하는 것이 아니라, 말을 통해 우리의 방법으로 다른 사람이 세상을 보도록 자극을 주는 것이다."

그러나 수사학은 바람직한 가치를 발전시키는 긍정적인 힘을 가지고 있지만, 동시에 고의적으로 혹은 모르는 사이에 오용되고 남용될 수 있음을 지적하였다. 언어를 잘못 사용하여 야기될 수 있는 사회적인 결과에 대한 고려도 필요하다는 것이다. 수사학의 윤리적 차원은 위버의 가장 큰 관심사였다. 그에 따르면 인간은 다음과 같은 네 가지 핵심 능력이 있다.

첫째, 지식을 제공해 주는 추론 능력이다. 둘째, 아름다움을 즐길 수 있는 심미적인 능력이다. 셋째, 운명에 대한 감을 주는 종교적 능력이다. 넷째, 재물을 분간하고 선악을 판단할 수 있는 윤리적인 능력이다.

위버는 특정한 행위가 효과적이냐, 아니냐를 고려해야 할 뿐 아니라 그것이 도덕적으로 옳은가, 그른가 인식해야 한다고 주장했다. 예를 들면 판매원이 비싼 물건을 팔기 위해 구매자를 속일 수 있을지 모르지만, 그렇게 하는 것은 수사학의 윤리적 범주를 벗어나는 그릇된 행위라는 것이다.

● **참 페렐만**

벨기에 철학자 참 페렐만(1912-1984)은 논증이라는 개념으로 새로운 수사학이라는 이론을 제시하였다. 그의 견해에 따르면 수사학은 상대방의 머릿속에 못 박히게 하기 위한 것이 목적이고, 수사학의 모든 요소들은 그러한 목적을 성취하기 위해 만들어지는 것이다. 페렐만은 청중을 사로잡기 위한 기술로 다음과 같은 5가지 기술을 지적하였다.

첫째, 의사 논리적인 주장 방법이다. 둘째, 현실 주조에 기초하여 주장하는 방법이다. 셋째, 현실 구조를 만드는 관계에 대하여 주장하는 방법이다. 넷째, 개념을 해체시키는 방법이다. 다섯째, 주장을 상호 작용하는 방법이다.

의사 논리적인 주장은 '예를 들어 어떤 국가는 지금까지 52개 조약 중에 50개 조약을 위반했기 때문에 믿을 수 없는 나라다' 라고 빈도를 이용해 주장하는 것이다. 현실 구조를 기초로 하는 주장에서는 논리적 혹은 수학적 공식을 이용한다. 예를 들면 흡연자의 암 발생률은 비 흡연자에 비해 10배 높다고 주장하는 것. 원인-결과의 논리를 펴는 것이 이에 해당된다. 현실구조를 만드는 관계에 관하여 주장하는 방법은 사례를 제시하고 추론하는 것을 말한다

개념의 해체란 화자가 원하는 방향으로 주장할 수 없을 때 개념을 분리하여 이용하는 것이다. 예를 들면 변호사는 어떤 증거로 인해 유죄가 될 수 있는 피의자에 대하여 그 증거를 가지고 무죄임을 밝힐 수도 있다. 주장의 상호작용 방법이란 청중을 사로잡기 위해서는 하나의 주장에만 의존하지 않는 것이다.

각 시대의 대표적인 학자를 중심으로 스피치 커뮤니케이션의 이론적 배경을 살펴보았다.

끝으로 잘 말하고 싶어서 말하는 방법을 학문으로 연구해 온 역사를 살펴보자. 우리가 알아야 할 사실은 크게 두 가지이다. 하나는 잘 말하는 것에 대한 편견이다. 우리는 말을 잘하는 것에 대해서 부정적인 인상을 가지는 경우가 많다.

다른 하나는 인간이 잘 말하기 위해서 오랜 세월동안 연구에 연구를 거듭했다는 것이다. 동서양

을 가리지 않고 사람들은 잘 말하기 위하여 고금에 이르기까지 노력을 해왔다는 것이 역사적인 사실이다.

3. 스피치의 이해

1) 스피치의 중요성

언어는 음성언어와 문자언어로 나누어진다. 우리가 앞서 언급한 수사학이 현대에 와서는 문자언어에 대한 미학이며, 텍스트라고 불리는 문자기록에 대한 수사법에 관심을 많이 가지고 있다면, 현대에 와서는 구술언어에 대한 관심은 스피치라고 하는 분야로 특별하게 다루어진다. 특별히 학문적으로 구분할 수는 없지만, 1963년 한국에서도 한국스피치학회가 조직된 것을 보면 나름대로의 학문성도 인정된다고 볼 수 있다.

역사에서 볼 수 있는 문자 중심의 문화에 비해서 구술문화가 갖는 표현적 특징은 옹(Walter J. Ong)에 의해서 나타나는데, 그는 "① 종속적이라기보다는 첨가적이다. ② 분석적이라기보다는 집합적이다. ③ 장황하기보다는 다변적이다. ④ 분석적이라기보다는 집합적이다. ⑤ 인간의 생활 세계에 밀착된다. ⑥ 논쟁적인 어조가 강하다. ⑦ 객관적인 거리 유지보다는 감정 이입적 혹은 참여적이다. ⑧ 항상성이 있다. ⑨ 추상적이기보다는 상황의존적이다"라고 보았다.

이것은 구술언어가 갖는 특성을 비교적 잘 보여준 것이라고 볼 수 있다. 이 특성이 현대에 와서는 더욱더 진가를 발휘하게 되었다. 그것은 우리 사회가 읽거나, 쓰거나 하는 생활보다는 듣거나 이야기하는 생활로 바뀌어가게 되었으며, 문명이기의 등장으로 문자문화보다는 음성문화가 많이 활용하게 되었으며, 매스미디어의 영향도 시각적인 것보다는 시청각적인 면을 더욱 선호하게 되었기 때문이다.

잘 말하는 것이 동서고금을 통한 인간의 관심사 가운데 하나로, 중요한 것이라는 것에는 의의가 없을 것이다. 우리의 가까이에서 시사적으로 살펴볼 때도 수많은 성공한 사람들을 뒷받침한 것은 그들의 말 한마디의 위력이 컸다는 것도 우리는 알 수 있다.

제2차 세계대전의 위기에서 영국을 구한 것은 처칠의 연설이었으며, 소련의 탱크를 몰아내고 체코를 지킨 것도 체코 지식인들의 말인 '프라하의 봄' 때문이었던 것이다. 특히 오늘날은 스피치 시대라고 해도 과언이 아니다. 스피치를 못하면 자신의 능력을 충분히 발휘할 수 없다. 스피치는 자신의 생각을 효과적으로 전달해 주는 중요한 매개역할을 한다. 영업에서 수억의 매출을 올리는 회사원에서부터 대학에 들어가거나 취업하기 위하여 면접을 보아야 하는 학생들에게 이르기까지 자신의 상품이나 자신이 가진 능력을 제대로 내보이고 평가받기 위해서 스피치는 그 능력을 더욱 필요하게 되었다. 심지어는 나의 인생을 바꾼 말 한마디의 말을 가슴에 담고 사는 사회 유명인사들의 고백에서 보듯이, 그들의 인생을 잡아 이끈 키는 스피치에 있었다고 볼 수 있듯이 스피치의 중요성은 달리 말할 필요도 없다.

2) 스피치의 요소

일반적으로는 스피치를 우리가 흔히 말하는 말과 같은 뜻으로 사용한다. 그러나 좀 더 엄밀히 말하면 스피치는 어느 정도의 기술적인 면과 정해진 시간과 장소 또는 보다 많은 사람을 대상으로 하는 말로서 이해하는 것이 좋다. 즉, 우리의 일상생활에서의 말이 아니라 특별한 목적을 가지고 하는 말이라고 보아야 한다. 물론 스피치는 그 범위에 있어서 비단 연설이나 웅변뿐만 아니라 토론, 토의, 좌담, 회의 그리고 대화 등에 이르기까지 넓게 생각해야 한다.

이것은 흔히 구식적으로 생각해 왔던 웅변학원에서 배우고 남 앞에서 말하는 연설을 하거나, 통치자나 리더가 청자에게 자신의 생각으로 설득하는 정도는 보아서는 안 된다는 것을 의미한다. 스피치는 화자가 맺고 있는 인간관계에서 그 관계성을 더욱 높이기 위해서는 자신의 사상과 감정이나, 정보나, 지식, 혹은 의견을 언어를 통해서 전달하는 고도의 커뮤니케이션으로 생각해야 하는 것이다. 그런 점에서 스피치의 요소는 흔히 말하는 화자와 듣는 청자 그리고 그 말하는 내용을 간단히 나누어 볼 수 있다.

(1) 화자

화자는 말하는 주체를 말한다. 그래서 화자는 항상 듣는 사람을 의식하면서 말하고 싶은 내용을 잘 전달하는 사람이 되어야 한다. 생각 없이 거친 말로 상대방의 약점과 상처를 건드리고, 대책 없는 말로 폭탄선언이나 하는 화자를 우리는 고문관으로 생각한다. 따라서 좋은 화자가 되어야 한다. 좋은 화자란 커뮤니케이션을 더욱 발전시키는 화자이다. 청자가 이해할 수 있는 방식으로 청자가 듣고 싶어 하는 것을 말할 수 있는 방식으로 청자가 듣고 싶어 하는 것을 말할 수 있는 것이 좋은 화자이다. 좋은 화자가 되어야만 언어를 통해서 청자와 맺은 인간관계가 맺어지게 되는 계기가 될 수 있다. 스피치의 중요성을 인식하고, 그 기술을 배우고자 하는 것도 바로 좋은 화자가 되기 위해서이다.

(2) 청자

화자가 있으면 청자가 있다. 물론 독백이라는 것이 있지만 사회에서 독백을 자주하는 사람은 광인 취급을 받게 되며, 자연스럽게 그 주위에 청자가 없어지게 만드는 사람이 된다. 스피치는 청자와 직접 대면하거나 방송처럼 대면하고 있다고 하는 상태에서 이루어지기 때문에 청자에 대한 각별한 배려가 필요하다. 아무리 화자의 의도가 중요하고 그 내용이 금과옥조 같다고 할지라도 청자의 이해도와 그 수준에 대한 주의가 없으면, 그것은 무주공산이 되기가 쉽다.

입이 하나이고 귀가 둘인 것은 바로 두 번 듣고 한 번 말하라고 하는 것으로 생각하듯이, 화자가 청자에게 자신의 견해를 제대로 알리기 위해서도 자신의 생각 하나를 알리기 위해서 청자의 듣고 싶은 바를, 두 개를 이해하는 노력이 필요하다.

(3) 내용

알맹이가 빠진 스피치는 마치 '고도를 기다리며'에서 등장하는 두 주인공의 의미 없는 대화처럼 부조리한 것이다. 우리가 가끔 좋은 강연을 듣고 왔다고 생각했는데, 도무지 무엇을 화자가 말하려는 것인지 아무 기억이 없다면 이것은 소문난 잔치에 먹을 것이 없는 것과 같은 것이다. 청자가 마음에 가지고 갈 하나의 정보나 주제를 화자는 말해야 한다.

이런 좋은 내용을 화자가 준비하기 위해서는 청자의 가슴에 남겨질 것이 무엇인지 잘 파악하고 배려하는 자세가 필요하다. 그리고 자신의 말한 내용이 진솔하고 거기에 전문성을 가질 수 있도록 연구하는 것도 필요하다. 특별히 청자에게 좋은 내용이란 대체로 건전한 내용이라는 것을 염두에 두는 것이 좋다. "첫째는 믿기 어려운 것보다는 친근한 것이 좋고, 둘째는 추상적인 것보다는 구체적인 것이 좋으며, 셋째는 돌려 말하기보다는 단순한 것이 좋고, 넷째는 긴 문장보다는 짧은 문장이 좋다"고 간략하게 설명한다. 이것을 좀 더 설명하면 아래와 같다.

- **추상성과 구체성**

잘 말하는 사람들의 특징을 보면 그들이 말하는 언어가 아름답고 그 전개과정이 논리적이지만, 그에 못지않게 그 내용이 청자가 들을 때에 무엇인지 명쾌하게 알 수 있도록 구체적이라는 것이다. 즉, 무엇을 말하는지 청자가 알 수 있게 말한다는 것이다.

화자가 구체성을 잊어버린다면 그의 스피치는 뜬 구름을 찾는 것처럼 청자에게 모호할 것이며, 안개를 잡는 것처럼 희미하게 느껴질 것이다. 따라서 좋은 화자란 청자로 하여금 화자가 말하는 내용이나 장면이 눈앞에서 그려지고 생각되어지도록 제대로 말해야 하는 것이다. 화자가 불필요한 추상 언어를 자주 사용하게 되면 청자의 입장에서는 신뢰할 수 없게 된다는 것을 명심해야 한다.

- **상위어와 하위어**

가리키는 바나 의미하는 내용의 범위가 다른 단어에 비해 상대적으로 더 일반적이고 넓은 단어를 상위어라고 하고, 더 한정적이고 좁은 단어를 하위어라고 한다. 상위어를 사용하면 그 문장에서 넓은 내용을 말할 수 있지만, 그 뜻이 분명하게 전달되기에는 힘이 든다. 이에 반해 하위어는 구체적이고 뚜렷한 내용을 표현하는 데에 매우 효과적이다.

그래서 좋은 화자는 상위어를 하위어로 바꾸어 말하는 훈련을 해야 한다. 비록 공식적인 석상이나 외교적 관례에는 그 성격을 보호하게 하기 위해서 상위어로 사용하는 것이 바람직할 수 있으나, 지역적이고 소모임의 스피치에서는 하위어를 사용하는 것이 더욱 친근하게 느끼게 하는 비결이 된다. 예를 들어 '맹수가 운다'는 표현보다는 '호랑이가 크게 울부짖는다'는 것이 청자가 연상하기 쉬운 내용이 된다.

- **단순성과 간결성**

화자가 말을 할 때에 청자가 보기에 살아있고 생동감 있게 느끼게 하는 표현들이 있다. 그것들의 특징을 보면 단순하고 간결하다는 것이다. 단도직입적으로 말하기 힘든 내용일 경우, 흔히 사람들은 돌려서 말하는 경향이 많다. 그러나 그 결과는 오히려 의도한 바를 전달하지 못하고 더욱 더 오해를 갖게 하는 경우가 많다.

그래서 현명한 사람들은 가까운 사람들과의 오해를 풀기 위해서 대화를 할 때에 전화보다는 직접 대면해서 말하기를 좋아하였던 것이다. 그리고 청자의 기억력은 그리 오래가지 않는다. 그래서 한 문장이 오래도록 계속될 경우, 청자는 화자가 무엇을 강조하는지를 잘 이해하지 못한다.

우리가 영어를 배울 때에는 흔히 대화 중에 사용하는 'that'이라는 말은 접속사인지, 관계대명사인지 듣는 것으로는 분간하기 힘들기에 영어 문장은 이해해도 영어 청취는 이해할 수가 없는 것이다. 따라서 화자는 청자가 바로 이해할 수 있도록 간결한 문장을 자주 사용해야 한다. 소설 같은 예술적 표현이 필요한 것이 아니라, 스피치에서는 단순하고 간결한 문장을 사용해야 한다.

제3장 말하기의 기본공식

1. 말하기에도 기본공식이 있다

노래를 부를 때도 음악에 기본공식이 있듯이 리듬, 박자, 쉼, 음정, 강약, 감정 등 기본공식을 잘 살려서 노래를 불러야 노래의 맛이 살아난다. 이와 마찬가지로 말을 하는데도 기본공식이 있다. 무턱대고 말을 하는 것보다는 기븐공식을 익혀서 말을 한다면 청중에게 감동을 줄 수 있는 연설이 될 것이다.

(1) 말소리의 크기(음의 고저)

말소리의 크기를 음의 고저, 또는 음조(Tone)라고 하며, 말투라고도 한다. 환희에 찬 내용이나 과격한 내용 그리고 급박한 상황에서는 말소리가 큰 것이 일반적이다. 반면에 부드러운 내용과 자연스러운 상황에서는 말소리가 작은 것이 일반적이다. 그러나 하나의 문장이라고 하더라도 내용이나 상황에 따라 말소리의 크고 작기는 다르다.

(2) 말소리의 빠르기(음의 속도)

말소리의 빠르기를 음속(Tempo)이라고 하며, 빠르게 말하는 것과 천천히 말하는 것을 의미한다. 연령의 차이에 따라 어린이는 대개 말이 빠르고, 나이가 많은 사람은 말을 천천히 하는 것이 일반적이다. 그러나 상황의 차이에 따라 현실이 급박하여 격한 감정을 표현할 때는 빠른 것이 일반적이며, 정서적이고 자연스러운 내용의 표현은 천천히 말하는 것이 일반적이다.

또한 감정에 따라서 기쁘고 명쾌할 때는 빠르며, 슬프거나 생각이 깊을 때는 천천히 말하는 것이 일반적이다. 그러나 어떤 상황, 어떤 감정의 표현은 어느 정도의 속도로 말을 하여야 한다는 일정한 법칙은 없다.

(3) 말소리의 두께(음의 양)

말소리의 양을 음량(Volume)이라고 하며, 남자의 목소리는 비교적 풍부한 두꺼운 소리이나 여자의 목소리는 빈약하고 가는 소리인 것이 보통이다. 따라서 남성적인 내용은 두꺼운 소리, 여성적인 내용은 가는 소리로 말하는 것이 효과적이다. 사람의 목소리는 대개 변성기를 통하여 음량이 변화되며, 목소리를 다듬기에 따라서 달라진다. 말을 할 때는 자기가 가지고 있는 음량을 어떻게 쓰느냐에 따라 듣는 사람에게 느낌을 더해 주기도, 덜해 주기도 한다.

(4) 말소리의 흐름(음의 흐름)

말소리의 흐름을 음의 흐름(Rhythms)이라고 하며, 우리가 하는 말에는 흐름의 변화가 있어야 듣는 사람이 느낌을 보다 강하게 받는다. 그것은 시적(詩的)인 표현에서 두드러지게 나타나며, 대개의 말에서 흐름이 일정하다면 말의 뜻을 빨리 이해하기 어려울 뿐더러 말하는 사람이나 듣는 사람이 지루하고 딱딱한 감을 느끼게 된다.

(5) 말소리의 사이(음의 사이)

말소리의 사이란 어간(Pause), 즉 말과 말소리의 사이를 말한다. 말과 말 사이에는 간격을 두어야 하며, 간격을 잘못 두면 뜻이 달라지는 경우가 있고, 또한 느낌을 약하게 하는 경우가 많다. 사이를 둘 때는 대체적으로 제스처를 쓰며, 손짓, 몸짓, 얼굴 표정 등의 태도 변화에 따라 효과를 더해 준다.

낱말마다 모두 중요할 때는 또박또박 사이를 두어서 말하며, 앞의 말이나 뒤의 말이 중요할 때는 강조의 도에 따라서 사이를 적당히 둔다. 상황이 급박하더라도 사이를 두는 것은 필요하다.

(6) 말소리의 색깔(음의 색깔)

말소리의 색깔을 음색(Timber : Feeling)이라고 하며, 같은 말이라 하더라도 소리의 색깔에 따라 느낌의 차이를 준다. 내용과 상황에 따라서 어둡고 밝은 색깔이 구분되며, 감정에 따라서 기쁘고 명랑하고 쾌활할 때는 밝은 색깔, 슬프거나 생각이 깊을 때는 어두운 색깔을 띠게 된다. 그리고 꿈이 있는 어린이들의 목소리는 대개 푸른 색깔이며, 아름다운 사랑을 나누는 젊은 청춘 남녀의 대화는 대개 분홍빛을 띠게 된다.

반면에, 나이 많은 노인의 목소리는 어두우며, 환자들의 목소리 또한 어두운 회색 빛 색깔이라고 할 수 있다. 성품이나 주위 환경에 따라 목소리의 색깔은 변화를 가져오는 것이어서 어두운 생활을 한 사람은 어두운 색깔의 목소리, 밝은 환경에서 깨끗하게 생활을 한 사람은 깨끗하고 밝은 색깔의 목소리를 갖고 있는 것을 우리는 알 수 있다. 그러므로 목소리는 잘 가꾸어야 하며, 내용과 상황에 따라서 목소리의 색깔에 변화를 주면 느낌을 강하게 하여 줄 수 있다.

2. 목소리의 6요소

목소리의 6요소는 빠르기, 크기, 높이, 길이, 쉬기, 힘주기이다. 이 6요소를 적절하게 구사할 때 박력 있는 스피치가 된다. 단조로움을 피하기 위해 각 요소를 변화무쌍하게 사용할 줄 알아야 한다.

(1) 빠르기

빠르기란 주어진 시간 내에 얼마나 많은 말을 하느냐를 가리킨다. 스피치의 속도가 내내 한결같을 필요는 없다. 때로는 빠르게, 느리게 진행하면서 호흡의 완급을 조절하는 것도 좋은 방법 중의 하나다. 사실 역동적인 스피치를 하려면 목소리의 빠르기가 변화무쌍해야 한다.

(2) 크기

목소리의 크기는 그 목소리가 얼마나 멀리까지 울려 퍼지는지를 결정한다. 같은 자리에서 듣는 경우 큰 목소리는 고막을 강하게 때리기 때문에 시끄럽게 들리고 작은 목소리는 고막을 약하게 흔들기 때문에 조용하게 들린다. 스피치는 대화보다는 큰 목소리로 실행해야 한다. 그러나 얼마나 크게 해야 하느냐는 청중의 마이크 사용 여부에 따라 달라진다. 스피치의 목소리는 모든 청중이 충분히 들을 수 있을 정도로만 크게 하면 된다.

(3) 높이

목소리의 높낮이는 소리의 억양을 만들어낸다. 흔히 목소리의 높이와 크기를 혼동하는데 크기는 강함을, 높이는 예리함을 가리킨다. 큰소리를 만들기 위해서는 성대의 폭은 그대로 둔 채 제한된 시간 내에 더 많은 공기를 통과시켜야 하고, 높은 소리를 만들기 위해서는 성대의 폭을 좁혀야 한다. 노래에 비유하면 높낮이는 계명으로, 크기는 여리게 또는 강하게 등으로 표시된다.

(4) 길이

목소리의 길이는 한 음절을 얼마나 오래 끌며 발음하느냐를 가리킨다. 우리나라 말은 단어를 발음할 때 고저를 구분하지 않고 장단만 구분하기 때문에 긴 소리와 짧은 소리를 정확하게 구분해서 발음할 필요가 있다.

(5) 쉬기

쉬기란 목소리를 내지 않고 잠깐 멈추게 되는 시간의 길이를 가리킨다. 한 단어는 붙여서 읽는 것이 정상이지만 단어와 단어 사이, 구와 구 사이, 절과 절 사이, 문장과 문장 사이 그리고 스피치의 각 구성 요소들 사이에서는 일정 시간 동안 쉬어주어야 한다. 일반적으로 단어와 단어 사이에서 쉬는 시간이 가장 짧아야 하고, 서론과 본론 그리고 본론과 결론 사이에서 쉬는 시간이 가장 길어야 한다.

(6) 힘주기

힘주기 또는 강세란 특정 음절이나 단어 또는 구를 다른 것들보다 더 힘주어 말하는 것을 가리킨다. 일상적인 대화에서도 마찬가지지만 스피치를 할 때는 자신이 강조하고자 하는 중요한 단어나 구에 강세를 주어야 한다. 강세는 문장의 어느 위치에 놓여 있느냐에 따라 결정되어서는 안 되고 내용상 얼마나 중요하느냐에 따라 결정되어야 한다.

3. 스피치의 효과적 구성

① 언제(일시) : 시간에 따라서 적절한 기술과 사전 지식이 필요하다.
② 누가(화자) : 음성, 마음가짐, 청중들의 생각 등을 반드시 점검해야 한다.
③ 무엇을(내용) : 무엇을 말하고자 하는가, 청중은 무엇을 원하는가?
④ 어떤 방법으로(매개) : 외우는 방법, 메모, 시각 자료 등을 사용한다.
⑤ 누구에게(청자) : 학생, 일반 주민, 학부모, 직장인
⑥ 어떤 효과를(반응) : 청자의 반응을 살펴가면서 한다.

4. 스피치에 성공하려면

(1) 첫째, 지식이 많아야 한다

책을 많이 읽고 남의 이야기를 잘 경청하고 정보에 관심이 있어야 한다.

(2) 둘째, 음성이 밝아야 한다

말을 할 때는 입을 활짝 열고 복성발성을 개발해야 한다.

(3) 셋째, 발음이 명료해야 한다

발음은 한·자·한·자·끊·어·가·며·스·타·카·토·식·의·말·하·기·연·습·을·한·다.

(4) 넷째, 시선이 자연스러워야 한다

시선은 상대와 3초간 눈 맞추고 친하고 싶다는 생각을 하며 말하는 습관을 갖는다.

(5) 다섯째, 태도가 당당해야 한다

태도는 가슴을 펴고 아랫배에 약간 힘을 주고 청중을 넓게 바라보면서 당당하게 말한다.

신문 사설 칼럼을 소리 내어 읽자!

첫째 – 목소리가 좋아진다.
둘째 – 발음이 분명해진다.
셋째 – 말에 리듬이 생긴다.
넷째 – 다양한 억양 표현이 가능해진다.
다섯째 – 말의 조리성이 길러진다.
여섯째 – 어휘력이 풍부해진다.

(6) 스피치의 효과를 거두지 못하는 원인

- 말하는 사람의 원인이 있을 때
- 대인관계에 원인이 있을 때
- 언제나 내용에 원인이 있을 때
- 용어 선택에 원인이 있을 때
- 음성에 원인이 있을 때
- 청자에 원인이 있을 때
- 태도에 원인이 있을 때
- 말하는 사람의 감정에 원인이 있을 때
- 환경에 원인이 있을 때 스피치의 효과를 거두지 못한다.

5. 스피치 실행을 하기 전 꼭 알아둬야 할 7가지 노하우

아무리 스피치에 뛰어난 능력을 가지고 있다고 하더라도 스피치에 임하는 사람은 사전에 철저히 연구하고, 준비하고, 연습을 해야 한다.

(1) 과소평가하지 말라

스피치에 임하는 사람은 흔히 자신의 능력이 부족하다고 과소평가하는 경향이 많다. 미리부터 말주변이 없다고 생각하거나 경험이 부족해서 스피치를 잘할 수 없다고 지레 겁을 먹는 것이다. 이렇게 겁을 먹는 이유는 무엇보다도 스피치를 너무 특별한 것으로 생각하기 때문이다.

(2) 불안감을 공개하라

스피치의 불안감은 누구나 갖는 것이므로 자신의 불안감을 지나치게 의식할 필요가 없다. 오히려 불안감을 숨기려 하기보다는 자신이 스피치를 중요하게 생각하고 있기 때문에, 무척 긴장하고 있다는 사실을 솔직히 말하는 것이 좋은 방법이 될 수 있다.

(3) 스피치에 집중하라

스피치를 시작하기 직전이 스피치에 대한 공포가 가장 정점에 이르는 순간이다. **'내가 잘 해낼 수 있을까?'** 하는 걱정을 하기 시작하면 준비한 원고를 잊지 않았는지 거듭 확인하게 되고, 청중들의 표정 또한 마치 화가 난 듯하게 느껴져 두려움마저 생기게 된다. 이런 불안을 잊어버리는 방법은 스피치 자체에 몰두하는 것이다.

(4) 철저하게 준비하고 과감하게 훈련하라

한번 스피치를 잘못했다고 해서 인생이 끝나는 것은 아니다. 그것은 오히려 다음 스피치를 위한 귀한 경험이 된다. 그러나 준비 부족으로 인한 스피치의 실패는 타인으로부터 쉽게 용납 받을 수 없다. 스스로도 준비 부족으로 인한 실패에 대해서는 관대해지면 안 된다.

(5) 청중과 친숙해져라

아무리 스피치에 능숙한 사람도 많은 청중 앞에서는 상황적 불안에 빠지기 마련이다. 그 이유는 다른 사람의 시선을 의식하기 때문이고 미지에 대한 공포이다. 이러한 상황에서 느끼는 불안은 청중과 가까워지는 것으로 극복할 수 있다.

(6) 호흡이라는 진정제를 활용하라

불안에 빠지고 긴장을 하게 되면 온몸에 힘이 빠지면서 다리나 손이 떨리기 마련이다. 또한 얼굴이 붉어지고 호흡도 거칠어지면서 발음도 불안정해진다. 이럴 때에 복식호흡으로 신체적인 이상을 조절하게 되면 긴장도 풀리고 불안증도 진정된다. 복식호흡은 숨을 깊이 들이마셨다가 내쉬는 호흡법이다.

(7) 시각 자료를 활용하여 분산법을 써라

시각 자료는 발표 불안증 원인에 큰 도움이 된다. 시각 자료를 사용하게 되면 연사는 청중을 정면으로 바라보지 않아도 된다. 청중의 시선이 자신에게 집중되고 있다고 의식할 때 불안증이 가장 고조되기 쉽다. 시각 자료의 사용은 청중의 시선을 시각 자료로 돌릴 수 있으므로 시선에 대한 부담이 크게 완화된다. 스피치를 통하여 실제적으로 다른 사람과 효과적으로 의사소통을 하려면 충분한 사전 준비가 필요하다.

① 스피치의 상황과 듣는 이에 대한 분석을 한다.
② 스피치의 상황과 듣는 이에 적합한 말하기의 종류, 화제, 목적 등의 결정을 한다.
③ 화제에 관한 이야기의 자료, 곧 메시지 자료의 수집과 취사선택을 한다.
④ 취사선택된 메시지 자료들을 체계적이고 논리적으로 배열, 조직하여 메시지의 내용을 작성한 뒤 이를 토대로 완전한 메시지의 원고를 작성한다.
⑤ 작성된 원고를 보며 큰소리로 말하기 연습을 하면서 음성도 가다듬어 보고 몸짓과 얼굴 표정도 실제처럼 예행 연습한다.

파워 스피치의 기법

- 서두를 힘차게 시작한다.
- 일화, 실례, 증거를 많이 사용한다.
- 구어체를 쓴다.
- 시각적으로 묘사한다.
- 기쁘게 편안하게 말한다.
- 긍정적으로 이야기한다.
- 활기차게 말한다.
- 진지하게 말한다.
- 자신있게 말한다.
- 청중에게 골고루 시선을 준다.

제4장 발성, 호흡, 발음, 음성

1. 발성, 발음기관과 성대의 기관

1) 발성이란?

사람들이 소리를 내는데 필요한 발성기관을 통하여 만들어낸 소리가 밖으로 나오는 것을 의미한다. 여기서 말하는 발성기관이란 성대(목청)를 비롯하여 발성에 참여하는 발성기, 호흡기, 공명기와 구음기를 통틀어 이르는 말이다.

실제 정상적인 발성은 이런 발성기관의 원활한 협동으로 이루어진다. 따라서 발성기관에 병이 생기거나 그 사용에서 협동이 흐트러지면 발성 장애를 일으키게 되므로, 이런 때에는 아무리 유능한 '전문화술꾼' 이라 해도 소리를 제대로 낼 수 없고 유창하게 언어를 구사할 수 없게 된다.

말을 하는 사람, 즉 화술을 전문으로 하는 사람들의 기본무기는 목소리이다. 따라서 뜻을 전달하게 되는 만큼 그 목소리에 의하여 비강, 구강을 비롯한 여러 울림기관의 증폭을 통하여 혀, 입술 등 발음기관의 원활한 협동작용을 통해야만 전달에서의 다양성을 기할 수 있게 된다. 그렇게 하기 위해서는 소리가 생겨나서 뜻을 가진 말로 되는 전반 변화과정에서의 발성 발음기관에 대한 해부학적 지식을 가지고 자기의 소리를 더 좋게, 발음기관의 움직임을 더 활발하게 할 수 있어야 한다.

2) 발성과정 단계

먼저 폐로 흡입된 공기가 다시 호기로 변하여 기관과 후두와 구강 및 비강을 거쳐 몸 밖으로 나가게 되는데, 이때 공기가 후두 안에 있는 양측 성대 사이인 성문 밖으로 빠져 나가는 과정에 성대를 진동시켜 일차적인 소리를 만들어내게 된다. 이 소리를 가리켜 성음 또는 원음이라고 부른다.

이때의 성음은 성대의 순수한 진동이지만, 이 성음이 다시 위쪽으로 인두, 구강, 비강을 통과하는 사이에 공명되고 다듬어져서 부드럽고 특색 있는 음색을 갖춘 음성(목소리)으로 우리 귀에 들리게 된다.

3) 발성기관의 역할

(1) 발성기

발성기는 목 앞으로 돌출되어 있는 후두를 가리킨다. 후두 속에는 길이가 약 12~18mm쯤 되는 성대와 가성대가 있는데, 호기에 따른 성대의 진동으로 성음이 만들어진다. 성대는 복잡하고 섬세한 연골, 근육의 보호를 받고 있다.

성대는 하나의 진동체로서 자유롭게 붙었다 떨어졌다 할 수 있는 두 쪽의 막으로 이루어졌는데, 숨길과 직각으로 놓여있다. 소리의 길이나 높이를 유지하기 위하여 성대는 적당히 긴장되어 있어야 하고, 호기류의 저항을 받아서 성대의 접촉면이 쉽게 진동할 수 있는 상태가 되어야 한다.

성대 면의 접촉이 강할 때에는 강하고 딱딱한 소리를 내게 되고, 접촉이 약할 때에는 약하고 부드러운 소리를 내게 된다. 또한 호기의 유출 시간과 성문 폐쇄 시간의 차이에 따라서도 성음의 질이 달라진다.

예를 들면 성문이 먼저 닫힌 후 호기가 유출될 때에는 딱딱한 소리를 내고, 이들이 같은 시간에 이루어질 때에는 부드러운 소리를 내며 호기가 유출되는 과정에 성문이 닫히면 잡음과 마찰음이 섞인 음을 내게 되는 등 세 가지 기성양식을 갖게 된다. 이 가운데서 딱딱한 기성양식은 된소리 등에서 볼 수 있고, 부드러운 기성양식은 서양 음악의 발성에서 볼 수 있고, 기식 음은 병적 상태에서 발생된다.

(2) 공명기

공명기는 구강과 인두강, 비강, 부비동으로 이루어졌는데, 후두에서 만들어진 성음을 증폭하고 공명시키는 역할을 함으로써 음성의 양이나 질을 변화시켜 개인 특유의 음색을 나타내는데 큰 역할을 한다.

구강은 입 안을 말하고, 인두강은 인두 안의 빈곳을 말하며, 인두는 입 안의 끝부터 식도의 첫머리 사이의 근육으로 된 부분을 말한다. 비강은 코 안을 말한다. 부비동은 부비강이라고도 하는데, 비강에 잇달아 주위의 여러 뼈의 내부에 뻗쳐있는 곳으로서 상악동, 전두동, 사골동 따위들을 통틀어 말한다. 이것들은 얇은 점막에 싸여있으며 공기로 차 있다. 상악동은 상악골 체의 가운데 있는 한 쌍의 공동으로서의 코 양쪽 볼에 위치해 있다.

사골동은 두개골에 딸린 뼈의 하나로서 비강과 앞 두 개와 양안과의 사이에 있는 벌집처럼 구멍이 많이 뚫어져 있는 뼈를 말한다.

(3) 구음기

구음기는 아래턱과 입술, 혀, 연구개 및 인두벽 등으로 이루어졌는데, 호기류의 통로를 적당히 여닫으면 인두강과 구강을 넓혔다 좁혔다 함으로써 성음을 변화시키고, 입술과 혀의 적당한 운동으로 모음과 자음을 이루는데 큰 역할을 한다.

구음기에서 혀와 입술의 운동이 가장 중요하다. 발음기관에서 말소리를 만들기 위해서는 혀와 입술이 가장 민활해야 한다. 이와 같이 네 부분으로 나누어 발음기관 그리고 자기의 소리에 대하여 충분히 알고, 그것에 따르는 훈련을 할 수 있고, 따라서 정확한 발성과 호흡, 정확한 발음과 음성을 표현할 수 있게 된다.

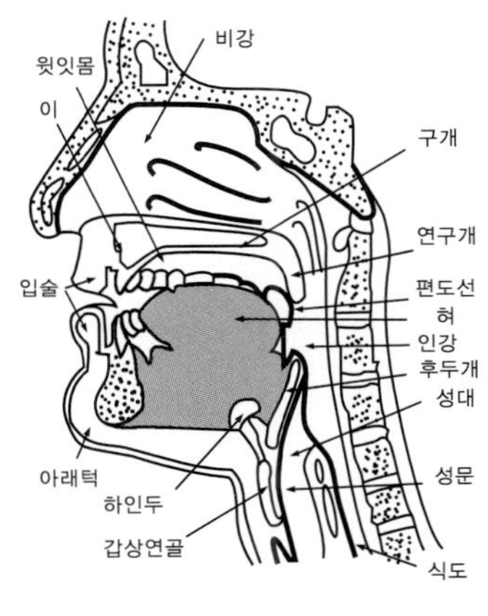

〈발음기관의 구조〉

2. 발성(목소리)에 관하여

대부분의 사람들은 얼굴 다음으로 아름다운 목소리를 원하면서도 아름다운 목소리를 갖기 위하여 목소리 다듬기를 실시하지 않는다. 목소리는 호흡활동에 의해서 허파로부터 기관을 통과한 적당한 양의 압축 공기가 성대를 작용시키므로 성대가 울리게 되어, 그에 따라 발생되는 생리적인 현상을 목소리라고 한다. 이렇게 만들어진 목소리는 수많은 사람들만큼이나 다양하다. 이는 마치 같은 지문을 가진 사람이 없듯이 목소리도 사람마다 다르다. 사람의 목소리는 발성기관의 구조에 따라 각 개인마다 다른 특색을 보인다.

1) 목소리의 발달단계

말이란 목소리를 어떻게 내느냐에 따라 실로 다양한 뉘앙스를 나타낸다. 인터네이션(intina-tion), 즉 목소리의 고저, 강약, 완급, 장단, 정지 등 다양한 마음의 진동은 목소리의 울림으로 나타난다. 목소리에는 온도가 있고 기쁨과 슬픔의 빛깔이 있다. 음성은 각기 타고난 개성이며, 성격

인생 체험 발성훈련 등으로 어느 정도 변화가 된다

① **산성** : 탄생하는 순간 갓난아이가 처음 내는 소리(일종의 외치는 소리).
출생과 동시에 모태로부터의 영양 공급이 단절됨으로써 필연적으로 행하여지는 호흡운동의 일종이다.

② **랄어기** : 생후 5주일 이후에서 생후 8개월경까지 울음소리나 목소리의 성질이 차차 변하여 불쾌한 감정을 표현하는 방법으로 생후 7, 8주 후에는 불쾌한 표현을 더 한층 강하게 나타내고, 동시에 기분이 좋을 때는 부드러운 음성을 사용하는 시기이다.

③ **모방기** : 생후 8개월부터 12개월.
주위로부터 들려오는 음, 즉 사람의 목소리와 기타 여러 가지 환경 음이나 자신의 목소리 등을 들어서 그 음을 기억하게 되어, 이들을 흉내내는 시기에 접어들게 된다.

④ **자발어기** : 습득한 말을 유아 자신의 발성 능력에 따라서 점차로 활용하여 말을 하기 시작하게 된다. 다른 사람의 말뜻을 이해하고, 음악적인 발성이 가능해지고, 음악을 듣고 노래 부르기 시작하는 시기이다.

⑤ **소아기** : 성역을 넓혀가는 시기이다(청각의 기능이 중요시 되는 시기).

⑥ **사춘기** : 12, 13세경이 되면 사춘기에 접어들게 된다.

⑦ **변성기** : 정상적인 발육상태에서는 11, 12세부터 16, 17세에 반드시 나타난다. 대개 반년 정도부터 2년 반 정도의 경과 기간을 갖게 된다.

⑧ **2변성기** : 50세 전후부터 계속된다. 발성 연습을 계속하면 사람의 목소리는 50세 전후까지 결코 쇠퇴하지 않는다.

2) 목소리의 정의

'침묵은 금이다' 라는 말로 사람 평가의 잣대로 인용하던 시절이 있었다. 그러나 현대는 당당하고, 씩씩하고, 자신감 넘치는 목소리, 그 목소리로 자기 의사를 표현하는 것이 오늘날의 현실이다. 그러면 목소리는 어떻게 표현을 해야 할까?

(1) 좋은 목소리란?

● **선천적으로 타고난 목소리가 제일 좋은 목소리다**

성대를 가능한 한 넉넉히 열고 폐 속의 공기가 성대 주변 근육의 제약을 받지 않고 거침없이 나오면서 성대를 진동시키는, 그야말로 순수하고 꾸밈없는 목소리를 말한다.

● **건강한 목소리가 좋다**

건강한 신체에서 건강한 목소리가 나온다. 즉, 건강한 신체에서 자연 발생되는 에너지로 만들어진 목소리를 말한다. 건강한 목소리에는 힘이 있다. 건강한 목소리란 복부근육을 자유롭게 수축시키며, 폐 속의 공기를 힘 있게 내보낼 때 성대가 진동하면서 내는 '힘 있는 목소리' 를 말하는 것이다.

● **음높이가 낮으면서 떨림이 없는 소리가 좋다**

목소리의 톤이 높으면 음정이 불안정해지고, 때로는 소리에 떨림이 생긴다. 좋은 목소리는 낮으면서 안정되고 힘 있는 목소리를 내는 것이 좋다.

● **생각이 있는 목소리가 좋다**

목소리를 낼 때 가능한 자신의 소리를 주의 깊게 듣는 연습이 필요하고, 자신의 목소리를 생각하면서 내는 것이 좋다.

● **자신 있고, 당당하고, 씩씩하게 내는 소리가 좋다**

자신이 가진 목소리를 음절에 구애됨이 없이 자신 있고, 당당하고, 힘차게 소리를 낼 때 가장 듣기가 좋다. 목소리를 내는 이유는 상대에게 들리도록 하는 것, 즉 '들리는 목소리' 가 발성의 기본 목적임을 잊지 말자.

● **밝은 목소리가 좋다**

인간의 성대는 가장 훌륭한 악기다. 훌륭한 악기가 내는 최고의 소리가 목소리다. 어떤 악기도 목소리 이상으로 인간의 모든 감정을 표현할 수 없다.

목소리의 음색은 밝아야 한다. 의사소통을 위한 말을 할 때는 물론이고, 대중을 상대로 스피치나 연설을 할 때도 밝아야 한다. 밝은 목소리는 긍정적이면서 전달력이 높아 상대에게 좋은 인상으로 다가간다. 밝은 소리를 내는 사람은 소리에 웃음이 깃들어 있고, 당연히 성격도 밝다.

목소리는 매우 정교한 발성기관에 의해 만들어진다. 이는 비밀스러운 자연의 신비와도 같다. 그러나 많은 사람들은 자연스럽게 이루어지는 생리적인 신체기능의 하나로 이해할 뿐 개발하고 다듬는 일에는 노력하지 않는다. 그렇지만 목소리를 전문으로 사용하는 사람이라면 목소리에 대한 올바른 이해와 연구가 있어야 한다.

● **발음이 분명한 목소리여야 한다**

스피치를 할 때는 대화할 때보다 발음이 분명하게 해야 한다. 그러기 위해서는 평소에 여유를 갖고 깊은 목소리를 내며, 침착하게 말하는 습관을 길러두는 것이 좋다.

● **목소리는 자연스럽게 구사해야 한다**

평소의 화법에 문제가 없으면 스피치를 할 때도 일상적인 대화에서처럼 목소리를 자연스럽게 사용해야 청중도 편안한 분위기 속에서 스피치에 열중 할 수 있다. 넓은 장소에서는 맨 뒤까지 들리도록 소리를 내야 하는데, 이 경우에는 목이 쉬지 않도록 연습해 두어야 한다.

● **목소리에 변화를 추구해야 한다**

스피치를 할 때 유의해야 할 점은 단조로움을 피해야 한다는 것이다. 좋은 스피치를 하기 위해서는 말의 완급, 강약, 고저, 장단, 쉬기, 강조 등에 변화를 주어야 한다.

한번은 대화식으로, 한번은 강의식으로 절정이나 강조하고 싶은 부분은 연설식 등으로 전달하는 것이 지루함을 피하는 방법이다. 어찌 보면 스피치의 생명은 좋은 목소리로 좋은 내용을 어떤 방식으로 다양하게 표현하느냐에 달려 있는지도 모른다.

3. 발성훈련 준비와 유의점

1) 발성훈련 준비와 유의점

발성훈련은 심한 신체운동만큼이나 힘들고 어려운 과정을 거치게 된다.

때문에 그 과정과 방법이 올바르지 않으면 건강을 해칠 수도 있으며, 오히려 좋은 목소리를 망칠 수도 있다.

인간에게는 음의 근원이 되는 성대가 있는데, 성대를 진동시키는 것이 폐에서 나오는 공기이다. 이렇게 생성된 음은 극히 미약한 것으로 공명의 도움을 받아야만 비로소 힘 있는 소리가 된다. 힘 있는 강의를 위해서는 자연스럽고 더욱 힘 있는 소리를 내야 하는데, 이러한 훈련이 바로 발성훈련인 것이다.

발성법을 통해서 체계적으로 꾸준히 연습을 하면 기존 자신의 목소리보다 맑고 투명한 소리로 바뀔 수 있다는 사실을 명심하고 꾸준히 연습을 해야 한다. 발성훈련에는 크게 고음, 중음, 저음 등이 있으며, 중음을 중심으로 음의 고르기, 음폭, 음의 굵기, 음의 힘 등을 조절하는 발성 연습을 한다. 발성은 말이나 노래를 아름답게 하기 위한 기초적인 훈련이다. 발성 연습을 꾸준히 해서 아름다운 발성법을 몸에 익히도록 하자. 여기서 밝히는 발성훈련 준비와 유의점은 훈련에 앞서 알아둬야 할 지침서이다.

① 복식훈련을 위한 근육단련과 복식호흡을 마음대로 실시할 수 있는 능력을 터득한 다음에 발성훈련에 임해야 한다.

② 발성기관을 충분히 다듬었거나 준비시킨 뒤에 발성훈련에 돌입해야 한다.

③ 발성기관의 근육과 성대가 긴장하였거나 피로할 때는 발성훈련을 피하도록 한다. 신체가 정상이 아닐 때는 금한다. 그렇다고 너무 긴장이 풀어졌거나 신체가 둔할 때도 좋지 않다.

④ 훈련하는 장소의 환경이 불결하거나 공기가 탁한 곳은 되도록 피하고 이웃 사람들에게 피해

를 주지 않도록 한다.

⑤ 기초발성이나 목소리를 다듬는 과정은 어디까지나 목소리의 음량과 풍부한 음질을 높이는 훈련이다.

⑥ 음식을 먹은 뒤에나 잠자리에서 일어나서 곧바로 발성훈련을 실시하지 않도록 한다.

⑦ 훈련을 실시할 때는 반드시 준비운동과 올바른 자세를 갖추도록 한다.

2) 발성훈련을 위한 준비 자세

좋은 목소리를 위한 첫걸음은 균형 잡힌 자세를 만드는 일부터 시작된다. 목소리는 단지 성대에서 나오는 음성만이 아니기 때문이다. 좋은 목소리를 위해서는 온몸의 균형이 맞아야 한다.

① 앉거나 서서 발성훈련을 실시함에 있어 기본자세는 두 발을 안정되도록 적당히 벌리고 자연스럽게 놓아둔다.

② 섰을 때는 엄지발가락에 힘을 모으고 몸의 중심이 앞에 있도록 한다.

③ 윗몸과 아랫몸이 일직선이 되도록 귀와 어깨, 등의 척추를 일직선으로 만든다.

④ 의자에 앉을 때는 등이 의자 등받이에 닿지 않도록 섰을 때와 마찬가지로 척추를 일직선으로 세운다.

⑤ 가슴을 높이 들어 자세를 견고하게 유지한다.

⑥ 어깨의 힘을 뺀다. 신체의 어느 한 부분에도 힘이 들어가는 것은 좋지 않다(복식호흡을 하기 위한 자세).

⑦ 아래턱 위턱을 잘 움직인다(풍부한 표정 연출에 도움).

⑧ 가슴을 펴고 입을 크게 움직여 뱃속으로부터 나오는 목소리를 낸다.

3) 좋은 발성법

아름다운 목소리란 공명기관을 잘 울려서 나오는 음성을 뜻한다. 그러므로 좋은 발성법은 올바른 호흡방법과 좋은 공명을 일으킬 수 있도록 공명기관을 단련하여 아름다운 목소리를 만들어야 한다.

바스(Barth)라는 분은 안자츠를 음성생리학적으로 발성함에 있어서 후두강과 인두강을 넓게 열어야 한다고 지적하고 있다. 내용은 다음과 같다.

- 후두의 위치를 낮춘다.
- 혀뿌리를 올리지 말아야 한다.
- 혀뿌리를 뒤로 당기지 않아야 한다.

- 인두의 수축근을 늦춰야 한다(입 안의 모든 근육의 긴장을 풀어준다).
- 후두는 안정된 자세로 호흡할 경우에 가장 자연스럽게 놓인다.
- 안정된 호흡일 때 후두의 위치를 '발성적 영점'이라 한다.
- 심호흡을 할 때 후두가 '발성적 영점'보다 약간 내려간다(심호흡할 때의 상태가 후두가 발성하기에 가장 적절하다).
- 하품할 때 후두가 가장 낮은 위치로부터 내려간다(후두는 음식물을 삼킬 때가 가장 높아서 발성하기에 나쁘고, 하품할 때가 가장 낮아서 발성하기에 가장 적절하므로 하품을 이용하여 뎅쿵을 만드는 것이 가장 좋다). 그래서 하품을 이용하여 발성훈련을 시작하라는 것이다.

☞ **안자츠(ansatz)란** 목소리가 공명을 일으키는 일체의 과정을 폭넓게 가리킴을 말한다. 호흡과 발성, 공명, 성구 전환을 말한다.

☞ **뎅쿵(deckung)이란** 부드러운 맛으로 산뜻한 느낌을 주는 목소리를 내는 발성기술을 뜻한다. 뎅쿵되지 않는 소리를 '바라진 목소리'라고 한다. deckung이란 말은 독일어로, 영어로는 'turn'에 해당된다. 굳이 한국어로 옮기면 '변전음'이라고 생각할 수 있다(《발성과 화술》의 한갑수 편 참고).

4) 성대에 무리를 주는 행동과 부드럽게 해주는 방법

(1) 성대에 무리를 주는 행동

- 큰소리를 내거나 소리 지르기 : 운동경기를 관람하거나 시끄러운 곳에서 말할 때 자연히 큰 소리를 내게 되므로, 이런 장소에서는 소리 지르는 것에 주의를 한다.
- 오랜 시간동안 말하기
- 먼지나 매연이 심한 곳, 공기가 나쁜 곳에서 말하기
- 노래 부르기 : 술을 마시고 노래방에서 큰소리로 노래 부르는 것은 성대에 큰 무리를 주는 행동이다.
- 오랫동안 속삭이기 : 흔히 속삭이는 것이 목소리를 부드럽게 내는 방법으로 생각하기 쉬우나, 이는 성대의 비정상적인 움직임을 이용하는 것이므로 좋지 않은 말하기 방법이다.
- 헛기침(목청 가다듬기), 무거운 물건을 밀거나 들기, 기침하기 등의 이러한 행동은 성대의 과도한 충동을 유발하여 성대에 큰 무리를 주는 행동이다.
- 카페인 음료와 탄상음료의 다량의 섭취는 피해야 한다.

- 지나친 흡연 및 음주도 삼가야 한다.

(2) 성대를 부드럽게 해주는 방법

- 수분을 많이 섭취한다(가래가 묽어질 정도로).
- 크게 기침하거나 컥컥거리는 것을 피하고, 소리가 나지 않을 정도로 부드럽게 한다.
- 불필요하게 말하는 것을 피한다.
- 주위가 시끄러울 때 말하거나 노래하는 것을 삼간다(차안, 텔레비전 앞).
- 물건을 들어올리거나 과도하게 힘을 쓰는 때는 말하지 말고, 말을 할 때에는 과도하게 안면이나 어깨, 또는 목 근육에 힘을 쓰는 일을 삼간다.
- 술과 담배를 끊는다.
- 입 안이나 목을 건조하게 하는 약의 복용을 피한다.
- 목소리를 크게 또는 자주 사용하는 동안은 아스피린을 복용하지 않는다.
- 공기를 통하여 후두를 자극하는 물질들을 피한다(먼지가 많이 나거나 담배연기가 많은 곳을 피하고, 입으로 호흡을 하지 말고 코로 호흡한다).
- 바람이 불거나 추운 야외에서 크게 목소리를 내지 않도록 주의한다.
- 목소리를 많이 사용하는 동안은 휴식과 수면을 많이 취한다.
- 생리중이거나 호흡기 질환이 있을 때도 휴식과 수면을 많이 취한다.

(3) 건강한 목소리를 유지하는 방법

- 성대에 적절한 수분을 공급하기 위하여 물을 충분히 마시도록 한다. 가능하면 보리차나 생수를 마시고, 우유나 유제품은 성대에서 나오는 분비물의 점도를 높여 가래를 생기게 하여 헛기침을 하는 횟수를 늘리기 쉬우므로 연설이나 강연 직전에는 피한다.
- 성대에 수분을 주는 방법으로 습포법을 자주 사용하도록 한다. 습포법이란 따끈한 물을 축인 수건으로 입 주변을 감싼 후 숨을 깊이 들이마셔 가능한 한 많은 수증기를 들이마시도록 하는 방법이다. 그리고 가습기 등으로 방 안의 습도가 적절히 유지되도록 한다.
- 평소 몸 건강에 신경을 쓰고 먼지를 없애는 등 주변 환경을 쾌적하게 유지 한다. 담배는 성대의 천적이다.
- 성대에 수분을 유지하기 위해 물을 충분히 마신다. 특히 건조한 비행기 내에서는 40분에 한 컵 정도 마셔야 한다. 커피나 콜라 등 카페인이 함유된 음료는 수분을 빼앗아가기 때문에 오히려 해롭다.
- 자신의 발성 범위를 벗어나는 소리를 내지 않는다. 노래방 등에서 지나친 고음이나 저음을 계

속 내는 것은 금물이다.

- 가래를 없애기 위해 헛기침을 하는 것도 성대에 해롭다.

5) 목소리 떨림증 예방 발성훈련

목소리 떨리는 이유를 알아보자. 평소 말을 할 땐 안 떨리다가도 왜 다른 사람들 앞에 서면 떨리는 걸까. 전문가들은 긴장이나 불안 상태로 인해 생기는 호흡의 불안정이 원인이라고 말한다.

과도하게 긴장하거나 흥분하면 심장박동 수가 늘고 가슴이 두근거릴 뿐만 아니라 호흡이 빨라진다. 목소리는 호흡을 원동력으로 한다. 호흡이 불안정해지면 목소리도 불안정해져 떨리거나 말문이 막히고 기어 들어가는 듯한 소리가 난다.

● **1단계,** 정신 훈련을 하자. 머릿속에서 예행연습을 해보자. 이는 골프, 야구 선수들이 즐겨하는 정신 훈련법이다. 앞으로 다가올 상황에 대한 이미지를 머릿속으로 하나하나 떠올리며 연상한다. 중요한 프레젠테이션을 앞둔 사람이라면 회의장에 걸어 들어가는 모습, 자신이 연단에서 서 있는 모습, 말하는 모습 등을 머릿속에 미리 그려보는 것이다.

자신이 대중 앞에서 말을 하거나 의사 표현을 하기로 예정된 곳을 사전 답사하는 것도 좋다. 이번에는 관객 입장이 돼서 조금 전 떠올린 모든 이미지를 영화 감상하듯이 다시 반복한다. 제3자 입장에서 자신의 이미지가 어떻게 보이는지, 내가 대중이라면 나의 어떤 모습이 상대방에게 믿음을 줄 것인지 되돌아본다.

● **2단계,** 실전연습을 하자. 몸의 긴장을 누그러뜨리고 안정적으로 숨을 쉬려면 복식호흡이 좋다. 복식호흡이 힘들면 숨을 깊게 들이마셨다가 길게 내쉬는 호흡을 수차례 반복한다. 숨을 쉬면서 '나의 마음은 편안하다' 는 자기 암시를 준다.

말할 때 턱이 앞으로 나오면 톤이 탁해지고 거칠어진다. 턱을 최대한 뒤로 당기고 귀가 어깨 라인과 일치하도록 한다. 말투가 빠르거나 급하거나 톤이 높으면 흥분한 것처럼 보이고 상대방에게 불안감을 준다.

이를 예방하려면 목소리와 관련된 근육(턱, 혀, 입술)을 이완시켜 줘야 한다. 혀와 입술을 이완시키고 성대를 부드럽게 풀어주기 위해서는 혀 진동과 입술 진동을 해본다. "따르르~ " 하면서 혀를 진동시키고 입술을 '부르르 떨게' 하는 연습이다.

또 입을 크게 움직이면서 '아, 에, 이, 오, 우' 를 다소 과장되게 반복 연습한다. 입 안에서만 우물우물하면서 자신 없어하는 목소리를 없애는 데 도움이 된다. 입에 나무젓가락을 물고 소리 내어 글을 읽는 연습을 하면 정확하고 또렷한 발음이 되게 하고, 목소리 떨림을 없애는 데도 도움을 준다.

평소 말하는 습관을 고치는 훈련도 같이하자. 가장 좋은 방법은 하루에 5분가량 시 같은 짧은 글을 읽는 것이다. 읽을 때도 감정을 넣어서 마치 발표하듯이 연습을 하면 좋다. 숨을 적당히 쉬어가면서 정확하게 천천히 발음해야 한다. 하루에 30분씩 일주일 정도만 투자해도 변화를 금세 느낄 수 있다.

(1) 목소리 떨림증 예방 발성호흡법

- 편안한 자세로 누워서 책을 배에 올린 뒤 숨을 들이쉴 때 책이 올라가도록 수차례 호흡한다.
- 1번 자세에서 입을 약간 벌리고 입과 코로 동시에 빨리 숨을 들이마시고 내쉴 때는 입술로만 가능한 한 길게 내쉰다.
- 익숙해지면 책을 치운 상태에서 2번과 동일한 방법으로 호흡한다.
- 의자에 엉덩이를 집어넣고, 허리를 펴고 바르게 앉는다. 2번과 동일한 방법으로 호흡한다.
- 서 있는 자세에서 동일한 방법으로 호흡하되 흉부가 양 옆으로 확장되는 느낌을 갖는다.
- 땅바닥에 배를 깔고 엎드린 뒤 동일한 방법으로 호흡한다. 숨을 쉬기 가장 힘든 자세로 폐활량을 높일 수 있다.
- 1-6번까지의 자세를 몸에 무리가 가지 않도록 되풀이한다.

4. 발음훈련과 발성

말을 만들기 위한 필요조건과 과정은 첫째, 발음의 재료는 호흡의 들숨과 날숨을 이용한다. 둘째, 날숨으로 순수한 목소리의 공명을 만든다. 셋째로는 발성을 이용해서 의도적으로 발음을 만들게 된다.

발음이라고 해서 반드시 발음기관에서만 만들어지지 않는다. 일반적으로 발음(말)은 발음기관을 중심으로 경우에 따라서는 호흡과 발성기관에서도 만들어진다. 다시 말해서 발음기관을 거치지 않고 호흡이나 발성기관에서 자연스럽게 만들어지는 발음도 있다.

1) 발음훈련의 기본

평소 낭독을 해본 적이 없는 사람은 분명한 발음이 잘 안될 수도 있다.

분명한 발음이 올바른 내용 전달에 대단히 중요하다는 것은 거듭 강조해왔다. 분명한 발음을 위해서는 먼저 조음기관 중에서 혀와 아래턱의 움직임이 부드러워야 한다. 그러기 위해서 혀와 턱의 운동을 해야 한다. 또 씹는 운동은 일종의 극기훈련식 발음법이라 할 수 있다.

발음법에서는 가능한 발음하기에 가장 어려운 조건을 만들어 이를 극복하고 입에서 인후까지의 발성 및 발음에 적절한 근육의 상호 협동작용을 원활하게 하자는데 기본 목적이 있다.

(1) 혀 운동

- 혀를 앞으로 빼는 운동인데 '하나'에 빨리 세게 앞으로 빼고, '둘'에 뒤로 당기고 입을 다문다. 이것을 반복한다. 이 운동은 혀를 입 밖으로 길게 내어 뺐다가 집어넣는 운동을 거듭하여 혀의 활동성과 부드러움을 유지시킨다.
- 혀를 위로 빼는 운동인데 혀끝을 코끝에 붙이는 기분으로 올렸다 아래로 내렸다 반복 연습을 한다.
- 혀끝으로 윗니, 아랫니를 미는 운동인데 혀끝에 압박을 느끼도록 힘껏 밀었다가 떼는 것을 반복한다. 혀끝을 순간적으로 입천장에 붙였다가 떼면서 '딱딱' 소리를 내는 것도 중요하다(이 운동은 입 안과 윗몸의 마사지 효과도 볼 수 있다).
- 혀끝을 뒤집는 운동은 혀끝을 경구개에 대고 자주 뒤집는다. 한번은 위 천장에, 한번은 아랫니에 대고 돌린다. 혀를 이용해서 자유자재로 움직일 수 있도록 많은 연습과 노력이 필요하다. 혀는 말하는데 있어서 아주 중요한 역할을 차지하고 있다.

(2) 턱 운동

아래턱을 상하좌우로 움직인다. 입을 크게 벌리면서 역시 턱의 활동성과 부드러움을 유지시킨다.

(3) 입술 운동

- 입술을 앞으로 내밀었다가 옆으로 잡아당긴다. 항상 부드러움과 윤기를 잃지 않도록 적셔둔다
- 두 입술을 앞으로 불쑥 내밀고 앞으로 돌린다.
- 아래 입술만 나오게 한다.
- 아래 입술을 최대한으로 위로 올린다.
- 입술로만 '빠, 뽀, 쁘, 파, 포, 프'의 발음을 한다.

(4) 씹는 운동

우선 크래커나 비스킷 한 개를 입에 넣고 되도록 입의 운동을 크게 하며, 혀를 많이 움직이고 음의 소리를 내면서 씹는다.

- 몇 초 동안 모음의 소리를 낸다.
- 그 다음엔 씹으면서 1～ 10까지의 숫자를 소리 내며 센다. 그리고 또 신문이나 짧은 문장을

읽는데, 이때 침이 고이면 삼켜버린다. 비스킷이 녹아버리면 다 삼켜 버리고, 다시 새로운 것으로 시작한다. 이상의 방법을 한 번에 5분 정도로 하루 몇 번씩 일주일을 계속한다.

- 2주째는 크래커를 반쪽으로 나누어 같은 방법으로 행한다.
- 3주째는 반의 반쪽으로 행한다.
- 4주째는 크래커를 사용하지 않고 상상으로만 씹으면서 연습을 행한다.

이 방법은 목에 힘이 들어가는 사람이나 성대 결절이 있는 사람이 훈련을 하면 차차로 성대 근육이 부드러워지며, 발성과 발음을 하기에 편해진다.

발성과 발음에 이상을 느끼는 사람이 실행해 보면 효과를 볼 수 있다.

2) 발음훈련의 실습

(1) 지시도에 의한 연습

- 가능한 입을 크게 벌리고 배에서 나오는 복성으로 소리를 내고 목에 너무 힘을 주어 무리가 가지 않게 한다.
- 소리는 되도록 내뱉도록 한다.
- 위에서 아래로, 대각선으로, 옆으로 등 다양하게 발음연습을 한다.
- 고발성으로 딱딱 끊어서 속도를 일정하게 천천히 발음한다.

예문

가	갸	거	겨	고	교	구	규	그	기
나	냐	너	녀	노	뇨	누	뉴	느	니
다	댜	더	뎌	도	듀	두	듀	드	디
라	랴	러	려	로	료	루	류	리	리
마	먀	머	며	모	묘	무	뮤	므	미
바	뱌	버	벼	보	뵤	부	뷰	브	비
사	샤	서	셔	소	쇼	수	슈	스	시
아	야	어	여	오	요	우	유	으	이
자	쟈	저	져	조	죠	주	쥬	즈	지
차	챠	처	쳐	초	쵸	추	츄	츠	치
카	캬	커	켜	코	쿄	쿠	큐	크	키
타	탸	터	텨	토	툐	투	튜	트	티

파	퍄	퍼	펴	포	표	푸	퓨	프	피
하	햐	허	혀	호	효	후	휴	흐	히

(2) 문장에 의한 발음 연습

이제는 발음 연습을 문장으로 해보자. 우선 짧은 문장으로 연습을 하자. 큰 소리로 읽되 한 대목씩 쉬지 말고 끝까지 읽어야 한다.

- 저 골목을 지나가는 상장수가 새 상 장수냐, 헌 상 장수냐? 상장수와 상만 보고 새 상장수인지 헌 상장수인지 알 수가 없구나!
- 눈 : 오는 날 눈에 눈 : 이 들어가니 이것이 눈 : 물인지 눈물인지 몰라 눈 : 물과 눈물을 흘리면서 눈 : 물과 눈물을 닦는다.
- 저기 저 말뚝이 말 맬 말뚝인지, 말 못 맨 말뚝인지 말 : 이 없으니 말 주인은 말 : 없이 서서 말을 못 매고 있다.
- 여기 계신 분이 백 법학 박사이고, 저 분은 박 법학 박사이다.
- 말 탄 사람이 말을 보고 말 : 을 하니 말 : 을 모르는 말이 말 : 없이 있더라.
- 저기 저 뜰에 콩깍지는 깐 콩깍지인가, 안 깐 콩깍지인가?
- 한양 양장점 옆에 한영 양장점, 한영 양장점 옆에 한양 양장점
- 경찰청 창살은 쌍창 살이고, 시청 창살은 안 쌍창살이다.
- 간장 공장 공장장은 공 공장장이고, 된장 공장 공장장은 장 공장장이다.

(3) 음절을 통한 발음 연습

- 콩깍지, 깐 콩깍지인가, 안 깐 콩깍지인가.
- 대한관광, 대한관광공사, 대한관광공사 공무원
- 조달청, 조달청 청사, 조달청 청사 창살, 조달청 창살 쌍창살
- 항만청, 항만청 청사, 항만청 청사 쇠창살

우리의 몸이 건강할 때 좋은 목소리를 얻을 수 있다는 얘기는 당연한 얘기일 것이다. 좋은 몸 상태를 갖기 위해서는 우선 정신적 긴장과 육체적 경직 상태를 부드럽고 유연하게 풀어야 한다. 이는 원활한 혈액 순환과 배(소화기관)가 편안한 상태를 말한다. 따라서 배 부위가 유연해지면서 허리에 탄력성을 갖게 된다. 이런 조건을 갖췄을 때 발성을 위한 특별한 노력을 기울이지 않아도 자연스럽게, 부드러우면서도 힘 있는 소리를 낼 수 있다.

현재 기분이 좋지 않을 때 좋은 목소릴 내야 할 상황에 처했을 때 어떻게 할 것인가. 이런 경우 대개가 지나치게 신경을 써서 오히려 긴장 상태가 고조된다. 부드러운 소리를 위해 '큼큼' 거리며

기침을 하거나 침을 자꾸 삼켜 목구멍을 건조시키는 경우가 생기는데, 이는 오히려 역효과만 낼 뿐이다.

이럴 때일수록 잠시 눈을 감고 먼저 마음을 가라앉히고 마음 풀기 운동을 해야 한다. 마음의 안정은 어떤 상황에도 능동적인 대처를 할 수 있는 원천적인 조건이기 때문이다.

(4) 숫자와 자모음의 발음훈련이다

아래의 숫자를 정확한 발음으로 천천히 읽다가 점차 빨리 읽으라. 처음에는 [이십, 사만, 오천, 구백, 십, 육]으로 읽은 다음 [둘, 넷, 다섯, 아홉, 하나, 여섯]으로 끊어서 정확하게 읽는다. 다음은 이어내기로 점차 빨리 반복하여 발음한다. [이, 사, 오, 구, 일, 육] 등 숫자의 발성훈련도 여러 가지의 방법으로 훈련을 할 수가 있다.

예문

245916	776311	587433	123456	478390
576849	987655	374856	294876	398762
987654	876542	564738	365879	765241

3) 불분명한 발음의 원인

발음이 불분명한 이유는 다음과 같다. 자신의 발음이 분명하지 않다면 어떤 원인이 있는지 살펴보자.

① 편하게 대충 발음하려는 발음 습관
② 정확한 발음법을 모름
③ 너무 빠른 말의 속도
④ 조음기관의 이상
⑤ 모국어의 영향(외국인의 경우)

4) 발음 능력의 향상

① 한 음절 한 음절 적극적으로 또박또박 발음하는 습관을 키운다.

② 발음이 어려운 단어일수록 천천히 또박또박 발음한다.
③ 평소에 어려운 발음 연습을 해본다.
④ 낭독훈련을 열심히 한다.
⑤ 표준발음법을 익힌다.

5) 정확한 발음 요령

① 입술, 혀, 턱을 원활히 움직인다.
② 말의 시작은 부드럽게, 끝은 분명하게 발음한다.
③ 어려운 발음이나 중요한 부분은 천천히 발음한다.
④ 파열음은 부드럽게 발음한다(ㅋ, ㅍ, ㅌ).
⑤ 복모음은 정확하게 발음한다(와, 외, 위).
⑥ 장 · 단음은 잘 살려 표현한다.
⑦ 적절한 곳을 띄워 말한다.

6) 산소호흡에 의한 두성발성

산소호흡은 복식호흡의 단전호흡과 유사하지만, 단전호흡은 코로 숨을 들이마신 후 입으로 내뱉는 방식이다. 그러나 산소호흡이란 숨을 들이마실 때, 하품을 할 때나 심호흡을 할 때처럼 들이마실 때 입과 코로 동시에 많은 양의 산소를 들이마신다는 차이를 가지고 있다.

우리가 평소 하품할 때 산소호흡을 한다. 산소호흡이란 말 그대로 깨끗한 산소를 몸에 많이 들이마시는 호흡법을 말한다. 호흡하는 방법을 알아보고자 한다.

- *바른 자세로 서거나, 의자에 등을 바르게 대고 앉거나, 책상 다리를 하고 앉는다.*
- *양손을 깍지 끼고 단전을 누르면서 아랫배가 불룩 나오도록 숨을 단숨에 들어 마신 후 내뿜는다.*
- *하나 동작에, 코와 입으로 숨을 들이마시고 공기를 아랫배에 불룩하게 저장한다.*
- *둘 동작에 깍지 낀 손바닥으로 단전을 누르면서 배에 있는 공기를 서서히 입 밖으로 내뿜는다. 이때 내뿜는 공기의 힘으로 천천히 소리를 내면 단전호흡에 의한 발성이 된다.*

산소호흡에 의한 발성을 뛰어넘어 두성발성 단계에 이르면 호흡이 밖으로 유출되어서는 안 된다. 두성 발성법이란 머리의 구상과 비강의 공간에 공명을 일으키며 발성하기 때문에 머리에서 기(氣)를 돌리듯 호흡을 밖으로 내뿜지 않고 안에서 돌리기 때문이다.

눈썹 끝을 올리면 눈동자도 자연히 위로 흰자위를 드러내고 올려 뜨게 된다. 그런 상태에서 음을 머리의 공간에 공명을 일으켜 이마가 울리도록 음을 잡으면 마치 정수리(머리끝)에서 음이 들리는 듯한 상태가 된다. 그 발성법을 '두성발성법'이라 한다.

(1) 발성의 기초

● **자세** : 올바른 공명을 얻으려면 신체의 각 부위를 고르게 활용해야 한다. 자세를 자연스럽게 하면 자연스런 발성을 할 수 있고, 듣는 사람도 편안하게 감상할 수 있다. 즉, 상반신을 반듯하게 세우고, 가슴을 펴며, 발을 약간 벌려 몸의 중심을 안정되게 잡아 편한 자세를 취하여야 한다.

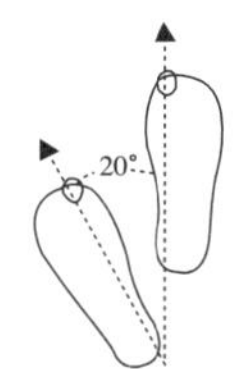

● **호흡** : 긴장을 풀고, 척추를 곧게 하여 바른 자세를 취한다. 어깨를 뒤로 약간 젖히고 자연스럽게 힘을 빼며, 아래로 내린다. 하복부(아랫배)를 안으로 당긴다. 횡격막을 팽창시킨다. 이때 폐 속에 공기가 들어간다. 공기가 폐 속에 가득 찬 상태에서 숨을 멈춘다.

● **노래를 부른다**

이때 복부를 밀어붙이며, 골반 근육을 수축, 상승시켜 횡격막을 떠받쳐 주고, 둔부 근육을 수축, 상승시켜 숨결의 흐름을 안정되게 해준다.

선구자

일송정 푸른 솔은 늙어 늙어 갔어도 / 한줄기 해란 강은 천년 두고 흐른다.

지난날 강가에서 말 달리던 선구자 / 지금은 어느 곳에 거친 꿈이 깊었나.

아리랑

아리랑 아리랑 아라리요 / 아리랑 고개로 넘어간다.

나를 두고 가시는 임은/ 십리도 못가서 발병 난다.

● **프레이즈 단위로 숨을 쉰다**

프레이즈는 독자적인 의미를 지니는 하나의 구(2～ 4마디)이다. 악곡을 연구하여 프레이즈를 바르게 파악함으로써 프레이즈가 도막나는 일이 없도록 해야 한다. 호흡을 할 때 목과 어깨 등에 긴장에 의한 압박이 가해지지 않도록 한다. 호흡 연습의 사이사이에 몸을 부드럽게 움직여 긴장을 풀어주도록 한다.

● **노래의 시작(Attack)**

숨을 들이마신 후에는 반드시 순간적으로 숨을 멈추었다가 노래를 시작해야 한다. 숨을 들이마시자 곧 소리를 내기 시작하면 그 순간에 많은 공기가 나가 버리기 때문에 잠시 숨을 멈춤으로써 악곡의 첫 소리의 음정을 바르게 낼 수 있으며, 충분하고 안정된 호흡으로 노래를 할 수 있게 되는 것이다. 따라서 프레이즈를 시작할 때마다 '횡격막 팽창(in) - 숨 정지(stop) - 노래 시작(out)' 하는 습관을 길러야 한다.

- **공명**

공명은 소리를 윤기 있고 생기 있는 것으로 만들어 주고, 소리를 풍부하게 해 주며, 널리 울려 퍼지게 한다. 공명은 비강, 구강, 상인두부 등을 울림으로써 이루어지는데, 처음에는 두 눈의 중간(전두동)쯤을 공명의 초점으로 하여 비강과 구강의 울림을 차차 머리 전체로 확장하여 가는 것이 효과적이다.

허밍(humming)을 공명 연습의 첫 단계로 하는 것이 좋다. 허밍은 입 속(구강)을 둥글게 벌린 후 입술을 가볍게 다물고 구강과 비강을 울리며 소리 내는 것인데, 호흡 연습과 허밍을 동시에 연습하여야 한다.

- **발음(Diction)**

발음은 메시지의 명확한 표현과 공명을 위하여 매우 중요하며 음질의 결정에 중요한 역할을 한다. 발음을 할 때에는 입 속을 되도록 넓고 둥글게 벌려 공기의 통로와 공명통이 커지도록 한다. 자음으로 시작될 때 입술은 빠르고 세차게 움직이도록 하며, 모음은 되도록 길게 발음하고, 받침 자음은 모음이 끝나는 순간에 붙이도록 한다.

모음을 길게 하는 것은 공기의 통로를 되도록 크게 하여 발음의 흐름을 유연하게 하기 위한 것이다. 발음훈련에서 유의해야 할 점은 혀의 위치와 긴장이다. 모음을 소리 낼 때 소리를 가로 막지 않도록 하기 위하여 혀는 긴장을 풀고 자연스럽게 두어야 한다.

- **공명 훈련**

구강 및 인후강을 개방하여 유연한 자세로 선다. 그 다음 입술을 다물고 '음' 발음을 내는데, 호흡을 균등히 내뱉는다. 음조를 비강에 집중하고 얼굴의 이마와 입술의 진동을 느껴본다. 임의 선택된 문장을 비음으로 최대한 공명을 이룰 수 있도록 소리 내어 읽는다. 다음에 비음을 제거시키고 읽어봄으로써 비음과 일반 음의 음색 차이를 느껴 본다.

- **리듬**

말의 리듬은 음의 고저, 음역, 강도, 속도, 포즈 등의 적절한 배합에 의해서 형성되는 것으로, 말의 강약과 악센트의 적절한 배합을 통해 효율적으로 나타난다. 따라서 말하는 이의 심리상태와 감정상태가 잘 나타나도록 읽는 것이 효과적이다.

(2) 발성 요령

- 밀폐된 곳에서 발성 연습을 하면 효과적이다(승용차 안, 목욕탕, 양동이).

- 자기의 스피치를 녹음해 들어보아라(정체 파악).
- 기도를 확장하는 느낌으로 발성하라.
- 성대에서 만든 소리를 단전의 힘으로 밀어내라.

☆ 포즈(pause)

일반적으로 말을 강조할 때 가장 효율적인 방법 중의 하나로, 강조하고자 할 단어 앞에서 말을 잠시 멈추거나 머뭇거리는 포즈(pause)의 사용법은 청취자로 하여금 화자의 요지를 잘 이해할 수 있도록 도와준다. 특히 적절한 포즈의 사용은 특정 단어의 강조뿐 아니라 듣는 이의 호기심을 불러일으킬 수 있어 긴장을 증가시키는 데 효율적이다.

☆ 명쾌하고 다이내믹한 음성으로 단련하라

아무리 곡조와 박자를 정확하게 맞춰 노래를 부르더라도 음색이 매끄럽지 못하면 듣기에 거북하다. 스피치할 때도 아무리 내용이 좋고 제스처가 훌륭해도 음색이나 음량이 고르지 못하면 설득력이 떨어진다. 즉, 스피치에 있어서도 좋은 목소리는 매우 중요하다.

태어날 때부터 좋은 음성을 가지고 태어나는 사람이 있는가 하면 선천적으로 음성이 거친 사람이 있다. 타고난 음성을 완전하게 바꾸는 것은 어렵겠지만, 발성 연습과 호흡 조절을 꾸준히 하면 어느 정도 부드럽고 낭랑한 목소리로 변화시킬 수 있다.

(3) 나무젓가락을 입에 물고 모음 자음을 강하게 발음한다

- 아-에-이-오-우-우-오-이-에-아-아-야 어-여
- 가-나-다-라-마-바-사-아-자-차-카-타-파-하
- 강-낭-당-랑-망-방-상-앙-장-창-캉-탕-팡-항
- 각-낙-닥-락-막-박-삭-악-작-착-칵-탁-팍-학
- 거-너-더-러-머-비-서-어-저-처-커-터-퍼-허
- 고-노-도-로-모-보-소-오-조-초-코-토-포-호
- 구-누-두-루-무-부-수-우-주-추-쿠-투-푸-후
- 기-니-디-리-미-비-시-이-지-치-키-티-피-히

(4) 촛불을 사용해 발성 연습을 한다

밝고 큰소리를 낸다는 것은 스피치의 원칙이다. 이것은 복식호흡법으로 마스터할 수 있다. 준비할 소도구는 손거울과 촛불이다. 불을 붙인 촛불을 오른 손에 쥐고 입에 가까이 가져가 눈앞의 거울에 그 불이 비치도록 한다. 그리고는 큰 소리로 이야기하거나, 노래하거나 하면서 불꽃의 움직임을 본다. 불꽃이 흔들리거나 꺼지면 목소리가 배로부터 나오지 않고 있다는 증거이다.

두성발성에 의한 발성이라면 입을 3㎝ 가까이 가져가도 불꽃은 꿈쩍 않는다.

소리란, 공기의 진동이지, 공기를 내뱉는 것은 아니다. 이 진동도 그냥 입 밖으로 튀어나가는 것만으로는 빈약한 소리가 된다. 목소리는 폐나 두개골에서 공명할 때 비로소 풍부한 성량이 된다.

발성법의 요령은 먼저 코로 공기를 들이쉬고 일단 멈추었다가 입으로 숨을 내쉬는 것이다. 입으로 내쉴 때 '아-' 하는 소리를 낸다. 횡격막이 충분히 상하 운동을 하고 있으면 합격이다.

(5) 녹음기로 자기 목소리를 들어본다

발성 연습과 동시에 녹음기로 자기의 목소리를 들어보자. 평소에 알지 못했던 목소리의 단점을 알 수 있을 것이다. 우리는 자기의 음성을 귀로 듣는 것 말고도 성대의 진동이 두개골에 전달된 것을 두 귀로 듣고 있다.

이 두 가지 합성음이 자기의 음성이다. 그러나 상대방은 공기의 진동을 귀로 듣고 있으므로 녹음기에서 들리는 음성이 실제로 공기 중에서 들리는 자신의 목소리이다. 그러므로 녹음기에 의해 객관적으로 자신의 음성을 체크하고 그것을 살리는 발성법과 화술을 연습해야 한다. 물론 스피드, 강약, 고저, 억양 등 결점이 있으면 고치는 노력도 필요하다.

(6) 좋은 목소리를 만드는 훈련 방법

우리 주변에 있는 간단한 도구들을 이용하여 좋은 목소리를 만드는 간단한 훈련방법을 알아보고자 한다.

- **나무젓가락을 이용한 훈련**

준비할 것은 새 나무젓가락(물론 2개로 쪼개지 않은 것) 2개다. 어떤 나무젓가락이든 괜찮으므로 폭이 같은 것을 준비해야 한다. 먼저 나무젓가락을 입으로 문다. 가로가 아니라 세로로 하여 양쪽 어금니로 가볍게 문다. 나무젓가락이 떨어지지 않을 정도면 된다. 잇자국이 날 정도로 세게 물 필요는 없다.

- **탁구공을 이용한 훈련**

일반적으로 쓰이는 탁구공 하나를 준비한다. 입을 벌리고 탁구공을 입술 사이에 끼운다. 이로 물면 안 된다. 입술로 가볍게 물어서 고정시킨다. 또한 입술과 탁구공 사이에 틈이 생기지 않게 한다. 이런 상태에서 '아-' 하고 소리를 내 본다. 소리를 낼 때는 탁구공 틈새로 호흡이 새나가지 않도록 주의하자. 물론 탁구공이 입을 막고 있으므로 '아-' 음은 제대로 나오지 않을 것이다. 그래도 괜찮다. 입 안에서 목소리가 울리면 그 진동이 전해져 탁구공이 약간 울리게 된다.

손톱을 탁구공에 살짝 댄 채로 낮은 소리로 '아------', '아, 아, 아, 아, 아, 아' 등 여러 가지 목소리를 내 본다. 그리고 탁구공이 잘 진동되도록 목소리를 내는 방법을 알아낸다. 이것이 어느 정도 숙달된 다음에는 이 방법을 살려서 나무젓가락 훈련을 다시 해보면 이번에는 좀 더 잘 될 것이다. 이것이 자신의 본 목소리를 바르게 낼 수 있게 된다.

- **나무젓가락 – 혀 움직이기 훈련**

양쪽 어금니로 2개의 나무젓가락을 가볍게 물어 고정시킨다. 이렇게 하면 혀만 움직이게 된다. 나무젓가락을 빼내면 턱이 움직인다. 다시 나무젓가락을 문 상태에서 '타–' 하고 발음한다. 그때 혀끝을 위에서 아래로 털어내듯이 발음한다. 이것이 되면 이번에는 '나–' 를 발음한다. 이때 혀는 한가운데를 움직이는 기분으로 발음한다. 또 입 안에서 혀가 이리 저리 움직이지 않도록 주의한다.

익숙해지면 각각 혀 앞부분, 한가운데 부분, 끝부분…. 이렇게 혀의 여러 부위를 의식적으로 움직이게 된다. 목소리를 말로 바꾸는 최대의 포인트인 혀를 사용하는 감각을 익힌다는 점을 기억하라. 혀가 입 안에서 안정감 없이 이리저리 움직이는 일이 없도록 하는 것이 중요하다.

- **나무젓가락 – 입술 움직이기 훈련**

나무젓가락 한 개를 두툼한 쪽을 세로로 하여 폭넓은 쪽을 문다. 나무젓가락에 입술이 닿지 않도록 한다. 이 상태에서 '오– 아', '오– 아' 하고 반복하여 발음한다. 입술의 움직임의 변화를 확실히 의식하면서 여러 번 반복한다.

그 다음 '오– 이', '오– 이', '오– 이' 로 계속해서 연습한다.

- **정확한 발음을 위한 이쑤시개**

이쑤시개를 가로로 해서 앞니로 문다. 그 상태에서 모음 아, 에, 이, 오, 우를 발음해 본다. 턱이 움직이지 않고 입술만 움직이게 되면 다른 음을 발음해 보자. 가능하면 입술이 이쑤시개에 닿지 않도록 이를 앞으로 내밀 듯이 해보면 훨씬 좋다. 이 연습은 입술을 분명하게 움직여서 명확하고 시원시원하게 발음하는데 매우 유효한 훈련이다.

- **호흡조절을 훈련하는 랩**

적당한 크기의 랩을 잘라서 얼굴 아래 부분의 절반 정도만 덮어씌운다. 그리고 입을 벌린다. 그 상태에서 발음했을 때 랩이 입 안으로 들어가는지 혹은 랩이 바깥쪽으로 팽창되는가에 따라 호흡의 출입이나 방향을 알 수 있다. 물론 확실하게 '안으로 길게 빼는 소리' 가 나오면 랩은 입 안으로 들어가 있을 것이다.

(7) 단계 발성 및 발음훈련

☞ 3단계 발성

- 아-(25음), 아-(50음), 아-(75음)
- 어헤야 얼라디야(25), 어헤야 얼라리야(50), 어헤야 얼라리 난다(75)

☞ **5단계 발성**

- 아-(20), 아-(40), 아-(60), 아-(80), 아-(100)
- 잔잔한 바다(20), 바람 부는 바다(40), 넘실대는 바다(60), 출렁이는 바다(80), 파도치는 바다(100)

☞ **발성 4단계 도표**

100의 음성 - 자기의 최고 음성 - 아주 높은 음성(최고음)
75의 음성 - 100과 50의 중간 음성 - 높은 음성(고음)
50의 음성 - 최고 음성의 절반, 보통음성(기본음 또는 중간 단계음)
25의 음성 - 보통 음성의 절반 - 낮은 음성(저음)
10의 음성 - 입만 벌리고 소리는 내지 않는 상태

☞ **어려운 말 훈련**

특수 발성훈련으로 선천적으로나 후천적으로 발음기관에 이상이 있거나 혀가 짧아 발음 교정이 필요한 경우 고난도의 어려운 발음을 엮어 훈련하는 방법이다.

※ 입에 나무젓가락을 물고 정확하게 발음해 보자.

- 로얄 - 막파 / 싸리톨 / 셀레우 - / 주피탈 - 엘룸 - 포 / 킹강 - 프리아챠
- 신진 가수의 신춘 샹송 - 쇼우
- 중앙청 창살 쌍창살, 시청 창살 외창살
- 강낭콩 옆 빈 콩깍지는 완두콩 깐 빈 콩깍지이고,
  완두콩 옆 빈 콩깍지는 강낭콩 깐 빈 콩깍지이다.
- 신진 가수의 신춘 샹송 쇼우^^
- 멍멍이네 꿀꿀이는 멍멍해도 꿀꿀하고, 꿀꿀이네 멍멍이는 꿀꿀해도
  멍멍 한다.
- 간장 공장 공장장은 강 공장장이고, 된장 공장 공장장은 장 공장장이다.

☞ **시조 암송**

태산이 높다 하되 하늘아래 뫼이로다.

오르고 또 오르면 못 오를리 없건마는
사람이 제 아니 오르고 뫼만 높다 하더라. – 양사언 –

어버이 살아 실제 섬기길랑 다 하여라
지나간 후면 애 닯다 어찌하리
평생에 고쳐 못할 일이 이뿐인가 하노라. – 정 철 –

한산 섬 달 밝은 밤에 수루에 혼자 앉아
큰칼 옆에 차고 깊은 시름 하는 적에
어디서 일성호가는 남의 애를 끓나니. – 이순신 –

☞ **감정표현 훈련 문장 연습**

감정을 넣어 점층적으로 표현해 본다.

● **고통의 눈물**

찬 서리가 내려도 국화는 향기를 잃지 않고 진 흙탕물 냄새나는 시궁창 속에서도 연꽃은 곱고 아름답게 피어나듯이 아무리 어렵고 힘든 일이 있을지라도 꿋꿋하게 참고 이겨나가는 슬기와 인내가 필요하다.

● **눈물 젖은 빵 조각**

눈물 젖은 빵 조각을 먹어보지 않은 자는 인생의 참맛을 모른다고 괴테가 말했듯이 지금 우리는 모차르트와 같은 하늘에서 떨어진 천재보다 베토벤과 같이 땅에서 자라난 천재를 절실히 필요로 하고 있다.

● **맥아더 장군의 자녀를 위한 기도문**

나에게 / 이러한 자녀를 주시옵소서. VV

약할 때에 / 자기를 분별할 수 있는 / 강한 힘과 / 무서울 때에 / 자신을 잃지 않을 수 있는 / 담대성을 가지고 / 정직한 패배에 부끄러워하지 않고 / 태연하며 / 승리에 겸손하고 / 온유한 자녀를 나에게 / 주시옵소서. VV

생각해야 할 때에 / 고집하지 말게 하시고 / 하나님을 알고 / 자신을 아는 것이 / 지식의 기초임을 아는 자녀를 나에게 허락하옵소서. VV

바라 옵기는 / 그를 평탄하고 / 안이한 길로 인도하지 마시고 / 고난과 도전에 대하여 / 분투 항거할 줄 알도록 인도하여 주시옵소서. VV

폭풍 속에서 / 용감히 싸울 줄 알고 / 패자를 긍휼히 여길 줄 알도록 / 가르쳐주시옵소서. VV

그 / 마음이 깨끗하고 / 그 목표가 높은 자녀 V 남을 정복하려 하기 전에 / 먼저 자기 자신을 생각하는 자녀 V 장래를 바라보는 동시에 / 과거를 잊지 않는 자녀를 / 나에게 주시옵소서. VV

이것을 / 다 주신 다음 / 이에 더하여 유머를 / 알게 하시고 / 인생을 / 엄숙하게 살아감과 동시에 / 삶을 즐길 줄 알게 하시어 / 자기 자신을 너무 / 중대하게 여기지 말고 / 겸손한 마음을 가지게 하여 주시옵소서. VV

그리하여 / 참으로 위대하다는 것은 / 소박하다는 것과 / 참된 지혜는 / 개방된 것이요, / 참된 힘은 / 온유한 것이라는 것을 / 명심하도록 하여 / 주시옵소서. VV

- **법의 정신**

'암스테르담 여감옥의 문두에, 두려워하지 말라. 나는 너를 위하는 것이 아니라 선도하는 것이다' 라고 쓰여 있다고 한다. 사회가 있는 곳에 법이 있고, 범죄가 있는 곳에 형벌이 있어, 범죄자는 반드시 처벌되어야 하지만, 그 죄를 미워하되 그 사람을 미워하지 말라는 것이 인도주의요, 개선주의이며, 법의 정신인 것이다.

- **진달래 꽃 - 김소월**

나 보기가 역겨워 가실 때에는
말없이 고이 보내 드리오리다.
영변에 약산 진달래꽃
아름 따다 가실 길에 뿌리오리다.
가시는 걸음걸음 놓인 그 꽃을
사뿐히 즈려밟고 가시옵소서.
나 보기가 역겨워 가실 때에는
죽어도 아니 눈물 흘리오리다.

- **가을의 기도 - 김현승**

가을에는
기도하게 하소서…
낙엽(落葉)들이 지는 때를 기다려 내게 주신
겸허(謙虛)한 모국어(母國語)로 나를 채우소서.
가을에는
사랑하게 하소서…
오직 한 사람을 택하게 하소서.

가장 아름다운 열매를 위하여 이 비옥(肥沃)한
시간을 가꾸게 하소서.
가을에는
홀로 있게 하소서
나의 영혼
굽이치는 바다와
백합(百合)의 골짜기를 지나
마른 나뭇가지 위에 다니는 까마귀같이.

- **애국시 - 이은상**

푸른 동햇가에 푸른 민족이 살고 있다.
태양같이 다시 솟는 영원한 불사신이다.
고난을 박차고 일어서라 빛나는 내일이 증언하리라.
산 첩첩 물 겹겹 아름답다 내 나라여!
자유와 정의와 사랑 위에 오래거라 내 역사여!
가슴에 손을 얹고 비는 말씀
이 겨레 살게 하옵소서.

5. 연설을 위한 발성조건과 연습

복식호흡훈련과 발성훈련은 호흡기관과 발성기관을 단련하고 개발시켜 그 능력을 극대화시키는 일이었다면 여기서는 우렁찬 화법을 위하여 풍만한 목소리로 당당하게 말할 수 있도록 하자.

1) 연설을 위한 발성 연습

① 복식호흡으로 하품을 이용하여 뎅쿵을 만들어 3～5회를 길게 천천히 준비 호흡을 실시한다.
② 깊은 호흡을 저장시킨 다음 '아' 발성을 실시한다. 이때 올릴 때는 목소리의 높이와 넓이를 감안, 부드럽게 발성한다.
③ '아' 발성을 할 때는 무음 0도에서 시작하여 수련자의 최고의 높이까지 매끄럽게 올려가며 발성하고 올린 상태에서 끝마친다.

④ 이때 듣기 싫은 목소리가 나오지 않도록 목소리를 가다듬으면서 함께 실시한다.

2) 듣기 싫은 목소리

① 콧소리가 아니지만 코로 발음되는 콧소리 ② 공기가 부딪쳐 탁 하고 씩씩거리는 목소리
③ 감기에 걸렸을 때와 비슷한 쉰 듯한 목소리 ④ 가라앉은 목소리로 목이 낮게 잠긴 목소리
⑤ 일종의 금속성을 보여주듯 깨지는 목소리 ⑥ 말하는 이의 나이에 어울리지 않는 목소리
⑦ 무엇인가 먹고 있는 듯 우물거리는 목소리
⑧ 코 울림(ㄴ - ㅁ - ㅇ)을 코에서 만들지 못한 목소리

이러한 목소리가 나오지 않도록 연설에 앞서 위에서 지적한 순서로 준비발성을 충분히 실시하고 연설에 임해야 한다. 왜냐하면 연설은 다른 유형의 화법과는 달리 장시간에 걸쳐 강력한 힘을 동원하여 청중을 설득해야 하므로 성량을 충분히 준비시키지 않으면 안 된다.

3) 감동적으로 연설을 하려면

① 호흡과 발성을 풍부히 갖추고 적극적으로 활용한다.
② 원고의 짜임과 리듬에 어울리도록 적절히 발표한다.
③ 상황과 분위기에 알맞게 음조를 조절하여 구사한다.

서툰 연설의 타입을 살펴보면 말의 속도나 고저, 강약 등의 억양이 변화를 일으키지 못하여 단조롭고 또 다른 하나는 처음부터 끝까지 고래고래 소리치는 경향을 보인다. 앞의 지침을 기준으로 연설하기 전 발성 연습을 시작하자. 굵은 고딕과 글자의 크기에 따라 목소리를 높여 외쳐보자.

예문

사랑해요! 사랑해요 ! 사랑해요! 사랑해요!
(점점 목소리를 크게)

나는 좋은 연기자다! 나는 좋은 연기자다!

나의 조국 (보통으로 시작) **대한민국은** (부분 강조로) 아름다운 강산 (점점 높여가며 강조) 을 가졌습니다. (보통으로)

나의 조국	**대한민국은**	민주주의가	활발한 나라이다.
(보통으로)	(감정으로 강조)	(보통으로)	(음량을 높인 강조로)

4) 청중들이 앞에 모여 있다는 생각을 가지고, 다음의 연설문으로 당당한 자세로 우렁찬 목소리로 연습해 보자

예문

여러분께서 저에게 이 세상에서 제일 좋은 친구가 누구냐고 물으면 저는 주저하지 않고 책이라고 대답하겠습니다. 심심할 때 이야기를 들려주고, 궁금할 때 의심을 풀어주고 마음이 고달플 때 마음의 양식이 되어주는 책이야말로 좋은 친구가 아니고, 누가 좋은 친구이겠습니까? 책 가운데도 저는 탈무드를 좋아합니다. 탈무드는 2천년의 유랑생활을 해온 유태인들에게 미래와 지혜를 제시한 책입니다. 이처럼 책은 그 사람의 삶의 지혜와 마음의 양식을 높여주는 보고임을 다시 강조하는 바입니다. 감사합니다.

(1) 발성 연습의 실제

사람은 누구나 부모에게 태어날 때부터 물려받은 선천적인 음성을 가지고 있다. 그 음성은 어떻게 사용하느냐에 따라서 듣기 좋은 음성이 되기도 하고 듣기 싫은 음성으로 변하기도 한다.

발성 연습을 통하여 자기가 가지고 있는 음성을 아름답게 단련시킬 수가 있는데 이러한 발성 연습은 작은 음성을 크게 키우는 것이 아니라 태어날 때부터 가지고 있는 음성을 잘 갈고 닦아서 필요할 때마다 적절하게 사용할 수 있게 한다. 웅변이나 스피치에 있어서도 가장 중요한 부분이 곧 음성의 단련, 즉 발성 연습이라고 생각한다.

(2) 발성을 할 때의 주의 할 점

① 각 단계마다 음량의 크기를 똑같이 할 것

"아" 하고 소리를 낼 때 시작과 끝이 일정해야 한다. 굵기가 커졌다 작아졌다 하여서는 안 된다.

② 각 단계마다 소리 지르는 시간이 같을 것

낮은 소리는 길게 소리 지르고 높은 소리는 힘이 들어 짧게 소리 지르게 되면 균형 있는 발성 연습이 되지 못한다.

③ 음색이 동일할 것

발성 연습은 음성의 단련을 위한 훈련과정이므로 계속해서 같은 음색으로 연습하여야 한다.

한 단계의 발성 연습을 하면서 청음과 탁음을 섞어가면서 한다든지 소리의 굵기가 다르게 하여서도 안 된다.

- 입은 원형으로 크게 벌리고 혀는 아랫니에 붙여야 한다.
- 공기를 충분히 들이마셔야 한다.
- 허리띠를 적당히 줄여 아랫배에 힘을 주고 배에서부터 우러나오는 소리를 내야 한다.
- 박력 있는 음성으로 연습해야 하며, 높은 단계로 올릴 때 턱을 쳐들거나 반대로 내릴 때 턱을 낮추는 습관이 들어서는 안 된다.
- 얼굴을 찌푸리거나 몸을 비트는 등 태도의 변화가 있어서는 안 된다.

☞ **음성의 구분**

첫째. 높은 소리와 낮은 소리(고, 저)
둘째, 힘 있는 소리와 힘없는 소리(강, 약)
셋째, 긴소리와 짧은소리(장, 단)
넷째, 슬픈 소리와 슬프지 않은 소리(감정)

※ 10단계 발성 연습(예문)

10단계	열 번 훈련하면 열 번 좋아진다.
9단계	아홉 번 훈련하면 아홉 번 좋아지고
8단계	여덟 번 훈련하면 여덟 번 좋아지고
7단계	일곱 번 훈련하면 일곱 번 좋아지고
6단계	여섯 번 훈련하면 여섯 번 좋아지고
5단계	다섯 번 훈련하면 다섯 번 좋아지고
4단계	네 번 훈련하면 네 번 좋아지고
3단계	세 번 훈련하면 세 번 좋아지고
2단계	두 번 훈련하면 두 번 좋아지고
1단계	한 번 훈련하면 한 번 좋아지고

☞ 끊임없는 반복만이 성공을 보장합니다.

6. 호흡운동법

1) 호흡훈련의 필요성

많은 사람들은 호흡활동이 자연스럽게 이루어지기 때문에 너무도 당연한 신체기능으로 여기고 그 소중함을 쉽게 잃고 있다. 그러나 호흡운동이 생명과 함께 한다는 사실을 이해한다면 결코 방관하지는 않을 것이다. 그리고 화술전문가들은 화술의 기초 자료로 쓰인다는 사실을 깊이 인식하고 호흡훈련에 관하여 새로운 시각으로 정리할 필요가 있다.

(1) 호흡훈련

호흡은 발성의 원천이다. 음성은 허파로부터 내뿜는 것을 말한다. 좋은 음성은 적절한 호흡조절을 해야 가능한데, 적절한 음조의 유지를 위해서는 소리를 내고 있는 동안 많은 양의 공기를 필요로 한다. 그리고 호흡이 헛되게 빠져 나가지 않도록 할 때 완전한 음성이 될 수 있다. 적절한 호흡조절은 바른 자세일 때만 가능하며, 방송언어 활동에 그리고 직업적으로 말을 많이 사용하는 사람한테 도움이 된다.

호흡운동법으로 특히 복식호흡에 주력해야 한다. 우리는 건강을 위해 최대한 산소를 많이 호흡할 필요가 있다. 우선 자신이 복식호흡을 하고 있는지 확인해 보자. 먼저 반듯하게 눕고 책을 배 위에 얹고 심호흡을 한다. 이때에 들숨 때 책이 위로 올라가고 날숨 때 책이 내려가면 복식호흡을 하고 있다고 볼 수 있다. 반듯한 자세로 앉아 복식호흡을 하는 연습을 해야 한다.

(2) 정신 안정 훈련

사람은 흥분 상태에서는 호흡과 맥박이 빨라진다. 이 상태를 정상화시키는 방법이 편안한 발성의 기본이다. 먼저 마음 안정 연습을 한다. 눈을 감고 몸에 힘을 빼면서 자기 암시를 해야 한다.

나는 기분이 안정되고 있다.

나는 기분이 안정되어 있다.

앞의 과정을 10회 정도 말하면서 암시를 주면 기분이 서서히 안정된다. 각자의 기질에 따라 여러 방법이 있을 수 있다. 결국 안정되지 못한 상태, 즉 흥분했거나 들떠 있거나 심리적 불안상태에서는 좋은 목소리를 얻을 수 없다. 뿐만 아니라 정신이 산만하면 생각이 정리되지 않고 목소리의 톤이 불안정해지는 것을 명심하기 바란다.

2) 호흡의 종류

(1) 흉식호흡

흉성은 폐를 둘러싸고 있으며 갈비뼈에 붙어있는 근육을 주로 이용하여 가슴을 부풀리는 호흡법이다. 이러한 발성은 맑으나, 힘이 없고 건조한 느낌을 갖게 된다. 호흡량이 적어 길게 말할 수 없으며, 소리가 작고 약하다. 임신 시에 태아에게 압박을 주지 않기 위한 호흡이라 하여 '모성의 호흡'이라 불리기도 한다. 일반적으로 여자들에게 많은 호흡법이다. 흉식호흡은 복식호흡에 견주어 호흡량이 적고 깊지 못하다.

(2) 복식호흡

횡격막의 상하 운동을 기본으로 하는 호흡을 말한다. 횡격막은 갈비뼈 바로 밑에 가로질러 있으면서 흉부와 복부를 분리해 주며, 폐에 공기가 드나들 때마다 늘었다 줄었다 하는 얇은 근육성 막이다.

복식 발성은 산소 흡입량이 많은 건강한 신체를 가진 사람에게 나타나며, 호흡이 길기 때문에 목소리에 탄력성, 윤기, 힘이 있다. 목소리가 낮으면서도 힘이 있고 높은 음을 내도 거칠어지지 않는다. 말의 속도를 조절할 수 있으며, 긴 시간 말을 해도 힘이 들지 않고 큰 소리를 내도 목이 안 쉰다.

1단계 : 4초 동안 천천히 숨을 들여 마시고 또 4초 동안 숨을 내쉰다.
숨을 들이마실 때는 양쪽 코로 균등하게 들여 마셔야 한다. 숨을 내쉴 때는 입을 살짝 벌린 상태에서 숨을 내쉰다.

2단계 : 4초 동안 숨을 들여 마시고 4초간 숨을 정지한다. 그리고 4초 동안 숨을 내쉰다. 반복훈련을 한다.

3단계 : 8초 동안 천천히 숨을 들여 마시고, 이번엔 12초 동안 숨을 내쉰다. 이를 반복훈련 한다.

4단계 : 2초 동안 빠르게 숨을 들여 마시고 12초 동안 숨을 내쉰다. 반복훈련을 한다.

☞ 호흡할 때 주의 점

- 코 속을 활짝 열어놓고 공기를 들여 마신다. 배가 풍선처럼 팽팽할 때까지 호흡을 들여 마신다.
- 숨을 내뱉을 때는 천천히 숨을 내쉬면서 부풀었던 배를 서서히 들어가게 한다.
- 어깨나 가슴이 들썩거리거나 움직이지 않도록 한다.
- 처음에는 무리하게 호흡 연습을 하지 않는다. 호흡 도중 머리가 무거워지면서 현기증을 유발할 수가 있다. 갑자기 산소가 많이 들어와서 그렇다. 천천히 호흡의 양을 늘려가는 연습이 필요하다.
- 4초, 8초, 16초, 1분 숫자가 중요한 것이 아니라, 본인의 호흡 상태를 파악해서 연습을 해

야 한다.

(3) 단전호흡법

배꼽 아래 한 치쯤 되는 곳을 단전이라 하는데, 여기에 힘을 주어 항상 심신의 기를 모으면서 호흡하는 것을 단전호흡이라 한다. 단전호흡을 할 때 숨을 들이마시면 배의 윗부분은 들어가야 되고, 배꼽 아랫부분은 나와야 된다.

배꼽 밑 3,5cm 아래에 있는 단전의 호흡운동으로 횡격막의 상하운동을 원활하게 함으로써 발성도 활기 있게 할 수 있게 된다.

1단계 : 가급적 상체가 움직이지 않도록 하고 배꼽을 중심으로 해서 아래로 숨을 2초 내지 3초간 깊숙이 들이마신다. 코로 숨을 들이마시면 배꼽 윗부분이 들어가야 한다(양쪽 코로 균일하게 공기를 들이마신다).

2단계 : 코로 숨을 3에서 4초간 깊숙이 들이마신 뒤에 배꼽 아래 단전에서 잠시 멈추었다가 6초 내지 8초 동안 천천히 내뿜는다. 계속 이를 10분 정도 반복한다.

3단계 : 최대한 숨을 들이마시고 그 마신 숨을 최대한으로 참았다가 아주 천천히 입으로 내뿜는 것이다. 천천히 입으로 숨을 내뿜을 때 팽팽하던 아랫배가 점점 들어가면서 횡격막을 위로 밀며 숨이 밖으로 빠져나가게 된다.

무엇보다 중요한 것은 단전호흡을 할 때는 신체의 힘을 완전히 빼고 해야 한다. 숨을 배꼽 아래로 모은다고 해서 너무 무리하게 갑자기 힘을 주지 말고 차츰차츰 훈련하는 것이 좋다. 호흡훈련을 할 때 주의할 점은 숨을 들이마실 때 가슴이나 어깨 부분이 올라가서는 안 된다는 것이다. 훈련 처음에는 어렵고 힘들겠지만, 열흘쯤 지나면 가슴이 후련하고 기분이 좋아지는 것은 물론 건강과 삶에 자신감이 생길 것이다. 특히 단전호흡은 잠에서 깨어난 새벽시간에 더 좋은 효과를 낸다.

앞에 예시한 호흡법들을 터득하면 폐활량도 커지고 많은 산소의 흡입으로 건강 증진은 물론이요, 호흡훈련으로 얻어진 긴 호흡으로 말하는데 효과적으로 활용할 수 있다

(4) 반복해서 노래 부르기

가수들은 한 곡을 대중 앞에 내놓기 위해 수백, 수천 번 노래를 연습한다. 노래가 가진 뜻과 발성법 등을 완벽하게 소화하기 위해서이다. 이들의 연습은 또한 부수적인 효과를 나타낸다. 바로 호흡의 연장 효과 같은 노래를 쉬지 않고 20번 이상 불러보자. 처음에는 힘들겠지만 자연스레 호흡능력이 향상된다.

3) 호흡 강화 훈련

발성은 호흡에 절대적인 영향을 받는다. 호흡을 잘 활용한 발성은 시원한 느낌을 주며, 말하는 목적을 보다 효과적으로 전달시켜 준다.

(1) 촛불 끄기

가까이서부터 차차 멀리 하면서 촛불을 불어 끈다. 단순히 후- 부는 것이 아니라 호흡법에 맞추어서 해야 한다. 또 다른 방법은 촛불의 기울기를 일정하게 유지하면서 부는 것도 좋다.

(2) 수평 유지하기

적당한 길이의 천이나 종이를 손으로 잡고 입으로 불어 수평을 만드는 것이다. 가득히 마신 공기로 얼마나 오랫동안 수평을 이루는지 시간을 재어본다.

(3) 바람개비 불기

앞에서 익힌 호흡법을 이용하여 얼마나 오랫동안 바람개비를 불 수 있는지 알아본다. 이 방법을 처음에 너무 무리하게 하면 머리가 어지러움을 느낄 수 있으니 차근차근 꾸준히 연습을 하기 바란다.

(4) 복근 강화 운동

편안하게 누워서 배 위에 물체나 책을 얹어 놓고 복식호흡을 하면서 복근을 강화시킨다. 복근 강화는 호흡 강화에 큰 영향을 미친다.

(5) 풍선 불기

긴 호흡을 위해 필요한 훈련이다. 특히 얕은 숨이 아닌 복부 깊은 곳에서 끌어올리는 호흡이기에 복근을 단련시키는 데 큰 효과가 있다. 처음에는 몇십 초도 버티기 힘들다. 그러나 지속적으로 연습을 하면 몇 분간 숨을 내쉬며 단 한번에 풍선을 불 수 있다.

불안극복과 Ice-break

- 분위기 조성, 상호 인사, 안마, 게임
- 체조, 스트레칭
- 유머, 퀴즈(난센스)
- 멘트, 음악 연출
- Pre-open 방법
- 교육 Spot

제5장 스피치의 공포증과 자신감

1. 대인공포증이란?

대인공포증은 다른 사람들을 대하고 만나는 상황을 두려워하고 그런 상황에 놓이면 부끄럽고 창피함을 느끼는 일종의 공포증을 말한다. 공식적인 자리에서 남들의 이목이 집중되는 상황에 처하면 조금씩은 불안을 느끼기 마련이다. 그리고 그것은 아주 정상적인 현상이다. 특히 대인공포증을 지닌 사람들은 타인의 평가에 예민하여 남들이 자신을 어떻게 생각할까에 대해 늘 염려하며 불안해하고 초조해진다. 이 장에서는 대인공포증의 증상에 대해서 알아보고 누구나 한번씩은 겪는 연단공포증, 발표공포증을 극복하는 방법을 제시해 보고자 한다.

1) 대인(사회) 공포증의 증상

대인(사회)공포증은 직장, 사회단체, 연단, 발표, 무대 상황 등 일상생활 전반에 걸쳐 나타날 수 있다. 특히 보이는 신체적 증상으로는 얼굴이 붉어지고 호흡이 가빠지고 숨쉬기가 힘들어지고 심장이 빨리 뛰고 진땀이 나고, 손발이 떨린다고 한다. 심하면 목소리를 내지 못하고 복통이나 어지러움을 느낄 수도 있다.

이러한 불안의 기본에는 남들이 자신을 이상하게 보지 않을까 하는 생각과 자신이 긴장한 것을 남들이 알아채거나 하여, 남들이 자신을 싫어하리라는 걱정 등이 있다. 그리하여 사람들을 기피하는 결과를 가져오게 된다.

- **원인**

뇌신경계통의 원인으로는 대뇌의 편도에 문제가 있어 도파민, 세라토닌 등 신경전달물질의 이상 등이 알려져 있고, 환경적으로는 유년기 부모들의 과잉보호 등으로 사회기술을 배울 기회가 부족했던 경우, 지나치게 내성적인 성격, 어린 시절 주변으로부터 받은 놀림 혹은 창피를 당한 경우 등이 큰 충격으로 남은 경우 등이며, 유전의 가능성을 보고하는 연구 결과도 있다.

- **치료**

약물 치료와 인지 - 행동 치료방법이 있다. 약물 치료는 항우울제와 항불안제, 베타차단제가 효과적이다

☞ **인지 행동 치료**는 말 그대로 별 대단한 상황이 아니라는 사실을 인지시키는 치료방법이다. 중요한 발표를 앞둔 시점이라고 가정해 보자.

잘해야 할 텐데(인지) - 심장박동 빨라짐, 손에 땀이 나고 얼굴이 달아오르며 실수하면 큰일 난다(인지). - 손을 만지작거리고 시계를 자꾸 들여다 봄(행동) - 사람들이 나를 보지(인지) - 도망치자(행동) - 난 결국 이것밖에 안 되는 사람이야(인지) 하는 식의 도식이 성립된다. 인지 행동치료에서는 이 과정에서 일어난 상황을 개별적으로 해결해 나간다. 자신의 문제점을 명확하게 인지하도록 하는 것이다. 대인공포증에 가장 유용한 치료방식은 집단 치료이다.

2) 대인공포증과 예기 불안

대인공포증(사회공포증)은 다양한 사회적 상황에서 심한 불안을 느끼는 질환이다. 사람들을 대하는 상황에서 그런 경우가 많아 '대인공포증' 이라고도 부르고, 그 외에 '무대공포증', '연단공포증', '발표공포증' 등의 여러 가지가 있다. 단순히 다른 사람이 자신을 해치거나 피해를 줄까봐 두려워하는 것은 아니다. 그보다는 다른 사람들이 나를 나쁘게 볼 것에 대한 두려움이 주된 원인이다.

흔히 불안해지는 상황은 낯선 사람들과 이야기하거나 윗사람과 함께 있을 때 다른 사람들 앞에서 발표할 때 남이 보는 앞에서 무언가를 해야 할 때 이성과 만날 때 등이며, 사람마다 다르지만 남에게 평가받을 수 있는 거의 모든 사회적 상황이 다 해당될 수 있다. 이런 경험을 반복한다면 점점 불안해질만한 상황을 미리 회피하게 되어 사회적으로 위축되고 사람을 만나는 일도 줄어든다. 결국 직업이나 학업을 수행하는 데에도 어려움이 생기고 우울증 등의 다른 문제로 악화되기 쉽다.

(1) 예기 불안

어떤 일이 있기 전에 미리 부정적인 일의 가능성을 예측하고 불안해하는 것을 예기 불안이라고 한다. 사실 적절한 예기 불안은 우리가 살아나가는 데에 꼭 필요하다. 예를 들어 내일 중요한 시합을 칠 예정인데 아직 준비가 부족하다고 느낀다면 누구나 불안해지기 마련이다. 이런 불안은 현실적 문제를 정확히 파악하고 적절한 긴장을 하게 함으로써 집중력을 높여주고 실수를 줄여준다.

그러나 예기 불안도 그 정도가 지나치면 사회생활에 부정적인 영향을 미친다. 예를 들어 운전하기 전의 예기 불안은 안전운전을 할 수 있도록 도와주지만 예기 불안이 과도하여 지나치게 긴장되어 운전을 잘하기 어렵다. 아예 운전 자체를 할 수 없게 되기도 한다.

대인공포증을 가지고 있는 사람들은 예기 불안의 정도가 매우 심하다. 이전에 불안했던 상황이 다시 올까봐 걱정을 많이 하며, 발표가 있기 수주 전부터 매일매일 걱정하는 경우도 있다. 결국 그 일을 잘 수행하기 어려워지고 아예 그 일 자체를 포기하기도 한다. 대인공포증의 예기 불안은 불안할만한 상황을 회피하게 만들어 결국 불안 증상을 더 악화시킨다.

(2) 수줍음과 대인공포증의 구분

대인공포증과 수줍음은 같은 것일까? 대부분의 대인공포증 환자들은 자신을 수줍음이 많은 사람이라고 생각하였고 또 연구자들도 지금까지도 우리는 흔히 대인공포증이라고 하면 남 앞에 잘 나서지 않고 수줍음이 많은 사람들로 연상하게 된다. 그렇지만 실제로 수줍음과 대인공포증에는 공통점도 있고 차이점도 있다.

수줍음과 대인공포증의 공통점과 차이점

구분	수줍음	대인공포증
공통점	사람들 앞에 나설 때 부정적인 평가를 한다.	
	낯붉힘, 심장박동의 증가, 근육의 긴장, 땀 흘림 등의 신체적 변화가 일어난다.	
차이점	비교적 정상적인 범위 내에서 남들 앞에 잘 나서지 않고 소극적이며, 부끄러움을 잘 타는 성격을 지칭함.	분명한 장애를 의미한다.
	일상생활에 지장은 거의 없거나 조금 느낄 수 있지만, 회피행동을 하거나 하지는 않는다.	생활에 지장을 훨씬 더 많이 받고 회피행동을 보다 많이 한다.
	진단 기준이라는 것은 없으며, 느끼는 사람에 따라 다양하게 정의될 수 있다.	명백한 진단 기준이 있다.

3) 대인공포증의 세 가지 요소

대인공포증은 크게 신체반응, 생각, 행동의 세 가지 요소로 나누어진다. 이들 3가지 요소들이 서로 밀접한 관계가 있고 서로에게 큰 영향을 준다. 또한 각각의 요소가 서로 어떻게 영향을 미치는가를 아는 것은 대인공포증의 악순환을 끊는데 매우 중요하다.

(1) 신체반응

신체반응이란 여러 사람들 앞에서 발표를 할 때나 식사를 할 때 얼굴이 달아오르고 손이 떨리거나 식은땀이 나는 것과 같은 여러 가지 신체적 변화들을 의미한다. 불안은 어떤 위험이 감지되거나 예견될 때 일어나는 반응이다. 어떤 위험이 닥쳐오면 대뇌는 자율신경계 중의 교감신경계로 '비상상태' 라는 전갈을 보내어 우리 몸이 에너지를 방출하고 행동할 준비를 시킨다. 그 결과로 심장박동이 빨라지고 강해진다. 숨이 막히고 답답해지며, 타액이 감소되고 눈동자가 커지고, 근육조직이 긴장, 수축하게 하는 등 신체적 변화가 일어난다.

그렇지만 이러한 변화 중에 그 어느 것도 우리 몸에 해가 되는 것은 없다. 일정시간 몸이 각성상태에 있게 되면 우리 몸은 자동적으로 원상태로 돌아가게 된다. 이 모든 신체적 변화는 궁극적으로 우리 몸이 위험에 대처하도록 대사활동을 증가시키고 외부환경에 민감하도록 만들어주는 변화일 뿐 전혀 유해한 영향을 미치지는 않는다.

(2) 생각

불안할 때 우리는 여러 가지 생각을 하게 된다. 우리가 처한 상황이 어떤지 판단해 보고, 자신의 행동에 대한 평가를 내리고, 앞으로 어떤 일이 닥칠지를 예상해 보기도 한다. 이러한 여러 생각을 우리가 처한 위험상황을 평가하고 아무 생각도 나지 않았다고 말한다. 또 실제로 불안이 극심한 상태에서 머릿속에 아무 생각도 떠오르지 않고 빈 것처럼 느낄 때도 있다.

그러나 대부분의 경우는 여러분이 조금만 더 자세히 자신을 관찰해 보면 실제로는 많은 생각들이 머리를 스쳐간다는 것을 알게 될 것이다. 예를 들어 '얼굴이 붉어진 것을 남들이 보면 날 바보 같다고 생각할 것이다', '남들이 나를 이상하다고 느낄 것이다', '혹은 아무도 날 좋아하지 않을 것이다' 등 이외에도 여러 가지 생각들을 하게 된다.

(3) 행동

불안할 때 우리는 여러 가지 행동을 하게 된다. 흔히 불안할 때 보이는 행동은 안절부절못하고 시선을 어디에 두어야 할지 몰라 헤매기도 하고, 말을 더듬기도 한다. 그래서 어떤 사람들은 자신의 이런 행동을 감추기 위해 아예 불안을 느낄만한 상황에 가지 않거나(적극적 회피), 그러한 상황에 있더라도 가급적 자신의 존재를 드러내지 않으려고 말을 하고 가만히 있는 경우(소극적인 회피)가 있다. 이러한 회피행동은 대인공포증을 겪고 있는 사람들에게서 나타나는 가장 전형적인 행동적 특성이다.

4) 대인공포증에서 흔히 나타나는 인지적 오류

(1) 파국적 예상(과대평가)

실제로는 그렇지 않음에도 불구하고 어떤 사건을 '매우 위험하고 감당할 수 없고, 큰 재앙을 일으킬 것 같은 것으로 생각하는 경향을 파국적 예상이라고 부른다. 즉, 어떤 사건의 결과를 실제보다 더 나쁘게 확대해서 예상하는 것이라고 할 수 있다. 대인공포증을 가진 사람들은 어떤 일로 인하여 일어날 수 있는 결과 중에 최악의 것만을 골라 상상을 한 후 틀림없이 그대로 될 것이라고 믿어버리는 경우가 많다.

(2) 나와 관련짓기

자신과는 무관한 일을 두고 나 때문에 생긴 일, 혹은 '내 탓' 이야 라고 생각하는 경향을 나와 관련짓기라고 한다. 이러한 생각은 다른 사람의 우연한 행동도 자신과 관련이 있다고 생각하기 때문에 거의 예외 없이 죄책감이나 당혹감을 불러일으킨다.

(3) 지레짐작하기

지레짐작하기라는 것은 말 그대로 자신이 느끼기에 어떨 것 같다고 생각하면 그것을 객관적 사실로 받아들이는 것을 말한다. 그렇지만 그것이 현실과 다를 수 있는 주관적 판단이라는 것을 알지 못한다. 예를 들어 '남들이 나를 이상하게 생각할 것 같아' 라는 느낌이 들 때 그것을 곧 사실로 믿어버리는 것을 말한다.

(4) 흑백논리

흑백논리라는 말은 우리가 일상생활 속에서 흔히 접할 수 있는 말이다. 사건의 다양성이나 이면을 생각하지 않고 '성공 아니면 실패, 똑똑한 것 아니면 어리석은 것, 좋은 것 아니면 나쁜 것' 이라는 식의 극단적이고 이분법적인 생각을 흑백논리라고 한다. 점수로 0점부터 100점까지 있는데, 흑백논리가 강한 사람은 100점 아니면 나머지는 모두 0점으로 생각하는 경향을 보인다.

(5) 강박적 부담

대인공포증을 갖고 있는 사람들은 다른 사람들의 평가에 과도하게 신경을 쓰는 나머지 완벽주의적인 경향이 있다. 이러한 사람들의 생각에는 '해야만 해', '해서는 안 돼'가 매우 많다. 다른 사람들 앞에서 말을 잘해야 할 뿐 아니라 목소리를 떨어서도 안 되고, 얼굴이 붉어져서도 안 된다.

내가 불안해하는 것을 남들이 눈치 채기라도 하면 감당할 수 없이 엄청난 일이 일어난 것이라고 여긴다. 실수를 하지 않는 사람은 없다. 그런데 대인공포증을 가진 사람은 자신의 사소한 약점이나 실수에 대해서도 너무 엄격한 기준을 갖고 있다. 정도의 차이는 있을지 모르지만 대인공포증을 가진 사람 중에 강박적 부담을 갖지 않은 사람은 거의 없을 정도로 매우 흔하게 나타나는 인지적 오류가 바로 강박적 부담이다.

2. 연단 공포증

1) 연단 공포의 현상(불안, 극복 방법)

여러 사람 앞에서 말하게 될 경우 또 다른 사람 앞에서 말할 경우 긴장하거나 주눅이 들린다든가 숨이 가쁘고, 목소리가 잘 안 나오고, 목소리의 변화가 없고, 거칠게 되며 음성이 높아지는 것 또는 말문이 막히고 청중들의 눈을 피하거나 내용이 생각 안 나는 것 등 이러한 모든 것을 연단 공포, 즉 감정적 긴장 혹은 신경과민이라고 한다.

식은땀이 나고, 입이 마르며 가슴이 뛰고, 경련이 일어나거나 또는 주의(主意)협착(狹窄) 내지 주의확산(擴散)현상이 일어난다. 주의협착은 눈앞의 일부만 의식되고 부옇게 몽롱해지는 상태이고, 주의확산은 청중의 태도, 표정, 수군거림 등에 신경이 쓰여 집중되지 않는 상태이다.

또한 아랫배가 빈 것 같은 것을 느끼는 것도 모두가 감정적 긴장인데, 이는 생리적 반응으로서 아드레날린 호르몬(Adrenalihormon)이 직접 혈액 속에서 분비되고 더 많은 산소가 필요하게 되므로, 숨이 빨라지고 심장이 뛰는 것은 혈액 순환이 가속되기 때문이요, 땀이 나는 것은 몸을 식히기 위한 것이요, 공복감을 느끼는 것은 위액의 분비가 정지되기 때문이다.

(1) 연단 공포의 원인

- 새롭고 낯선 언어 장면에 접할 때
- 말해야 할 내용에 대한 충분한 지식이나 정보가 없을 때
- 실패하지나 않을까 하는 두려움을 가질 때

- 준비가 불충분하거나 컨디션이 나쁠 때
- 열등감 및 성격상의 결함이 있을 때
- 청중에게 과민하거나 청중의 반응을 불리하게 해석할 때
- 경험이 없거나 군중을 너무 두렵게 생각할 때

(2) 연단 공포를 극복하는 방법

미국의 유명한 스피치(Speech) 교사 사라(Sarch) 여사가 제시하는 무대 공포증을 없애는 방법은 다음과 같다.

● **충분한 준비에 의한 방법**

- 말 첫머리 3, 4개의 문장은 써서 외워가지고 나가라.
- 자세한 아우트라인(outline)을 작성하라.
- 아우트라인 작성한 것을 탁상 위에 놓고 하라.
- 사전 연습을 할 수 있다면 단 한번이라도 하고 나가라.

● **육체적 통제에 의한 방법**

- 가급적 몸을 움직여(목, 손, 허리, 다리) 긴장을 풀어라.
- 자기 암시와 심호흡을 하며 자율신경을 안정시켜라.
- 몸과 어깨 근육의 긴장을 풀고, 배(단전)에 힘을 주라.
- 되도록 신체적 동작을 사용하며, 적당히 움직이며 말하라.
- 자신 있게 서라. 등단할 때, 발표할 때, 하단할 때, 시종일관 당당하게 서라.

● **정신적 태도에 의한 방법**

- 열등의식을 없애고, 단점을 극복하려는 의지를 가져라.
- 불행한 사람을 도와주고, 타인을 인격적으로 대하라.
- 나만이 두려움을 느끼는 것이 아니라, 인간이면 모두 두려움을 느낀다는 보편적인 생각을 하라.
- 자신을 사랑하고, 청중을 사랑하며 할 수 있다는 강한 신념을 가져라.

● **경험에 의한 방법**

- 백 번 생각하는 것보다 한 번 행동하는 것이 낫다. 단순하게 생각하고 과감하게 행동하라.
- 경험은 가장 위대한 스승이다. 기회 있을 때마다 앞에 서라.
- 반복한 경험은 두려움을 없애주고 숙달과 자신감을 낳는다.
- 첫 경험은 누구에게나 안절부절, 횡설수설의 실수 연발이다. 실수나 실패를 겁내지 말라.

● **인식전환에 의한 방법**

- 청중들이 당신을 비웃거나 나쁜 평가를 받지 않을까 염려하지 말라.

- 긴장이나 스트레스(Stress)가 반드시 나쁜 것만은 아니다. 약간의 두려움, 적당한 긴장은 오히려 필요하다.
- 자신을 잘 났다고 생각하고, 청중을 호박으로 생각하라.
- 안 될 거라는 생각을 버리고, 잘 될 것이라는 사고로 하라.
- 너무 잘 하려는 생각보다는 있는 그대로 솔직하게 보여준다.

● **기타 방법**

- 옆 사람과 적당히 대화를 한다.
- 두근거리는 가슴보다는 이야기 내용에 신경을 쓴다.
- 회식자리에선 적당한 술과 음식을 섭취한다.
- 기다리지 말고 먼저 나간다.
- 신경안정제를 복용한다 – 최후의 수단
- 자기 연설의 중요성을 너무 과대평가하지 말라.
- 서두에 사람들을 약간 웃겨라. 그리고 어려운 고비가 있더라도 포기하지 말고 끝까지 말하라.

3. 발표 공포증

1) 발표 공포증(불안증)의 이해

발표 불안증은 크게 성격적 불안증과 상황적 불안증으로 나누어볼 수 있다.

성격적 불안증은 부분적으로는 유전적인 것이지만, 대부분은 자라는 과정에서 겪은 부정적인 경험에 기인한다. 대인관계 커뮤니케이션에서 어느 정도의 차이는 있지만 항상 불안해한다면 성격적 불안증이라 할 수 있다.

상황적 커뮤니케이션은 어떤 상황 중에서도 특수한 상황에서만 불안함을 느끼게 되는 상태를 가리킨다. 대중 앞에서 스피치를 하려고 할 때마다 '혹시 잘못하면 어떡하나' 하고 불안해하는 것이 상황적 불안이다. 그 상황의 중요성 때문에 생겨나는 것이므로 사람이라면 누구나 다 이 불안증을 겪게 되어 있다.

(1) 발표 불안증은 지극히 자연적인 현상이다

대부분의 발표 불안증은 성격적 불안증이 아니라 상황적 불안증이다. 중요한 스피치를 앞두고 이를 성공적으로 이끌어야 한다는 중압감이 연사를 초조하고 불안하게 만든다. 남의 평가를 받아야 할 입장에 서면 사람은 누구나 결과를 걱정하고 좋은 결과를 얻어야 한다는 생각 때문에 초조해진다.

(2) 상황의 중요성과 성공 여부의 불확실성이 불안증을 만든다

첫째 요인은 주어진 스피치의 중요성에 대한 자신의 판단이다. 그 스피치가 중요하다고 생각하면 할수록 강박감이 생겨나 불안과 초조가 가중된다.

둘째 요인은 새로운 스피치를 하게 되거나 처음 대하는 청중을 상대로 발표하게 될 때는 자신이 잘 해낼 수 있을까? 청중들이 어떻게 나올지를 몰라 불안감을 느끼게 된다.

2) 발표 공포증의 원인 분석

- 말하는 방법이나 내용에 자신이 없는 경우
- 스피치 말고도 더 큰 고민거리가 있는 경우
- 청중의 반대가 예상되거나 막상 야유가 터져 나왔을 경우
- 스피치의 연습이 부족한 경우
- 스피치를 하다가 실패한 경우
- 청중의 수준, 권위, 연령, 지위가 연설자보다 높을 경우
- 앞뒤로 능숙한 연설자가 있는 경우

3) 발표 불안증 관리의 기본 원칙

(1) 불안증이 증폭되는 것을 막아야 한다

불안증이 불안증을 낳는 지경에 이르면 성공적인 스피치를 기대할 수가 없다. 어떤 일이 있더라도 불안증이 증폭되는 사태는 막아야 한다. 그러기 위해서는 자신의 불안증이 예사롭지 않다는 것을 느끼는 순간 모든 생각을 원점으로 돌려놓아야 한다.

(2) 모든 것을 긍정적으로 생각하라

모든 것은 마음먹기에 달려있다. 혹시, 혹시 하면서 잘못될 경우를 생각하다 보면 점점 자신을 잃게 되지만, 열심히 준비했는데 잘못되면 얼마나 잘못되랴 하는 편안한 마음가짐으로 임하다 보면 자신감이 생겨나기 마련이다.

(3) 스스로를 과소평가하지 말라

스피치를 해본 경험이 없는데, 평소 말주변이 없어서, 스피치를 잘해낼 수가 없어서와 같이 말하는 사람이 많다. 청산유수처럼 막힘없이 말을 잘한다고 좋은 스피치는 아니다. 자신의 능력과 진실함, 정열, 열정이 중요하다.

(4) 불안감을 숨기려하지 말라

스피치에 임하는 사람은 누구나 불안해 한다는 것을 기억하라.

4) 자신의 불안감을 긍정적으로 표현하라

발표 불안증은 의식할수록 심해지는 것이기 때문에 되도록 의식하지 않는 것이 좋다. 그러나 의식하지 않는 것이 불가능할 때는 긍정적인 언어로 이를 인식하는 것이 우선이다.

(1) 불안감은 일시적인 현상이라고 생각하라

학자들의 연구에 의하면 불안 심리는 4단계를 거치면서 변해간다고 한다.

첫째, 스피치를 준비하는 과정에서 불안함을 예감한다.

둘째, 스피치의 시작을 전후해서 강한 불안감에 직면한다.

셋째, 발표를 해나가면서 심리적으로 적응한다.

넷째, 스피치가 끝날 때 모든 불안 심리로부터 해방된다.

(2) 성공적으로 발표하는 장면을 상상하라

불안감 때문에 스피치를 망치는 상황을 상상하지 말고, 그것을 극복하고 성공리에 발표해나가는 상황을 머릿속에 그리려고 노력해야 한다.

☞ 스피치 5단계 화법 순서 요령

- 첫째 – 첫인사
- 둘째 – 자기소개
- 셋째 – 내용 발표
- 넷째 – 마무리
- 다섯째 – 끝인사

4. 스피치 공포증을 자신감으로 바꾸자

1) 스피치 불안증의 경영기법(자신감을 갖는 방법)

(1) 정열을 가지고 대할 수 있는 주제와 내용을 선택하라

평소 관심이 없었던 영역이나 잘 알지 못하는 주제를 다루면 정열도 따르지 않고, 성공여부도 불확실해져서 불안감에 빠질 가능성이 높다. 평소에 관심을 가졌던 문제나 주제를 고른다면 불안증은 쉽게 극복할 수 있다.

(2) 철저하게 준비하고 큰 목소리로 연습하라

불안증의 정도는 준비의 양에 반비례한다. 아무리 철저한 준비를 거친 개요서나 연설문이라 할지라도 실행의 연습을 거치지 않으면 안 된다.

(3) 청중과 친숙해라

가능하면 자신의 청중이 될 사람들과 미리 친숙해지는 방법을 강구하는 것이 좋다.

(4) 차례를 기다리는 동안 자신의 스피치보다는 주위 상황에 몰두하라

사전준비와 연습이 충분했다면 구태여 막바지에 이르러 자신의 스피치에 점검을 할 필요는 없다. 사회자의 말이나 다른 사람의 스피치에 관심을 가지는 것이 불안증을 잃어버리는데 도움이 된다.

(5) 연단에 올라서면 천천히 청중을 둘러보고 미소를 지어라

의식적으로라도 여유를 가지고 미소까지 짓고 나면 마음도 느긋해지고 한창 고조되어 있는 불안감을 조금이라도 삭일 수 있다.

(6) 시청각 보조 자료를 이용하라

시청각 자료가 불안증에 어떠한 도움을 주는지 살펴보자.

첫째, 시청각 보조 자료를 사용하면 연사는 청중을 정면으로 바라보지 않아도 된다.

둘째, 시청각 보조 자료에 집중하면 스스로의 심리 상태에 대한 자아의식이 약해진다.

셋째, 시청각 보조 자료를 잘 선택하면 청중의 호응을 유도하기 쉽다.

(7) 멍한 상태에 빠졌을 때 당황하지 말라

이때는 발표를 잠깐 멈추고 자신의 마음을 가다듬은 뒤에 연설문 또는 개요서는 천천히 넘기면서 제자리를 찾으면 된다.

(8) 불안증 극복 체조를 익혀두라

스피치를 앞두고 긴장이 고조될 때 이를 극복하는 데 도움이 되는 것으로 알려진 체조가 있다.

① 심호흡을 여러 차례 반복한다.
② 혀와 턱을 풀어준다.
③ 바른 자세를 유지한다.
④ 손과 손목의 힘을 빼고 풀어준다.
⑤ 어깨와 등을 똑바로 하고 앉은 다음 배를 당긴다.
⑥ 머리와 목에 힘을 빼고 천천히 좌우로 그리고 아래위로 돌린다.

2) 떨지 않고 자신감있게 스피치하는 방법

스피치에 대한 두려움은 누구에게나 존재한다. 그러나 이것을 어떻게 극복하느냐가 문제이다. 어떤 사람은 걱정을 하면서도 노력을 안 하는 사람이 있는가 하면, 어떤 사람은 끊임없는 노력과 연습을 해서 극복하는 사람도 있다. 스피치에 대한 두려움이 있는 분들은 다음과 같이 해보면 확실히 효과가 있다.

(1) 긍정적인 암시로 자신감을 갖는다

스피치를 하기 전에 "나는 잘할 수 있다", "나는 자신있게 스피치를 잘할 수 있다"와 같이 긍정적인 암시로 자신감을 갖도록 한다. 그리고 스피치하기 전에 크게 심호흡을 한번하고 배에 힘을 주면 떨리는 현상은 상당히 줄어든다. 그래도 떨린다면 청심환이라도 먹자. 심리적으로 안정이 되어 자신감있게 스피치를 잘할 수 있다.

(2) 자신감은 준비로부터 나온다

스피치에 두려움증이 있거나 처음 강단에 서는 스피커는 스피치에 대한 준비를 철저히 해야 한다. 스피치 준비 중 제일 먼저 해야 할 일은 자신의 상황과 청중의 배경을 정확히 인식하는 것이다. 적을 알고 나를 알면 백전백승이라는 말이 있다.

(3) 스피치 순서를 적어둔다

스피치 주제와 순서를 메모지에 적어두고 언제나 볼 수 있도록 하면 스피치 순서가 일정하게 진행될 수 있으므로 오르지 스피치에만 신경 쓸 수 있게 된다. 또한 당황해서 스피치 내용을 잊어버려도 스피치 순서를 보면 다시 기억할 수 있으므로 최악의 상황에서 의지가 된다. 비록 매끄러운 스피치는 아니지만 스피치를 다시 차분하게 시작할 수 있게 해준다.

(4) 타인은 진지하게 듣지 않고 있다는 사실을 명심한다

스피치에 대한 두려움을 갖거나 떨리는 이유는 남들보다 잘해야 한다는 부담감이나 청중들이 자신의 스피치에 대하여 처음부터 진지하게 듣고 있다는 생각을 갖기 때문이다. 그러나 청중들은 의외로 스피커의 스피치 내용에 대하여 처음부터 진지하게 듣지 않는 경우가 많다. 따라서 스피치를 완벽하게 해야 한다는 부담감에서 벗어나 최선을 다한다는 생각을 가지면 여유가 생긴다.

(5) 잘하려는 욕심을 버린다

우리가 스피치를 할 때 대충 해야겠다는 생각만 한다면 대화체로 이야기해나가듯 자신감있게 스피치를 전개해나갈 것이다. 그러나 스피치에 대한 공포가 생기는 것은 훌륭한 스피치가 되길 바라는 스피커 자신의 욕구가 강하기 때문이다. 따라서 스피커 자신이 공포증이나 떨고 있다는 생각이 들면 너무 잘하려는 의지를 버리고 조금 성의 없이 보일지라도 자연스럽게 1대 1 대화를 한다고 생각하면 무사히 스피치를 마칠 수 있다.

그러나 이러한 스피치 공포증은 조금만 스피치를 하게 되면 금방 잊혀 지게 된다. 어떤 스피커는 강단에만 서면 신바람 나는 사람으로 바뀌어 스피치가 인생에서 가장 행복한 것이라고 말하는 사람도 있다. 그 스피커도 처음 시작은 매우 떨리는 스피치로 시작했지만, 그러한 떨림을 극복해 가는 과정이 더욱 즐거웠다고 한다.

(6) 실전처럼 연습한다

완벽한 준비 후에는 연습을 실전처럼 해보아야 한다. 특히 '스피치 공포증' 을 많이 느낄수록 청중들 앞에서 스피치하듯 소리 내어 연습해 보아야 한다. 가장 좋은 방법은 여러 청중을 놓고 미리 연습하는 것이 좋지만, 그렇게 하기 어렵기 때문에 거울을 보면서 또는 가족들 앞에서 실제로 스피치하는 것처럼 하면서 잘못되거나 어색한 부분을 수정해 나가는 것이 좋다.

전체를 연습하는 것이 바람직하지만 적어도 첫 10분 정도에 해당하는 스피치를 연극 대본을 외우듯이 연습하는 것이 좋다. 스피치의 시작이 바라던 만큼 매끈하게 진행되면 어느덧 '스피치 공포증' 이 슬며시 사라지게 된다.

3) 스피치 실행시 자신감을 갖는 법

발표 공포증을 제거하고 자신감을 갖는 방법은 실습적인 방법과 심리적인 방법으로 나눌 수 있다.

(1) 실습적인 방법

- 최상의 방법은 연단에 자주 서 연설에 대한 경험을 쌓아 스스로 자신감을 터득하는 길뿐이다.
- 연습시에는 반드시 큰소리로 발성하고 몸가짐이나 제스처는 활발하면서도 담대히 하는 연습이 필요하다.
- 말하기 전에 심호흡을 하고 온 몸의 근육의 긴장을 풀도록 한다.
- 즉석연설이 아닌 경우에는 충분히 준비한다.
- 모임의 성격에 맞추어서 적절한 유머와 스팟을 이용한다.
- 스피치 중에 어려운 고비가 있더라도 포기하지 말고 끝까지 한다.
- 자신의 개성에 맞는 연설법을 선택한다.
- 스피치 전문가에게 훈련을 받는다.

(2) 심리적인 방법

① 내가 이 자리에 선 것은 '내 뜻을 정확히 펴기 위해서' 라는 신념을 가지고 불안해하는 자기 자신을 잊는다.

② 스피치 내용을 완전히 자기 것으로 한다.

③ 긴장되는 것을 너무 걱정하지 않는다. 자기 암시를 건다.

강의 도중 말문이 막히는 경우 응급조치 요령

- 발표 내용을 요약해 준다.
- 기지개를 켜게 한다(스팟, 유머를 사용).
- 메모시간을 준다.
- 발표와 관련된 내용에 대한 질문을 한다.
- 내색도 하지 않고 다음 항목으로 넘어간다.
- 주제를 다시 떠올린다.
- 끝까지 생각이 안 나면 정직하게 사과한다.

제6장 효과적인 스피치 구성법

오늘날 각 분야에서 스피치의 역할은 절대적이며 개인 간에 있어서도 상대방을 설득시켜 긍정적인 반응을 얻게 하는 것은 바로 스피치의 힘이라고 할 수 있다. 인구가 증가하고 사회가 복잡해질수록 대인 관계의 양상도 다양해지고 생활 영역은 확장되면서 세분화, 전문화되고 만나는 사람의 빈도 역시 하루가 새롭게 늘어만 간다.

따라서 개인이 개인에게 뜻을 전달하고, 개인이 대중에게 사상과 지식을 바탕으로 자기의 주장을 펼 때 표현 능력이 없으면 안 된다. 주어진 시간 내에 의사 교환을 효과적으로 적절히 수행하려는 노력이 필요하다.

이를테면, 요령부득의 말보다 요령 있는 말, 횡설수설하기보다 줄기가 선 말, 산만한 말보다 조리 있는 말, 융통성 없는 말보다 여유 있는 말, 궁지에 몰려 흥분하기보다 재치 있고 여유가 넘치는 말을 할 줄 알아야 한다. 그렇다면 이 같은 문제를 어떻게 풀어 나가야 할까?

우선 누구에게, 무엇을, 어떻게, 말할 것인가를 염두에 두어야 한다. 관심을 끌게 말해야 한다. 흥미 있게 말한다. 뜻있게 말한다. 유익하게 말한다. 논리적으로 말한다. 사실을 토대로 진실하게 말한다. 전인격으로 말한다. 꾸며낸 음성이 아닌, 자연스런 목소리로 말한다. 가치 있는 정보를 가지고 말한다. 목적을 뚜렷이 하고 말한다. 상대방을 정확히 안 뒤에 말한다. 효과를 얻을 수 있게 말한다. 감명을 주는 내용을 가지고 말한다. 윤리적인 감각으로 말할 수 있도록 훈련을 쌓아야 한다.

1. 효과적인 스피치 구성법

스피치가 이해하기 쉽다는 것은 말하고자 하는 내용이 듣는 사람에게 쉽게 전달되는 것을 말한다. 따라서 스피치는 상대방을 생각해서 구성해야 하며, 내용에 따라 순서를 어떻게 할 것인지를 중요하게 고려해야 한다.

더구나 요즘엔 프레젠테이션을 화려한 쇼처럼 대형화시키는 경향이 있다. 첨단 장비가 등장하고 시안으로 보여주어도 충분할 광고시안을 기천만 원을 들여 제작물을 아예 만들어버리기도 한다. 그렇다면 프레젠테이션 평가요소에는 어떤 것이 있을까? 분명한 목표, 매끄러운 진행, 인상적인 오프닝, 안정감, 에너지, 성실성, 명쾌한 요약, 광고주와의 교감, 확실한 결론, 문장구사 및 연결능력, 프레젠터의 신뢰감과 호의도 등이 있다.

그런데 이러한 여러 가지의 평가요소는 3가지 요소로 요약될 수 있다. 바로 내용(What)과 연출(How) 그리고 전달(Who)이다. 내용(What)은 말 그대로 프레젠테이션에서 얘기하고자 하는 내용이다. 연출(How)은 그 내용을 포장하는 방법을 말한다. 그리고 전달(Who)이란 프레젠터가 메시지 내용을 전달하는 방법을 말한다. 그렇다면 그 프레젠테이션 평가의 3대 요소인 내용(What), 연출(How), 전달(Who)별로 그 개별적인 방법에 대해 더욱 구체적으로 알아보기로 하겠다.

첫 번째, 내용(What)이란 그 장소, 그 시간에 그 사람들에게 들려주고 보여주는 내용물을 말한다. 그러니까 광고기획서의 내용이나 제작물 광고 시안 등이 바로 그것이다.

두 번째, 연출(How)이란 내용(What)을 매력적, 감동적으로 받아들일 수 있도록 특별하게 포장하는 연출을 말한다. 그런데 이런 연출을 하려면 기본전략이 필요하다. 바로 3P분석이 바탕이 되어야 한다.

3P분석이란 청중(People) · 목적(Purpose) · 장소(Place)를 말한다. 청중분석이란 청중의 수, 인구통계학적 특성(남녀노소), 그 사람들의 지식수준 그리고 핵심인물을 파악하는 것으로, 분석매뉴얼도 있다.

그리고 목적분석이란 이 프레젠테이션에서 어떤 결과를 원하는지 그 분명한 목표를 가지고 접근해 들어가야 한다. 이때에는 어떤 목적, 저 때에는 어떤 목적, 그래서 결과적으로는 어떤 목적을 이룰 것인지 면밀한 작전을 세워야 한다. 장소분석이란 프레젠테이션 회의장, 주변 환경 및 실내 환경, 좌석 및 실내 배치에 대해 사전에 면밀히 검토하고 그 주어진 상황에 착오가 없도록 한다.

세 번째, 전달(Who)이란 프레젠테이션 당일 날 프레젠터의 전달 테크닉을 말한다. 프레젠테이션에서 프레젠터는 영화의 주연배우이며, 오페라의 프리마돈나이다. 프레젠테이션에 있어서 프레젠터가 말하는 내용인 언어적 커뮤니케이션의 중요성이 7%라면, 보디랭귀지 등 비언어적 커뮤니케이션은 93%의 중요성을 가진다고 한다. 그래서 그의 말하는 방법, 제스처, 목소리, 아이컨택트, 움직임, 얼굴표정에 따라 프레젠테이션의 성공과 실패 여부가 판가름 나기도 한다.

명연설가로 알려진 도산 안창호 선생의 웅변과 강연은 열정이 살아 있다. 그분의 말씀엔 항상 열정과 혼이 담겨 있다. 그분은 한 번의 강연이 끝나고 나면 등줄기에서 땀이 비 오듯 쏟아질 정도로 온 힘을 다했다고 한다. 같은 내용일지라도 몰입된 경지에서 혼을 넣은 목소리로 표현하면 감흥이 새로워진다는 것은 당연한 이치이다.

억양의 변화가 없는 생기 없는 목소리로는 청중을 사로잡을 수 없다. 적절한 곳에 악센트를 넣고, 강약을 표현하고, 고저가 있어야 긴장감과 스릴감 속에 청중은 빨려들게 된다. 무릇 생동감 있는 스피치란 때론 잔잔한 호수의 평화스런 정경을 보듯 숨죽인 듯 표현하는가 하면, 때론 여름날의 천둥과 번개를 동반한 소나기처럼 열광적으로 퍼붓는 맛이 있어야 한다. 빠르고 느림의 조화와 강하고 약함의 조화가 사람을 끌어들일 수 있다.

1) 서론·본론·결론의 3 단계법

주제와 화제가 정해졌으면 말을 구성해야 한다. 구성이 부실하면 중언부언하다가 정작 자신이 전달하고자 하는 메시지는 정확하게 전달할 수 없는 경우가 많다. 훌륭한 스피치를 위해서는 효과적인 구성이 무엇보다 중요하며, 구성이 산뜻하면 듣는 사람에게 강하게 어필할 수 있다.

3단계법이란 스피치를 '서론, 본론, 결론' 혹은 '머리말, 주제, 맺는말'로 진행시켜나가는 형식을 말한다.

제1단계(서론) : 자신이 말하고 싶은 것(문제의 제기)

제2단계(본론) : 문제제기를 뒷받침할 수 있는 보조 화제들

제3단계(결론) : 자신의 의견

(1) 서론

서론은 듣는 이로 하여금 앞으로 전개되는 논지나 내용에 호기심을 갖게 하는 도입의 부분이다. 사람에 따라서는 스피치를 할 때 서론적인 언급이나 일화를 쓰지 않고 바로 본론으로 들어가는 경우가 있다.

하지만 이는 청중을 즉각적인 주의로 이끄는 감동적인 발단부, 즉 신선하고 인상적인 서론이 상대방을 사로잡는 데 얼마나 중요한 역할을 하는지 몰라서 그런 것이다. '시작이 반이다'라는 격언이 있듯이 서론에서 유머나 지혜가 담긴 위트로 분위기를 부드럽게 유도하면 듣는 이는 틀림없이 말하는 이의 스피치에 매혹될 것이다.

(2) 본론

본론은 스피치의 가장 중심 부분으로서 말하고자 하는 바, 즉 주제를 본격적으로 전개해야 한다. 서론에서 듣는 이를 성공적으로 이끌었다면, 본론에서는 말하고자 하는 바를 전개시켜야 한다. 말하는 이는 주요 문제를 항상 염두에 두면서 다른 사람의 생각을 인용하거나 일화나 실례를 들어 구체성을 부여하고, 끝까지 클라이맥스를 억제하면서 벽돌을 하나하나 쌓아 집을 짓듯 스피치를 전개해야 한다.

(3) 결론

결론은 지금까지 전개된 내용을 요약해서 결말을 짓는 부분이다. 이때는 듣는 이에게 감동 및 여운을 남기는 것이 중요하다. 그러기 위해서는 처음 말하고자 했던 바를 안전한 곳까지 논리적으로 잘 이끈 다음 인상적인 끝맺음으로 잘 마무리해야 한다. 또한 시간 배분을 잘해서 성급하게 결론을 내리지 않도록 해야 한다.

이 3단계 구성법을 시제(時制)의 3단계로 구분하는 방법도 있다. 즉, 서론에서는 과거에 있었던 사실이나 경험을, 본론에서는 현재 체험하고 있는 사실을, 결론에서는 미래의 추측이나 결과를 스피치하여 대화를 종결시키는 방법이다. 이 구성법은 듣는 이에게 신뢰감을 주며, 말하는 이에게는 자신감을 준다.

2) 응용 삼단계법으로 쉽게 정리하라

이야기는 '자신이 말하고 싶은 것(문제의 제기)' + '소재(문제제기에 대한 뒷받침되는 보조 화제)' + '자신의 의견' 으로 풀어갈 수 있다. 대중이나 몇 명의 사람이 모여 있을 경우 스피치를 준비할 때 머릿속으로만 생각하게 되면 좋은 화젯거리가 떠오르고, 이렇게 하면 능숙하게 말할 수 있겠다 하는 자신감을 가질 수 있으나, 막상 입을 열어 말을 시작하려면 아무것도 생각나지 않아 당황하는 경우가 있다.

그나마 어떻게 횡설수설 때워 놓고 보면 처음에 생각한대로 말이 잘 풀리지 않고 실패한다. 그것은 머릿속으로만 생각해 언뜻 정돈된 것처럼 보여도 실은 그렇지 않다. 그러므로 이야기를 할 때는 반드시 자신이 말하고 싶은 것, 뒷받침되는 화제를 종이에 적어서 정리하는 것이 필요하다.

그러나 종이에 하고자 하는 이야기 전부를 쓸 필요는 없다. 그렇게 하면 쓴 것을 모두 암기해야만 하기 때문에 더욱 혼란스럽게 된다. 언어는 살아 있는 것이므로 완벽하게 암기한다면 몰라도 긴장하거나 해서 한마디만이라도 틀려버리면 그 뒤가 연결되지 않아 죽을 쑤고 말기 때문이다. 따라서 무리하게 암기하려는 것은 금물이다.

그렇다면 어떤 내용을 어떻게 적어야만 할까? 그것은 이야기의 내용을 요점 열거식으로 정리하는 것이다. 이것을 '개요서 작성법' 이라고 한다. 말하고자 하는 요점만 항목별로 써 적어 두는 것이다. 그런 뒤 머릿속에 스토리를 넣어두고 말을 연결시키면 된다. 이렇게 '문제의 제시 - 본론의 전개 - 결말' 이라는 3단계 방식으로 얘기를 정확히 정리하여 종이에 옮겨놓으면 된다.

첫째, 서론

둘째, 본론

- 중요 화제
- 보조 화제 / 보조 화제….
- 중요 화제
- 보조 화제….

셋째, 결론

3) 기/ 승/ 전/ 결의 4 단계법

3단계 구성법은 스피치의 기본적인 형식으로 너무 단순해서 무미건조한 느낌을 줄 수도 있으므로 약간의 변화를 주는 것도 좋다. 그래서 나타난 것이 '4단계 구성법' 이다.

기승전결의 기(起)는 연극에서 말하는 개막이며, 문장에서는 첫 행의 시작 부분에 해당한다. 승(承)은 기(起)를 받아 보다 깊은 내용으로 심화시킨다. 전(轉)에서는 변화를 주어 의표를 찌르는 내용을 전개하고, 결(結)에서는 매듭을 짓는다. 기는 도입 부분인 서론을, 승은 사실, 관찰, 실험을, 전은 분석, 논증을, 결은 결론을 나타내는 것이다.

- 제1단계(기) : 문제의 제기(제시 - 소개)
- 제2단계(승) : 문제 해결의 사례 제시(설명)
- 제3단계(전) : 새 화제, 새 해결책
- 제4단계(결) : 전체의 마무리(중심 사상)

4) 인간의 심리를 이용한 5 단계법

인간의 사고 과정을 다섯 단계로 나누고 스피치를 전개하는 방식이다.

제1단계 : 주의를 끄는 도입의 단계로서 듣는 사람에게 흥미를 갖게 한다(흥미, 주의 집중).

제2단계 : 필요성을 보이는 단계로서 흥미를 갖기 시작한 듣는 이에게 중대한 선언을 한다(문제의 제시, 서론).

제3단계 : 필요를 만족시키는 단계로서 중요하고 필요한 문제를 해결하기 위해서 어떻게 하면 좋은가를 보인다(해결책 제시).

제4단계 : 구체화의 단계로서 문제 해결법을 보다 구체적으로 제시한다(결과, 강조, 증명(본론)).

제5단계 : 행동으로 이끄는 단계로서 듣는 이에게 결의를 다짐하게 한다(결심 촉구, 결론).

이상의 다섯 단계는 하나의 단계가 다음 단계를 이끌어내는 구실을 맡고 있다. 즉, 다음 단계의 동기를 만들어주는 기능을 하고 있다는 의미에서 동기를 유발시키는 순서라고도 볼 수 있으며, 오늘날 가장 널리 쓰이고 있는 구성법이기도 하다.

5) 브레인스토밍 기법을 이용하라

브레인스토밍(Brainstorming) 기법이란 자유로운 발상과 생각을 통해서 자신의 생각을 가장 효과적으로 끄집어내는 기법으로, 스피치의 주제가 주어지면 그 주제에 관한 생각들을 형식이나 고정관념의 틀에서 벗어나 자유롭게 스피치를 풀어가는 형식을 말한다.

(1) 제1단계는 스키마(Schema) 단계이다

스키마란 주제와 관련되는 배경 지식으로, 우리가 알고 있는 세상 모든 일에 대한 기억 사항을 말한다. 따라서 한 주제에 대한 스키마는 사람마다 다를 수 있다.

(2) 제2단계는 브레인스토밍 단계이다

브레인스토밍 단계는 스키마 단계에서 배경 지식을 바탕으로 별다른 격식이나 형식에 구애됨 없이 주섬주섬 말해보는 단계이다.

(3) 제3단계는 자기주장 단계이다

이 단계에서는 2단계(브레인스토밍)에서의 자신의 주장을 보다 논리적으로 전개시켜 본다.

(4) 제4단계는 개요 작성 단계이다

3단계까지 스피치의 내용을 서론 – 본론 – 결론으로 나누어 개요를 작성한다.

- **대화체를 활용하라**

유명 강사들의 강연이나 강의를 들어보면 하나같이 대화체를 유효적절하게 사용하는 것을 볼 수 있다. 지방 특유의 사투리나 억양을 익혀두면 훌륭한 스피치를 하는 데 매우 유익하다.

- **사투리에는 개성과 따뜻함이 있다**

TV 드라마에서 구수한 사투리로 유행어를 퍼뜨려 인기를 모으는 경우를 볼 수 있다. 아마도 그 이유는 사투리에서 구수한 맛과 정을 느낄 수 있기 때문일 것이다. 스피치에서도 의성어나 의태어를 표현할 때 사투리를 그대로 구사하면 훨씬 재미있고 설득력을 높일 수 있다.

세계적인 웅변가인 그리스의 데모스데네스의 웅변을 들은 비평가들은 "그의 연설에서는 램프의 기름 냄새가 난다"고 비평했다. 왜냐하면 그는 너무 많은 시간을 연설 준비에 허비하였기 때문이다. 무엇이고 최고의 것은 얻기 힘들고 오랜 시간이 걸린다. 연설도 그렇다. 연설에는 타고난 천재가 없다. 노력이 천재다. 그리고 좋은 연설을 원하거든 철저히 준비하라.

2. 연설의 내용 구성을 알자

연설은 하고 싶은 말을 대중에게 전달하는 행위이다. 그러므로 하고 싶은 말은 무엇인가, 전달하는 방법은 어떤 것이 있는가를 생각하지 않을 수 없다. 그래서 연사는 반드시 하고 싶은 말, 즉 연설의 주체를 정해야 한다. 그리고 나서 '어떻게'를 연구해야 하는 것이다.

주제를 정할 때 욕심 많은 연사는 거창하게 또는 광범위하게 잡는다. 그러나 그것은 연설 시간 안에 다 말하기가 어렵고 전달 또한 복잡해지기 쉽다. 그래서 주제는 간단하고 정확한 것으로 정하는 것이 좋다. 연사가 아무리 긴 시간 동안 열을 내며 토해놓는다 해도 듣고 나면 결론은 간단한 것이다.

예를 들면 선거 연설에서는 자기에게 표를 찍어달라는 말이고, 사회 캠페인 강연에서는 거리 질서를 확립하자는 것이고, 환경 단체에서는 환경을 보호하자는 것이지, 큰 철학과 진리가 있는 것은 아니기 때문이다.

따라서 하고 싶은 말, 즉 주제를 정할 때는 명쾌한 내용을 정하되 중요한 것은 어디서 어디까지 말을 할 것인가를 정확히 해 두어야 한다는 것이다. 즉, 설득점을 찾아야 한다. 연사도 멋있게 설명할 수 있고 청중도 쉽게 공감할 수 있는 설득 포인트를 찾아서 주제를 정해야 한다.

다음으로 그 주제를 어떻게 효과적으로 전달하느냐 하는 문제가 남는데, 이것이 연설의 구성법이다. 특별한 경우를 제외하고는 연설은 3단계 구성법, 4단계 구성법, 5단계 구성법으로 나누어 도입, 주제 설명을 마무리하는 형식을 취한다.

그러면 여기서 연설의 도입, 설명, 마무리(끝맺음)의 형식을 간단히 알아보자.

1) 도입

연설에서는 말의 시작을 잘하면 반은 성공한 것이나 다름없다. 그래서 아무리 연설을 잘하는 사람이라 할지라도 말하기의 시작은 많은 연구를 해야 한다. 연설의 시작이 어려운 것은 첫마디 말의 내용에 의해서 청중이 연설에 관심과 흥미를 갖느냐, 갖지 않느냐가 결정되기 때문이다.

그래서 연설의 도입은 청중이 들을 마음의 준비를 갖추고 연설에 흥미를 갖게 하는 내용으로 말을 시작해야 한다. 가장 좋은 방법을 몇 가지 소개하기로 한다.

연설의 내용이 획기적이어서 청중이 관심을 가질 수밖에 없는 내용이면 연설 내용의 주요한 골자를 첫째, 둘째 하는 식으로 미리 알려준다(이익단체, 조합 주주회의 등에서는 반드시 필요하다).

'의표를 찌르는 이야기', 즉 청중이 깜짝 놀라고 어리둥절한 이야기부터 시작하여 연설과 연결시킨다. 첫마디를 간단한 옛날이야기나 자기의 경험담부터 시작한다. 누구나 개인의 경험담은 듣기를 좋아한다. 첫마디를 청중에게 물어보는 형식으로 반문을 한다. 꼭 그 답을 듣기 위해서가 아니고 갑자기 청중을 생각하도록 하여 주의력을 집중시킨다.

강연에 올 때, 일어났던 일이나 느낀 점 또는 강연장의 특별한 분위기부터 이야기하면 현실감이 있어 청중의 반응은 좋게 나타난다. 또한 처음부터 그날의 공통분모나 유머 혹은 위트를 섞인 말로 청중을 한바탕 웃기고서 연설을 시작한다.

2) 주제 제시(설명)

연설의 중심이 되는 부분이다. 연설의 결론, 즉 연사가 주장하고 제창하는 뜻을 이끌어내기 위한 부분이므로 많은 설명이 필요하게 된다. 이때 주의할 것은 추상적인 설명은 되도록 피하고, 구체적인 것, 실증 가능한 것, 현실적인 것만 말해야 한다는 것이다.

그래서 사용하는 언어는 청중이 흔히 하는 말, 대중의 언어를 사용해야지 전문용어, 외래어나 잘 정리된 문장식 언어(미사여구) 등을 쓰는 것은 좋지 않다.

그리고 말에는 한계가 있어서 말로 표현이 부족한 부분에는 보충 자료가 있어야 한다. 통계, 숫자, 신문기사, 도표, 실물 모형 등 이해를 도울 수 있는 자료들을 미리 준비하는 것이 바람직하다.

이제 연설의 주제를 설명하는 법에 대해서 알아보기로 하자.

(1) 내용의 통일성, 일관성이 있어야 한다

통일성 : 주제를 설명하기 위해서는 많은 이야기 자료들이 활용된다. 연사의 생각, 다른 사람의 경험, 역사적인 사건, 재미있는 예문이 나열되는데, 그 모든 것이 설명하는 목적과 유기적인 관계

가 있어야 한다. 그래서 이야기 전체와 부분의 관계 부분과 부분의 관계로 서로 연결되어 연설의 목적을 위해 통일성을 갖고 있어야 한다.

일관성 : 시종일관이라는 말이 있다. 순서대로 나열한 것을 말한다. 연설에 있어서 설명을 잘하기 위해서는 말하기에 신경을 써야 한다. 시간에 관한 말을 할 때는 시간의 경과를 순서대로 이야기하며, 설명도 서론, 본론, 결론식으로 말하기의 연속성을 살려야 한다. 어떤 연사는 한참 이야기하다가 다시 처음으로 돌아가서 하면서 또 다른 이야기를 계속하는데 이야기가 뒤죽박죽되어 버린다.

설명의 연속성을 주기 위해서는 연사는 가끔씩 현재 말하고 있는 부분이 어디까지라고 하는 것을 정리해 줄 필요가 있다.

예를 들어 "지금까지 제가 말씀드린 것은 ○○○에 관한 것이었습니다. 그럼, 이제부터는 ○○○에 대해서 말씀드리려고 합니다" 하고 연설 진행과정의 위치를 말해주면 이해하기가 쉬워진다.

(2) 내용의 강조점이 드러나야 한다

어느 연사는 연설 전체의 내용 하나하나를 계속 강조하면서 연설을 진행한다. 그 한 대목마다 참 훌륭한 연설이다. 그러나 다 듣고 나면 남는 것이 없다. 국을 끓일 때 국물은 없고 건더기만 남으면 국 맛을 낼 수 없는 것처럼 연설에서도 국의 건더기처럼 연설의 핵심 부분, 포인트 부분을 살려야 한다. 다른 모든 이야기는 연설의 중심 사상을 전달하기 위해서 활용하는데 그쳐야 하고 중요성을 강조할 필요는 없다.

그렇지 않으면 연설은 단조롭고 평범해질 수밖에 없으며, 결론이 미약한 연설이 되고 만다. 강조점을 나타내기 위해서는 좀 더 큰 소리로 말하고 반복해서 두 번 말하든지, 다른 표현으로 한 번 더 설명하든지 하여 청중의 마음속에 중요성을 심어주어야 한다.

3) 끝맺음

강의나 학술 강연 같은 지적 이해를 돕는 스피치에서는 별로 중요하지 않지만, 사람의 감정에 호소하는 연설에서는 끝맺음에 신중한 준비를 해야 한다. 아직까지 긴 시간 동안의 연설을 마감하면서 그 연설의 뜻을 오랫동안 청중의 마음속에 남아있게 하기 위해서는 훌륭한 끝맺음이 필요한 것이다.

불후의 명작이라고 하는 좋은 영화의 마지막 장면을 생각해 보면 쉽게 알 수 있다. 마지막 장면이 감동적일 때 영화가 끝나고 극장에 불이 들어오는 것도 모르고 스크린을 응시하고 앉아 있던 경험을 누구나 한번쯤 했을 것이다.

연설에서도 훌륭한 끝맺음은 청중에게 한동안 감동의 여운을 남겨준다. 연설이 절정에 달하여 청중의 분위기가 고조되면 서서히 끝맺음으로 들어가야 한다. 끝맺음은 문을 '탁' 닫아버리듯 명쾌하게 끝내야지 질질 끌면 안 된다. 꼭 기억해야 될 중요한 부분을 다시 한번 상기시키고 나서 그 핵심을 강조하며 끝낸다. 주제와 관계된 명언, 명시나 유명한 글(소설, 신문사설, 고사성어) 한 구절을 인용하여 끝낸다.

4) 연설의 형식을 알자

연설의 형식에는 크게 문장연설, 원고연설, 즉석연설의 3가지로 나눌 수가 있다.

(1) 문장연설은 글로 써서 그대로 읽어가는 연설이다

이 연설은 청중에게 감동을 준다든지 이해, 설득, 사상 전달을 목적으로 하는 것이 아니고, 격식을 중요시하고 내용 전달에 주안점을 주는 연설이다. 이런 형식의 연설법을 택하는 이유는 첫째, 전달하는 내용이 정확해야 하고 실언을 해서는 안 되기 때문에 용어 하나하나에 신경을 써야 한다. 국가의 외교연설, 국회에서의 대정부 질의연설 등에서 이 형식을 택하는 것을 볼 수 있다.

둘째는 연설이 자신이 없는 경우이다. 실언, 실수를 해도 관계는 없지만 대중 앞에서 연설하는 것이 부담감이 있을 때 일률적으로 읽어가는 것이다. 이러한 문장연설은 연설의 효과를 기대하기는 어렵다.

(2) 원고연설은 우리가 가장 흔하게 접하는 형식의 연설법이다

원고를 만들 때, 충분한 준비로 주제를 선택하고 이야기의 배열을 잘 하여 강조점을 연구하고 시간을 맞추어 완벽한 연설 원고를 만든다. 다른 사람의 의견을 들어 첨가하고 수정하면서 많은 연습을 한다. 거의 외우다시피 연습한 후 원고를 가지고 연단에서서 연설 원고와 청중을 번갈아 보며 연설한 형식이다.

이 형식은 내용이나 그 전개는 훌륭할 수 있지만 연설로서는 특별한 효과를 기대하기 어렵다. 왜냐하면 글로 써놓은 것은 '글' 일 뿐 '말' 이 아니기 때문이다. 글은 아무리 자연스럽게 읽어도 자연스런 말과는 거리가 다르기 때문이다.

(3) 즉석연설은 많은 준비와 노력으로 철저히 준비한 연설이다

즉석연설이라고 하는 것은 즉석에서 원고 없이 박력 있고 멋있게 하지만, 사실은 즉석연설이 아니다. 원래 즉석연설은 없다고 할 수 있다. 즉석에서 스피치 요청을 받아서 어쩔 수 없이 정말 즉석스피치를 하는 경우가 있지만, 대개 이런 경우 종잡을 수 없는 연설이 되고 만다. 그래서 즉석연설의 형식을 빌려 스피치 하는 것은 많은 준비와 노력으로 철저히 계획하고 준비한 연설이라는 것을 알아야 한다.

대중 앞에서는 청중 공포가 있어 조금만 실수하면 생각한 것을 다 잊어버릴 수가 있다. 그래서 중요한 것은 테마를 순서대로 메모를 하여 연설에 임하는 것이다. 청중과 눈이 마주치며 서로 교감하면서 연설을 하려면 원고를 보지 않고도 말할 수 있도록 준비하여야 한다.

먼저 원고를 작성한다. 원고를 3등분으로 나눈다. 즉, 도입 부분, 설명 부분, 마무리 부분이다. 다시 설명하면 서로 연관성을 살려 3등분한다. 설명 부분이 연설의 핵심이기 때문이다. 이 설명 부분을 원고 없이 말할 수 있도록 많이 읽고 생각한다. 여기서 중요한 것은 원고를 절대로 외워서는 안 된다는 것이다. 외우는 대신 중요한 것만 메모한다. 그 메모만 보면 다음 말하기가 생각나도록 연습을 해둔다. 설명 부분이 완벽해지면 도입 부분과 마무리 부분도 같은 방법으로 줄거리만 메모한다.

이상과 같이 정리된 메모를 16절지 정도 크기의 종이에 한눈에 들어올 수 있도록 정리해 둔다. 중요한 부분은 빨간색으로 줄을 그어 둔다. 또는 카드로 만들어 주머니에 넣고 다니며 수시로 연습을 한다.

3. 스피치 주제, 목적 선정은 이렇게 하라

1) 스피치의 주제 선정

스피치의 주제가 주어지지 않을 경우에는 연사가 이를 결정해야 하며, 때로는 주어진 주제라도 어느 정도 조정을 해야 한다. 스피치 준비과정 중에서 청중 분석이 완료되면 그 결과를 토대로 주제를 선정하고 내용을 집약하는 과정이 필요하다.

첫째, 연사가 자신감을 가지고 정해진 시간 내에서 스피치를 할 수 있는 것이어야 한다. 둘째, 청중이 관심 있게 들을 수 있는 것이어야 한다. 다시 말하면 스피치 주제를 선정할 때는 연사 자신과 청중 그리고 상황을 고려하며 적합한 주제를 신중히 골라야 한다.

우선 연사 자신의 지식과 경험 그리고 관심을 고려하고 다음으로는 청중의 수준과 태도 및 관심거리를 고려한다. 마지막으로 행사의 목적과 상황의 특성을 고려하면 좋은 스피치 주제를 선정할 수 있다. 지나치게 평범하거나 추상적인 주제는 정보 전달이나 설득 면에서 효과적이지 않으므로 구체적인 주제 설정이 요구된다.

(1) 평상시 관심 있는 주제를 선정하라

연사가 평소에 관심을 갖고 연구해 온 주제, 즉 자신의 전공과 관련된 주제 또는 경험이 있는 주제를 선정해야 연사 자신이 지니고 있는 자원을 최대한 활용할 수 있으며, 여유를 가지고 준비할 수 있다. 또한 자신이 살아오는 동안 배운 경험이나 교훈 등에서 선정하는 것도 좋은 방법이다. 자신이 알지 못하는 주제를 택하게 되면 준비에 많은 시간이 소요될 뿐만 아니라 돌발적 사태, 즉 청중이 갑자기 질문하는 경우에 당황하여 이에 대한 적절한 대답을 할 수 없는 상황이 벌어질 수도 있다.

(2) 자신이 열변을 토할 수 있는 주제를 선정하라

연사가 잘 알고 있는 분야라 할지라도 별로 신이 나지 않는 주제는 준비할 때나 실행할 때 신명을 불러일으키지 못해 좋은 스피치가 될 수 없다. 자신이 관심 없는 스피치는 아무리 큰소리로 열변을 토한다고 해도 청중들에게 아무런 감흥을 일으킬 수 없다. 따라서 평소 관심을 갖고 흥미를 느껴 정열적으로 말할 수 있는 주제를 제공한다.

(3) 자신의 신념이 확고한 분야를 선택하라

자신의 믿음이 우선되는 주제를 선정해야 한다. 자신의 확고한 신념 없이는 청중을 감동시키거나 설득시킬 수 없다. 이럴 경우 청중은 연사에게 실망하여 그 장소를 떠날 것이다.

(4) 청중이 관심 갖는 주제를 선택하라

청중의 속성을 정확히 분석하여 연사 자신과 청중이 동시에 관심을 갖고 있는 주제를 선정하도록 해야 한다. 청중이 전혀 관심을 갖지 않는 말하기를 혼자서 열변을 토한다고 생각해보라.

청중은 냉혹하다. 어디까지나 청중이 관심을 갖고 알고 싶어 하는 주제를 선정해야 그들의 욕구를 만족시킬 수 있으며, 결국 스피치의 목적도 달성할 수 있게 된다.

(5) 청중 대다수에게 필요한 주제를 선택하라

주제가 청중에게 어떠한 가치가 있는가를 고려해야 한다. 청중의 관심을 파악할 방법이 없거나 자신의 관심사와의 청중의 관심사가 서로 다를 경우도 있다. 이럴 경우엔 대다수의 청중들에게 중요하며 필요하다고 생각되는 주제를 선택해야 한다.

예컨대 청중이 중년 여성인 경우에는 효과적인 재산 증식 방법을, 청소년인 경우에는 PC방과 인터넷 프로그램 등과 같은 그들의 관심사이자 시대적으로 꼭 필요한 테마를 가지고 이야기를 풀어 나가야 한다.

(6) 행사의 성격에 맞는 주제를 선택하라

어떤 행사에서 스피치를 해달라는 부탁을 받았을 때는 자신의 스피치가 어떤 행사의 일환으로 기획된 것인지를 파악한 다음 행사의 성격과 분위기에 적합한 주제를 선택해야 한다. 행사나 모임의 성격과 동떨어진 주제를 선택해서는 안 된다.

2) 스피치의 목적의 결정은 이렇게 하라

모든 스피치에는 목적이 있다. 스피치의 주제가 결정된다면 정해진 주제를 가지고 자신이 달성하고자 하는 바 즉, 스피치의 목적을 정해야 한다. 연사가 청중에게 정보를 전달하는 스피치를 할 것인지, 청중을 설득해야 하는지, 흥을 돋우는 스피치를 해야 하는지, 격려하는 스피치를 해야 하는지를 결정하는 것이다.

스피치의 방향과 목적이 구체화되면 핵심 명제를 정하는 것이 매우 쉬워진다. 왜냐하면 핵심 명제란 스피치의 포인트와 목적을 하나의 서술적 문장으로 표현하기 때문이다. 넓은 의미의 스피치 목적 또는 개괄적 목적은 그 스피치를 통해 청중들에게 미치고자 하는 영향을 말하는 것으로서 보통 그 스피치의 성격을 규정하는 기능을 말한다.

(1) 세부 목적

스피치의 주제와 개괄적 목적이 결정되면 이를 세부 목적으로 구체화시켜야 한다. 세부 목적은 개괄적 목적을 주제와 연결시켜 보다 구체적으로 표현하는 것으로 자신이 '무엇을 위하여 그 스피치를 하는지' 를 명확하게 보여준다. 세부 목적을 세우는 방법 3가지를 알아보고자 한다.

- **주제, 개괄적 목적, 청중을 조합해 목적구로 표현하라**

세부 목적은 주제와 개괄적 목적, 청중을 연결시켜 서술형 목적구로 표현하며 '~ 하기 위하여' 또는 '하기 위해' 처럼 뚜렷한 목적을 나타내는 목적구로 표현하는 것이 좋다. 예컨대 '청소년의 건전한 육성의 필요성' 이란 주제로 학부모를 청중으로 하여 설득 스피치를 할 경우에는 '학부모에게 청소년의 건전한 육성의 필요성을 인식시키기 위하여' 라고 목적구를 만들면 이것이 바로 세부 목적인 것이다.

- **세부 목적은 간단명료하게 하라**

세부 목적은 연사가 하고자 하는 말을 간단명료하게 전달하기 위한 수단이므로 미사여구나 애매모호한 표현을 피하고 직설적으로 표현하는 것이 좋으며, 가능한 상세하게 기술해야 한다.

- **세부 목적은 하나로 국한하라**

서로 다른 여러 가지 목적들을 설정하게 되면 스피치의 핵심이 흐려지기 마련이다. 준비나 실행에 있어서 일관성이 상실되므로 가급적 세부 목적은 하나로 하는 것이 바람직하다. 세부 목적이 정해진 경우 그 목적이 적합한지를 아래와 같은 항목에 맞추어 검토해 본다.

목적이 스피치로 표현하기에 적합한가? 너무 복잡하지 않은가? 지나치게 포괄적이지 않은가? 목적이 윤리적으로 비난받지 않겠는가? 사회적으로 받아들일 수 있는가? 목적이 시기 적절한가? 등을 검토를 해봐야 한다.

3) 핵심 명제의 개발은 어떻게 하나

스피치의 주제와 목적이 설정되면 주제에 맞는 핵심 내용을 요약하여 구성하는 과정이 필요하다. 핵심 명제란 스피치에서 하고자 하는 말을 하나의 간결한 문장으로 표현한 것으로 그 스피치를 총괄한다.

핵심문제는 연사 자신이 어떠한 방향으로 아이디어를 개발하고 자료를 준비해야 하는지를 명확하게 해주며, 청중으로 하여금 어떠한 방향으로 스피치가 전개될 것인지를 예측하여 청중의 이해를 돕는 기능을 한다. 핵심 명제를 개발하기 위해서는 우선 스피치 주제를 선정한 후 그 스피치의 개괄적 목적을 정하고, 이 둘을 적절히 조합하여 세부 목적을 정한다. 그런 다음 보다 정교하게 표현하면 멋진 핵심 명제가 될 수 있다.

스피치의 핵심 명제를 효과적으로 구성하기 위해서는 무엇보다도 간단하고 명료한 용어 선택이 중요하며, 반드시 언급해야 할 내용의 논리적 구성은 필수 사항이다. 핵심 명제를 수립하는 방법은 다음과 같다.

(1) 반드시 언급해야 할 두 가지 이상의 요점을 개발하라

세부 목적이 상세하게 수립되어 있다면 이를 달성하기 위해 포함해야 할 몇 가지 소주제를 도출하는 것은 그리 어려운 일이 아니다. 또한 이미 구속에 취급해야 할 소주제들이 명시되어 있는 경우도 있다.

예를 들어 '주부들이 에너지 절약의 필요성을 느끼도록 하기 위하여' 란 세부 목적이 주어졌다면 '가정에서 낭비되고 있는 에너지가 많다' 와 '절약해야 한다', '에너지도 외화 유출이다' 등의 요점이 된다.

(2) 간결한 선언식 문장을 만들어라

요점들을 연결하여 하나의 선언적 문구를 만들면, 그것이 곧 핵심 명제가 된다. 선언적 문구란 '~ 다' 라고 선언식으로 표현하는 문장을 뜻한다. 앞의 예를 핵심 명제로 만들면 '가정에서 낭비되는 에너지가 많으며, 이는 외화 유출이므로 절약해야 된다' 가 된다.

(3) 발표시에는 의도형 문구로 표현하라

실제로 핵심 명제를 청중에게 발표할 때는 발표에 적절한 스타일로 표현해야 한다. 핵심 명제를 발표하기 가장 적절한 양식은 '오늘 저는 ~에 대해 말씀드리고자 합니다' 라는 식의 의도형 또는 계획형으로 표현하는 것이다.

핵심 명제는 하나의 문장이지만 이것을 반드시 하나의 문구로 발표하라는 법은 없다. 의도형 문구로 발표해도 좋고, 두세 개의 문구로 나누어 발표할 수도 있으며, 경우에 따라서는 청중과의 문답식으로 발표할 수도 있다.

4. 개요서에 의한 스피치 기법

1) 실행 개요서에 의한 스피치 기법

실행 개요서란 스피치를 실행할 때 참고로 하기 위해서 작성하는 준비 개요서의 요약본을 말한다. 실제 스피치를 할 때는 내용을 기억하고 균형 잡힌 스피치를 하는데 도움이 되는 중요한 단어나 문구를 중심으로 실행 개요서를 작성할 필요가 있다.

실행 개요서의 주의 사항 5가지에 대해 알아보기로 하자.

(1) 준비 개요서의 번호 체계를 그대로 사용하라

준비 개요서의 MS번호 체계가 실행 개요서에서도 그대로 유지되어야 한다. 실행 개요서를 간단하게 만드는 길은 일부 항목을 제외하는 것이 아니라 각 항목의 내용을 요점 위주로 정리하는 것이다.

(2) 읽기 쉽고 눈에 띄도록 만들라

잠깐잠깐 보면서 개요서에 적힌 내용을 파악해야 하므로 실행 개요서는 읽기 쉽고 눈에 잘 띄도록 만들어야 한다. 눈에 띄게 하려면 번호 체계를 일관성 있게 하고 각 항목의 내용을 요점 위주로 정리해야 한다.

(3) 실행시 주의 사항도 적어두면 좋다

특히 스피치를 실행할 때 유의해야 할 점들, 이를테면 자신의 동작에 대한 주의 사항이나 좋지 않은 버릇 또는 진행 속도 등에 대한 약간의 코멘트를 적어두는 것이 좋다.

(4) 주요 통계나 인용문은 정확히 적어두어라

남의 이야기나 인용문 등을 발표하는 경우에는 준비해 온 것을 그대로 낭독하는 것이 좋고, 인용하는 경우에는 실행 개요서에 그 내용을 정확하게 적어두었다가 실행시 보고 읽는 것이 좋다.

(5) 손에 쥐어지는 적당한 크기의 카드를 사용하라

실행 개요서를 넓은 종이에 작성해 두면 손에 쥐고 스피치하기에 번거롭다. 그래서 대개 그 종이를 단상에 올려놓는데, 그렇게 되면 이를 참고로 하기 위해 고개를 아래로 자주 숙여야 하기 때문에 시선이 분산되는 등 말하는 데 불편이 따른다.

보다 효과적인 방법은 손에 쥘 수 있는 적당한 크기의 카드로 실행 개요서를 작성하는 것이다. 스피치 실행시에는 카드를 왼손이나 오른손에 쥐고 다른 손으로 한 장씩 넘겨가며 참고로 하면 매우 편리하다.

2) 준비 개요서에 의한 스피치 기법

스피치 중에서 가장 자연스럽고 청중과의 커뮤니케이션을 가장 원활하게 할 수 있는 방법은 개요서에 의한 스피치이다. 개요서란 스피치의 개요, 즉 아이디어와 세부 내용의 골자만을 간결하게 적어둔 미완성 스피치 대본이다.

개요서에 의한 스피치는 청중과 시선 교환이 자유로울 뿐만 아니라 말의 골격에 곧바로 살을 붙여서 분위기를 자연스럽게 이끌 수 있으므로 생동감과 현장감이 있다. 또한 자연스러운 제스처를 사용할 기회도 많아지게 되며, 특히 언어의 구사 범위를 넓혀준다는 장점이 있다.

개요서를 가지고 꾸준하게 연습하면 자신의 아이디어를 다양하게 표현할 수 있는 능력이 생긴다. 개요서에는 골자만 적혀있기 때문에 연습할 때마다 표현이 달라질 수밖에 없다. 따라서 연습을 거듭하다 보면 하나의 골자를 여러 가지로 표현할 수 있게 된다.

또한 준비 개요서는 완성된 스피치 개요서로서 실제 스피치 대본이나 연설문과는 다르다. 스피치 대본은 연결사와 부연 반복들을 포함하여 완성된 텍스트 형태로 작성해 나가야 하지만, 준비 개요서는 부연 반복이나 자세한 설명을 제외한 상태에서 책의 목차를 기록하는 방식으로 요약하여 작성한다. 준비 개요서는 주제, 세부 목적, 서론, 본론, 결론 그리고 참고문헌으로 구성된다.

준비 개요서 작성 6가지 규칙에 대해 알아보기로 하자.

(1) 상단에 주제, 세부 목적, 핵심 명제를 따로 기록한다

준비에 만전을 기하기 위해서 개요서의 상단에 주제와 세부 목적 그리고 핵심 명제를 기록하여 준비의 일관성을 갖도록 한다.

(2) 각 부분의 조직에 유의한다

서론에서 서두와 핵심 명제 및 주요 내용을 예고하는 부분이 체계 있게 열거되어야 하며, 본론에서는 주요 아이디어들 사이에, 그리고 세부 내용들 사이에 유기적인 구성이 확보되어야 한다. 결론에서는 종료 예고 및 핵심의 요약 그리고 결론이 순서대로 열거되어야 한다.

(3) 쉽게 볼 수 있도록 정리한다

스피치를 준비하는 경우 쉽게 보고 연상할 수 있도록 완성된 텍스트의 형식을 취하지 말고 책의 목차에서 사용하는 방법처럼 번호 매김과 들여쓰기를 사용한다.

(4) 번호 하나에 하나의 아이디어를 적는다

주요 아이디어건, 세부 내용이건, 세부 내용에 대한 자세한 설명이건 간에 하나의 번호에 하나의 아이디어만 적어야 한다. 그렇지 않고 한 번호에 여러 가지 아이디어를 적어두면 개요서가 복잡해져 준비의 진척도나 전체 스피치의 체계를 파악하는 것이 어렵고 복잡해진다. 화제 전환사와 중간 요약은 스피치의 주요 내용을 구성하는 것이 아니라, 주요 내용들 사이에 관계를 표시해 주는 것들이다. 따라서 이들에게 번호를 부여하지 말고 특별한 기호를 표시해 두는 것이 좋다.

(5) 주요 아이디어 서두 그리고 결언은 모두 완전한 문장으로 표현하는 것이 좋다

서두와 결언 그리고 주요 아이디어들은 완전한 문장으로 표현해 두고 그 세세한 내용은 간단하게 암기하는 것이 좋다.

(6) 참고 문헌의 출처를 명기한다

청중이 어떤 자료에 관심을 갖게 되면 대개 그 출처를 알고 싶어 하므로 이에 대비하여 개요서의 하단에 스피치를 준비하는 데 참고한 문헌이나 자료의 목록을 적어두는 것이 좋다.

3) 스피치의 중요한 핵심은 본론이다

스피치의 목적을 정하고 필요한 자료를 수집한 다음에는 곧 원고의 초고를 작성해야 한다. 초고란 연설의 대략적인 줄거리로서 그림을 그릴 때에 구도를 잡고 간단히 스케치하는 것과 같다. 모든 연설은 서론, 본론, 결론으로 구성되어 있지만, 연설원고는 본론부터 구성하는 것이 원칙으로 되어 있다. 왜냐하면 스피치에서 서론 부분은 10%의 정도의 분량을 차지하고, 결론 부분은 5% 정도인데 반하여, 본론 부분이 80～85%의 시간과 분량을 차지하기 때문이다. 스피치의 중요한 내용은 이 본론 부분에서 전달되는 것이며, 스피치의 중요한 핵심이기 때문에 본론부터 원고를 구성하는 것이 올바른 방법인 것이다.

(1) 초고 작성의 요령

초고는 스피치를 성공적으로 행하는 데 있어서 누구에게나 필요한 기초과정이다. 내용을 구성하고, 조직하고, 체계화하는 것은 꼭 거쳐야 하는 원고작성의 실용적인 방법이다. 초고를 작성할 때는 우선 스피치를 통해 전달하려고 하는 중요한 사상이나 내용을 적어놓고 그것을 어떻게 전개할지를 생각한다.

간단한 방법으로 일관성 있게 전개할까, 아니면 2항목, 3항목, 5항목으로 나누어 설명할지를 정한다. 이때 5항목 이상으로 나누는 것은 좋지 않다. 너무 복잡하고 청중도 다 기억하기 힘들기 때문이다. 2항복이나 3항목이 가장 짜임새가 있으며, 설명하기도 간편하고 이해하기도 좋은 전개방법이다.

이렇게 각 항목으로 분류해 놓고 하나의 항목마다 다시 세분하여 2～3개의 세분된 항목으로 나누어 설명하는 형식으로 각 항목을 설명해 나간다. 마치 한 구루의 나무를 상상해 보면 쉽게 알 수 있다. 나무는 우선 큰 줄기가 있다. 그 줄기에서 가지가 뻗어나가고 그 가지에서 다시 작은 가지가 생기고, 곁가지는 다시 작은 가지로 뻗으면서 잎이 무성하게 있는 것과 같다.

그림 구성으로 하나의 나무가 형성되는 것처럼 본론의 전개에서도 나무의 큰 줄기는 주제에 해당하고, 가지는 주제를 뒷받침하는 화제들이고, 다시 뻗어나간 곁가지는 화제를 구성하는 소재이고, 잎은 언어를 구성하는 말인 것이다.

한 권의 책이 어떻게 구성되는가를 생각해 보면 더욱 쉽게 이해할 수 있다. 우선 주제에 해당하는 책 제목이 있고, 목차를 펴보면 그 제목이 주는 뜻을 설명하기 위하여 Ⅰ, Ⅱ, Ⅲ으로 항목이 나누어지고, 각 항목은 다시 1, 2, 3으로, 그 안에는 다시 ①, ②, ③으로, 이는 다시 ㉠, ㉡, ㉢이나 ⓐ, ⓑ, ⓒ로 나누어져서 하나하나의 설명을 충실하게 한다. 그러면서 그 내용들은 서로 독립되었으되 연관성이 있고 전체적으로는 하나의 사상을 설명하기 위하여 통일성을 갖추고 있어서 한 권의 훌륭한 책이 되는 것처럼, 연설의 본론도 이러한 방법으로 구성해 나가야 한다.

(2) 각 항목 분류 방법

처음에는 수집한 자료들을 전부 열거해 놓는다. 보통 20개 이상 40, 50개 정도의 화제들을 분리해서 정리한다. 물론 그 이상이나 이하가 될 수도 있다. 이러한 분리된 항목 중에서 2개 내지 5개 정도의 중요한 내용을 골라내야 하는데, 그것은 전달하려는 스피치의 중심 사상과 연관성이 있는 것이어야 한다.

수집하여 열거해 놓은 자료들을 비교, 검토해 보면 반드시 중요도에서 차이가 난다. 비중이 큰 항목 밑에 비중이 작은 항목들을 연관성 있게 정리하여 종속시킨다. 이렇게 하면 큰 항목이 생기고 그것을 뒷받침하는 종속된 항목들이 생겨난다. 항목 선택의 기준은 주제를 효과적으로 설명하기 위하여 주제의 사상을 분류, 각 항목을 선택하는 것이며, 몇 가지 기준이 있다.

- **각 항목이 서로 분리되고 독립된 화제여야 한다**

화제는 연관성 내지 접근성이 있는 생각들이어야 한다.

- **각 항목이 같은 비중의 중요도가 있어야 한다**

만일 그렇지 않다면 독립된 항목이 될 수 없고 종속된 작은 항목밖에 되지 못하므로 설명의 균형이 깨지게 된다. 그러므로 각 항목을 비교적 같은 정도의 지위를 가진 화제들로 선택해야 한다.

- **각 항목은 유사한 문장구조를 갖추어야 한다**

한 항목은 간단한 명사로 되어 있고, 다른 항목은 긴 문장으로 되어 있으면 청중이 이해하기가 어렵다. 각 항목의 문장이 비슷해야 연설자도 기억하기에 좋고 청중도 이해하기에 편리한 것이다.

5. 청중 분석과 자료 수집을 철저히 하라

1) 미리 청중 분석을 해라

스피치 원고를 작성하기 위해서는 청중에 관해 알고 있어야 그 청중에 맞는 준비를 할 수 있는 것이다. 청중 파악은 대단히 그 범위가 넓고 복잡한 사항이어서 많은 시간과 기술적인 연구가 필요하다.

(1) 청중의 숫자와 연설에 필요한 시간을 알고 있어야 한다

청중이 많으면 군중심리가 뒤따르므로 연설을 준비할 때 이론과 논리 정리에만 치중하지 말고 감정에 호소하는 연설법으로 준비를 해야 한다. 추상적인 표현을 쓰지 말고 구체적인 표현으로 연설 원고를 작성하는 것이 좋다.

연설의 소요시간을 알고 있어야 하는 이유는 그 시간에 알맞은 분량의 원고를 준비하기 위해서이다. 시간에 비해 짧은 원고를 준비하면 제시간을 채우지 못하고 연설은 끝나고 만다. 중요한 말하기는 한마디도 못하고 우스운 꼴이 되고 만다. 참고로 말하면 10분 연설에 200자 원고지 15장 분량을 준비하면 적당하다.

(2) 최소한의 청중 분석을 사전에 해두어야 한다

청중의 수준이 높으면 거기에 맞도록 지적 표현을 많이 써서 준비해야 하고, 낮으면 쉬운 말로 알아듣기 쉽게 용어를 준비해야 한다. 청중의 수준의 격차가 반반씩 섞여있을 경우에는 쉬운 말로 설명하되 내용은 수준이 높은 것으로 선택해야 한다.

남녀가 섞여 있을 때는 남자와 여자의 관심사를 3:1의 비율로 안배하여 말하는 것이 효과적이다. 청중의 성분을 파악하여 반대 계층이 많을 경우에는 설득과 방어 연설을 동시에 준비하여 설득할 경우는 공격적으로 선동하여 장내를 완전히 장악해야 하며, 방어할 때에는 논리 정연하게 이성에 호소하는 연설을 준비해야 한다.

2) 자료 수집과 관리를 철저히 한다

주제를 선택하고 청중 파악이 끝나면 원고를 작성할 자료 수집에 들어가야 한다. 일반적으로 화제, 즉 말하기의 재료가 없는 사람은 화술에 능숙할 수가 없다. 일상에서 화제를 수집하는 방법은 신문이나 책을 많이 읽는 것이 도움이 된다.

스피치에 있어서도 방대한 자료가 필요한데 스피치의 자료를 활용하기 위해서는 미리 자료를 수집하고 자료를 정리해 두지 않으면 안 된다. 자료의 관리는 여러 가지가 있는데 그 중에서 가장 보편적인 것은 책에서 필요한 부분을 발췌하는 방법, 신문이나 잡지를 스크랩하는 방법, 팸플릿이나 인쇄물을 수집하는 방법, 타인의 말이나 본인의 생각을 메모하는 방법 등을 들 수가 있다.

경험 중에서 특이한 일, 놀라운 사실, 어이없는 실패담, 박장대소할 정도로 우스운 사건 등 남에게 들려줄 이야깃거리라고 생각되는 것 모두를 스피치의 좋은 소재로 삼을 수 있다. 이렇게 모은 소재는 누구도 흉내낼 수 없는 독특한 체험이므로 자신만의 숨겨진 무기로 삼아도 괜찮을 것이다. 이제 가장 일반적인 자료 수집 방법에 대해 알아보기로 하자.

(1) 자신의 생각을 정리한다

자신의 생활경험, 직업적인 경험, 지식, 취미, 관심 등이 스피치의 주제와 관계된 것이라면 모두 적어 둔다. 그리고 주제와 관련된 자기 자신의 생각을 정리한다.

(2) 전문가나 경험자를 찾는다

주제와 관계된 일에 종사하는 사람을 찾아간다. 즉, 전문가, 학자, 교수, 경험자를 찾아가서 필요한 질문을 하고, 조언을 듣고, 정리된 자료가 있으면 받아온다.

(3) 독서를 통하여 수집한다

가장 좋은 방법으로써 우선 신문, 잡지, 전문서적들에서 필요한 자료를 수집한다. 갑자기 조사하는 것은 힘든 작업이므로 평소에 정치, 경제, 사회, 문화, 예술, 종교 등으로 중요한 내용을 스크랩해 두면 대단히 편리하다.

또 이렇게 수집된 자료는 정리함으로써 활용할 수 있고, 활용함으로써 수집의 의의가 달성되는 것이다. '분명히 그때 수집한 자료가 있었는데' 하면서도 그것이 어디 있는지 정확히 모른다면 아무런 소용이 없다. 따라서 가급적 빠른 시간 안에 내용을 분류하여 관리하는 것이 바람직하다.

6. 연사가 갖추어야 할 원칙

1) 좋은 목소리를 내기 위해 훈련을 철저히 해라

목소리는 타고나는 것이므로 쉽게 고칠 수 없다고 생각할지 모른다. 그러나 훈련에 의해 30~50% 정도는 교정이 가능하다. 목소리 훈련을 쉽게 할 수 있는 방법은 여러 가지가 있지만, 거울을 보며 발성 연습을 매일 5~10분 정도 꾸준히 하는 것도 효과적인 방법 중 하나다. 특히 중요한 연설이 있거나 강의를 연일 계속할 때는 목소리 관리를 잘해야 한다. 성대 보호를 위해 날달걀이나 홍시, 살구씨 기름을 먹는 등 나름대로의 비법을 동원하기도 하는데, 이는 어디까지나 보조 수단이지 잠긴 목을 확 풀어주는 해결책은 아니다.

목을 관리하기 위해서는 평소에 지나친 흡연이나 음주는 피하고, 따뜻한 레몬차를 마시며, 성대에 휴식을 주는 것이 좋다. 목소리는 자신이 따로 주기적으로 관리하지 않으면 안 된다. 훈련하는 만큼 생동감 있고 아름다운 고운 목소리가 나오기 때문이다.

2) 연사가 갖추어야 할 3가지 원칙

연사는 우선 말을 잘해야 한다. 말을 잘한다는 것은 앞에서도 설명했듯이 정연한 이론으로 알기 쉽게 이해, 납득, 공감시키는 것을 말한다. 이 능력을 갖추지 못하면 아무리 훌륭한 주의, 주장을 펼쳐도 청중을 설득시킬 수 없는 것이다.

그래서 연사는 말을 잘할 수 있는 훈련을 평소 꾸준히 쌓아가야 한다. 말을 잘하기 위한 훈련의 기초는 일상생활에서의 개인과의 대화이다. 개인과의 대화는 모든 스피치의 기초이며 기본이다. 그러므로 아무 생각 없이 매일 말하는 친구, 동료와의 대화를 좀 더 신중히 연구하여 상대를 이해시키고 설득하는 방법을 익혀두어야 한다. 개인을 설득하지 못하면 어떻게 대중을 설득시킬 수 있겠는가?

(1) 풍부한 지식과 경험을 갖추어야 한다

연사가 대중 앞에서 말하는 내용은 책임을 질 수 있는 것이어야 한다. 따라서 연사는 그만한 지식과 정보를 갖추어야 한다. 연사로서 리더십을 발휘하는 지도자적 입장에 서기 위해서는 많은 독서와 매스미디어를 통한 정보를 수집해야 한다.

평소에 이러한 노력이 쌓이면 자연히 식견이 높아지고 예리한 통찰력이 생긴다. 그래야 자기의 주의와 주장이 분명해지는 것이다. 아무리 말하는 훈련을 쌓았다 할지라도 내용이 빈약한 연설을 한다면 언제나 삼류에 지나지 않게 된다.

비록 아직은 화술이 서툴다 해도 제시하는 정보가 획기적이고 주장하는 내용이 참신하다면 청중은 깊은 관심을 갖게 된다. 청중은 알맹이가 있는 연설을 듣고 싶어 한다. 그러므로 연사가 되기 위해서는 많은 지식과 경험을 축적해야 한다.

(2) 반대에 대한 대담성을 지녀야 한다

원래 연설이란 것이 같은 주의, 같은 의견을 가진 사람들에게만 하는 것이 아니라, 오히려 반대 의견을 가진 사람들을 설득하고 감동시킬 수 있는 것이 연설의 요체요, 묘미인 것이다.

같은 주제를 가지고 이야기하더라도 청중의 성격, 입장, 직업, 신분에 따라서 그 반응은 다를 수 있다. 그래서 연설 도중에 반대 의견을 가진 사람들

파워 스피치 개념 정리요령

- 시작 부분이 청중의 주의를 끌 수 있는 내용인가?
- 주제의 필요한 배경을 설명했는가?
- 주제가 청중에게 중요한 이유를 설명했는가?
- 자신의 공신력을 적절히 설정했는가?
- 스피치의 목적과 내용(소주제)을 올바르게 표현했는가?
- 주 논점이 분명한가? (즉, 내용이 논리적 일관성을 갖는가?)
- 다양한 인용을 했는가?
- 주제에 대해 깊이 있는 조사가 이루어졌는가?
- 스피치의 요지를 적절히 요약했는가?
- 스피치의 끝마무리가 인상적이었는가?
- 접속부를 적절히 사용했는가?
- 전반적으로 참신한 내용전개였는가?
- 정보전달이나 설득연설의 취지에 합당한가?

의 야유나 소란이 있어도 흔들림 없이 자기의 주장을 펼 수 있는 대담성이 필요하다.

연사가 소심하면 당황하여 마침내는 연설을 망쳐버리고 중도에 하단하여 연사의 신뢰와 위신을 떨어뜨리게 된다. 그러므로 평소에 대담성을 길러서 야유가 나오면 못들은 체하고 연설을 계속하든지, 더 큰소리로 연설을 강행하든지, 야유에 대한 야유로 공격을 하든지, 가벼운 유머로 야유를 희석시키든지 해서 적진에 뛰어든 장군처럼 용감성을 발휘해야 한다.

(3) 외유내강의 태도를 지녀야 한다

연사는 온순하고 부드럽게 보이는 것이 좋다. 연사가 풍기는 인상이 강해 보이면 거부감을 느낀다. 이것은 인간의 자연적인 감정이다. 인간은 자기보다 약한 사람에게는 경계심을 갖지 않는 법이다.

그렇다고 해서 연사가 지나치게 겸손하게 행동하면 청중은 연사를 무시하게 된다. 그러므로 연사는 외유내강의 자세를 가져야 한다. 정중하고 온화한 인상이지만, 연설은 정열적이고 대담하게 할 때 청중은 박수를 보내는 것이다.

제7장 청중의 심리 파악

연설자가 듣는 청중의 성격, 사고방식, 요망사항, 지적수준 등을 파악하여 내용과 전달 방법이 청중에게 맞도록 한다는 것이 매우 중요하다.

1. 청중은 연령에 따라 요구하는 것이 다르다

사람은 남녀노소라는 다양한 계층이 있다. 이들 계층은 서로 다른 문화와 가치관을 가지고 살아간다. 그 중에서도 연령은 문화와 가치관의 차이가 크므로 발표를 준비할 때에 꼭 고려해야 하는 부분이다.

청중은 연령에 따라 각기 다른 요구를 가지고 있다. 청중의 다양한 요구를 반영하지 못한다면 발표자는 청중들로부터 외면당할 수밖에 없다. 청중의 다양한 요구를 반영하기 위해서는 연령별로 청중의 상황, 특성, 요구 등을 정확히 알아야 한다.

1) 아동은 발표에서 무엇을 원하는가?

대체적으로 2세에서 6세까지 초등학교를 들어가기 전의 시기를 유아기라 하며, 이 시기에 유아는 급소한 신체적, 언어적, 인지적, 사회적, 정서적 발달을 하게 된다. 아동기는 7세부터 12세까지로 취학과 더불어 제도적인 교육기관에서의 교육이 이루어진다.

이 시기에는 새로운 것을 배우기보다는 영아기를 거쳐서 유아기까지 획득한 지각운동 기능을 보다 기술적으로 사용하는 능력을 키우며, 인지적 측면에서도 지각에 의존하던 사물의 판단과 자기중심적인 사고를 극복한다. 일상생활에서 접하는 다양한 상황에 적응하는 양식을 습득해가며, 이러한 적응양식은 성인이 되어 이 세상을 살아나가는 기본 능력이 된다.

(1) 신체발달에 따른 학습법

개인차가 있지만 대체로 체격이 작고 빈약한 아동은 다른 아동에 비해 힘이 부족하므로 소심하고 겁이 많은 것처럼 보이며, 반대로 체격이 크고 튼튼하고 힘이 센 아동은 쾌활하며 창조적이고 자기 자신을 표현하는데 적극적인 것으로 보인다. 뿐만 아니라 신체의 크기는 또래나 주변 사람이 아동을 대하는 태도를 결정하는 조건이 된다. 주변에서 신체활동의 기회를 많이 제공하면 사회성 발달, 지적발달이 더욱 촉진될 수 있다. 아동을 대상으로 할 때에는 정적인 발표보다는 신체활동을 바탕으로 직접 참여하는 발표를 진행하는 것이 좋다.

(2) 인지발달에 따른 특성

발표자가 아동에게 허용적이고 격려적인 태도를 보이면 아동들의 지적호기심이 자극되어 지능발달에 긍정적인 영향을 미친다. 따라서 아동을 대상으로 발표를 하는 경우에는 칭찬을 자주해야 한다.

(3) 사회적 발달에 따른 특성

아동은 다른 사람의 수용과 인정을 받게 되면 자신을 긍정적으로 받아들여서 높은 자존감을 형성한다. 반대로 과도한 부모의 기대를 충족시켜주지 못하면 계속적인 실패나 비난을 경험하면 부정적인 자아개념, 즉 낮은 자존감을 형성하는데, 어떤 자존감을 형성하느냐에 따라 원만한 친구간의 관계를 유지하고, 독립적이고 적극적인 생활을 할 수도 있다. 그런 반면 자신을 쓸모없고 능력이 부족한 사람이라고 생각하여 새로운 과제에 불만을 보이는 사람이 될 수도 있다. 발표시에는 아동의 상황을 충분히 고려하여 자신이 인정받고 있다는 것을 인식하도록 하면 자아개념 발달에 결정적인 역할을 한다.

2) 청소년은 발표에서 무엇을 원하고 있는가?

청소년기는 사춘기를 동반한 많은 행동적 변화들로 인하여 불안성이 증가하는 것이 특징이다. 청소년기의 정서 불안의 특징은 폭언이 더욱 빈번해지는 것과 욕구 불만은 증가하는데, 그것의 관용수준이 낮은 것을 들 수 있다. 격정이 증가하는 원인은 욕구들을 좌절시키는 자극들이 증가되기 때문이라는 주장이 있다. 즉, 청소년은 여러 영역에서 그들의 목표 지향 행동이 방해를 받는다.

더구나 오늘날의 청소년은 급속히 변모, 발전하는 현대사회의 여러 가지 영향을 받으면서 살아야 하고, 짧은 과거와 매우 불확실한 미래의 사이에 놓여있기 때문에 전근대적인 사회에서 인식되던 청소년과는 판이한 가치지향과 존재 양태를 보이고 있다. 따라서 이러한 위치에 놓여있는 청소년에 대한 정확한 파악 없이는 그들이 필요로 하는 발표를 하기가 어렵고 발표자로서의 역할을 잘 수행하기가 불가능할 것이다.

해비거스트는 청소년기의 발달 과업에 대하여 다음과 같이 지적하고 있는데, 이를 바탕으로 청소년들의 요구를 파악하여 발표 목표나 발표 내용을 선정하는데 도움을 얻는 것이 좋다.

① 친구 동료와의 적합한 관계 수립
② 남성, 여성으로서의 적합한 사회적 역할을 배움
③ 부모나 기타 어른으로부터 정서적 독립을 성취
④ 경제적, 직업적 자립을 계획
⑤ 자신의 신체, 성을 자신감을 가지고 받아들임
⑥ 결혼과 가정생활의 준비
⑦ 사회생활을 위한 지적 개념적 능력 개발
⑧ 사회적으로 책임 있는 행동을 취할 태도와 능력개발
⑨ 행동지침으로서의 윤리적 체계와 가치관 확립

3) 성인은 발표에서 무엇을 원하고 있는가?

에릭슨은 성인을 30～60세까지 구분하고, 이 시기의 심리적 특징으로 전기에는 어린아이의 부모로서 아이를 낳아 기르는 일에 책임을 지는 시기이며, 중기는 새로운 세대의 성인인 자녀에 대해 책임을 지는 역할을 맡는다 하였다. 즉, 부모로서의 권위를 잃지 않고 자녀와 대등한 관계를 구축하는 새로운 삶을 발견하는 단계이다. 여기에서 성인은 자기를 뒤돌아보고 정체된 자기에게 새 삶을 불어넣기 위해 노력하고자 하는 심리적 특징을 지닌다.

성인은 대개 일반화되고 추상적인 사고를 추구하며, 그들의 욕구를 피력하고 말로 표현함으로써 발표에 참여하게 된다. 성인은 조직화되고 지속적인 자아 개념과 자존심을 소유하고 있으며, 독립된 인격체로서 발표에 참여한다.

성인은 사회 내에서 맡고 있는 지위 때문에 늘 생산적인 사람이 되어야 한다고 생각한다. 성인 청중은 자기 주도적이며 많은 경험을 지니고 그 경험에 의거하여 문제를 해결하려는 경향이 있다. 따라서 성인들의 육체적, 정신적, 감정적 특성들은 발표의 성공과 중요한 연관성이 있다.

(1) 자기 주도성

성인은 이성 의지에 의해 자신의 생활을 통제할 수 있는 능력이 있다. 성인은 자신에게 부족한 것이 무엇이고 그것을 보충하기 위해서 해야 할 일이 무엇인지 누구보다도 스스로 잘 알고 있다. 따라서 청중 스스로 목표를 세우고 전략을 선정하는데 능동적이다. 이러한 점을 감안해서 발표자는 발표를 수행함에 있어서 발표를 주도할 것이 아니라, 청중의 자기 주도적 선택을 도와주고 촉진시킬 수 있는 방법을 모색해야 한다.

성인들은 발표 과정에 능동적으로 참여하고자 하므로 수동적인 발표 환경에서는 적극적인 반응을 보이지 않는다. 발표의 초점은 성인 청중들이 중요하다고 생각하며 알고자 하는 것에 두어야 한다.

(2) 다양한 삶의 경험

성인은 직업, 연령, 학력, 사회 경제적 배경, 사회 경험 등이 각자 다른 것이 특징이다. 성인은 발표를 수행함에 있어서 성인 청중의 다양한 특성을 고려하며 발표 방법을 선정해야 할 것이다. 이것은 성인 청중의 다양한 경험을 촉진하고 참여할 수 있는 환경을 만들어 주어야 한다는 것을 의미한다.

아울러 발표자의 일방적 주도가 아니라 목표에 따라서 다양한 발표 방법이 적용되어야 한다는 것을 의미한다. 성인 청중들은 이미 고정된 관념, 습관, 태도, 의견 및 신념을 지니고 있으므로 특정 그룹의 필요에 알맞은 정보를 제공하기 위해서 발표자는 반드시 이 사실을 유념해야 한다.

(3) 문제 지향성

성인을 대상으로 하는 발표 내용은 청중들에게 문제를 해결할 수 있도록 도움을 줄 때 최고의 가치를 나타낸다. 성인들은 광범위한 실제 삶의 경험을 가지고 있으며, 이러한 경험을 토대로 새로운 지식을 체계화하고 범위를 한정하고자 한다. 성인을 대상으로 하는 발표는 이전의 경험을 통해 획득한 의미, 가치, 기술 및 전략을 변형시키거나 확대시키는데 초점을 맞추어야 한다. 발표를 듣고 변화에 대한 판단 기준은 주로 사회적 역할이나 직장에서의 역할, 기대감, 지속적인 생산성에 대한 개인적 욕구, 정체성 확립 등에서 비롯된다.

(4) 상호 경험 공유의 원리

성인은 이미 기본적인 학교교육을 마치고 사회생활을 통해서 풍부한 경험을 가진 사람들이다. 경우에 따라서는 발표자보다 어떤 특정 영역에 있어서는 더 많은 경험이 축적되어 있을 수도 있다. 따라서 성인을 대상으로 하는 발표자는 발표자와 청중 그리고 청중 상호간의 경험을 공유할 수 있는 방향으로 발표 내용을 마련해야 할 것이다.

(5) 참여의 원리

성인을 대상으로 하는 발표는 청중의 자율성에 바탕을 둔 것이기 때문에 발표자는 발표, 설계를 함에 있어서 청중의 자율적인 참여가 장려될 수 있는 방안을 모색해야 한다.

4) 노인은 발표에서 무엇을 원하고 있는가?

노년기는 심리적, 생리적 기능이 저하되고, 그로 인해 개인에 따라 다르게 지각되기는 하나 일반적으로 적응반응이 심각한 문제로 나타난다. 60세 이후는 시각과 청각기능이 현저히 쇠퇴하고, 기억력과 운동기능도 큰 변화를 일으킨다.

지능검사 결과에 의하면 회화 배열, 환치 검사의 경우는 연령이 증가함에 따라서 득점이 현저히 저하된다. 그러나 노년기에 특별히 주목되는 것은 이해, 지식, 어휘 등 유의미한 언어검사에 의한 지능 독점은 거의 저하되지 않는다고 알려지고 있다.

노년에 적응해 가는 모습은 자신의 성격이나 심리, 사회적인 자원과 깊은 관련이 있다. 즉, 자신의 인생과 노화현상을 얼마나 긍정적으로 수용하는가 하는 본인 자신의 마음의 자세가 중요하다. 그리고 자신의 내면적인 요구와 현재 자신이 처해 있는 상황을 얼마나 잘 조절하고, 그러기 위해서는 얼마나 적극적인 노력을 할 수 있는가 하는 심리적인 자원이다. 또한 가족, 친지 그리고 사회에서 노화과정을 얼마나 잘 이해하고 노인들을 긍정적으로 보며 어려움이 있을 때 도와줄 수 있는가 하는 사회적 자원도 성공적인 노화를 위해 큰 역할을 한다. 노년기를 대상으로 하는 발표는 자신의 삶을 바꾸고 노년기의 여가에 적합한 보람있는 생활을 가꿀 수 있는 내용으로 계획하여야 하며, 저하된 신체기능에 적합한 단계와 속도로 제공하여야 한다.

2. 청중의 성별

남성만의 모임에서 연설하는가? 여성만의 모임인가? 또는 남녀 혼합인가? 그 비율은 어떠한가? 가령 여성의 수가 적다 하더라도 그들의 존재를 무시해선 안 된다.

1) 남성이 주청중일 때

남자는 여자보다 적극적이고 침략적이며, 행동적이다. 또한 추상적인 법률이나 규칙에 여자보다 쉽게 따라가며, 정부의 번영문제 또는 추상적인 원리의 수호에 대해서도 여자보다 더 관심을 갖는다.

또 여성과는 달리 자기 고집이나 주견(主見)이 강하다. 그러므로 연설자는 강하고 직설적으로 부딪치는 것이 효과적이라 할 수 있다. 어떠한 분위기나 감상보다는 명분, 의리, 사나이, 대장부, 충성심, 애국심 등 추상적인 단어에도 관심을 갖는다는 것을 참고로 하여 남성다움에 호소한다.

2) 여성이 주청중일 때

여자는 남성보다 더 수동적이고 감수성이 강하며, 참을성이 많다. 그리고 존재적이며, 남자보다 예술적 취향이 강하고 가구, 테이블, 의복 등에 대해서 예민하며, 남자보다 예배, 숭배, 가정, 가족에 대해 큰 애정을 가지며, 자기 주견보다는 다른 사람이 어떻게 생각하느냐에 관심이 많다.

그러면 여성의 특성에 대해서 알아보자.

(1) 질투가 강하다

남자에게도 질투는 있다. 그러나 남자의 질투는 자기와 조건이 비슷한 사람에게 한정된 질투지만, 여성은 자기 이외의 모든 여성이 질투의 대상이 된다.

(2) 논리와 분석이 약하다

여성다워질수록 정서적인 것에 깊은 관심을 가지면서 감상적이 되고 예민해지기 때문에 이성적이거나 논리적인 면에 약해진다. 그러므로 세세한 곳까지 신경을 쓰는 것이 여성임을 참작하여 대화나 연설을 하면 효과적일 수 있다.

(3) 다른 사람의 칭찬을 잘 받아들인다

여성은 자신의 용모는 물론 성격이나 능력에 대해서도 자기 평가를 제대로 못하고 타인의 평가, 특히 칭찬을 굉장히 비중 있게 생각한다.

(4) 유행에 민감하고 약하다

다른 사람이 자기를 어떻게 생각하느냐에 민감하기 때문에 유행과 거리가 멀어서 유행에 뒤떨어진 웃음거리가 된다거나 반대로 유행의 첨단을 걸어서 이단자 취급을 받는 것을 불안하게 생각하여 다른 사람과 똑같이 행동하려는 심리가 있다.

(5) 비밀을 갖고 싶어 하면서도 또한 비밀을 못 지키는 특성도 있다

비밀을 간직함으로써 자신을 보다 신비스럽게 보이려고 하는, 즉 좀 더 큰 관심을 끌려는 행동이라고 볼 수 있다. 그리고 여성에겐 비밀을 동료와 같이 공유함으로써 '너에게 이렇게 중요한 것을 말해준다' 하는 암시로써 서로의 신뢰와 충성을 확인하려고 하기 때문에 비밀을 못 지키는 특성도 있다.

(6) 확인하려는 욕구가 강하다

여성은 대부분 "자기, 나한테 사랑한다는 말 요즈음 한 번도 안했다", "나를 위한다는 증거를 한 번 보여주세요." 이런 식으로 항상 증거를 원하는 것이 여성이다. 머리스타일을 바꾸었거나 새 옷을 입었을 때도 남편이 한마디 안 해주면 불만스러워하는 것도 확인하려는 욕구가 충족되지 않기 때문이니 여성의 설득에 이 점 또한 참고 하는 것이 좋다.

3) 여성 상대의 효과적인 연설

(1) 칭찬으로 연설을 시작한다

칭찬에 약한 것이 여성들의 독특한 심리이다. 특히 여성다움을 칭찬할 때 더욱 효과적이다. 또한 여성은 자신에 대해 조그마한 것을 기억해주는 상대에게는 강한 신뢰감을 가진다.

(2) 진지하고 열성적으로 연설한다

여성은 이야기 내용도 내용이지만 열성을 다해 이야기하는 연설자의 자세에 더 호감을 느끼게 된다. 쉬운 이야기로 이해하기 쉬운 예를 들어가며 진지하게 말하면 좋은 효과를 얻을 수 있다.

(3) 다른 사람을 헐뜯거나 비방하지 말라

타인을 험담하지 않는 남자에게 여성은 자기에게는 없는 좋은 점을 가진 남자라는 믿음을 갖게 되며, 그러니까 내 자신을 모두 다 보여주어도 안심이라는 마음을 갖게 된다.

(4) 아주 조그마한 변화에도 관심을 보인다

여성 설득의 비밀은 자신의 조그마한 변화에 신경을 써주면 자기가 인정받았다고 느낀다는 사실이다. 이렇게 자기를 인정해주는 말에는 대단히 민감한 반응을 보이고, 그것을 관심과 호감으로까지 발전시켜 생각하게 되는 것이다.

3. 청중 심리를 유발시키는 연설기법

① 연설자는 진실에 근거를 두고, 돌이라도 녹일 수 있는 열의와 정열을 가지고 청중과 같이 감격하고 호흡을 일치시킨다.
② 청중은 구체적이고 실제적인 사실에 마음을 움직인다. 그러므로 어떤 사건을 인용할 때에는 누구나가 기억하고 있는, 다시 말해 이미 알고 있거나 경험한 바 있는 것을 선택한다.
③ 공동의 이해관계와 공동의 흥미를 가질 수 있는 문제를 제시해야 한다.
④ 청중에게 자극을 주는 강렬한 어구를 사용한다. 평범한 이야기, 무미건조한 내용, 추상적인 표현으로는 청중을 움직일 수 없다. 그러므로 의문문, 반복법, 점층법 등을 사용하면서 청중의 심리 상태를 잘 요리한다.
⑤ 감정에 호소한다. 청중은 항상 자극과 충동에 따라 파괴적이고 과장적이기 때문에 이론과 조리를 따지면서 설명하기보다는 그들의 감정에 자기의 논지와 소신을 강하게 표현한다.

4. 언제나 청중을 생각하라

1) 청중 없는 스피치는 없다

청중 지향 스피치를 하는 연사가 결국 성공적인 스피치를 해낸다. 스피치는 연사 혼자 말하는 독백이 아니다. 내용, 표현방법, 진행 등 모두가 청중에 맞게 구성되고 조정되어야 한다.

이 말은 연사 자신이 말하고자 하는 소신이나 철학을 청중에 따라 '이랬다, 저랬다' 하라는 뜻이 아니다. 근본 내용을 소신 없이 바꾸라는 것이 아니라 청중에게 잘 전달되도록 신경쓰는 노력, 포장하는 정성이 필요하다는 것이다.

그러면 청중 지향 스피치를 하려면 어떻게 해야 할지 살펴보자.

(1) 주제 선정부터 청중에 알맞은 주제가 선택되어야 한다

청중들의 관심과 흥미를 끌 수 있고, 유익한 주제를 선정해야 한다.

(2) 내용 구성도 청중의 눈높이에 맞추어라

지적수준이 높은 학구적인 청중들의 경우는 논리적, 전문적, 체계적으로 논지를 구성해서 스피치를 한다. 다양한 계층이 모인 일반인들을 대상으로 하는 스피치는 쉽게 풀어서 재미있고, 이해하기 쉬운 예화를 많이 곁들이는 것이 좋다.

(3) 스피치는 청중과 호흡을 같이 해야 한다

말의 속도도 청중들은 어떤 분들이냐에 따라서 조정하는 것이 좋다. 젊은 층이라면 좀 빠른 듯, 노인층이라면 다소 천천히 여유롭게 하는 것이 좋다. 준비한 내용도 청중들의 반응과 상황에 따라 조정되어야 한다. 스피치를 실행할 때 청중들에게 맞추어져 가면서 다소 수정, 보완, 삭제되어 나가야 한다. 청중 지향적인 스피치는 원래 준비한 내용과 반드시 일치하기가 어렵다.

(4) 청중들이 알아듣기 쉬운 용어를 선택해야 한다

어려운 전문용어, 외국어를 많이 써서 청중들이 제대로 알아듣지 못하는 경우를 종종 본다. 이것은 청중에게 뭔가 유익함을 전달하려는 청중을 위한 스피치가 아니라 연사 본인이 잘난 체하기 위한 스피치로 보이기 쉽다.

(5) 제스처도 청중들의 수에 따라 달리 사용해야 한다

소수의 청중이라면 대화할 때처럼 제스처를 사용하고, 수백 명의 대중을 향한 스피치는 목소리, 제스처를 다소 크게 하며, 말의 속도는 천천히 하는 것이 좋다.

(6) 가급적이면 청중들이 참여할 수 있는 기회를 제공한다

질문을 주고받는다든지, 청중을 연단으로 나오게 해서 참여를 시키든지 하면 청중들이 지루해하지 않고 생동감 있는 강의가 된다.

(7) 시간을 정확히 지켜야 한다

'지나침은 모자람만 못하다' 라는 속담처럼 아무리 명강사라 할지라도 주어진 시간을 넘겨서 스피치를 계속해 나가면 앞서 잘해놓은 연설마저 지루한 느낌을 청중에게 준다. 그래서 명강사는 5분 늦게 시작하고, 5분 일찍 마치는 것이 좋다.

(8) 장소를 미리 점검해야 한다

좌석배치, 실내 환경, 시각 보조자료, 마이크, 청중의 수, 학력수준, 성격의 모임, 연령대, 남녀의 비율 등도 자세히 파악하여 청중이 편하게 경청할 수 있도록 배려를 한다. 연사도 미리 여러 상황을 점검해 보는 것도 좋다.

(9) 청중의 반응을 살펴가며 열정으로 말한다

청중이라고 해서 연사가 하는 말을 그냥 받아들이는 수동적인 존재로 생각하기 쉽다. 그렇지만 청중은 그냥 듣기만 하는 것이 아니라 능동적으로 판단하고 선별해서 받아들이며 표정, 자세, 태도를 통해서 반응을 나타낸다. 연사가 대충 시간만 때우려는 것인지, 억지로 연기하려는 것인지, 청중을 배려하고 사랑하며 열정을 다하는지 청중들은 느낄 수 있다. 그래서 주어진 시간만큼은 혼을 다하여 열정적인 스피치를 해야 한다.

5. 대중 스피치의 특징

1) 대중 스피치할 때 갖추어야 할 조건

사람이 자기의 감정, 즉 생각을 나타내는 데는 세 가지 방법이 있다. 첫째는 태도(몸짓과 손짓)와 표정이고, 둘째는 말, 셋째는 글이다. 사람은 말을 시작하면서 자신의 뜻과 생각을 남에게 알리기도 하고, 반대로 남의 뜻과 남의 생각을 받아들이거나 물리치기도 한다. 결국 이러한 말의 형태가 대중 스피치의 시초가 되었다고 할 수 있겠다.

대중 스피치란 기세 좋고 거침없는 목소리로 자기의 생각과 주장을 표현하여 듣는 사람을 설득, 감동시키는 말의 기술이다. 일정한 장소에 청중을 모아놓고 하는 정치 연설 같은 것만을 대중 스피치라고 생각하는 사람이 많지만 사실은 그렇지가 않다. 많든 적든 사람이 있고, 그 듣는 사람에게 자기의 의사를 전달하여 이해시키고 설득시킬 수 있다면, 이것이 훌륭한 대중 스피치인 것이다. 따라서 아름다운 말, 듣기 좋은 말만 늘어놓는 것은 참된 대중 스피치가 아니다.

대중 스피치란 말이 조리 있게 다듬어져야 하며, 말 속에 깊은 뜻과 생각이 들어 있어야 한다. 미국의 제16대 대통령 링컨의 게티즈버그에서의 연설은 불과 5분밖에 안 되는 짤막한 대중 스피치였지만, 오늘날 민주주의의 금언(金言)으로 널리 알려져 있다. 그러나 아무리 조리 있고 유창하게 말을 한다 해도 듣는 사람을 감동시키지 못한다면 이것은 대중 스피치가 아니다.

예를 들어 아나운서의 뉴스 방송, 시사 해설, 일기 예보 등과 같이 보도나 보고 지시 같은 것은 대중 스피치로 볼 수 없다. '대중 스피치'란 말을 국어사전에서 찾아보면 조리 있고 거침없이 잘하는 말, 말을 잘하는 일이라고 풀이되어 있다. 쉽게 말해서 '말을 잘하는 것'이라고 할 수 있다.

옛날에는 '침묵은 금이요, 대중 스피치는 은이다'라고 했는데, 이것은 어찌 생각하면 말을 잘하는 것보다 말할 줄 모르는 게 낫다는 뜻으로 오해할 수도 있겠다. 하지만 이 말은 쓸데없이 지껄이는 것은 입을 다물고 가만있는 일만 못하다는 뜻이지, 할 말도 참고 하지 말라는 뜻은 절대 아니다.

요즘은 필요한 말은 꼭 해야 하는 시대다. 또한 자신의 의사를 정확히 전달하고 자기의 감정을 잘 전달할 수 있는 사람이 장차 큰일을 할 수 있는 사람이다.

(1) 대중 스피치의 자세

모든 스피치는 그 사람의 인격으로서 화자(話者)의 모든 인생이 묻어나오는 인생의 드라마라고 할 수 있다. 따라서 화자는 그동안 자신이 쌓아온 지식과 경험 그리고 감정을 잘 조화시켜 상대방에게 감동을 줄 수 있는 진솔한 표현법을 연구해야 할 것이다.

또한 청중의 마음을 사로잡기 위해서는 말하고자 하는 방향을 잘 설정해야 할 뿐만 아니라 음의 강약과 고저, 장단의 조화로 변화무쌍한 스피치를 구사해야 한다. 스피치를 하는 동안 똑같은 어조로 일관한다는 것은 자장가를 불러주는 것이나 다름없다. 음성의 변화 없는 단조로운 스피치처럼 청중을 피곤하고 지루하게 만드는 것도 없을 것이다.

대중 스피치에서 특히 중요한 것은 잘 들리는 목소리로 이야기하는 것이다. 청중이 많을수록 모든 사람이 들을 수 있도록 배려해야 한다. 그렇다고 해서 무조건 큰소리로 외치라는 뜻은 아니다. 꾸민 음성, 멋있게 만들려는 음성, 지나치게 좋은 목소리를 내려는 억지 음성 등도 진실성이 없어 보이고 비웃음까지 받게 되므로 조심해야 한다. 대중 스피치에서 가장 좋은 목소리란 적당한 톤을 유지하면서도 순수하고 자연스러운 분위기를 내는 목소리이다.

'명스피치는 타고나는 것이 아니라 만들어지는 것' 이라는 말이 있다. 무슨 일이든 마찬가지겠지만, 스피치의 기술 역시 하루아침에 만들어지는 것은 아니다. 평소의 생활에서 꾸준히 올바른 스피치를 위한 연습을 하지 않으면 안 되는 것이다. 또한 보다 풍성한 스피치를 하기 위해서는 전문적인 지식과 남다른 식견을 갖고 있어야 하며, 유머와 재치 있는 소재 개발도 필요하다.

따분한 이론만 나열하는 식으로 몰아붙인다거나 식상한 소재로 일관한다면 청중을 설득시키고 감동시킬 수 없음을 명심해야 한다. 가까운 곳에서 경험할 수 있는 소재를 택하되 색다른 논조나 입장에서 예리하게 분석하여 새롭고 참신하게 이끌어 나가야 한다. 뿐만 아니라 감정의 흐름을 진솔하게 표현해서 가식적이거나 과장되게 비춰지지 않도록 해야 한다.

(2) 대중 스피치의 자연스러운 자세

- 양다리를 어깨 넓이보다 약간 좁게 벌리고 힘을 양다리에 균등하게 둔다.
- 머리를 바로 하고 턱을 당긴다.
- 가슴은 움츠리지 말고 곱게 편다.
- 두 손은 바지 재봉 선에 가볍게 붙인다.
- 손을 등 뒤로 하거나 시종일관 두 손을 연탁에 잡고 몸을 의지하지 않는다.

(3) 음성표현

목소리에도 체온이 있고, 기쁨과 슬픔의 빛깔이 있다. 스피치를 할 때는 자신의 순수한 목소리로 해야 한다. 목소리의 매력은 그 사람의 개성, 나이, 인생 체험에 의해 표출되므로 목소리를 바꾸려고 해서는 안 된다. 목소리는 자신이 늙어도 젊게, 피로할 때라도 생동감 있게 보이는 이미지를 투사할 수 있게 해야 한다.

남을 매혹시키고 확신을 주면서 설득하기 위해서는 무엇보다도 따뜻하게 들리는 목소리가 필요하다. 특히 잠시도 쉴 사이 없이 끝없이 말과 말을 연결하여 계속 스피치를 진행하면 청중이 그 말을 듣고 이해할 시간적 여유가 없어서 결국 스피치의 목적을 제대로 달성하기 어렵게 된다.

말과 말 사이의 쉼을 포즈라고 하는데, 달리 말하면 '공백 표현' 이라고 할 수 있다. 이 포즈는 말의 표현에 있어서 아주 중요한 것으로서 '화법은 곧 포즈다' 고까지 말한다. 말이 빠르면 경박스러워 보일 뿐만 아니라 전하고자 하는 내용을 정확하게 전달할 수도 없다. 따라서 평소에도 침착하게 말하는 연습을 해야 한다.

평소 습관을 잘 들이면 대중 앞에 나서서도 떨지 않고 여유 있게 스피치를 할 수 있게 된다. 단조롭고 불분명한 어조처럼 듣는 이를 지루하고 따분하게 만드는 것도 없을 것이다. 흔히 움직이지 않는 턱, 게으른 혀, 움직임이 느린 입술, 지나치게 빠르거나 느린 속도 등이 발음을 부정확하게 만든다.

따라서 말의 장단음을 정확히 표현하는 노력이 필요하며, 음절과 음절, 낱말과 낱말, 구와 어구 사이의 완급, 적당한 쉼 등을 통한 음성의 속도와 고저 강약 등의 적절한 표현 연구가 필요하다.

사람들 중에는 스피치를 잘하는 다른 사람을 흉내 내려고 하는 사람이 있는데, 이는 아주 좋지 않은 방법이다. 아무리 흉내를 잘 내도 그 사람만큼 잘할 수는 없고, 오히려 자신의 기량을 충분히 발휘할 수 있는 기회만 스스로 없애는 결과가 된다.

자신의 음성을 사랑하고, 자신에게 가장 쉬운 방법으로 말한다면 독특한 자기만의 스타일로 훌륭한 스피치를 할 수 있을 것이다.

(4) 제스처

말을 할 때 사용되는 손놀림, 몸짓, 얼굴 표정 등을 통틀어 제스처라고 한다. 제스처는 말을 보다 정확하게 전달하려는 언어의 보조 활동으로, 듣는 사람에게 미치는 영향이 매우 크다.

특별한 경우에는 말을 하지 않고 동작만으로 언어 표현을 대신하기도 한다.

팬터마임, 농아들의 수화, 상대방과의 사이에 암호로 사용되는 동작 그리고 무용까지도 크게 보아서는 제스처로 표현되는 언어라고 할 수 있다. 제스처는 말을 보다 정확하게 전달하려는 동작이면서 동시에 자신의 생각과 감정을 보다 확실하게 전달할 수 있는 기술이기도 하다.

1961년 미국의 대통령 선거에서 케네디가 닉슨을 물리치고 대통령에 당선된 것은 케네디가 젊고 신선하기 때문이기도 했지만, 그보다도 그의 뛰어난 대중 스피치와 거기에 사용된 제스처가 큰 역할을 했다고 볼 수 있다. 두 사람이 처음 텔레비전에서 대결할 때, 케네디는 그 개성 있는 얼굴에 미소를 띠면서 유머와 세련된 제스처로 시청자들을 매료시켜 그 여파로 대통령에 당선되었다는 이야기는 너무나도 유명하다.

테리 앙이란 사람은 제스처를 가리켜 "장군의 지휘봉이며, 만국의 공통 언어"라고도 했다. 이토록 대중 스피치나 대화에서 제스처는 생각보다 큰 영향을 미치고 있다.

(5) 제스처의 일반 원칙

- **자연스러워야 한다**

기계적으로 반복되는 딱딱하고 부자연스러운 동작이 아닌 자연스러운 동작을 표현해야 한다.

- **변화가 있어야 한다**

같은 동작을 되풀이하면 단조로운 느낌을 주어 청중을 지루하게 만든다.

- **내용에 어울려야 한다**

내용과 일치되지 않는 제스처는 공허하고 형식적으로 보여 스피치의 효과를 떨어뜨린다.

- **눈은 제스처의 방향과 일치되어야 한다**

연사의 눈은 자기 자신의 모든 동작 표현을 감독할 뿐만 아니라 듣는 사람의 반응을 읽는 구실을 하기 때문에 눈의 방향은 제스처의 방향과 일치해야 한다.

- **격에 맞는 제스처를 사용해야 한다**

연사가 남자라면 박력이 있어야 하고, 여자라면 부드럽고 애교스러운 제스처를 개발해야 한다. 또한 어린이는 어린이답게 귀엽고 발랄한 동작을 표현해야 한다. 남의 제스처가 멋있다고 무조건 흉내 내기보다는 자신의 개성을 담은 제스처를 개발하는 것이 좋다.

- **제스처가 끝나면 모든 동작은 원위치로 복귀시켜야 한다**

단상에 처음 서는 연사들은 제스처가 끝난 다음 팔이 흔들리거나 손가락을 만지작거리는 등 자세가 흐트러지는 예가 많은데, 연습할 때 각별히 신경 써야 한다. 이러한 동작은 대부분이 불안한 심리에서 오는 것이므로 자신감을 가질 수 있도록 많은 연습을 필요로 한다.

- **지나치게 몸이나 고개를 숙이면 안 된다**

제스처를 사용할 때 지나치게 몸을 앞으로 굽히거나 내미는 사람이 있는데, 바르게 선 자세로 자연스럽게 사용해야 한다.

- **손가락으로 특정인을 가리켜서는 안 된다**

상대를 손가락 하나로 가리키게 되면 당사자는 매우 불쾌하게 받아들이기 십상이다. 그러나 부득불 상대를 지적할 때는 손가락을 다 펴고 전체를 향하게 해야 한다. 그리고 의도적이 아닌 경우,

청중에게 손바닥을 드러내 보이는 것은 좋지 않다.

- **흔들리거나 힘이 없는 제스처를 사용해서는 안 된다**

제스처를 사용할 때 흔들리거나 무용을 하듯 힘이 없어서는 안 된다.

- **연단을 두드리거나 발을 구르는 등 과격한 표현은 삼가는 것이 좋다**

주먹으로 연단을 치거나 발을 구르면서 흥분된 모습을 보이는 것은 결코 바람직하지 못하다.

(6) 제스처의 3단계

제스처는 말과 동작이 자연스럽게 연결되도록 준비 – 완성 – 복귀의 세 단계를 거쳐야 한다. 아무리 작은 제스처라도 이 세 단계가 잘 조화되지 않으면 부자연스럽거나 경박해 보일 수 있다.

- **준비 단계** : 제스처가 필요한 시점에서 동작을 시작하는 단계를 말한다.
- **완성 단계** : 연사가 나타내고자 하는 뜻을 강조해야 할 곳에서 표현을 완성시켜야 하며, 힘차고 분명해야 한다.
- **복귀 단계** : 준비 단계를 거쳐 강조해야 할 곳에서 완성된 동작을 본래의 위치로 되돌리는 단계를 말한다. 이때 어물어물해 버린다든지 조급하게 동작을 마무리해 버리면 매우 불안해 보일 수 있다.

(7) 시선의 배치

심리학자인 메라비안 교수는 "침묵의 메시지는 입으로 말한 스피치를 부정하기도 하고 한층 더 강조하는 작용을 하기도 한다. 두 경우 다 침묵의 메시지가 커뮤니케이션에서 차지하는 비중은 매우 크다. 얼굴의 표정과 몸짓, 눈의 움직임, 목소리 등으로 나타나는 침묵의 메시지와 말이 일치하지 않을 때 다른 사람들은 거의 말보다 침묵의 메시지를 믿는다"고 말한다.

자신의 감정을 가장 잘 표현하는 순서로는 얼굴이 55%, 목소리가 38%, 말이 7%라고 한다. 이처럼 몸말(Body Language)이 강한 효과를 나타내는 것을 이용하여 다른 사람을 설득할 경우, 자기가 전달하고자 하는 내용과 일치된 몸짓을 사용하면 더욱 효과를 높일 수 있다.

얼굴 중에서도 가장 감정표현이 풍부한 곳은 '눈'이다. 스피치를 할 때 상대방을 똑바로 쳐다보지 못하고 고개를 숙이거나 다른 곳을 보는 사람이 있다. 이런 경우 자신감이 없어 보이는 것은 물론이고, 듣는 이에게 신뢰감을 주지 못한다. 소심한 사람일수록 이야기할 때 시선을 어디에다 두어야 할지, 손을 어디에 두어야 할지 몰라 퍽 어색해 한다. 손과 시선이 정리되지 않으면 보기에 자연스럽지 않다.

눈은 입보다 더 많은 말을 하게 된다. 시각은 청각의 12배의 힘이 있다고 한다. 말없이 서로 얼굴만 바라보아도 서로의 마음을 알 수 있다고 하지 않는가. 눈을 통해서 상대의 마음을 읽을 수 있고 눈을 통해서 상대를 이해할 수도 있다. 눈의 표정이 풍부하면 웃음과 유머는 자연스럽게 나온다. 아무리 얼굴에 화장을 곱게 했어도 눈으로 마음을 전할 수 없으면 소용이 없다. 마찬가지로 아무리 좋은 스피치라 하더라도 대화할 때 눈을 사용하지 않으면 상대의 마음을 움직일 수 없다.

연단 위에서 대중 스피치를 할 때 시선의 배치나 표정은 그 대중 스피치의 성패를 좌우할 만큼 중요하다. 청중의 시선을 제압하고 청중의 관심을 지속적으로 유지시키기 위해서는 청중에게 골고루 시선을 보내야 하기 때문이다. 원고나 천장, 바닥 등 시선을 한쪽에만 집중시켜서는 안 된다.

(8) 마이크 사용법

- 마이크와 입과의 거리는 장소와 성능에 따라 다르겠지만 대개 옥외에서는 15～ 20㎝, 옥내에서는 30㎝ 정도가 알맞다.
- 마이크에 손을 대지 않는다. 마이크를 잡고 스피치를 하게 되면 음성이 커졌다 작아졌다 불규칙적으로 전달될 뿐 아니라, 마이크를 만질 때마다 일어나는 소음이 청중의 귀에 거슬릴 수 있으므로 주의해야 한다.
- 쉼을 분명히 하고 똑똑하게 발음한다.
- 저음을 구사할 때는 마이크를 약간 가까이하고, 큰소리 등 고음을 구사할 때는 마이크에서 약간 떨어지는 것이 원칙이며 효과적이다. 그런데 경험이 없는 경우 이와 반대로 마이크를 사용하는 예가 많아 찢어지는 음성이나 거친 숨소리까지 청중에게 전달되어 내용 없이 소리만 지르는 인상을 심어주게 된다.

(9) 연단 등 · 하단

등단하기 전에는 복장과 머리, 구두 등을 살펴본 후 사회자의 소개가 끝나면 차분한 마음으로 천천히 등단한다. 연단 옆 약 5보 떨어진 거리에서 걸음을 멈추고 정중한 태도로 국기에 대한 경례(행사시)를 한 다음 연단 중앙에서 15～ 30㎝ 떨어진 지점까지 걸어가 자연스럽게 걸음을 멈춘다.

연단 위에서는 침착한 시선으로 청중을 골고루 살펴본 후 청중의 주의력이 자신에게 집중될 수 있도록 약 3～ 5초의 시간을 두고 정중하게 인사를 한다. 인사가 끝나면 두 발을 자신의 어깨 너비만큼 벌리고 양발에 균등하게 체중을 실은 다음, 한 발을 약간 앞으로 내밀고 스피치를 시작한다.

무슨 일이나 끝맺음이 중요하듯이 연사의 하단 역시 중요하다. 아무리 대중 스피치를 훌륭하게 잘했을지라도 하단시의 태도가 나쁘면 공든 탑이 무너지는 결과를 가져올 수 있다. 스피치가 끝나면 공손히 인사를 하고 자연스럽게 하단한다. 허둥대는 태도, 거만한 태도, 피로한 태도, 공포 속에서 헤쳐 나왔다는 태도, 혓바닥을 날름거리거나 손으로 얼굴을 만지는 태도 등은 삼가야 한다.

(10) 음성 단련법

- 안면 근육을 부드럽게 한다. 딱딱하게 굳어 있는 턱과 뺨은 부정확한 발음의 원인이 된다.
- 단전 복식호흡을 한다. 목이 아닌 단전에서 나오는 목소리가 진짜 목소리다.
- 정확하게 발음하는 연습을 한다. 발음이 어려운 문장을 매일 조금씩 연습한다. 자신의 발음을 녹음기에 녹음했다가 들어보는 것도 발음 교정에 도움이 된다.
- 자신만의 개성이 담긴 독특한 음색을 개발한다.
- 다양한 표현 연습을 한다. 내용에 맞게 음의 고저와 속도를 조절한다.
- 호흡 조절에 신경을 쓴다. 내용이 전환되거나 무언가 강조해야 될 내용이 나왔을 때는 호흡을 가다듬는다. 말을 하는 도중에는 함부로 숨을 쉬지 않는다.

(11) 좋은 음성 보존법

피로는 음성을 거칠게 하는 첫 번째 요소이므로 중요한 대중 스피치가 있는 경우에는 전날 충분한 휴식을 취하는 것이 좋다. 담배, 목기침, 너무 많이 웃는 것 역시 성대에 부담을 주므로 피해야 한다. 또 대중 스피치 몇 시간 전에는 맥주와 우유를 삼가는 것이 좋다. 그것들은 목에 점액을 만들기 때문이다.

- 자극성 있는 음식을 피할 것
- 공복시엔 연습을 삼갈 것
- 무리하게 연습하지 말 것
- 과음하지 말 것
- 약을 함부로 과용하지 말 것

(12) 단전호흡

단전호흡에 의한 발성 연습은 음성 수련이나 설득력 있는 목소리로 가다듬기 위한 방법도 되지만, 스피치에 자신감을 붙게 하는 중요한 과정이다.

- 일어선 자세로 단전에 힘을 주고 연습한다.
- 입술 사이에 나무젓가락을 물고 연습해 본다.
- 음악(클래식)에 맞춰 연습해 본다.
- 녹음기나 캠코더로 녹음 후 자신의 음성과 억양, 음의 고저장단, 감정이입 상태 등을 관찰해서 평가한다.

(13) 단전호흡 요령

- 바른 자세로 서거나, 의자에 등을 바르게 대고 앉거나, 책상다리를 하고 앉는다.
- 양손을 깍지 끼고 단전을 누르면서 아랫배가 불룩 나오도록 숨을 마시고 내뿜는다.

- 하나 동작에, 코로 숨을 들이마셔 공기를 아랫배에 불룩하게 저장한다.
- 둘 동작에, 깍지 낀 손바닥으로 단전을 누르면서 배에 있는 공기를 서서히 입으로 내뿜는다.
- 이때 내뿜는 공기의 힘으로 천천히 소리를 내면 단전호흡에 의한 발성이 된다.

(14) 발성 연습

본격적인 발성 연습을 하기 전에 우선 기초 연습이 필요하다. 기초 연습은 보통 산이나 건물 옥상에서 하는 경우가 많은데, 이때 반드시 주의해야 할 것이 있다.

목을 틔운답시고 아무렇게나 마구 소리를 내지르거나 악을 쓰는 사람이 있는데, 이는 오히려 성대에 무리를 주어 역효과를 낳으므로 주의해야 한다. 따라서 처음 발성 연습을 할 때는 자신이 낼 수 있는 가장 높은 소리보다 조금 낮은 소리로 연습한다. 또한 아무렇게나 소리 지르지 말고 하나의 문장을 가지고 반복해서 연습한다.

2) 대중 스피치의 목적에 따른 분류

사람들 앞에서 스피치할 때 그 효과를 높이기 위해서는 먼저 말하는 목적과 그 종류, 내용, 스피치를 듣는 대상의 특징을 파악하고 그것들을 살려서 말해야 한다. 스피치를 하는 목적은 다양하겠지만 크게 분류해 보면 다음과 같다.

(1) 정보전달을 위한 스피치

연사가 청중들에게 지식이나 정보를 전달하기 위해서 하는 연설이다. 강의, 강연, 보고서, 프레젠테이션 등과 같이 연사 자신이 알고 있는 전문지식이나 조사한 내용, 수집한 정보 등을 청중들에게 설명하고 이해시키는 것이 목적이다.

(2) 설득을 위한 스피치

청중들을 연사가 바라는 대로 변화시킬 목적으로 하는 스피치이다. 다시 말하면 연사의 주장을 청중들이 받아들이고 믿도록 하며, 경우에 따라서 연사가 원하는 방향으로 행동하게 만들기 위한 목적의 스피치이다. 정치연설, 선거연설, 소견발표, 군중시위, 선동 연설 등이 있다. 그래서 표현은 강하고 호소력 있는 웅변적인 요소가 다소 강한 스피치이다.

(3) 여흥 스피치

즐거움을 주기 위한 스피치는 여흥, 오락 스피치라고도 할 수 있다. 좋은 분위기를 만들고 청중에게 즐거움을 주기 위한 스피치이다. 친목모임, 회식, 연회, 파티 등의 자리에서 흥을 돋우며 분위기를 즐겁게 하기 위한 멘트, 유머, 재치, 웃음 등 여러 가지 말을 사용하는 것이 바로 여흥 스피치이다.

이것은 재치와 유머가 가장 많이 활용되는 스피치이다. 스피치 하나로 분위기를 흥겹게 살리는 사람도 있고, 화기애애한 분위기에 찬물을 끼얹는 사람도 있다. 즐거운 모임에 참석할 때는 선물만 준비해가지 말고 유머나 덕담 하나쯤은 준비하는 것이 좋다.

(4) 행사를 위한 스피치

입학식, 졸업식, 환영식, 환송식, 시무식, 결혼식 주례사 등 각종 행사의 축사나 격려사를 예로 들 수 있다. 이때의 스피치는 주로 축하의 마음으로 칭찬과 더불어 격려해주는 스피치이다. 행사를 위한 스피치는 행사를 빛내기 위한 것이어야지 형식에 그쳐서는 안 되며, 격려, 감사의 마음을 담아서 스피치를 하는 것이 좋다.

(5) 화예(동화구연, 만담, 설교)

화자가 듣는 사람의 입장에서 말을 하는 것이 아니라, 자신의 생각과 주장을 그대로 전달시키려고 하는 조금은 이기적이고 일방적인 형태의 스피치이다. 이야기의 중간 중간에 자신이 한 말을 확인이라도 하려는 듯이 '그렇지요? 이해가 됩니까?' 등의 표현을 많이 사용한다. 이런 형태의 스피치는 주로 교사, 경찰관, 목사들이 많이 사용하는 방법으로 그다지 좋은 스피치의 방법이라고는 할 수 없으나 순간적으로 대중의 감정을 자극하여 행동을 자아내는 대중 스피치에서는 효과를 볼 수 있다.

동화에서는 개, 고양이, 새 등이 사람처럼 말을 한다. 나무나 풀 등의 식물과 돌멩이 같은 무생물까지 말하는 경우도 있다. 현실적으로는 있을 수 없는 일이지만 전혀 이상하다는 생각 없이 즐겁게 들을 수 있다.

화예는 이론보다 느낌을 중시한 화법에서 발달했다. 비즈니스나 일상생활 속에서 이야기를 화예의 경지까지 높이기란 어려운 일이다. 하지만 고도의 화예까지는 이르지 못하더라도 화예적인 이야기는 마음의 휴식이 되며, 스피치의 효과를 높이는데 도움이 된다. 스피치에는 그것을 듣고, 마음의 여유도 때로는 필요하다.

청중의 심리 파악

- 청중은 수동적인 수용자가 아니다.
- 스피치는 청중을 중심으로 준비되어야 한다.
- 청중의 일반적 지식수준을 파악하라.
- 청중의 감정 상태를 파악하라.
- 청중에 대한 정보 수집을 하라.
- 스피치의 상황분석을 파악하라(시간, 장소, 목적).

제8장 연단에서의 태도와 몸가짐

1. 몸짓언어의 중요성

스피치 하면 흔히 말을 떠올리지만 스피치는 말로만 실행되는 것은 아니다. 말과 함께 자연스런 몸동작이 따라주어야 전달되는 내용도 빛을 발하게 되는 것이다. 흔히 보디랭귀지(body language)라 부르는 몸짓언어는 스피치를 실행할 때 여러 가지 중요한 역할을 수행한다.

첫째, 몸짓언어는 말을 통해 전달되는 내용이 어떻게 해석되어야 하는가에 대한 힌트를 제공한다. 당당한 자세와 확신에 찬 표정으로 어떤 이야기를 하면 '이것은 분명한 사실이니 반드시 믿어야 한다'는 의미를 전달하지만, 청중을 바로 쳐다보지 못하고 굳은 표정으로 이야기하면 연사 자신도 자기가 하는 말에 확신이 서있지 않으니 알아서 해석하라는 의미를 전달한다.

둘째, 몸짓언어는 연사의 감정 상태를 노출한다. 잦은 움직임, 굳은 표정, 방황하는 눈빛 그리고 둘 곳을 몰라 이곳저곳을 옮겨 다니는 손은 연사가 불안해하고 있다는 사실을 보여준다. 반면에 굳건한 자세와 밝은 표정 그리고 긴 응시와 명확한 제스처는 연사가 자신에 차 있음을 보여준다.

셋째, 몸짓언어는 말을 통해 전달되는 메시지를 보완하는 역할을 한다. 말의 내용을 강조할 필요가 있거나, 그 뜻을 더 분명하게 할 필요가 있거나, 메시지를 반복할 필요가 있을 때는 목소리의 조절만으로는 충분하지 않다. 이때는 목소리의 변화 이외에도 적절한 몸 움직임과 제스처를 사용해야 한다.

이처럼 스피치에서 사용되는 몸짓언어는 여러 가지 중요한 역할을 수행한다. 따라서 몸짓언어를 적절히 구사하면 스피치의 효과를 배가시킬 수 있지만, 반대로 잘못 사용하는 경우에는 그 효과를 크게 떨어뜨릴 수 있다. 스피치를 실행할 때 유의해야 할 중요한 몸짓언어에는 자세, 몸 움직임, 눈

움직임, 얼굴 표정, 제스처 그리고 외양 등이 있다.

2. 표현 행동

인격은 그 사람의 말과 더불어 행동을 통하여 나타나는 것이다. 따라서 교사가 학생들 앞에서 강의에 임하고자 할 때 그의 표현 행동은 매우 중요한 일이 아닐 수 없다.

(1) 등단하기 위해 걸어가는 걸음걸이에서부터 강의는 시작된다

자신 있게 걸으라, 당당하게 그리고 적극적인 자세로 걷되 자신의 걸음걸이가 흐트러지지 않도록 하라. 좌우를 두리번거리지 말라. 자신 있게 나아가는 태도를 통해 이미 학생들은 강의를 재미있게 듣기 시작했다는 사실을 잊지 말아야 한다.

(2) 정숙하고 단정한 옷차림과 외모를 가지라

언제나 대중 앞에서 강의를 하는 사람은 그 행실이 바르고 바른 외모를 가져야 한다. 정숙한 모습과 단정한 옷차림과 외모가 필요하다. 아무리 노출의 시대라 할지라도 강사들은 정숙해야 한다. 자신의 머리 모양이나 의상으로 하여금 다른 사람에게 혐오감을 주게 된다거나 불쾌감을 자아내게 하는 모든 것들을 피해야 한다.

(3) 기본자세는 항상 여유 있는 듯 부드럽게 취하라

연단에 서있는 자신의 모습이 자연스럽다고 여겨지는가? 경직되어 있는가? 불안한 자세는 아닌가? 마음의 여유를 가져라. 아무도 그대의 이야기를 비평하기 위해 듣고자 하는 사람이 없다는 사실을 기억하라. 마음의 여유를 가지는 사람은 항상 부드러운 태도를 지닐 수 있게 된다.

(4) 손을 자연스럽게 활용할 수 있도록 연습하라(拱手)

사람들이 다른 사람의 앞에 서게 되면 제일 처치 곤란한 것이 손이라고 말하는 사람들을 많이 만나게 된다. 그래서 강대상을 붙잡고 자신의 몸을 지탱하며 꼭 잡고 있다. 공연히 쓸데없는 손놀림을 부지런히 반복하는 등의 어색한 모습을 연출하곤 한다. 손에 자유함을 주다보면 어느 날 자신의 손에 부자유함 없이 자연스럽고 부드러운 손을 활용할 수 있게 된 자신을 발견하게 될 것이다.

(5) 눈길의 접촉을 안정시켜라

강의를 하는 사람과 듣는 사람과의 사이에서 눈길의 접촉은 매우 중요하다. 왜냐하면 눈길의 접촉으로 말미암아, 이야기를 듣는 청중을 제압할 수도, 제압당할 수도 있다. 사람의 눈길이란 인격과 인격이 서로 공감할 수 있는 통로이다. 눈길의 안정을 가지지 못하는 사람은 상대방을 바로 보지 못한다. 공연히 허공을 바라본다거나 눈길을 한곳에 고정시키지 못하고 이리 저리 두리번거리게 된다. 이유는 두려움 때문이다.

(6) 연기자의 연기처럼 몸짓 묘사에 최선을 다하라

강의 속에서 몸짓 묘사는 연극이나 드라마의 배우들이 연극이나 드라마상의 자신이 맡은 역에 대해 최선을 다하여 연기하듯이 강의를 하는 사람도 최선을 다해야 한다.

몸동작이 원하는 효과를 내게 한다(보디랭귀지가 더 중요하다). 커뮤니케이션에 대한 연구에 따르면 몸동작이 의사전달에 미치는 효과는 50% 이상이라고 한다. 말의 설득력을 결정짓는 요소는 목소리가 38%, 표정 35%, 자세와 제스처 20%, 나머지 7%가 말 그 자체다. 93%가 말의 내용보다는 보디랭귀지가 결정되는 셈이다. 프랑스 출신의 연예인 이다 도시는 한국말이 어눌하지만 눈을 포함해 온 몸으로 열변을 토하기 때문에 설득력을 갖는다.

(7) 잦은 몸짓 묘사는 역효과를 가져올 수도 있음을 유의하라

잦은 몸짓 묘사는 때때로 강의를 너무 혼란스럽게 하거나 강의를 들려주는 사람이 마치 개그맨과 같이 보이는 경우가 있을 수 있기 때문이다.

(8) 적당한 의성음을 사용할 수도 있다

좋은 강의 전달을 위해 의성음을 효과적으로 사용하는 것은 바람직한 일이다(새소리, 짐승의 소리, 다른 사람의 목소리).

(9) 필요한 보조 재료(시청각 재료)를 활용하라

사람이 얻을 수 있는 정보는 보고 듣는 것에 의해 이루어지는 것이 절대 다수라고 한다. 그만큼 사람이 눈으로 보고, 귀로 듣는다는 것이 얼마나 중요한 것인지를 나타난다.

(10) 자신만만한 표현 행동을 취하라

강의의 기술에 있어서 가장 중요한 것은 어떤 강의를 어떤 상황에서 하든지 그 모든 상황에 있어서 언제나 자신감을 가져야 한다는 사실이다. 자신 만만하게 표현행동을 취하라. 결코 망설이거나 주저하지 말라. 자신 만만한 사람은 결코 실패를 두려워하지 않는다. 실패를 많이 경험한 자만이 큰 성공을 이룰 수 있다.

(11) 스피치는 오감을 발휘해야 한다

오감을 개발하면 깊은 생각과 넓은 마음, 높은 행동의 스피커가 된다.

① 자신을 위대하고 귀한 사람으로 보아야 한다(시각).

② 남의 이야기를 잘 듣고 자신이 무슨 말을 했는가 점검해야 한다(청각).

③ 어떤 기분 나쁜 말도 포용할 줄 알아야 한다(후각).

④ 요리하듯이 멋과 맛을 살려야한다(미각).

⑤ 손을 먼저 내밀어야 한다(촉각).

예) 다음의 말에 소리의 표정을 붙여보라.

이것이 만 원!(야! 놀랐다) - 놀라움

이것이 만 원!(흥, 어이없군) - 경멸

이것이 만 원!(아뿔싸) - 후회

이것이 만 원!(틀렸다) - 절망

이것이 만 원!(기쁘다) - 기쁨

이것이 만 원!(놀랐는데) - 호기심

이것이 만 원!(천만에) - 의심

예) '네'는 이처럼 다양한 의미를 갖고 여러 상황에 쓰인다.

네, , , , , , . 물론이죠.

네, , , , , , . 아니오.

네, , , , , , . 글쎄요.

네, , , , , , . 그래요.

네, , , , , , . 괜찮아요.

네, , , , , , . 그래서요.

네, , , , , , . 대답

3. 다른 사람 앞에서의 마음가짐

1) 다른 사람 앞에서의 마음가짐

대중 앞에서 스피치를 하려고 하면 말도 중요하지만 그 사람의 마음가짐도 말만큼 중요하다. 따라서 바르고 굳건한 마음을 유지하면서도 가능한 한 편안한 마음을 가져야 한다. 한마디로 스피치를 하는 마음가짐은 편안하면서도 정신을 바짝 차리고 있다는 인상을 주어야 한다.

(1) 용기를 가져라

인생에 있어서 용기를 갖는 일처럼 중요한 것은 없다. 중요한 것은 어려운 사태에 직면했을 때나 갈림길에 서 있을 때 편한 길을 선택하지 않고 자신에게 도전해 보는 자세이다. 과감히 실천해 보면 생각했던 만큼 두려운 것이 아님을 알게 될 것이다.

(2) 적극적으로 생각하자

머피의 성공법칙을 이용하자(좋은 일을 생각하면 좋은 일이 생긴다. 그러나 나쁜 생각을 하면 나쁜 일만 일어난다). 말하기란 운전하는 것과 같다.

(3) 나도 사람, 너도 사람이라고 생각하라

긴장을 하게 되는 것은 분위기에 압도되는 것이다. 사장, 상사, 중요한 고객 앞에서 긴장을 하게 된다(긴장에 대처하는 법을 알아둔다).

(4) '설마 죽기까지 하겠나' 하고 생각하라

추우면 얼어 죽는 것이며, 더우면 타 죽는 것이다. 도망치려고 하기 때문에 쫓아오는 법이다. 각오를 단단히 하고 고통을 있는 그대로 받아들이면 된다. 말을 너무 잘하려고 생각하기 때문에 그것이 오히려 마음에 부담이 되는 것이다(죽을 각오로 임하면 무슨 일이든지 할 수 있다).

(5) 중요한 것은 자신감을 갖는 일이다

나는 말을 제일 잘한다(자기 암시를 건다). 청중을 호박으로 생각하고 이야기를 하는 등(이것은 상대가 인간이 아닌 호박이라면 아무도 긴장하지 않는 원리를 이용한 것이다) 자기 암시는 당신에게 그것을 가능하게 한다.

(6) '후~' 하고 조용하게 깊은 숨을 내쉬어라

우리는 자기도 모르는 순간에 "후~ " 하고 숨을 내쉰다. 숨을 내쉼은 기분전환을 꾀하는 무의식속의 작용이다. 복식호흡이 마음을 안정시키는 기능을 한다는 것은 생리학적으로도 인정되고 있다.

(7) 시간 장소 상황을 늘 염두에 두고 말하라(상대방의 마음을 잡으려면)

말하는 사람은 지금이 어떤 때이고 어떤 장소에 있으며, 무엇을 하려하는가를 항상 염두에 두지 않으면 안 된다. 그렇게 하면 무슨 이야기를 어떤 식으로 해야 하는가를 저절로 알게 된다.

(8) 사전 준비를 게을리 하지 마라

메모, 자료준비, 전문가의식 등

2) 다른 사람 앞에서 자신 있게 말하는 원칙

① 듣는 사람에게 신경을 쓰고, 그 사람의 마음을 사라.
② 자세를 바르게 하라. 대화는 말하기 전의 태도에 의해 결정된다.
③ 시간, 장소, 상황을 생각하라(좋은 이야기란 상황에 어울리는 이야기다).
④ 자신을 가져라. '기껏해야 말하기 아니냐.' 나도 할 수 있다. 자기 암시를 걸어라(자기 자신을 위대하다 생각하고, 존중하고 감사한 마음을 가져라).
⑤ 천천히 말하라. 소리를 내라. 자신의 말을 들으면서 말하라(길을 걸어가면서도 차 넘버 등의 숫자나 간판 글씨를 읽는다).
⑥ 눈을 잘 사용하라. 눈은 용기와 자신을 나타낸다.
⑦ 실패는 성공의 어머니다. 실패한 것에 너무 괘념치 말라.
⑧ 끊임없는 노력을 하라. 상상훈련, EQ훈련(우뇌 발달(지혜)) - 좌뇌 - 언어(현실) 표현 등 집 안에서 우뇌를 훈련하는 방법은 눈을 감고 상상하면서 말하는 습관을 들인다.

3) 좋은 목소리는 이렇게 해야 나온다

(1) 밝은 표정으로 말해야 좋은 인상을 준다

얼굴이 밝을 때와 어두울 때의 비교(말하는 태도는 훈련에 따라서 바뀔 수 있다. 말하는 자세, 태도, 목소리 듣기, 쉬운 발음, 속도 등)를 해보고 밝은 표정으로 말하는 습관을 들여라.

(2) 좋은 목소리는 좋은 자세와 호흡에서 나온다

표정 신체도 전달되는 것도 있지만 대부분은 목소리로 중심이 된다. 목소리 흉성(흉식 호흡) 늑골(갈비뼈) 작용으로 흉곽을 확대하거나 축소해서 소리를 내는 방법이다. 이것은 일상의 대화 등에서 누구든 무의식화해야 된다.

복성 복식호흡 – 복벽(배)을 구성하고 있는 근육, 횡격막을 상하운동시켜서 나오는 소리다. 복식호흡에 의한 발성으로 의식하지 않으면 여간해서 나오지 않는 소리다.

(3) 웃는 얼굴을 하면 이야기가 부드러워진다

첫인상을 결정짓는 시간은 대개 6～7초이다. 보통사람들의 80%가 사람의 외모, 13%가 사람의 목소리, 7%는 인격을 보고 사람을 판단하는 조사결과가 있다. 일반적으로 볼 때 얼굴을 먼저보고 얼굴에서도 눈을 먼저 본다. 동서양이 같다.

(4) 말과 말의 간격을 충분히 두어라

간격을 두는 것은 말하는 사람이 호흡하기 위해서다. 간격이 없는 말은 자동차가 일방통행하는 것과 같다. 간격을 너무 많이 두면 졸음을 느낄 수도 있고, 지루하며 답답하다.

(5) 늦춤과 당김이 있는 말이 설득력이 있다

말을 할 때 한톤이면 듣는 사람에게 강한 인상을 주지 못한다. 때로는 강하고 때로는 약하고, 높이거나, 낮추거나, 빠르게, 느리게 하여 이야기에 변화를 주어야 한다.

- '경제' 를 '갱재' 로, '관광도시' 를 '강간도시' 로 발음한다든지 부정확한 발음으로 학생을 혼동시키는 경우
- 말을 크게 또박또박 하다가 끝에 가서 흐리는 경우
- 말을 자기에게 하듯이 혼자 중얼중얼 거리는 경우
- 느린 말의 사이를 '에' , '음' 따위의 불필요한 말로 메우는 경우
- 빠른 말투로 인하여 단어들이 뒤범벅되거나 더덕더덕 붙어 나오는 경우
- 튀어나오는 침을 피하느라 말의 내용에 신경을 쓰지 못하는 경우

☞ **말할 때 주의할 점**

음성 : 선부른 기교를 부린다거나 하면 역효과. 중요한 것은 솔직하고 자연스러운 목소리가 좋다.

고저 : 선천적으로 높은 음성, 낮은 음성이 있다. 높은 음성은 침착하지 못한 인상을 주는 한편, 붙임성이 있다는 느낌을 준다. 낮은 음성은 음산하고 어두운 느낌(귀신)을 준다.

발음 : 기본적으로 모음과 자음이 확실하게 해야 한다. 발음을 똑똑히 한다. 말이 들리기는 하는데 도대체 무슨 말을 하는지 알 수 없는 경우가 있다.

악센트 : 영어는 악센트가 있지만 우리말의 악센트는 표준어와 방언에 미묘한 차이가 있다.

억양 : 불평불만이 있을 때의 불만조, 새색시가 남편에게 하는 응석조 등 이런 것은 상대방에게 불쾌한 감정을 주지 않도록 한다. 어조에는 여러 가지가 있다.

강약 : 어디를 강조했는가에 의해 감정이나 의지가 전달된다.

속도 : 동화를 낭송할 때 보통 장면은 천천히 평상 속도로 말하고, 무서운 장면은 템포를 빠르게 하듯이 강의에 있어서도 굉장히 중요하다.

간격 : 간격은 말 아닌 말이다. 어디에서 어느 정도의 간격을 둘 것인가에 따라서 사람과의 교제가 활기를 띠기도 한다.

말이란 이러한 종합적인 요소가 있어야 그 나름대로의 표정을 만들게 된다.

4. 말씨

강의를 할 때에 그 사람의 말씨는 대단히 중요하다. 사람의 의사는 말에 의해 전달되는 것이기에 사람이 말을 함에 있어서 말을 어떻게 나타내는가에 따르는 중요한 감정이 그의 말씨에서 나타나고 있다. 자신의 말씨로 자신의 숨김없는 진실한 사랑을 청중들에게 듬뿍 안겨줄 수 있도록 노력해야 한다.

1) 청중이 알아들을 수 있는 평범한 어휘를 사용하라

강의를 하는 사람이 가장 먼저 유의해야 할 말씨는 강의를 듣는 사람으로 하여금 쉽게 알아들을 수 있는 평범한 어휘를 사용해야 한다. 어휘란 일정한 범위에 사용되는 말의 총체를 의미하는 것이다. 이는 강의를 위해 사용되는 모든 말씨들을 포함한다. 가장 중요하고 기본적인 것은 강의를 청중들이 알아들을 수 있는 말씨로 전달되어야 한다. 청중들이 알아들을 수 없는 이야기는 그 내용이 아무리 유익한 것이라고 할지라도 흥미 있거나 재미있는 강의가 될 수는 없는 것이다.

2) 우물쭈물하지 말고 분명한 어조로 말하라

우물쭈물하는 것처럼 사람을 답답하게 만드는 것이 없다. 해야 할 말은 시원하게 해야 한다. 무슨 이야기를 하든 분명한 어조로 하라. 우물쭈물하는 것은 분명한 확신이 결여된 행동에서 비롯된 일이다. 분명하고 확신에 찬 목소리와 태도로 들려주는 이야기에 청중들은 신뢰감을 가질 것이며, 신뢰하는 강의를 그들은 재미있는 이야기로 들을 수 있다.

3) 목소리를 각색하라

목소리를 각색하라는 것은 강의를 하는 사람으로 하여금 자신의 감정을 있는 그대로 표현하여 나타내라는 의미라고 할 수 있다. 강의 내용 속에서 말의 소리를 높여야 할 필요가 있을 때는 높은 목소리로, 그러나 반대로 말의 소리를 가늘게 낮추어야 할 때는 낮추어야 한다.

4) 친절하고 부드러우면서도 조용한 말씨를 취하라

흔히 경상도 사람들의 말은 투박하고 거칠게 느껴진다고 하는 말을 종종 듣는다. 그러나 말이란 하는 사람과 듣는 사람에 따라 각기 다르게 들려진다는 사실을 유의하여야 한다.

자신의 성격이 투박하고 거칠기 때문에 친절하고 부드럽게 말한다는 것은 어울리지 않는 것이라고 생각하고 있는 사람은 없는가? 결코 자신의 성품 때문에 말씨가 거칠어진다거나 우악스럽게 표현되는 것은 아니다. 얼마든지 자신의 목소리를 친절하고 부드러우며, 조용하게 나타낼 수 있다는 사실을 기억하라.

마음속에 친절함과 부드러움이 내재하고 있는 한, 그의 목구멍을 통해 나타나는 말씨는 항상 친절함과 부드러움이 넘쳐나게 된다. 사람의 말씨는 결코 그 마음으로 상태를 감출 수 없다는 사실을 잊지 말자.

5) 청중이 나이 어린 학생이라 할지라도 높임말을 사용하라

사람마다 주어진 인격은 누구에게나 동일하게 존중받을 자격이 있다. 그들도 분명히 존중받아야 할 독립된 인격이다. 오히려 그것이 이야기함에 있어서, 높임말을 사용하는 것에 대하여 어색하게 생각하지 말라. 결코 자신의 권위를 상대방을 하대하여 자신을 스스로 높이는 것에서 인정받을 수 있다고 생각하지 말라.

6) 적극적이고 긍정적인 언어를 사용하라

우리나라 사람들이 흔히 하는 말씨들에는 부정적인 요소들이 상당히 많이 깃들어 있다. 예를 들면 상점에 가서 '~ 없어요?', '밥 안 먹니?' 등 우리들의 생활 속에서 은연중에 쓰는 부정적이고 폐쇄적인 말씨들을 우리의 생활 속에서 추방해야 한다.

언제나 적극적이고 긍정적인 언어들은 사람들에게 용기와 격려를 가져다준다. 그러나 소극적이고 부정적인 언어들은 사람들에게 패배감과 좌절감을 가져다준다는 사실을 잊지 말아야 한다. 긍정적이고 적극적인 언어들을 통해 학생들을 격려하면서 그들에게 용기를 불어넣어 희망이 넘치는 삶을 살 수 있도록 배려한다.

7) 말의 속도를 조절하라

강의를 하는 사람은 자신의 강의를 주어진 시간 안에 성공적으로 완료하기를 원한다면 말의 속도를 조절해야 할 필요가 있다. 강의를 주어진 시간 안에 성공적으로 완료하라는 것은 강의를 듣는 사람과 더불어 이루어진, 말 없는 약속임을 잊지 말라. 재미있는 강의를 위해 말의 속도를 조절하라는 것은 단순히 강의를 위해 약속된 시간만을 의식하라는 것이 아니다. 말의 속도는 강의의 내용에 따라 빠르고 느림을 연출해야 한다는 사실을 포함하고 있다.

8) 웃는 얼굴을 하면 이야기가 부드러워진다

(1) 웃는 얼굴로 말하면 부드러운 인상이 된다

얼굴에 웃음을 지으면 근육이 자유자재로 움직이기 때문이다. 사람의 얼굴은 근육에 의해서 변화된다. 표정이 없다는 것은 그 움직임이 둔하거나 움직이지 않는다는 것이다.

(2) 웃을 때는 뺨의 근육이 움직여 입의 양끝이 올라간다

이런 상태로 대화를 하면 말은 부드럽게 들리도록 되어 있다.

(3) 웃는 얼굴에서는 눈이 중요한 역할을 한다

눈에도 일명 표정이라는 것이 있어서 감정과 마음의 상태를 나타낸다. 눈의 표정은 일종의 테크닉이기 때문에 하루아침에 변하지 않는다. 말하는 사람의 마음이 변하지 않으면 눈의 표정도 변하지 않기 때문이다. 우선 마음을 밝고 즐겁게 하는 것이 무엇보다도 중요하다.

(4) 입은 눈과 달라서 노력하면 얼마든지 바꿀 수 있다

어금니를 가볍게 물고 뺨의 근육을 약간 올리는 것이 그 첫 단계이다.

5. 태도와 제스처 요령

우리가 배우는 것들 중 시각적인 자극(55%), 청각적인 자극(38%), 기타감각 기관, 말(7%)을 통해서 학습된다고 한다. 말을 들려주는 것만으로는 충분하지 않으며, 보여주는 것이 있어야 한다는 것이다. 즉, 눈동자, 눈빛, 얼굴표정 움직임, 몸짓, 자세 등 얼굴과 몸의 표현은 스피치의 맛을 한층 돋워준다. 태도와 제스처는 말의 힘을 실어주는 가장 좋은 표현이다.

(1) 제스처의 효과

① 연설자의 자신감을 조장시킨다.

② 청중의 주의를 집중시키고 시각적인 스피치의 효과를 준다.

③ 청중의 이해를 쉬우면서도 완전하게 해준다.

④ 말의 뜻을 강하게 또 보충하여 스피치의 내용과 맛을 분명하게 살려준다.

(2) 태도 : 자연스러우면서도 분위기에 맞는 태도나 복장을 한다

① **등단 직전** : 단정한 복장, 균형 있는 걸음걸이로 나서면서, 웅변시에는 국기에 대한 경례를 가볍게 한 다음, 청중들과 심사위원석 순으로 정중하게 인사한다.

② **등단** : 연단 중앙에 선 후 한걸음 물러나 인사하고, 연설자와 연단과의 사이는 한 뼘 정도가 적당하다.

③ **단상에 섰을 때**

· **다리** : 어깨 넓이로 11자형으로 선다. 단 첫마디를 할 때는 오른발을 약간 앞으로 내밀면서 시작하고, 편안한 자세로 서서 시작한다. 관중은 앞에만 있는 것이 아니고 옆자리와 뒷자리에도 있다는 점을 유의한다.

· **손** : 계란을 쥐듯이 엄지손가락이 가운데 손가락 위에 오도록 하고, 제스처를 할 때를 제외하고는 자연스러우면서도 반듯한 자세로 서서 말한다. 또한 두 손을 가볍게 연단 위에 올려놓는 것은 무방하나 연단에 몸을 의지하는 모습이 보이게 해서는 안 된다. 앞으로 손을 가볍게 모아 쥐거나 바지의 재봉선에 놓고 하는 경우도 상황에 따라 좋게 보인다.

· **가슴과 어깨** : 가슴은 자연스럽게 펴고, 어깨에 힘이 들어가지 않도록 한다. 특히 중 고음으

로 말할 때 가슴이 심하게 움직이거나 어깨가 기울이지지 않도록 유의한다.

· **목** : 너무 숙이거나 세우지 않고 자연스럽게 유지한다.

· **눈** : 정상적으로 뜨고 한곳만 바라본다든가, 자주 깜박인다든가, 눈을 감고 있는 일이 없도록 주의하면서 약간 크게 뜨고 청중 전체를 바라보는 시선을 갖는다.

· **얼굴표정** : 태도 중 가장 중요한 부분이다. 청중은 항상 자신의 얼굴을 바라본다는 점을 명심하고, 항상 자신의 말과 제스처와 표정이 일치되도록 노력한다. 특히 청중의 반응에 따라 민감하게 변하지 않도록 노력한다.

· **하단** : 말을 마쳤다고 해서 자신의 자리로 돌아갈 때까지의 태도도 채점이 된다. 청중은 감동을 받은 만큼 끝까지 자신을 주시하고 있음을 잊지 말고 등단시와 반대의 순서로 하단하면 된다. 그리고 손수건으로 땀을 닦는다거나 자신이 읽었던 원고나 메모지를 그대로 두고 내려오지 않도록 주의한다.

(3) 몸의 동작 조절 조건

① 몸의 동작은 자연스러워야 한다.

② 몸의 동작은 명확해야 한다.

③ 동작과 이야기 내용이 일치해야 한다.

④ 동작과 이야기 내용이 시간상 일치해야 한다.

⑤ 청자의 반응에 따라 변화시키며 조절해야 한다.

(4) 자세잡기

① 두 다리 사이를 너무 넓게 벌리지 않는다.

② 몸의 체중을 한 쪽 다리에 의존하지 않는다.

③ 뒷짐을 지거나, 팔짱을 끼거나, 손을 주머니 속에 넣지 않는다.

④ 옷자락이나 교탁 같은 데를 만지지 않는다.

⑤ 마이크 쪽으로 너무 굽히지 않는다(가슴을 펴고).

(5) 몸의 움직임을 바꿀 필요가 있는 경우

① 화자의 긴장을 풀 때

② 청자에게 여유를 주고자 할 때

③ 이야기 내용이 바뀔 때

④ 청자에게 주의를 환기시킬 때

⑤ 지루할 때와 흥미를 유발시킬 때

(6) 태도와 청중의 반응

① 뽐내는 태도 - 반감을 사기 쉽다.
② 불안정한 태도 - 신뢰감을 주지 못한다.
③ 거드름을 피우는 태도 - 친근감을 주지 못한다.
④ 비굴한 태도 - 무시를 받는다.
⑤ 버릇없는 태도 - 경박하게 보인다.
⑥ 오만불손한 태도 - 반격을 받기 쉽다.
⑦ 신중하지 못한 태도 - 협력을 얻기 어렵다.
⑧ 남을 무시하는 태도 - 분노를 일으키게 한다.
⑨ 상황에 어울리지 않는 태도 - 어색한 느낌을 준다.
⑩ 망설이거나 미루는 태도 - 환영받지 못한다.
⑪ 용기와 자신감이 없는 태도 - 열의를 불러일으키지 못한다.

(7) 제스처의 기본자세

① 자연스러워야 하며, 말과 동작이 시간적으로 일치해야 한다.
② 부드러우면서도 박력과 절도가 있어야 한다.
③ 눈은 지시하는 손끝의 방향을 보아야 한다.
④ 청중과 장소의 크고 작음에 따라 제스처도 크거나 작게 조절해야 한다.
⑤ 다양성, 구체성, 복합성, 변화성이 있어야 하며, 몸과 마음이 하나가 되어야 한다.
⑥ 면접, 고별식, 추모사 등의 엄숙한 장면에서의 제스처는 주의를 요하며, 금하는 것이 좋다.
⑦ 제스처는 연극적인 것, 코미디적인 것, 웅변적인 것, 일상 대화적인 것 등이 있다.
⑧ 웅변적 제스처에는 준비, 완성, 복귀의 3단계가 필요하다.

(8) 제스처 사용시 주의점

① 몸을 함부로 움직이지 말 것
② 다리를 꼬거나 풀지 말 것
③ 함부로 자신의 등을 보이지 말 것
④ 두 손으로 엉덩이를 감싸고 인사하지 말 것
⑤ 귀나 코 등을 만지거나 물을 마시는 것을 삼갈 것
⑥ 웅변이나 선거연설 귀빈이나 심사위원석에 아부하는 듯한 태도 금지
⑦ 손가락으로 청중을 가리키는 행동

⑧ 말을 할 때 함부로 혀를 내밀지 말 것
⑨ 에, 에 또는 그러니까, 요컨대, 말하자면, 그런데, 마아, 설라무네 등의 접속사를 자주 사용하는 것을 금지한다.

(9) 제스처의 3단계

손과 표정, 눈길, 어깨, 상반신, 허리, 몸 전체 등을 사용해서 할 수 있으나, 다음과 같이 세 단계로 분류한다.

① **준비단계** : 제스처가 필요할 때의 예비동작으로, 자연스럽게 한다.
② **완성단계** : 말하고자 하는 내용을 완전히 나타내는 단계이다. 제스처 중 가장 강한 인상을 주므로 표현에 주의한다.
③ **복귀단계** : 청중의 눈에 띄지 않도록 자연스럽게 복귀한다.

(10) 제스처의 종류

- **주장** : 주장이나 각오, 결의, 사상을 표현. 방법은 주먹을 불끈 쥐고 힘차게 내민다.
- **부탁** : 청중에게 호소, 권고, 애원할 때. 방법은 두 팔을 위로 번쩍 쳐들면서 130도 간격으로 벌리고 무엇을 받아들이듯이 손바닥을 안으로 향하도록 한다.
- **요구** : 요구, 촉구, 도전, 선언, 궐기를 할 때 사용한다. 한 손 또는 두 손을 앞으로 수평이 되도록 손바닥이 위를 향하도록 힘차게 내뻗으면 된다.
- **단결** : 오른손이나 왼손을 약간 앞으로 내밀고 남은 한 손으로 가볍게 맞잡으면 된다. 두 손을 동시에 내밀면서 불끈 쥐어도 상관없다. 쥐는 강도는 단결의 의지에 따라 약간 다르다.
- **거절** : 거부, 항의, 반대 등의 제스처. 어깨를 조금 뒤로 젖히면서 손 끝을 위로 하고, 손바닥을 편 다음 앞으로 힘차게 뻗친다. 한 손 혹은 두 손을 다 사용해도 무방하다.
  예) 저는 결코 받아들일 수가 없습니다.
- **숫자** : 숫자, 순서, 순위를 표시할 때 사용하는 제스처. 첫째 할 때는 오른손 집게손가락만 펴 보이고, 둘째부터는 셋째손가락 순으로 꼽아간다.
- **분량** : 분량과 크기를 나타내는 동작. 오른손 엄지와 검지로 작은 분량이나 크기를 나타내기도 하고 양손을 사용해서 표현하기도 한다.
- **방향** : 방향, 경고 등을 표시할 때 사용. 오른손 둘째손가락이나 손바닥을 펴서 가리키는 곳을 향해 힘차게 뻗거나 둘째손가락 끝을 위로 향하여 지시해도 된다.
- **분리** : 대조, 선택, 양단 등의 제스처. 가슴 앞에서 합친 두 손을 좌우 양쪽으로 가른다.
  예) 여소야대의 정국으로 갈라지고 말았습니다.

- **존엄** : 숭고한 감정이나 신성한 감정 등을 표현할 때 하늘을 받들 듯이 양팔을 머리 위로 구부려 펴고 손바닥을 마주보게 한다.
  예) 호국 영령들이시어, 구천에서나마 편히 잠드소서.
- **감탄** : 희열, 감격, 통탄 등 마음속에 끓어오르는 감정을 표현. 양손 또는 한 손을 이용하여 손바닥을 위로 올리면서 사용한다. 감정의 정도에 따라서 상, 중, 고로 쭉 뻗으면 된다. 특히, 환희 등의 표현을 할 때는 두 주먹을 가슴으로 모아 쥐고 부르르 떨면 된다.
- **정숙** : 소란스런 장내를 조용하게 하거나, 평정이나 억압, 억제 등의 의사표시를 할 때, 두 손바닥을 아래로 향하게 하고, 가슴보다 조금 낮은 위치에서 밑을 누르듯이 사용한다.
  예) 여러분, 조용히 해 주십시오.
- **기도** : 기원, 소망, 소원을 나타내는 표시다. 양손을 맞잡거나 양손바닥을 포개어 경건한 표정을 지으면 된다.
- **승리** : 성공, 행운, 승리의 표시로 가장 많이 사용한다. 오른손을 쳐들고 둘째와 가운데 손가락을 'V' 자 모양으로 만들어 보이면 된다.
- **으뜸** : 최고를 나타내는 제스처. 엄지손가락을 편 오른손 주먹을 앞으로 내뻗으면 된다.
- **결판** : 결심의 확정이며, 단절을 나타낸다. 오른손 손바닥을 완전히 펴서 팔뚝을 구부린 자세로 자기 얼굴 높이에서 45도 각도로 힘차게 내리 뻗는다.
  예) 이런 몰상식한 일은 반드시 근절되어야 합니다.
- **돌격** : 전진, 진군 등을 나타내는 지휘적인 동작. 주먹을 불끈 쥐고 두 손을 힘차게 앞으로 뻗치는 방법과 양손으로 오른쪽에서 왼쪽으로 한꺼번에 뿌리기도 한다.
  예) 남북 대화합의 길에 힘차게 전진합시다.
- **사망** : 사망, 죽음, 살인, 섬멸 등의 의사표시다. 오른손 엄지손가락만 편 주먹을 가슴 앞에서 거꾸로 바꾸면 된다.
  예) 환경을 보호하지 않으면 우리 인류는 멸망하고 말 것입니다.
- **환영** : 수용, 포용, 이해, 환대의 감정 표시. 양팔을 벌려서 상대를 안으려고 하는 듯한 동작을 취하면 된다.
  예) 여러분, 저를 찾아오십시오. 언제든지, 누구라도 환영합니다.
- **통탄** : 비극적인 사태, 분노와 통곡을 드러내는 격한 상태다. 손바닥이나 주먹으로 연단을 내리친다.
  예) 사람으로서 어떻게 이런 천인공로할 일을 저지를 수가 있겠습니까?

6. 마이크 사용 방법

마이크나 앰프의 성능에 따라 다양한 목소리를 만들 수 있다. 마이크는 현대 스피치에 있어서 든든한 힘을 주는 유용한 도구이다. 연설자의 음성도 좋고 연설의 내용도 좋은데, 다만 마이크를 올바로 사용하지 못해서 무슨 내용인지 청중에게 잘 전달되지 못하는 경우가 있다.

반면에 음성이 그다지 곱거나 성량이 풍부하지 못한데도 마이크 사용을 아주 잘해서 효과를 볼 수도 있다. 청중에게도 마이크는 연설자의 부족한 음성을 보충해주기 위해서 필요한 것이다. 그러므로 다음과 같은 마이크 사용법을 터득하여 충분한 효과를 거두도록 하자.

① 마이크의 볼륨과 에코, 음색, 음량을 자신의 음성과 행사의 성격과 걸맞게 적절히 조작해 둔다.

② 연설을 시작하기 전에 반드시 마이크가 켜져 있는지 확인한다.

③ 마이크와 입과의 거리는 장소와 성능에 따라 다르겠지만 대개 옥외에서 15～20cm, 옥내에서는 약 30cm 정도가 알맞다. 마이크를 너무 가까이 대면 연설자의 거친 숨소리까지 들리게 되고, 이 경우 조금만 소리를 높여도 연설자의 소리는 높다란 신음소리가 되거나 청중을 향해 화를 내는 격이 된다. 그러므로 음성의 고저와 억양이 듣기 싫을 정도로 마이크 앞에 너무 입을 바싹 대고 고성으로 연설하지 않도록 하자.

④ 여흥 분위기에서 오락적인 효과를 연출할 때에는 에코를 적절히 활용한다.

⑤ 상황에 따라 마이크의 종류를 효과적으로 선택하는 것도 필요하다. 들고 말하는 마이크, 클립형 마이크, 스탠드형 마이크 등 여러 가지 종류의 마이크 중에서 적절한 마이크를 선택한다.

⑥ 마이크는 되도록 정면을 향하고 눈은 자연스럽게 마이크를 향한다. 흔히 연설을 하는 사람 대부분이 마이크를 측면에 두거나 아예 의식하지 않고 자기 멋대로 소리를 질러서 청중은 전혀 말을 알아들을 수 없는 경우가 생긴다.

⑦ 마이크를 손으로 잡고 말할 때는 노래자랑 할 때의 모습처럼 너무 멋을 부리지 않도록 한다. 그렇게 되면 청중들의 주의가 온통 손으로 쏠리게 된다.

⑧ 마이크에 손을 대지 않는다. 마이크를 잡고 연설하게 되면 음성이 커졌다, 작아졌다 불규칙적으로 전달되고, 마이크를 만질 때마다 일어나는 소음은 청중의 귀에 거슬리는 잡소리가 된다. 마이크가 정상적인 위치에 잘 놓여있는데도 손에 잡고 연설하려는 것은 대중 속에서 긴장이나 공포감으로 인하여 자기도 모르는 사이에 무언가 의지하려는 욕구에서 비롯된 습관임을 알아야 한다. 그리고 연설의 내용에 따라 마이크를 이동해야 하는 경우를 제외하고는 손으로 잡지 않는 것이 좋다.

⑨ 마이크와 앰프와의 거리, 방향 등을 고려해서 연설 중간에 '삐' 하는 불쾌한 소음이 생기지 않도록 주의한다.

⑩ 마이크는 연설자의 입보다 높아서는 안 된다. 마이크가 입보다 높게 되면 연설자의 얼굴을 가리게 되고 개성이 손실된다.

⑪ 너무 강한 소리를 내지 않으며, 호흡을 어지럽게 하거나 거칠어진 숨소리, 헛기침 소리가 마이크를 통해 나가지 않도록 음성의 크기를 되도록 고르게 한다.

⑫ 마이크를 중심으로 얼굴을 좌우로 너무 흔들거나 머리를 돌리면 어조가 빨라졌다, 느려졌다 하는 감을 주게 되니 적당한 주의가 필요하다.

⑬ 속삭임, 대화 등 저음을 구사할 때에는 마이크를 약간 가까이 하고, 꾸짖거나 큰소리로 웃는 등의 고음을 구사할 때에는 마이크에서 약간 떨어지는 것이 원칙이며 효과적이다. 파열음은 조금 약하게 그리고 마이크와 좀 떨어져서 발음하는 것이 좋다.

훌륭한 제스처의 사용방법

- 진실하고 자연스러워야 한다.
- 크고 힘차게 해야 한다.
- 간단명료해야 한다.
- 때에 맞게 사용한다.
- 감정에 따라 사용 방향을 결정한다.
- 변화있게 사용한다.
- 장소와 청중에 따라 조절한다.
- 말의 뜻에 맞게 사용한다.
- 눈은 항상 제스처의 방향을 바라본다.
- 표정은 내용과 감정이 일치되어야 하며, 미적 요소가 포함되어야 한다.
- 허리나 엉덩이를 움직이거나 흔들어서는 안 된다.
- 연단을 치거나 발을 구르지 않도록 한다.

그런데 대부분의 연설자들은 이 경우와 반대로 마이크를 사용한다. 연설의 시작이나 서론에서 대화를 하거나 속삭일 때 또는 어떤 일화를 이야기할 때에는 마이크를 멀리하여 오히려 내용이 하나도 청중에게 전달되지 못하고, 중요한 강조, 비판을 하거나 기쁨, 환호의 순간 등 이른바 클라이맥스 단계에서는 반대로 마이크를 너무 가까이 함으로써 찢어지는 음성, 거친 숨소리까지 청중에게 전달되어 내용 없이 소리만 지르는 인상을 심어주게 된다.

마이크 사용방법으로는 내용에 따라 마이크와 입의 거리를 적절히 조정해 가며 효과를 살리면 멋스러운 연설이 될 수 있다.

☞ **제스처는 단시간에 이루어지지 않는 것이다. 거울을 보고 꾸준히 노력하여 나에게 어울리는 표정과 제스처를 개발해 내어야 한다.**

파워 스피치 스킬(skill)

미소 -J. 갈로

제 사랑이 보다 풍요로운 것이 되도록 제 사랑에 미소를 곁들여 주옵소서. / 당신의 미소를 닮아 저도 청아한 선의의 미소를 지을 수 있게 해 주십시오. / 선의로서 그리스도의 메시지를 전할 사명을 지닌 저를 도와주십시오. / 당신의 도움을 힘입어 저도 미소로서 그리스도의 기쁜 메시지를 전할 수 있게 말입니다. / 미소로서 격정과 고뇌를 잊게 해 주십시오. / 이웃과 기쁨을 함께 나누기 위해서입니다. / 미소로서 이웃에게 친절과 위로를 전하게 해 주십시오. / 제 미소에 얄궂은 비웃음이 섞이지 않도록 언제나 성실하고도 최선을 다할 수 있도록 괴로운 때에도 미소를 잃지 않는 힘을 주십시오. / 그리고 이 기쁨을 마음 깊숙이 보존해 주십시오. / 그리고 이 기쁨이 언제나 미소로 변하게 해 주십시오. / 생각과 감정이 다른 이웃에게도 언제나 미소를 머금고 대할 수 있게 해 주십시오. / 이로써 변함없는 정분을 드러내는 마음의 선물을 삼으렵니다. / 호의에 넘친 미소로서 이웃을 하나님께 이끄는데 저도 조금이나마 보탬이 되게 해 주십시오.

제9장 베스트 스피커가 되기 위한 수사학 기법

베스트 스피커가 되기 위해서는 말하는 공식을 몇 가지 암기해둘 필요가 있다. 이런 공식들을 적절히 사용하면 스피치에 설득력과 공감의 효과를 배가시킬 수 있게 된다.

대화와 스피치의 원칙에는 언어 사용의 균형감각을 유지함으로써 말하고자 하는 내용을 조리 있게 표현하는 '조화의 원칙'과 본론과는 다른 내용을 보충 표현함으로써 이야기의 주제를 보다 풍부하게 표현하거나 혹은 암시적인 화법을 사용하여 청중의 상상력을 부추기는 '증의(增義)의 원칙' 그리고 이야기의 내용을 보다 명확하고 실감 나게 인식시키기 위한 '구상의 원칙' 등이 있다.

이러한 원칙들을 통틀어서 대화의 표현 수사라고 한다. 이는 또한 하나의 사물을 다른 사물에 빗대어 표현하는 '비유법'과 이야기의 가락을 강하게 하여 청중에게 강한 인상을 심어 주는 '강조법' 그리고 이야기의 단조로움을 피하고 청중의 흥미를 자극하는 '변화술' 등 세 가지 법칙으로 분류할 수 있다.

아울러 비유법에는 다시 10개의 구체적인 법칙이 있으며, 강조법은 11개, 변화술은 10개로 나뉘는데, 이 수사법을 자유자재로 구사할 수 있으면 명스피커로서의 자격을 갖추는 것이다.

1. 비유의 기교

(1) 직유법(直喩法)

직유법은 표현하고자 하는 사물을 다른 사물에 직접 비교하여 그 뜻하는 바와 인상을 명료하게 형용하는 기법으로, 비유법 중 가장 초보적인 단계이다. 비슷한 두 가지 사실을 견주어 말을 꾸미는 직유법의 흔한 기법으로는 '마치…', '…와 같이', '…처럼' 등이 있다. 다음은 직유법을 사용한 몇 가지 예문이다.

예) 강철 같은 근육과 부싯돌 같은 마음

예) 마치 악마와 같이 우락부락한 인상은 상대방의 마음을 삼킬 듯이 위압감을 주었습니다.

예) 그것은 가뭄의 단비처럼 반가운 소식이었다.

(2) 은유법(隱喩法)

은유법이란 비유의 말을 생략하고, 두 가지 사실을 동일체로 단언하듯이 표현하는 기법이다. 다시 말해서 직유법과 같은 연결 수사 없이 두 개의 유사한 사물을 직접적으로 비유함으로써 훨씬 강력하고 긴밀하며 생기 있는 말의 느낌을 전달하는 효과가 있다.

예) 밤바다에 뱃길을 밝혀주는 것은 등대요, 우리의 갈 길을 밝혀주는 이는 위대한 영도력을 가진 애국자이다.

예) 인생은 나그네 길이요, 고난의 길이다.

예) 생선 망신은 꼴뚜기가 시킨다.

(3) 의인법(擬人法)

무생물과 동물, 식물, 또는 비정(非情)의 사물에 사람의 의지, 감정, 사상 등 인격적 요소를 부여하여 표현하는 기법이다.

예) 이제 봄이 온 모양이다. 꽃은 웃고 나비는 춤을 추며 날아다닌다.

예) 천지여, 말하라! 산천이여, 대답하라!

예) 야속한 가을바람은 내 마음을 흔들어 놓고야 말았습니다.

(4) 의태법(擬態法)

모습이나 움직임을 그 느낌이나 특징에 따라 표현하는 기법이다. 이것은 모든 물체의 자태를 느낀 그대로 나타내기 때문에 훨씬 실감나게 그 의미를 전달할 수 있다.

예) 여성의 아름다움을 흔히 반짝반짝 빛나는 눈매에서, 방실방실 웃는 웃음에서 혹은 포동포동한 살결에서, 보들보들 윤기 나는 입술에서 찾습니다.

(5) 성유법(聲喩法)

사물의 소리나 사람의 음성을 그대로 흉내 내어 현장감을 살리는 기법이다.

예) 바로 그 순간이었습니다. 벽시계가 땡땡땡 3시를 알리자 쾅쾅 대문 두드리는 소리가 났습니다.

예) 그 큰 바윗덩어리가 쩍 하고 갈라지지 않겠습니까?

(6) 풍유법(諷喩法)

비유의 말이나 예를 제시함으로써 듣는 이로 하여금 그 본뜻을 미루어 짐작하도록 하는 풍자적 기법이다. 정면에서 자기의 주장과 소신을 직접 나타낼 수 없는 정치적인 발언 따위에 가장 효과가 크며 남을 설득하거나 또는 비꼬는 말을 할 경우에도 많이 사용한다. 우화, 유머 등을 써서 본래의 뜻을 이해시키는 방법이다.

예) 근면과 성실의 예화로 '토끼와 거북이의 경주'를 예로 든다든지 착하고 악한 행동을 '콩쥐 팥쥐'에 비유하는 일 등

예) 지렁이도 밟으면 꿈틀한다. 이제 우리는 더 이상 짓밟히지 않을 것이다.

(7) 인용법(引用法)

남의 글이나 말을 인용하여 자기의 주장을 이해시키는 방법이다. 대중 스피치에 가장 많이 쓰이는 방법이다.

예) 일찍이 소크라테스는 '너 자신을 알라'고 했습니다.

(8) 대유법(代喩法)

나타내려는 사물의 명칭을 다른 명칭으로 대신 사용함으로써 은연중 본래의 사물을 나타내는 기법을 뜻한다. 그중 사물의 일부분만을 가지고 전체를 대신 설명하는 것을 제유법이라고 하며, 사물의 전체를 보여주며 일부분에 대한 설명을 대신하는 것을 환유법이라고 한다.

예) 풍전등화와 같은 조국의 운명 앞에 이순신 장군 같은 영웅이 나타났던 것입니다.

예) 아무런 기술도 없는 엽전이 미국으로 이민을 가봤자 돈을 모으기는커녕 굴뚝에 연기 낼 것도 없게 되기 쉽습니다.

(9) 상징법(象徵法)

정작 자신이 표현하려는 본래의 의도를 숨기고 암시로만 그치는 기법이다. '비둘기'가 '평화'를 생각나게 하듯이 하나의 낱말이나 구절에 상징성을 부여하는 것이다.

예) 인생이란 화려한 장미를 꺾으려다 앙상한 낙엽을 안고 돌아오는 방랑길에 비길 수 있다.

(10) 중의법(重義法)

말 한마디에 두 가지 이상의 다른 뜻을 곁들여 기지적(機智的)으로 나타내는 기법이다. 대화에

특이한 변화와 매력을 주어 듣는 이로 하여금 뜻 깊은 여운을 느끼게 한다.

예) 그는 음식점에서 갈비탕을 먹고 돈을 내지 않은 채 뺑소니 친 뒤 버스 속에서 소매치기로 돈 30만 원을 훔쳤으며, 어느 실직자로부터 취직 미끼로 5백만 원을 받아먹다가 쇠고랑을 찼습니다.

(11) 모순법(矛盾法)

서로 모순되는 말의 연결로 특별한 의미를 갖도록 표현하는 기법이다. 반대적인 의미가 연결되어 오히려 박진감을 주며, 듣는 이에게 미묘한 뉘앙스를 던져주기도 한다.

예) 나는 그 친구가 평소와는 달리 귓속말로 소곤대는 척하며, 공개된 비밀을 떠벌리는 그 잔인한 친절에는 정나미가 뚝 떨어졌습니다.

2. 강조의 기교

(1) 영탄법(詠嘆法)

크게 감명을 받거나 또는 비통한 경우를 당했을 때, 억제할 수 없이 일어나는 벅찬 기분을 감탄어(감탄사, 감탄형 어미, 조사 등)를 사용, 감정의 흥분상태를 표현함으로써 듣는 이에게 강하고 깊은 인상을 남기는 기법이다.

예) 오호라! 민족의 청사여!

예) 아! 어찌 우리 잊으랴! 통곡의 그날을!

(2) 과장법(誇張法)

어떠한 사물을 사실보다 크게 표현하거나 또는 실제보다 작게 표현하는 기법이다. 중요한 부분이나 주장하고 싶은 부분을 과장함으로써 말하는 이의 기분을 효과적으로 전달할 수 있으며, 듣는 이에게 흥미와 공명을 불러일으키게 한다.

예) 아니, 쥐방울만한 놈이 벌써 술을 마시고 행패를 부려?

예) 주먹만 한 밤이 후드득후드득 떨어지자 조무래기들은 번개처럼 달려들었다.

예) 인간은 신이 아니기 때문에 실수가 있는 법이다.

예) 그 일에 대해선 티끌만큼도 미련이 없습니다.

(3) 점진법(漸進法)

말 한마디 한마디가 마치 층계를 오르내리는 것처럼 점차적으로 그 뜻이 강해지거나(점층법) 약해지는(점강법) 기법으로, 상대방을 설득하거나 감동을 배가시키려는 목적으로 많이 이용한다. 대중 스피치에서는 이것을 클라이맥스(Climax) 또는 안티-클라이맥스(Anti-Climax) 화법이라고 한다.

예) 여러분은 성냥을 살 권리가 있다. 따라서 성냥을 켤 권리도 있다. 불을 켤 권리가 있으면 물건을 태울 권리도 물론 있다. 그러므로 여러분의 권리 행사는 마치 성냥을 들고 켜는 것과 마찬가지로 여러분 자신의 자유에 있는 것이다.

예) 민족이 은인을 잃고, 학도가 스승을 여의었으며, 교우가 목사를 잃고, 친구들이 흉금을 터놓을 곳을 찾지 못하게 되었다.

(4) 역설법(逆說法)

역설법은 모든 사람이 옳다고 믿거나 혹은 진리라고 믿고 있는 사실을 뒤집어 반대 주장을 관철시키는 방법이다. 즉, 이치에 어긋나는 듯한 표현으로, 숨은 진리를 강조하는 기법으로 일종의 궤변(詭辯)이라고도 할 수 있다. 간혹 이 궤변에도 일리가 있어 상대방을 공격하거나 역습할 때 효과적이다.

예) 외로운 황홀한 심사이어니

예) 죽어도 아니 눈물 흘리오리다.

(5) 대조법(對照法)

나타내고자 하는 사물과 반대되는 사물, 혹은 고저 강약의 한도가 서로 다른 사물을 비교시켜 사물의 상태나 흥취를 한층 강하고 선명하게 하는 기법

예) 충언(忠言)은 벗을 만들고, 감언(甘言)은 벗을 잃게 한다.

(6) 열거법(列擧法)

서로 비슷한 구절이나 내용상 긴밀하게 연관되어 있는 말을 되풀이하거나 나열해 놓는 기법으로 말하고자 하는 바를 다방면으로 표현하여 전체적으로 강력한 효과를 발휘하게 된다.

예) 어릴 때 나는 푸른 제복을 입은 사람들이 무조건 부러웠습니다. 그리하여 기차 역무원이 되거나 순경이 되고 싶었습니다. 그 중에서도 특히 기관사가 되는 게 꿈이었죠.

(7) 반복법(反復法)

두 번 세 번 같은 구절, 같은 말을 되풀이해서 인상을 깊게 하는 표현 기법이다. 뜻을 강조하고 흥취를 돋우는 데 효과가 크다.

예) 나는 비범한 문재(文才)가 내게 있기를 원한다. 나는 참으로 절세(絕世)의 학문이 내게 있기를 원한다. 그러나 나는 그보다도 백 천 배 더 원하는 것이 있으니, 그것은 단 한 번의 뜨거운 열애(熱愛)이다.

(8) 미화법(美化法)

사물을 있는 그대로 묘사하지 않고 아름다운 것은 좀 더 아름답게, 추한 것도 아름답게 미화하는 표현 기법이다.

예) 윈스턴 처칠은 몹시 화가 나서 상대방 의원에게 '거짓말쟁이'라고 쏘아붙였습니다. 그리하여 처칠은 의장의 발언 취소 요구를 받았습니다. 의회에서 '거짓말쟁이'라는 말은 금지된 언사였습니다. 그러자 처칠은 정중히 발언을 취소한 다음 이렇게 고쳐 말했습니다. '불확실한 말의 제공자'라고….

(9) 억양법

처음엔 말의 높낮이를 올렸다가 나중에 내리거나 혹은 일단 내렸다가 나중에 올림으로써 본래의 내용을 강조하는 기법이다. 또 처음엔 칭찬으로 상대방을 치켜세운 다음에 비난하는 말을 덧붙인다거나 하는 방법으로 상대방에 대한 공격이나 변호의 목적으로 애용된다.

예) 그는 재주는 비상하지만 인간성이 나빠요.

예) 그 여자는 아주 못생겼지만 마음씨만은 천사 같아요.

(10) 단절법(斷絕法)

접속되는 어귀를 일부러 짧게 자르고 하나하나 독립시킴으로써 강조의 효과를 나타내는 기법이다.

예) 애수라는 영화를 보았습니다. 사랑이란 얼마나 고귀한가를 깨달았습니다. 지금껏 잊히지 않은 그 여인을 찾아가기로 결심했습니다.

3. 비교의 기교

(1) 인용법

격언, 고사, 명구, 속담, 남의 말 등을 끌어다가 자기의 주장에 권위를 부여하거나 또는 내용의 충실성을 기하는 기법이다. 이것은 다시 직접 인용하는 명인법과 간접 인용하는 암인법으로 나눌 수 있다.

예) '불행에 대한 특효약은 없다'고 헉슬리는 말했습니다.

예) 우리는 알몸으로 이 세상에 왔고, 또한 알몸으로 이 세상을 떠나지 않으면 안 된다고 예수께서도 말씀하셨습니다. 그러기에 인간의 부귀영화는 한낱 헛된 꿈에 지나지 않는 것이 아니겠습니까?

(2) 생략법

말의 핵심이 되는 부분만을 요령 있게 이야기함으로써 '함축의 미'와 '여운의 멋'을 풍기는 기법이다. 때로는 열 마리의 화려한 수사보다 단 몇 줄의 간결한 표현이 오히려 풍부한 인상을 줄 수가 있다.

예) 왔노라! 보았노라! 이겼노라!

(3) 도치법

말의 순서를 뒤바꾸어 강조하려는 부분을 앞에 놓는 기법이다. 이것은 듣는 이의 흥미를 유도하거나 어떤 감정 상태를 고조시키는 역할을 한다.

예) 어머님의 가장 어여쁜 아들, 나는 왕이로소이다.

예) 잊어버립시다. 꽃이 잊히듯이….

(4) 설의법(設疑法)

의심의 여지가 없는 상황임에도 고의로 의문 형식을 취함으로써 듣는 이로 하여금 스스로 결론을 내리게 하는 기법이다. 청중의 주의를 끄는 데 효과가 있다.

예) 여러분 가운데 먹지 않고 살 수 있는 사람이 있습니까? 또는 잠자지 않고 살 수 있는 사람이 있습니까?

(5) 문답법

처음에 정의를 세워놓고 나중에 물어보는 형식으로 말한 뒤 다시 그 물음에 답하는 식의 표현법이다.

예) 인간의 본질은 정신이다. 그렇다면 정신이란 무엇이냐? 정신이란 자기 자신의 고유한 생각이다.

(6) 경귀법

기발한 말귀로 익살, 암시, 교훈의 뜻을 내포시키는 기법이다. 속담, 격언, 명언 등이 거의 이 기법에 포함된다.

예) 나무에 잘 오르는 놈은 언젠가는 나무에서 떨어져 죽고, 헤엄 잘 치는 놈은 언젠가 물에 빠져 죽게 마련이지요.

(7) 완곡법

간단히 말할 수 있는 것을 일부러 돌려 말하거나 노골적인 인상을 주지 않도록 표현하는 기법이다. 이 수사법은 말하는 이의 교양과 에티켓을 돋보이게 하는 효과가 있다.

예) 플랫폼에서 흰 손수건을 흔들며 떠나는 그녀의 애틋한 마음을 사랑도 해보지 않은 사람이 어찌 이해할 수 있겠습니까?

(8) 불판법(不板法)

같은 말의 반복이나 이야기의 단조로움을 피하고 상황을 리드미컬하게 표현하는 기법이다. 듣는 이의 흥취를 돋워주는 데 효과가 있다.

예) 시가 나오고, 그림이 이루어지고, 음악이 나래를 폅니다.

(9) 연쇄법(連鎖法)

앞의 말이나 뜻을 이어받으면서 쇠사슬처럼 상황을 엮어서 설명하는 기법이다. 말의 뜻과 어조를 인상적으로 꾸미는 표현법으로 일명 '고리 잡이 법' 이라고도 한다.

예) 권태로운 여성보다 더 불쌍한 것은 슬픔에 싸인 여인이다. 슬픔에 싸인 여인보다도 더 불쌍한 것은 불행을 겪고 있는 여성이다. 불행을 겪고 있는 여성보다 더 불쌍한 것은 병을 앓고 있는 여인이다. 병을 앓고 있는 여인보다도 더 불쌍한 여인은 버림받은 여성이다.

(10) 비약법(飛躍法)

진행 중이던 화제를 돌연 다른 화제로 바꾸거나, 시간적, 공간적으로 비약시키는 기법이다. 청중이 지루한 반응을 나타낼 때 이 수사법이 자주 이용된다.

예) 그날 따라 명동 거리는 더없이 화려했습니다. 정확히 3년 전 바로 그 시각에 나는 어느 시골의 적막한 오솔길을 거닐고 있었습니다. 여러분은 내가 왜 갑자기 그 오솔길 이야기를 꺼냈는지 아십니까? 본론은 지금부터입니다.

스피치 전달 능력

Speech의 일반적인 형식
Speech 능력 키우기 Point
호흡과 발성훈련
Spot-Skill
표정과 제스처
마이크 사용과 연단 연출
의태, 의성어 표현
수사학적 표현
시청각 자료 활용

제10장 즉흥 스피치 훈련

1. 말을 구성하는 법

1) 시간적 순서 법

예를 들어 오늘 직장에서 야유회를 갔는데, 아침부터 저녁까지 시간의 경과에 따라 사건이 일어나는 순서대로 열거해 가는 방법이다.

[문] 최근 여행 갔던 경험을 말해보자.

- 떠나기 전의 준비
- 간 곳에서 있었던 일(거쳐 간 곳, 보고 들은 것, 느끼고 생각한 것)
- 돌아와서 생각한 것

2) 입체적, 공간적 순서법

공장 기계 설비나 건물 등의 구조 설명을 할 때라든지, '목천에 가면 독립 기념관이 있는데 왼편에는…, 오른편에는…' 하면서 길이나 장소를 안내하거나 설명할 때 쓴다.

3) 인과적 순서법

스피치의 핵심이나 주장, 또는 결론을 어디에 두느냐에 따라 두 가지 방법이 있다.

(1) 연역적 구성(두괄식 구성)

일반적인 원리를 전제로 내세워 그와 관련된 특수한 사실을 이끌어내는 논리 전개 방식이다. 다시 말해 주제가 먼저 제시되고, 그에 대한 특수하고 구체적인 것들을 배열하는 방식을 말한다.

- 모든 사람은 죽는다. 소크라테스는 사람이다. 그러므로 소크라테스는 죽었다.
- 모든 신은 위대하다(대전제). 고무신도 신이다(소전제). 따라서 고무신은 위대하다(결론 : 뭔 소린지 원 무슨 오류?).
- 유리 구두의 임자는 우리 왕자님이 찾는 여자이다. 신데렐라는 유리 구두의 임자이다. 그러므로 신데렐라는 우리 왕자님이 찾는 여자이다.
- 무단결석을 하면 벌을 받는다. 용하는 오늘 무단결석을 했다. 그러므로 용하는 내일 벌을 받게 될 것이다.

중심 내용(결론이나 주장)을 먼저 밝히고 말을 풀어가는 법으로 명쾌하게 이야기를 끌어 갈 수 있다.

[문] 우리나라의 환경오염의 원인

[문] 현대 병의 원인

(2) 귀납적 구성(미괄식 구성)

여러 구체적인 사례들을 바탕으로 하여 그에 공통되는 일반적인 원리를 이끌어내는 논리 전개 방식이다. 다시 말해 특수하고 구체적인 여러 가지를 나열한 뒤, 그에 대한 일반적인 사실 제시로 배열하는 방식을 말한다.

- 식물은 물이 필요하다. 동물도 물이 필요하다. 식물과 동물은 생물이다. 그러므로 모든 생물은 물이 필요하다.
- 우럭은 못생겼지만 맛만 좋다. 광어도 납작해 가지고 못생겼지만 맛만 좋다. 민어도 멍청하게 생겼지만 맛은 끝내준다. 따라서 못생긴 고기가 맛은 좋다.
- 장승포는 항구도시이며 서귀포나 목포도 항구도시이다. 또한 주문진도 항구도시이고 강진도 항구도시이다. 따라서 지명에 '포' 자와 '진' 자가 들어가는 도시는 항구도시일 가능성이 높다.

중심 내용(결론이나 주장)을 이야기의 맨 마지막에서 매듭짓는 것으로 상대방이나 청중들에게 지속적으로 호기심과 긴장감을 줄 수 있다.

[문] 한국의 미래에 대해서 스피치해보자.

[문] 충동구매에 대해서 스피치해보자.

4) 유비추론으로 말하기

두 개의 대상의 속성이 동일하다는 사실을 근거로 그것들의 기타 속성도 동일하리라는 결론을 끌어내는 추론의 방식이다. 귀납추리와 유사한 점이 있다.

- 송대관은 체력이 강하고, 지구력, 순발력이 뛰어난 훌륭한 축구 선수이다. 이소라도 체력이 강하고, 지구력, 순발력이 뛰어나다. 그러므로 이소라도 훌륭한 축구 선수가 될 수 있을 것이다.

5) 원인과 결과, 주장과 이유(근거)로 말하기

예문

세계를 정복한 알렉산더 대왕은 좀 특이한 유언을 남겼다. 자신이 죽으면 손을 관 밖에 내놓아 보이게 하라고 한 것이다. 신하들이 어리둥절해 하자 알렉산더는 다음과 같이 이유를 설명했다. "세상 사람들에게 천하를 쥐었던 이 알렉산더도 떠날 때는 빈손으로 간다는 것을 보여주고자 함이다."

사람은 두 종류로 나눌 수 있다. '소유적 사람'이 있는가 하면 '존재적 사람'이 있다. 소유적인 사람은 무엇을 소유했느냐로 사람의 가치를 따지지만 존재적인 사람은 어떻게 사느냐를 더 중요하게 여기는 사람이다.

우리의 관심사는 소유가 아니라 생명이어야 한다. 물질에 지배당하는 사람이나 가정은 거대한 폭풍 앞을 지나는 작은 조각배나 다름없다. 그것은 돈으로 침대는 살 수 있어도, 잠은 살 수 없는 것과 마찬가지 이치이다. 물질이 우리와 우리 가정을 지배하지 못하도록 생명에 우선순위를 두기 바란다.

6) '정(正), 반(反), 합(合)'의 방법으로 말하기

두 개의 대립되는 개념, 즉 正(정)과 反(반)을 기본 원리로 하여 이를 서로 조화시켜서 새로운 개념인 合(합)을 이끌어내는 방법이다.

- 운동만 하면 지식이 얇아지고(정),
- 공부만 하면 몸이 허약해진다(반).
- 따라서 운동과 공부를 병행해야 한다(합).
- 공동체적 삶만을 강조하면 개인의 존재를 망각하기 쉽다(정).
- 개인의 삶만을 강조한다면 이 사회는 끝없는 혼란에 빠질 것이다(반).
- 따라서 개인과 공동체적 삶의 조화가 중요하다(합).

최근 경제가 어려워짐에 따라 보험금을 노린 신종 범죄가 날로 늘어나고 있다. 아들의 손을 자른다거나, 자신의 발목을 기차 철로에 놓고 끊어버리는 등 상상을 초월하는 범죄들이 바로 그것이다. 현대인들은 돈을 버는 일이라면 물불을 가리지 않는다. 현대인이 그토록 돈을 사랑하게 된 데에는 그만한 이유가 있다.

* 그러나….

* 따라서….

7) 열거식으로 말하기

말에 줄기가 서지 않거나 논리적이지 못한 사람이 가장 쉽게 말하는 방법 중에 하나이다. 하나의 논제가 주어지면 그 이유나 주장, 원인 등을 '하나, 둘, 셋…' 식으로 열거하는 방법이다.

첫째로는 텔레비전이 우리의 생활에 미치는 가장 나쁜 영향으로 가족 간의 대화 단절을 들 수 있다. 맞벌이 부부가 많아지고, 직업의 종류가 매우 다양해지면서 가족들의 활동 시간대도 서로 달라진 것이 오늘의 현실이다. 모처럼 가족이 한 자리에 모이는 때조차도 텔레비전 시청에 열중함으로써 가족 간의 대화가 단절되고 서로의 사랑을 확인할 기회가 적어지고 있다.

둘째로는 시청자를 수동적인 인간으로 만든다는 점을 들 수 있다. 텔레비전의 일방적인 전달성으로 인해, 이를 보는 사람들을 능동적이지 못한 인간으로 변화시킬 수도 있다는 것이다.

셋째로는 시청자의 상상력을 동원할 필요가 없게 된다. 따라서 어떤 대상을 보고 고차원적인 사고와 상상을 할 수 있는 기회를 점점 잃어가게 되는 것이다.

8) 명제(命題)를 들어 말하기

명제란 어떤 문제에 대한 주장이나 의견, 판단 등을 들어 주장하는 방법으로 사실명제(事實命題)가 있다. 이는 어떤 것이 진실이라고 주장하는 내용으로서 객관적 사실이나 역사적, 과학적 사실

등을 드러내는 명제다(대체로 '~ 이다' 로 끝난다).

- 인간에게는 표현의 본능이 있다.
- 한국어는 배달겨레의 말이다.
- 한국 제일의 섬유도시는 뭐니 뭐니 해도 역시 대구이다.
- 대마도는 우리가 한때 다스렸던 땅이므로 우리의 영토이다.

또, 정책명제(政策命題)가 있는데, 이는 바람직한 상태나 행동이 무엇인가를 주장하는 내용이다(대체로 '~해야 한다' 로 끝난다).

- 지역감정을 조장하는 정치인은 이번 선거에서 반드시 낙선되어야 한다.
- 모든 사람은 양심에 따라 행동하여야 한다.
- 인간은 서로 존중하면서 살아야 한다.

그리고 가치명제(價値命題)가 있다. 이는 어떤 대상의 가치에 대한 주관적인 판단 내용을 드러낸다.

- 인간의 성품은 본래 착한 것이다.
- 아니야, 인간의 본성은 본래 악한 것이여.
- 호박꽃이야말로 인간에게 가장 풍성한 느낌을 주는 꽃이다.
- 인간에게 가장 슬픈 일은 자기 스스로 주변에 울타리를 치는 일이다.
- 종교의 본질은 '인간들끼리 서로 싸우지 말고 착하게 살지어다' 이다.

9) 주장을, 논거(論據)를 들어 뒷받침하기

주장을 했으면 그것의 정당성, 타당성을 입증하는 이야기가 뒤따라와야 된다. 이렇게 화자(話者)의 의도를 상대에게 충분히 표현 전달하기 위해서 주장을 뒷받침하는 이야깃거리를 논거라고 한다.

(1) 논거가 갖추어야 할 요건

- 주제를 뒷받침하는 것이어야 한다. 이것은 말의 통일성과 관계되는 것으로 주제에 어긋나거나 아무 상관없는 사오정 논거가 끼어들지 않도록 해야 한다.
- 풍부하고 다양할 수록 좋다. 그러나 너무 풍부하고 다양해서 말의 흐름이 산만하게 되면 글의 통일성을 해치게 되니까 주의해야 한다.
- 정확해야 한다. 그러기 위해서는 출처가 명백한 것, 사실과 의견이 분명하게 구별된 것, 합리적으로 해석된 논거를 사용해야 된다.
- 흥미를 끌 수 있는 것이어야 한다. 독자들은 대체로 해학과 풍자, 기지(機智), 독창성, 희소

성, 사실성, 친근감, 긴장감 등이 드러날 때에 흥미를 갖기 마련이다.

(2) 적합한 논거 제시

논거란 자신의 견해를 밝히기 위해 제시하는 효과적인 아이템이다. 그런데 효과가 없는 논거를 무기로 해서 스피치에 참가한다면 승리할 수 없다. 훌륭한 논거가 되기 위해서 갖춰야 할 요소는 앞에서 언급했지만, 이것을 빠짐없이 갖추는 것을 논거 제시의 적합성이라고 할 수 있다.

논거가 빈약한 말을 듣는 사람으로 하여금 그 의견이나 주장의 타당성을 의심하게 할뿐만 아니라 주장 자체가 오류에 빠지기 쉽다. 또한 부족하고 한쪽으로 치우친 논거를 아이템으로 사용한 말은 소견이 좁은 스피치가 될 수밖에 없다.

(3) 논거의 종류에는 사실논거와 소견논거가 있다

사실(事實)논거는 모든 사람들이 상식으로 알고 있는 일반화된 지식이나 정보, 역사적 사실, 체험 등을 말한다. 이 논거는 그것이 사실이냐, 믿을 수 있느냐 하는 것이 문제가 된다. 사실이 아닌 논거, 믿을 수 없는 논거를 아이템으로 삼는다면 그 스피치는 실패할 수밖에 없다. 즉, 이 논거는 진실성이 중요하다.

소견(所見) 논거는 전문가나 그 분야의 권위자의 의견으로 이루어진 뒷받침 자료를 말하는데, 이것은 신뢰성이 중요하다. 전문가나 권위자라 할지라도 그 방면의 전문가, 권위자 의견이라야 된다. 금리 인상에 관한 말을 할 때 박세리의 의견을 논거로 삼으면 사람들이 코웃음치고 말 것이다. 또 우리 옆집 수다쟁이 아줌마의 의견을 논거로 삼으면 신뢰성이 떨어질 건 뻔하다. 그래서 소견논거는 신뢰성이 중요하다.

(4) 비판적인 논조로 말하기

여러 주장이 제시된 상태에서 어느 한 쪽의 입장을 택하여 그것을 옹호하면서 동시에 다른 의견을 비판하는 방식의 스피치를 말한다.

예문

체벌은 정상적인 학습에 장애가 되는 요인을 제거하는 방법으로 오랫동안 애용되어 왔다. 조선시대 김홍도가 그렸던 풍속도에는 서당에서 회초리를 대는 훈장의 모습과 매 맞는 아이가 정감어린 상태로 화폭에 담겨 있다. 민주주의가 보편화된 오늘날에도 상황은 그리 달라진 바 없다. 학생들이 수업 시간에 떠들거나, 과제를 소홀히 했을 경우 체벌은 자주 등장해 왔다. 그러나 일상화된 체벌이 몰고 올 파급 효과를 생각하면 걱정을 금할 수 없다. 매를 맞으며 통제되는 것에 버릇이 든 사람은 설득이나 자각에 의해서가 아니라, 외부의 물리적 자극에 의해 행동하는 경향이 있는 것이다.
이렇게 처벌은 자라나는 청소년들에게 심각한 '타성'을 부여한다. 청소년이 자라 성인이 되어 사회의 중추 세력이 될 때 이러한 타성이 무의식적으로 끼칠 영향을 생각하면 체벌 문제는 다시 고려해 봐야 한다. 신체적 자극을 줌으로써 행동의 변화를 일으키고자 한 의도가 자칫 자율성을 상실한 인간을 만들 수도 있기 때문이다.

(5) '문제 – 원인 – 해결'의 전개 방법으로 말하기

스피치 논조가 문제를 제기하고, 그 문제의 원인과 해결 방안을 제시하는 방식으로 이야기를 전개시키는 방식으로 3단계법과 유사하다.

예문

예로부터 '경로 효친' 사상을 전통으로 이어 내려온 우리나라에서 노인은 존경을 받는 대상이었고, 상당한 권위를 지니고 있었다. 그런데 현대에 와서 노인은 정신적, 물질적으로 심한 소외감을 느끼고 있다. 극단적인 경우, 자식에게 버림받은 노인이 스스로 생명을 끊는 사태까지 언론에 보도될 정도이다.
이러한 노인 문제의 발생 원인은 무엇보다도 급격하게 변화한 사회 구조에 기인한다. 노인들은 시시각각 쏟아져 나오는 새로운 지식과 정보, 그리고 첨단 기술에 비해 뒤떨어진 신체적, 물질적 조건을 가질 수밖에 없다. 일할 의욕이 있어도 사회가 그들에게 일할 여건을 마련해 주지 못하는 것이다.
이러한 노인 문제를 해결하기 위해서는 노인들의 안정적인 생계를 보장할 수 있는 대책이 세워져야 한다. 생활 능력이 없는 노인들에게는 적절한 생계 지원이 있어야 하고, 일할 능력과 의사가 있는 노인에게는 일할 수 있는 여건이 마련되어야 한다. 지하철의 질서 유지 요원이나 동사무소의 사무 보조원 등으로 노인의 일거리를 마련해 준 것들은 노인 인력을 잘 활용한 예라 할 수 있다.
또한 노인 문제 해결을 위해 가장 중요한 것은 노인이 소외감을 느끼지 않고 그들의 권위를 회복하는 것이다. 노인들이 사회나 인생의 선배로서 쌓아 온 경험과 지혜는 결코 값을 따질 수 없는 소중한 것이다. 그들이 없었다면 현재 우리의 발전도 있을 수 없었을 것이다. 그들을 진정 존경하고 그들에게서 배우려는 자세를 지닐 때 노인들은 소외감을 떨칠 수 있을 것이다.

2. 사람의 마음을 움직이는 화법

1) 사람의 마음을 움직이는 화법

(1) 일치되는 점에서부터 시작하라

사람들을 설득해서 당신의 관점을 받아들이게 하려면, 당신이 어떤 점에서 그들과 일치하는지를 보여줌으로써 당신은 청중과 긍정적인 관계를 맺게 되고 당신의 메시지에 대한 저항을 감소시키게 된다.

(2) 새로운 정보를 제시하라

"그 얘기는 이미 수없이 들었어요." 당신의 방식대로 사물을 보지 않으려는 어떤 사람으로부터 이런 말을 들어본 적이 있는가? 그런 얘기를 듣고도 여전히 당신이 옳고 그가 그릇된 이유를 설명하려고 애쓴다면 쓸데없는 고생을 하고 있는 것이다. 당신은 새로운 정보를 제시하지 않으면 안 된다. 당신의 견해를 입증할만한 새로운 연구나, 새로운 자료나, 새로운 통계자료를 제시하라.

(3) 사소하고 구체적인 변화를 제안하라

자신이 설득해낼 수 있는 일에 대해 현실주의자가 될 것을 제안한다. 큰 것보다 작은 변화를 주장하면 성공의 확률이 훨씬 커진다.

(4) 귀납적 접근 방법과 연역적 접근 방법

연사가 청중에게 무엇을 원하는지를 연설의 서두로 삼는 것이다. 그리고 나머지 부분에서 청중이 자신이 원하는 대로 해야 되는 이유와 논거를 설명하는 접근 방법이 연역적인 방법이고, 귀납적 접근 방법은 연사가 여러 가지 이유와 논거들을 먼저 설명하고 이러한 이유와 논거는 필연적인 결론 즉, 청중에게 바라는 내용에 이르는 것이다.

대부분의 경우 연역적 접근 방법이 보다 효과적이다. 연역적 방법이 청중이 따라가기 더 쉬운 논법이기 때문이다. 그러나 청중이 연사의 목적에 적대적인 반응을 보일 것을 미리 아는 경우에는 귀납적인 접근 방법을 사용하는 것이 유리하다. 그렇게 하면 청중은 적어도 연사의 주장과 논거를 듣게 될 것이고, 연사의 입장에 대한 그들의 저항감을 완화시킬 수도 있을 것이다.

(5) 연역적 두괄식 나열법으로 말하라

결론을 먼저 말하고 이유를 설명하는 것이다. 이를테면 "~라고 생각합니다. 그 이유는 첫째 ~이고, 둘째 ~이며, 셋째 ~입니다."

2) 말하기 도시(圖示)

10분 스피치부터는 그동안 훈련해 온 3분 스피치의 화제들과 같은 스피치의 소재들을 몇 개 군으로 모아 정리하여 연습하면 된다.

[圖示]

첫째. 서론(도입부분)

1.1 중요화제

1.2 보조화제, 보조화제, 보조화제

둘째. 본론(전개부분)

2.1 중요화제

2.1.1 보조화제, 보조화제

2.2 중요화제

2.2.1 보조화제

2.2.2 보조화제

셋째. 결론(종결부분)

3) 조리 있게 말하기

어떤 주제에 대하여 즉흥적으로 얘기하기란 쉬운 일이 아니다. 평소 생각하고 있던 내용도 당장 발표하려고 생각하면 말이 제대로 나오지 않는데 갑자기 새로운 내용을 말하려고 하면 힘이 드는 것은 누구나가 마찬가지이다. 하지만 자신의 느낀 생각을 자주 발표하는 버릇을 들이다 보면 자연스럽게 말할 수 있으므로 평소에도 체계적으로 말하는 습관을 기회 있을 때마다 해 보면 발표력 향상에 많은 도움이 될 것이다. 말을 하기 위해서는 사실적인 얘기와 말하는 이의 느낌을 조리 있게 표현할 수 있어야 한다.

- 말할 요점이 무엇인지 간추려서 순서를 정해보자.
- 할 말이 이유가 타당하고 확실한 근거가 있는지 살펴보자.
- 할 말이 화제와 상대방의 처지에 알맞은 말인지 가슴 깊이 생각해보자.
- 사람의 마음을 움직이는 스피치 능력을 '화력(話力)' 이라고 한다면, 예화를 사용하여 설득력과 현장감을 살려라. 이는 곧 '스피치 하는 방법의 표현력' 이라고 해석해도 좋을 것이다.

좋은 내용은 맑고 자신감 넘치는 음성, 적절한 제스처 등 기본 조건 다음에 빼놓을 수 없는 것이 충분한 연습이다. 배우나 운동선수가 연습량의 많고 적음에 따라 그 성과가 달라지듯, 좋은 스피치를 위해서는 충분한 연습이 필요하다.

말하고자 하는 내용을 충분히 이해하고 줄거리를 세워놓은 다음에는 음성의 고저, 장단을 조절하고, 기품 있는 제스처를 하는 등의 연습을 해야 한다. 때로는 가족이나 친지들 앞에서 스피치를 하여 서투르고 어색한 점을 지적받아서 교정하는 것도 좋은 연습이다. 화력을 빠른 시일 내에 기르려면 여러 가지 체험과 연습에 의해서 자기만의 방법을 스스로 체득해야 한다.

3. 순발력을 키우는 즉흥 스피치 훈련을 하라

(1) 자기소개하기(3분)

자기소개란 자신이 하고 있는 일, 자신의 장점들을 모나지 않게 소개함으로써 상대방에게 호감가는 인상을 줄 때 효과가 있는 것이다. 자기소개시 필요한 항목으로는 이름, 직업, 직위, 출신지 및 출신학교, 경력, 나이, 근무지, 특기와 취미, 모임과의 관계 및 그 모임에 대한 의견 등이 있다. 그러나 이상의 요인들을 아무 때나 모두 소개할 필요는 없다. 즉, 모임의 때와 장소, 목적 등에 따라 적당히 몇 가지는 생략해도 무방하다.

- **이름**

이름을 소개할 때는 발음을 정확히 하고 자기 별명이 있으면 함께 소개하거나 한자를 적당히 풀어서 설명하는 것도 좋은 방법이다. "제 성은 유가입니다. 늘어진 능수야 버들의 유가가 아니라 한 손에 칼을 들고 있는 유가입니다.", "제 이름은 김 · 을 · 한입니다. 갑, 을, 병, 정의 두 번째 을이긴 하지만 그 뜻은 을지문덕 장군과 같이 씩씩한 사나이가 되라는 을 · 한입니다. 글쎄, 얼마나 이름값을 했는지는 잘 모르겠습니다." 이런 식으로 이름자의 뜻을 나름대로 풀이하여 유머러스하게 설명하면 기억에 오래 남을 것이다.

- **직업**

직업을 설명해야 할 경우 길게 많은 말을 하는 것보다는 간결하게 회사명이나 직책, 하고 있는 일의 성격을 소개하는 것이 좋다.

- **근무지나 주소**

근무지나 자기가 살고 있는 주소를 소개하는 것은 그때그때의 형편에 따라서 한다. 주소가 필요치 않을 때는 생략해도 좋다.

- **출신지나 출신 학교**

출신지나 출신 학교 역시 필요한 경우가 아니면 소개하지 않는 편이 낫다. 만약에 꼭 소개해야 한다면 자기 자랑이나 열등감이 표출되지 않도록 요령껏 해야 한다. 출신지나 출신 학교의 경우는 간혹 반감을 가지고 있는 사람이 없으리라고 단정할 수 없기 때문이다.

● **경력, 연령**

이 경우 이야기해서 좋을 때와 나쁠 때가 있는데, 특히 여성의 경우는 세심한 주의가 필요하다.

● **특기 및 취미**

특기와 취미는 같은 취향을 가진 사람에게 친근감을 불러일으키게 하고 또 이야기하는 사람의 인간성을 알려주는 기회가 되기도 한다. 취미의 소개에 있어서도 출신 학교와 마찬가지로 지나치게 자기 자랑이 되지 않도록 주의해야 한다.

● **모임과의 관계, 참석자와의 관계 및 모임에 대한 의견**

왜 이 모임에 참석하게 되었는지, 모임에 참석한 사람과의 관계 등을 자기의 의견, 요망 사항과 함께 소개하는 것도 무난하다. 그러나 이상의 요점도 중요하지만, 이 요점들을 묶어 요령 있게 말하는 것이 중요하다. 똑같은 내용의 이야기라도 말하는 방법이나 태도 여하에 따라서 전달되는 뜻이 달라지기 때문이다. 틀에 박힌 듯한 말투보다는 언어구사를 다양하게 하는 것이 훨씬 신선하고 감각적인 느낌을 주게 된다.

스피치에 있어서 유머는 이야기의 꽃이라고 말할 수 있다. 자기소개를 하면서 가벼운 웃음을 유발시킬 수 있다면 일단 성공한 것이라고 봐도 좋을 것이다.

미국의 뉴욕 시장을 역임한 지미 워커 씨는 키가 작았다. 그는 자기를 소개할 때 남들은 결점이라고 여겨 극구 피했을 법한 자신의 키 이야기를 유머러스하게 풀어놓음으로써 많은 사람들의 호감을 샀다고 한다.

"여러분! 큰 관청에서 일하는 아주 키 작은 사나이를 소개하겠습니다. 뉴욕 시장 지미 워커입니다!" 그는 항상 자기소개의 서두를 이렇게 시작했다. 그러나 아무리 스피치에 중요한 역할을 한다고 해도 미리 계산된 유머는 오히려 역효과를 가져오는 경우도 있음을 명심해야 한다. 유머는 즉흥적이면서도 톡 쏘는 맛이 있어야 한다. 또한 그 모임의 분위기에 잘 어울릴 수 있어야 유머로서의 가치가 있는 것이다.

자기소개에서는 먼저 발언한 사람의 이야기를 인용해 보는 것도 한 가지 방법이다, 예를 들면 '앞서 ○○○ 선생께서는 음악이 취미라고 말씀하셨습니다만, 저도 음악이 취미입니다. 음악 중에서도 특히 국악을 좋아합니다' 라고 말하는 방법이다. 그러나 어떤 경우든 남이 써버린 방법을 되풀이해서 쓰거나 똑같은 말재주를 부리려고 해서는 안 된다. 앞사람이 자기의 별명을 이야기해서 청중의 관심을 끌었다고 해서 자기도 별명을 소개하여 청중을 웃겨보려고 하면 십중팔구 실패하기 십상이다.

※ 멘트성 자기 소개문

1. 안녕하십니까? 이 시대 마지막 휴머니스트, 가슴이 뜨거워 정이 넘치는 ○○○ 입니다.
2. 말보다 행동을 최고의 목표로 살아가는 24시간이 짧은 남자, ○○○ 입니다.
3. 먹구름 속에도 태양은 빛난다! 항상 희망이 넘치는 남자, ○○○ 입니다.

(2) 나만의 특별한 경험 이야기하기

자신의 생활 중에서 특별한 경험으로 기억되는 일을 즉흥적으로 소개하여 자신과 타인에 대한 정보를 자연스럽게 교환하는 방법이다. 이로써 자신의 생각을 말로 표현하는 기술을 익힐 수 있을 뿐 아니라 서로를 이해하고 공감하는 태도를 갖게 된다.

① 잠깐 동안(2~3분) 눈을 감고 특별히 기억나는 일들을 조용히 생각해 본다.

② 각자 자신의 특별한 경험(성공담, 실패담, 잊을 수 없었던 사건이나 사람, 기뻤거나 슬펐던 일)을 서로 나누도록 한다(홀, 짝으로 짝을 지어준다).

③ 5~7분이 지난 뒤 짝에게 들은 내용을 대신해서 순서 없이 발표한다.

④ 발표가 끝난 뒤 다른 사람의 발표 중에서 가장 인상 깊었던 부분에 대한 느낌을 솔직하게 표현한다.

⑤ 주변에 널려있는 테마를 정하여 3~5분짜리로 정리, 이야기하는 연습이다.

[서론/본론/결론]을 구성하여, 소리 내지 않고 입속으로 이야기하는 것만으로도 괜찮다. 이 연습을 계속하고 있노라면 파티나 모임에서 갑자기 지명을 받더라도 계절의 변화나 거리의 모양 등을 곁들이는 등 스마트한 스피치를 해낼 수 있을 것이다.

예 1) 다음에 제시된 어휘를 모두 넣어 하나의 줄기 있는 스피치를 정리해보자.

- 산소, 인간, 물, 자연
- 산업, 인류, 현대, 에너지 증가

예 2) 다음의 단어를 주제로 말해보라.

인생, 사랑, 죽음, 하늘, 계절….

예 3) 다음에 제시된 어휘를 넣어 말해보자.

제시된 어휘를 (짧은 글짓기 하듯) 짜 맞추려 하지 말고 어휘의 순서에 관계없이 단어마다의 주제를 가지고 자연스럽게 말을 전개해 본다.

- 학문, 자유, 양심
- 행복, 희망, 웃음, 슬픔
- 산업, 인류, 현대, 환경
- 우편함, 친구, 인생, 소식

• 건강, 명예, 사랑, 재미, 부(富)

• 인류, 식량, 공해, 전쟁, 사랑, 생명, 환경

(3) 삼행시 쓰기, 사행시 쓰기

① 편을 나누고 대표 3인씩을 나오게 하여 어떤 낱말을 주고, 그 낱말의 문자들을 문장의 첫 글자로 하는 3행시를 쓰게 하여 잘 쓴 편에 점수를 준다.

② 3행시뿐만 아니라 4행시 등으로도 계속할 수 있다.

③ 다음에는 팀 대항으로 긴 주제를 주어(사람 수에 맞게), 어느 편이 더 빠르고, 정확하게 한 소절씩 하느냐에 따라 점수를 준다.

(4) 문답시

① 한 사람이 문제의 문장을 쓴다.

② 상대방은 대답하는 문장을 쓴다.

예) 구름은 왜 흐르는 것일까? - 그리움을 찾아야 하기 때문이다.

(5) 연상 릴레이

① 두 편으로 나눈 뒤 각 편의 첫 번째 사람을 불러 어떤 낱말 하나를 지정해 준다.

② 그 사람은 자기편으로 돌아가 두 번째 사람에게 앞에서 지정된 낱말을 듣고 연상된 다른 낱말을 귓속말로 해나가도록 한다.

③ 예를 들면 '평화 - 비둘기 - 먹이 - 생선 - 바다 - 군함' 등으로 한 단어에 대한 연상되는 낱말을 계속 이어나갈 수 있다.

(6) 엉뚱한 이야기

조별로 6하 원칙을 하나씩 준다. 조별로 내용을 기록한 후 앞에 나와서 발표를 하게 한다(터무니없는 말의 재미를 느낄 수 있다).

(7) 이야기 완성하기

① 한쪽 편부터 차례로 일정한 주제를 주고, 그 주제에 따라 이야기를 이어나가 완성되도록 한다. 창작이 잘된 편에 점수를 준다.

② 처음에는 '옛날에 콩쥐가 우리 마을에 살고 있었어요. 그런데 콩쥐의 일생은 어찌 되었을 까요?' 따위의 주제를 준다.

③ 항상 주제를 생각하며 하나의 완전한 이야기가 되도록 앞사람의 말을 잘 이어 나가야 한다.

④ 이야기를 완성해 나가면서 동시에 그 내용을 연극으로 꾸며서 함께 보여줄 수 있으면 더욱 효과적이다.

(8) 전문 스피치(전공분야, 담당업무, 관심분야에 대한 스피치 발표)

① 준비 : 16절 메모지, 볼펜

② 각 조에서 한 명씩 나와 대표로 발표한 후 평가토록 한다.

☞ 스피치 커뮤니케이션의 필수 조건

- 스피치 커뮤니케이션의 과정을 이해하여야 한다.
- 효과적으로 스피치를 준비하거나, 프레젠테이션의 개요를 작성하거나 스피치의 개념을 정리할 수 있어야 한다.
- 식사, 연설, 브리핑, 강의, 강연 및 주요발표 상황에서 능숙하게 자신을 발표할 수 있어야 한다.
- 다른 사람의 발표를 비평할 수 있는 능력을 갖추어야 한다.

4. 화안애어(和顔愛語)

스피치의 목적은 정보전달 또는 설득에 있다. 정보전달을 목적으로 할 경우에는 청중이나 상대에게 참신한 내용을 전달하면 된다. 또 설득을 목적으로 한다면 자신의 주제와 관련된 증거를 제시하면서 스피치를 하거나 문제를 해결할 수 있는 방안을 선택하도록 호소하는 방식으로 하면 된다.

(1) 무엇을 말할 것인가?

① 시대의 떠오르는 주제를 화두로 삼아 말하라. ② 지적 이론으로 무장하라.

③ 감성을 자극할 수 있는 휴먼스토리를 준비하라. ④ 관건은 맛깔스러운 유머 구사력에 달려있다.

⑤ 이야기보따리(레퍼토리)를 만들어라. ⑥ 신선한 재료와 아이디어를 구하라.

(2) 어떻게 말할 것인가?

① 목소리에 생기를 담아라. ② 변화무쌍하게 표현하라.

③ 나만의 스타일을 개발하라.

(3) 자세와 태도 그리고 표정

① 귀인(貴人)이 되어라. ② 자신감을 가져라.

③ 세련감으로 표현하라.

5. 감동을 전하는 스피치 5단계

(1) 1단계 : 전달의 단계

① 말의 기본 요소 ② 입술 언어와 가슴 언어

③ 주변에서 이야깃거리를 찾아 연쇄적으로 이끌어 가라.

(2) 2단계 : 이해 설득의 단계

① 쉽게 말하는 것이 기억에 남는다. ② 마음속에 있는 소리를 터뜨려라.

③ 말은 핑퐁과 같다.

(3) 3단계 : 공감의 단계

① 교환이 아니라 교감을 이뤄라(세련감과 지적 영향력을 발휘하라).

② 달변보다는 진실한 한마디가 훨씬 감동적이다. ③ 솔직함이 깃들인 화법을 구사하라.

(4) 4단계 : 감동과 몰입의 단계

① 감동적인 스토리를 준비하라.

② 열정적으로 표현하라.

③ 내가 하고 싶은 말이 아니라 상대방이 듣고 싶은 말을 하자.

(5) 5단계 : 변화의 단계

① 확신을 주어라.

② 말에도 타이밍이 있다(지형지물을 이용하라, 생체리듬을 고려하라).

파워 스피치 실행의 원칙

- 온화하고 부드러운 표정으로 말을 한다.
- 침착하고 여유 있는 태도로 한다.
- 그 장소에 맞는 크기의 목소리로 한다.
- 입을 약간 크게 벌려 정확하게 발음을 한다.
- 목적과 장소에 어울리는 입말을 사용한다.
- 내용과 청중의 반응에 맞추어야 한다.
- 드라마틱하게 한다.

제11장 스피치 실행시 유머 사용기법

1. 말을 잘하고 싶거든 유머 감각을 길러라

유머는 결코 상황과 분리된 것이 아니다. 밀접하게 연결되어 우리의 삶을 변화시키고 더욱 풍요롭게 만드는 일을 하는 것이다. 유머 능력이 선천적이라는 고정관념을 버리자. 유머는 스스로 개발하고자 하는 노력이 필요하다.

(1) 유머 능력을 키워라

① 유머 감각은 고정관념의 개조와 고정관념의 혁신에서부터 시작된다.

② 웃을 수 없는 상황 속에서도 웃어보아라. 그 상황이 웃을 수 있는 상황으로 바뀐다.

③ 비관적인 생각을 버리고 매사를 재미있게 긍정적으로 받아들여라.

④ 흥미나 관심의 영역을 넓혀라.

"화내지 않고 미소를 짓는 민족이 강한 나라를 만든다." — 도산 안창호

(2) 유머의 효능

① 유머는 불안과 우울의 감소를 가져다준다. ② 유머는 면역체계의 증진을 가져다준다.

③ 유머는 정신적으로 건강한 자아 개념을 형성하게 해주고 스트레스를 줄여준다.

④ 유머는 대인 관계를 증진시켜준다. ⑤ 유머는 기억력을 증진시켜준다(학습).

⑥ 유머는 성공적인 기회를 가져다준다. ⑦ 유머는 화술의 성공적인 회복을 가져다준다.

(3) 유머 감각의 계발

① 웃음의 효력을 인식하라.

② 라디오, TV, 신문, 비디오, 서적 등에서 유머를 찾아라.

③ 웃음노트를 준비하라.

④ 좀 더 장난기 있게 산다.

⑤ 지갑이나 수첩, 주머니에 유머를 넣고 다니며 다른 사람들과 나누라.

⑥ 잘 웃는 사람들과 어울려라.

⑦ 당신 자신에 대해 웃어라.

2. 유머 스피치의 준비단계

(1) 유머 스피치의 준비단계

① 평상시에 소재를 충분히 비축하라.

② 강의 준비기간에 교감과정을 거치라.

③ 강의 초반에 벽을 허물어라.

④ 대상에 맞는 주제를 정하라.

⑤ 풍자투를 사용하라.

⑥ 예화를 소개하라.

⑦ 현장 유머를 활용하라.

유머의 웃음유발 효과적 측면에서 말투는 내용의 약 3배 정도의 위력을 가지고 있다. 아무리 우스운 내용이라도 말투가 우습지 않으면 사람들은 웃지 않는다. 웃음은 내용보다는 말하는 사람의 태도에 좌우된다.

(2) 유머도 경쟁력이다

① 청중을 찌르는 유머 감각을 길러라.

② 발표 흐름에 위배되지 않도록 유머를 적절하게 구사하라.

③ 발표 전에 미리 웃음을 줄 수 있는 장치를 마련하라.

④ 기대만큼 웃지 않을 때가 있다. 이때를 대비해 하나 더 유머를 준비하라.

⑤ 무릎을 탁 칠만한 유머이면 충분하다. 뒤로 넘어질 것을 기대하지 마라.

(3) 유머 활용법

① 스피치의 주제와 직접적으로 연관된 유머를 활용한다.
잘못 사용하면 스피치의 내용이 다른 곳으로 흐를 염려가 있다.

② 청중의 감정을 상하게 하는 유머는 삼간다.

청중들의 직업이나 상황에 대하여 유머를 잘못 사용하게 되면 청중들은 불쾌해져 부정적인 마음을 갖게 된다.

③ 간결하고 핵심이 뚜렷한 유머를 구사한다.

너무 유머의 내용이 길어지면 청중들의 관심을 오히려 흐리게 하는 역할을 한다.

④ 친밀한 유머 사용 계획을 세운다.

유머의 소재와 그것을 사용할 시점을 스피치 작성시 치밀하게 계획해야 한다.

⑤ 유머 사용은 빈도를 조절해야 한다.

유머 사용은 1시간 스피치에 5회 정도의 폭소를 유발할 수 있도록 조절한다. 청중을 웃기는 내용이 스피치의 주제와 완전히 일치함으로써 웃음을 통하여 청중에게 감흥을 불러일으켜 무엇인가 교훈을 주고 태도의 변화를 유도해낼 수 있다면 별 문제가 없겠지만, 단순히 웃음만을 위한 스피치라면 스피치의 질을 낮추고 스피커의 이미지가 너무 우화적으로 묘사될 우려가 있으므로 그 빈도를 조절할 줄 알아야 한다.

⑥ 유머의 사용은 표정이 있어야 한다.

청중을 웃기려 할 때는 능청스런 표정, 장난기 있는 어조, 특이한 몸짓, 박진감 넘치는 제스처나 화법이 조화됨으로써 유머의 효과를 배가시킬 수 있다.

☞ 유머를 사용할 때 주의할 점

- 악의나 비난, 야유 또는 가시가 돋친 유머는 주의해야 한다.
- 누구에게도 상처를 주지 않는 웃음거리여야 한다.
- 육체적 결함 따위를 대상으로 하면 안 된다.
- 전화위복의 화제로 그 장소의 분위기를 전환시키는데 사용한다.
- 스피치 내용에 적당한 유머여야 한다.
- 너무 생생한 느낌을 주는 것은 좋지 않다.
- 부정적인 유머보다는 긍정적인 유머를 사용한다.

3. 무엇이 사람의 관심을 사로잡을까?

그칠 줄 모르고 솟아나는 약수처럼 이야기에 막힘이 없고 들을 거리가 풍부한 화제에는 누구나 귀를 기울이지 않을 수 없게 된다. 그러나 이야기의 내용이란 단순한 잡학사전식 나열만으로 풍부해지는 게 아니다. 여기서 말하는 내용이란 개개의 지식과 자신의 창조적 판단력을 결합시켜 하나의 새로운 생각을 만들어내는 폭넓은 것이어야 한다.

혹은 한 가지 사실이 다른 또 하나의 사실과 어떤 식으로 관계를 맺고 있는가 하는, 이른바 구조적인 연결고리를 파악하는 능력이라 해도 좋다. 그리고 또 한 가지 중요한 사실은 이야기의 내용이 흥미로워야 한다는 점이다. 대체로 사람들의 관심을 끌어 모으는 이야기는 다음 몇 가지 특성을 갖고 있다.

1) 센스 있게 말하는 요령

"진정으로 한 말은 마음에 와 닿는다' 는 격언이 있다. 느낀 것, 눈에 비친 것을 자기 말로 자연스럽게 표현하는 것이 말의 기본이다. 스피치란 결국 단순한 낱말의 나열이 아니라 정직한 자기의 마음을 전달하는 것이고, 거기에 감동이 우러나는 것이다."

- 마음속에 있는 소리를 터뜨려라.
- 친숙한 애창곡처럼 스피치의 레퍼토리를 만들어라.

2) 파워 스피치

- **독창적인 것** : 그 사람이 아니면 들을 수 없는 특이한 체험 등은 주목을 끈다.
- **새로운 것** : 큰 사건이 나면 신문이 날개 돋친 듯 팔리는 것과 같은 이치이다.
- **구체적인 것** : 사람들은 추상적인 것보다 구체적인 것을 좋아한다.
- **효율적인 것** : 모두 자기중심적인 성향을 갖고 있으므로 자기에게 필요한 것일수록 관심을 갖는다.
- **친근성** : 쉽게 공감할 수 있는 주변의 이야기에는 누구나 귀 기울인다.
- **자극적 요소** : 사람들은 자극적인 요소에 흥미를 느낀다.
- **긴장감** : 사건의 위기감이 증폭될수록 그 결말에 대한 궁금증도 더해지기 마련이다.
- **대립성** : 이야기에 대립되는 요소가 있으면 흥미는 배가 된다.
- **유머** : 웃음은 가장 쉽게 사람의 마음을 열게 하는 요소이다.

(1) 이야기의 레퍼토리를 준비하라

노래방에 가면 평소에 즐겨 부르는 노래, 소위 '십팔번' 이라는 '레퍼토리' 이다. 단골 메뉴, 준비된 노래이니 가볍게 부를 수 있다. 스피치에도 레퍼토리가 있어야 한다. 평소에 관심을 가지고 자료를 모으고, 메모해 두었던 나만의 이야기, 그것을 소위 '이야기보따리' 혹은 '스몰토크(small talk)'라 한다.

스몰토크(small talk)는 스피치에서 전천후 역할을 발휘해 스피치의 조미료로서 감칠 맛 나는 맛과 향기를 더해 주게 된다. 음식을 만들기 위해 신선한 재료를 준비하듯이 말에도 사전에 신선한 말감과 소재가 준비되어야 함은 당연한 논리이다.

(2) 관찰력을 동원하며 지적 활동을 꾸준히 하라

훌륭한 스피커(화자)는 무엇이든 많이 읽는다는 건 필수다. 그러나 단지 읽는 것으로만 끝난다면 허사가 되고 만다. 단순한 독서행위는 쉬는 시간에 바둑을 두는 것과 같은 지적 소비행위에 불과하기 때문이다. 프레젠테이션을 하기 위한 독서의 목적은 자료를 구하는 데 있다.

그러니까 지적 소비행위로서의 독서가 아니라 지적 생산 활동으로서의 독서가 되지 않으면 안 된다. 흔히 책 한 권을 열심히 읽었다고 해도 하루만 지나면 대략적인 스토리만 머리에 남을 정도인데, 하물며 통계수치나 외국의 지명, 인명 따위는 더더욱 기억해내기 어렵다.

그러므로 당신이 읽고 경험한 것을 지적 자산화하려면 '기억'에 의존할 것이 아니라 메모와 스크랩을 통한 '기록'에 의지해야 한다. 더구나 엄청나게 쏟아져 나오는 정보를 눈과 귀로만 접하게 되는 경우에는 그 정보의 60%가 1시간 이내에 잊혀져버린다고 한다.

정보의 양이 많거나 활용도가 클 경우 메모와 스크랩은 더더욱 중요하다. 그런데 메모나 스크랩할 때 간단히 제목만 메모해 놓았다가는 도대체 무엇을 위한 자료인지 본인도 생각이 나질 않을 때가 있다. 자료나 정보를 처음 접할 때의 상황이 구체적이고 완전한 메모를 할 수 없는 상황이라면 일단은 단편적인 몇몇 키워드(key word)를 적어 둘 수도 있다. 그런 경우라도 가급적 빠른 시간 내에 자세한 내용을 재정리해 두어야 한다. 메모를 할 당시에는 모든 걸 자신이 파악하고 있는 것 같지만, 그 자료를 몇 달, 아니 몇 년 후에나 사용하게 될지도 모르기 때문이다. 그럴 경우 어떤 의도에서 자신이 그 메모를 적어둔 것인지 알쏭달쏭해지는 수가 많다. 따라서 메모든, 스크랩이든 자세한 내용과 그 출처를 구체적인 기록으로 남겨놓는 것은 자료정리의 기본이라 할 수 있다.

(3) 자료정리의 요령

수집된 자료는 정리됨으로써 활용이 가능하고, 또한 그것을 적재적소에 활용함으로써 수집의 최종 목적을 달성하게 되는 것이다. 자료의 양이 별로 많지 않을 때는 몇 권의 메모철과 스크랩북으로 정리가 가능하겠지만, 관심분야나 연구범위가 넓어지면 시간이 갈수록 그 정리에 애를 먹게 된다. 그러므로 어떤 면에서는 자료수집보다 체계적인 정리가 더 어렵다고 할 수 있다.

그렇다면 자료정리는 어떻게 해야 할까?

● **페이지 1기사 원칙**

자료를 정리할 때는 흔히 노트를 많이 사용하는데, 페이지가 여러 장인 노트보다는 한 장으로 된 카드가 실용적이다. 카드에 자료를 옮길 때는 1페이지 1기사 원칙, 즉 내용이 많고 적음에 관계없이 1기사는 1매의 카드에 메모하거나 스크랩하는 것을 원칙으로 삼아 자료를 정리하는 게 활용하기에 편리하다.

● **현장 메모와 정리 메모**

일상의 단순한 메모, 즉 사물에 대한 단상이 떠오르거나 우연히 어떤 정보를 알게 되었을 때, 형식에 구애받지 않고 그 즉시 아무 종이에나 대충 메모해 두는 것을 현장 메모라 한다.

이는 빠른 시간 내에 몇몇 키워드를 사용하여 요점만을 기록하는 방식이다. 이러한 현장 메모는 시간이 지남에 따라 무용지물이 되기 쉽기 때문에 가급적 빨리 규격화된 종이(카드나 노트 등)에 구체적으로 옮겨 적어야 한다. 이를 정리 메모라 하는데, 훗날 자료로서 활용을 위해서는 필수적인 절차이다.

● **현장 패킹과 정리 패킹**

스크랩을 할 때는 두 가지 방법이 있다. 우선 신문, 잡지 등에서 오려낸 기사를 자료로서 가치 있다고 생각되는 인쇄물과 그 출처를 간단히 적은 후 순서 없이 특정한 파일이나 봉투 등에 보관하는 것을 현장 패킹이라 한다. 그리고 이렇게 모아진 것들을 적당한 때에(한 달에 1~2회 정도) 자기 나름의 기준에 따라 분류해 두는 것은 정리 패킹이라 한다.

● **파일링**

카드 등에 정리되어 2차 메모 또는 2차 패킹이 완료된 자료는 내용이나 분야별로 구분한 후 일련번호를 붙이고 폴더(folder)에 끼워 파일링 한다.

● **색인표 작성**

수집한 자료를 파일링 한 후에는 폴더마다 반드시 색인을 만든다. 색인을 만드는 일은 자료정리에 있어서 대단히 중요하다. 색인부 작성을 통하여 동일한 자료가 중복되었는지의 여부를 알 수 있으며, 각 자료의 연관성도 파악할 수 있게 된다. 또한 색인부를 작성하다 보면 설령 수집된 자료들의 내용 모두를 기억할 수 없더라도 최소한 나에게 어떤 자료가 있는지는 알 수 있게 된다.

4. 유머도 성공적인 프레젠테이션을 위한 필수품

모든 조직 활동에서 프레젠테이션은 가장 중요한 업무 가운데 하나다. 조직 내부의 발표나 보고, 고객을 상대로 한 설명, 낯선 청중 앞에서의 강연 등이 모두 프레젠테이션에 해당한다. 성공적인 프레젠테이션을 위해서는 논리적인 설명, 효과적인 비유, 전달과정의 짜임새 있는 구성, 시청각 요소를 활용한 입체적 자료 등이 구비돼야 한다. 여기에 유머가 보태지면 금상첨화일 것이다.

물론 유머를 곁들이지 않고도 프레젠테이션을 할 수는 있다. 하지만 사람의 집중력에는 한계가 있기 때문에 아무리 진지한 프레젠테이션이라 해도 일정한 시간이 지나면 자연히 주의가 산만해지기 마련이다. 초 7, 중 10, 성 15라는 말이 있다. 사람이 강의를 들을 때 최대한 오래 집중할 수 있는 시간을 연령대별로 나타낸 숫자인데, 초등학생은 7분, 중학생은 10분, 성인은 15분이 지나면 잡념이 생긴다는 얘기다.

이럴 때마다 적절한 유머를 사용하면 청중의 주의를 환기할 수 있다. 처음부터 끝까지 설명과 보고로만 일관하는 딱딱하고 지루한 프레젠테이션보다는, 가끔씩 '유머'라는 양념이 첨가된 프레젠테이션이 설득과 호소에 더 큰 효과를 발휘할 것이다.

프레젠테이션에서 유머를 효과적으로 활용하려면 본격적인 프레젠테이션에 앞서 처음부터 적절한 유머로 시작하는 것도 좋은 방법이다. 그래야 청중이 한바탕 웃으며 긴장을 풀고 편안한 마음으로 듣기에 몰입할 수 있다. 유머의 소재는 가능하면 발표할 내용과 연관된 것이 좋다.

유머가 자연스레 본론으로 이어지게 함으로써 웃음의 영향력을 프레젠테이션 효과를 높이는 데도 연결할 수 있기 때문이다. 이때 듣는 사람들의 직업, 성별, 나이, 교육수준 등 대상에 맞는 유머를 구사해야 한다는 것도 기억해야 될 대목이다.

미국의 마케팅 전문가 스티븐 실 비거는 "유머를 사용하기 전에 미리 자신이 농담을 던질만한 능력이 있는지 스스로 검토할 필요가 있다"고 지적한다. 프레젠테이션에서 재미있는 유머를 활용하는 목적은 이야기를 정확히 이해하게 만들고 기억에 오래 남게 하려는 것이다. 말도 안 되는 장광설이나 부적절한 비유, 경박하거나 타이밍이 맞지 않은 엉뚱한 유머, 정리되지 않고 핵심도 불분명한 얘기를 웃긴답시고 늘어놓는 것은 오히려 역효과를 낳을 수 있다. 《웃기는 리더가 성공한다》에서는 프레젠테이션에서 유머를 활용할 때 지켜야 할 10대 원칙을 다음과 같이 제시하고 있다.

① 발표의 주제와 직접적으로 연관된 유머를 활용하라.

② 자기가 던진 유머에 자기가 먼저 웃지 말라.

③ 상대의 감정이 상하지 않게 하라.

예를 들어 지체장애인은 '팔 떨어진 서류걸이'나 '다리 부러진 의자'에 관한 농담을 재미있게 여기지 않는다.

④ 간결하고 핵심이 뚜렷한 유머를 구사하라.

⑤ 유머를 청중과 연관시켜라.

⑥ 잘 알아들을 수 있도록 큰 소리로 말하라.

⑦ 실패한 유머를 반복하지 말라.

⑧ 성공한 유머도 반복하지 말라. 같은 얘기는 한번으로 족하다.

⑨ 자기 자신을 소재로 한 유머를 구사하라(외모, 나이, 재미있는 경험 등).

⑩ 청중과 관계있는 실제 인물을 유머에 등장시켜라.

5. 연단에서 유머 발표하기

스피치에 있어서 프로(익숙한 자)와 아마추어(익숙하지 않은 자)의 차이는 어디에 있을까?

첫째, 말을 시작할 때(도입부에서) 사자성어를 동원하면서 유식을 떨면 아마추어, 가벼운 신변잡화 얘기로 자연스럽게 풀어 가면 프로이다. 거창하게 시작한 아마추어는 뒷감당을 하지 못하고 무식이 들어 나는 반면, 가볍게 시작한 프로는 갈수록 상대를 이야기 속으로 빠지게 하는 깊이가 있다.

둘째, 말을 풀어가는 속도가 오토바이가 달리듯 정신없이 쏟아 부으면 아마추어, 황소걸음처럼 어구적어구적 걸어 나가듯 천천히 진행하면 프로이다. 아마추어는 정신없이 쏟아 붇다 스피치의 방향과 내용을 잊어버리기 쉽고, 프로는 천천히 상대가 가려워하는 곳을 구석구석 긁어가며 공감되는 말을 펼쳐 간다.

셋째, 실수가 두려워 말할 기회를 무조건 피하려 들면 아마추어, 실수를 최고의 경험으로 알고 말할 기회를 이용하면 프로이다. 아마추어는 점점 말할 기회가 없어져 눌변가로 전락하고, 프로는 경험이 쌓여 유창한 달변가가 된다.

넷째, 마이크를 너무 의식해 입술에 대고 말하는 이는 아마추어, 여유 있게 명치 부분에 놓고 말하면 프로이다. 아마추어는 붕붕거리는 마이크의 에코로 사람을 쫓고, 프로는 당당한 목소리로 사람을 부른다.

가벼운 신변잡화로 근간의 체험담이나 느낌, 심정적으로 느끼는 단상을 발표해 보고자 한다. 이때 '이런 걸 다 말하면 사람들이 뭐라 할까?' 란 두려움을 갖고 말하면 실패한다. 자신의 일부만을 보여주면서 상대방이나 청중의 관심과 공감을 얻어낼 수는 없기 때문이다. 그러나 솔직하게 자신의 내면의 세계를 다 보여줄 수 있을 때 상대방이나 청중의 공감을 끌어낼 수 있고 설득력을 확보할 수 있게 된다.

제12장 전문적인 프레젠터의 조건

1. 최고의 경지에 다다른 스피커

1) 근(勤) & 신(愼)

태공(太公)이 왈(曰), 근위(勤爲) 무가지보(無價之寶)요, 신시(愼是) 호신지부(護身之符)니라. 부지런한 것은 값으로 따질 수 없는 보배이며, 삼가고 신중히 하는 것은 곧 몸을 보호하는 부적과도 같다. 〈태공〉

2) CEO는 없는 듯 있다

경영의 귀재라고 불리는 GM의 잭 스미스 회장이 노자의 리더십을 좌우명으로 삼은 것은 놀랄 일이 아니다. 현자(賢者)의 가르침은 옛날과 지금이 따로 없고 동·서가 따로 없기 때문이다.

태상 부지유지(太上 不知有之)란 가장 뛰어난 임금은 무위자연의 도(道)로 나라를 다스리기 때문에 백성들이 그가 있는 줄조차 모른다. 차선의 리더십은 백성과 친구처럼 가까이한다. 그래서 백성들은 그를 사모하며 예찬한다. 그보다 못한 임금은 법과 형으로 다스린다. 따라서 백성들은 그를 사모하며 예찬한다. 그보다 못한 임금은 법과 형으로 다스린다. 따라서 백성들은 그를 따르지만 경계한다.

한때 한국은 법은커녕 총칼과 주먹, 모진 고문으로 '통치'하던 불행했던 시절이 있었다. 때문에 한국은 늘 소란스러웠다. 다시 말하면 최상의 리더십은 그만큼 자연스럽게 일이 이뤄지도록 한다.

자연스러움은 조용한 내면의 소통에서 나온다. 큰 강물은 소리 없이 유유히 흐르지만 개울물은 요란하다.

3) 노자가 말하는 이상 정치

대부분의 사람들은 자기의 욕망을 만족시키는데서 행복을 찾으려고 한다. 그러나 너무 많은 욕망을 만족시키려 하면 바라는 것과 반대되는 결과를 가져온다. 많이 소유하는 것이 부(富)가 아니라 만족할 줄 아는 것이 부(富)이다. 노자는 지나친 욕심을 버릴 것을 강조하였다. 물질적인 재산에 대한 욕심뿐만 아니라, 지식에 대한 욕심도 버리라고 하였다. 그리하여 가장 이상적인 삶의 모습을 상선약수(上善若水)라는 말을 통해 설명한다.

이 말은 으뜸 되는 선(善)은 물과 같다는 말로서, 물은 모든 만물을 생성시키는 근원으로서 만물을 이롭게 하고 더러운 것을 씻어 주며, 사람들이 모두 싫어하는 낮은 곳에 처하는 겸손한 덕을 지녔다는 것이다. 그러므로 사람이 물과 같은 덕을 지닌다면, 그런 사람은 남과 다투지 않기 때문에 천하에 그와 맞설 사람이 없으며, 따라서 그를 이길 사람도 없다는 것이다.

노자는 만물의 근원인 도(道)의 성질이 '저절로 그러함' 이듯이 인간을 다스리는 정치도 무위(無爲), 즉 억지로 하지 않아야 한다고 생각했다. 노자는 정치를 생선 굽는 일에 비유하여 자꾸 이리저리 뒤적이면 생선이 다 부서지고 타버리는 것과 같이 정치가 백성들의 생활에 간섭할수록 사회는 점점 더 뒤죽박죽이 된다고 했다. 그러므로 위정자가 기술 개발을 서두르고, 법의 조항을 세밀화하여 많은 법령(法令)을 만들어 내는 것이 오히려 인간 사회를 혼란에 빠뜨리는 원인이 된다.

기술이 발달할수록 기괴한 물건이 쏟아져 나오고, 법령이 많아질수록 도적이 더 많이 생겨나 백성들의 생활이 어려워진다. 반면에 현명한 이를 숭상하지 않으면 백성들이 다투지 않게 되고, 얻기 어려운 재화를 귀중히 여기지 않으면 백성이 도둑질하지 않게 된다. 따라서 위정자의 임무는 모든 일을 인위적으로 하지 않는 데 있다.

다시 말하면 위정자 자신은 아무 간섭도 하지 않고 백성이 할 수 있는 일을 스스로 하도록 내버려 두어, 백성들 스스로가 저절로 감화되고 바르게 되도록 해야 한다는 것이 노자가 말하는 이상 정치이고, 무위정치(無爲政治)이다. 나라를 다스려도 다스리는 사람 없이 다스려지는 나라, 이런 나라가 노자가 꿈꾸었던 정치의 이상이다.

4) 전문적인 프레젠터의 조건

일단 청중 앞에 서면 아무리 노련한 프레젠터도 마음이 떨리기 마련이다.

그렇다고 해서 당황해 할 필요는 없다. 이를 당연한 것으로 받아들이면 그만이다. 당장은 청중이 눈에 들어오지 않겠지만 천천히 좌중을 둘러보도록 하자. 그 짧은 시간 내에 장내의 분위기가 잡히고 프레젠터인 당신도 웬만큼 마음의 여유를 갖게 될 것이다.

연단에 올라선 순간 누군가의 시선을 의식하게 되었다면 눈에 뜨이는 그 사람과 직접 눈길을 맞춰보는 것도 좋다. 일부러라도 웃어 보아라. 그리고 서서히 이야기를 시작하는 것이다.

(1) 목소리를 낮춰라

우리나라 사람 10명 중 3~4명이 비정상적으로 목소리가 크고, 1명 정도는 목소리가 너무 작은 것으로 조사되었다. 프레젠터는 청중의 규모에 맞춰 목소리의 크기를 알맞게 조절할 줄 알아야 한다. 처음 시작은 낮은 목소리로 하는 게 좋다. 시간이 지남에 따라 목소리가 점점 커지는 게 일반적인 프레젠터의 습성이기 때문이다.

첫 발성부터 큰 소리를 낼 경우 목소리가 점점 상승작용을 일으켜 나중에는 본의 아니게 악을 쓰게 되는 상황이 빚어질 수 있다. 그렇게 되면 청중의 반응이 좋지 않을 게 뻔하고, 프레젠터는 더욱 큰 소리를 냄으로써 그 답답함을 커버하려 하게 된다. 이것이 프레젠테이션에 있어서 경계해야 할 '고성의 악순환' 이다.

자신의 목소리가 좋지 않다고 해서 청중 앞에서 목소리를 꾸미려고 하면 부자연스럽고 어색한 느낌만 더해질 뿐이다. 목소리는 타고 난 것이기 때문에 전혀 다른 소리를 내기란 불가능하다. 이럴 땐 다만 일상 대화시의 목소리를 조금 가다듬어서 발성한다는 기분으로 말하면 된다.

(2) 자기만의 음성 스타일을 개발하자

당신의 목소리를 바꿀 수는 없지만 이야기를 하면서 음성에 변화를 줄 수는 있다. 소리를 좀 더 크게 하면 강조의 효과가 있고 청중에게 소곤거리는 말투를 사용하면 주의를 환기시키는 역할을 할 수도 있다. 또한 빨리 말하면 청중을 흥분시키게 되고, 낮게 말하면 엄숙한 인상을 주게 된다. 이러한 음성의 변화는 이야기를 좀 더 다채롭게 꾸며나가는 구실을 하게 된다. 또한 이야기 도중 이루어지는 그러한 변화가 곧 당신의 개성이 될 수도 있다.

(3) 화법의 3요소

① 말의 속도 - 빠르다(긴장, 흥분, 노여움) - 느리다(주의, 강조)

② 말의 강약 - 강하다(강조, 흥분) - 약하다(주의)

③ 말의 고저 - 높다(강조, 흥분) - 낮다(중후하다, 엄숙, 경건)

(4) 마이크 사용법상의 주의

① 마이크는 어떤 음이라도 받아들이기 때문에 사소한 잡음에도 주의한다.
② 마이크 테스트를 할 때는 마이크를 '똑똑' 하고 가볍게 두드리기만 하고 기성(奇聲)을 내지 않도록 유의해야 한다.
③ 자동으로 볼륨이 조절되는 마이크의 경우 갑자기 큰소리를 내면 볼륨 레벨이 떨어질 수 있으므로 주의가 필요하다
④ 마이크에 대고 말하는 것이 아니라 마이크를 통해서 청중에게 말을 건네는 기분으로 말하도록 한다.

2. 대화식으로 풀어가라

많은 청중 앞에 서면 자칫 모든 청중을 대상으로 자기 육성을 직접 전달하려는 과욕을 부리기 쉽다. 말이란 듣는 사람과 말하는 사람과 1대 1의 관계이다. 그러므로 청중이 많다고 해서 목소리를 지나치게 높여 고함을 치듯 할 필요는 없다. 평소 대화할 때의 분위기를 그대로 유지한다는 기분으로 말하라. 당신의 말을 모든 청중이 들을 수 있도록 전달하는 것은 마이크와 스피커의 몫이다.

평소 화법에 문제가 있는 게 아닌 한, 자기 스타일을 그대로 유지하면서 자연스럽게 대화를 나누듯 프레젠테이션하는 게 좋다. 청중 앞에서의 대중화술을 감격조, 웅변조의 포효(咆哮)절 구형 화법으로 생각하던 시대는 지났다.

물론 청중의 수가 대규모이거나 또는 분위기 고양을 위해 포효 절규형의 프레젠테이션이 필요한 때도 있겠지만, 그렇더라도 시종일관 고함을 쳐대는 것은 절대 금물이다. 다만 평소의 리듬을 잃지 않도록 주의하며, 발음을 조금 분명하게 그리고 약간 천천히 말한다는 기분으로 프레젠테이션하면 된다.

3. 자신 있게 그러나 겸손한 태도로

청중을 깔보는 식의 프레젠테이션도 문제지만 지나치게 겸손을 가장하는 듯한 태도 또한 역효과를 초래할 뿐이다. 청중의 수준은 생각보다 높을 수 있음을 항상 염두에 두어야 한다. 실제로 어떤 분야에 있어서는 프레젠터보다 더 많은 경험과 해박한 전문지식을 갖춘 청중들도 있을 수가 있다. 그렇다고 해서 서두에서부터 "사실 저도 잘 모르긴 합니다만…" 운운하며 자신 없는 모습을 내비쳐

서는 곤란하다. 조사된 바에 의하면 변명이나 사과의 말로 시작된 프레젠테이션은 90% 이상이 실패했다고 한다.

반면 자신감이 지나쳐서 자기가 제일인 양 기고만장하거나 거만한 것도 역시 꼴불견이다. 대부분 실력 있는 사람, 자신감 있게 행동하는 사람에 대해서 존경심을 갖기는 하지만, 그것을 과시하려고 드는 상대에게는 반감을 갖게 되는 게 인간심리의 미묘함이다.

주어진 시간 내내 자기 자랑만 늘어놓는 것은 저질스런 프레젠테이션이다. 청중들은 프레젠터의 성공적인 이야기보다는 실패담에 좀 더 쉽게 동질감을 느끼고 자랑보다는 당사자의 약점을 발견할 수 있는 에피소드에 친근감을 느끼기 마련이다. 충실한 내용과 해박한 지식으로 종횡무진 청중을 사로잡되 끝까지 겸허한 자세를 유지해야만 당신은 정말 멋진 프레젠터가 된다.

4. 쉽게 말하되 평범하지 않게

프레젠터의 말은 쉽게 이해할 수 있어야 한다. 다만 그것이 저질스럽고 경박한 표현을 뜻하는 것은 결코 아니다. 프레젠터가 너무 평범한 어휘만을 구사할 때 의외로 수준 낮은 프레젠터로 오인 받는 경우도 없지 않다. 물론 시종일관 외국어나 전문용어 또는 난해한 이론만을 들먹이는 것도 금물이다. 그러나 경우에 따라서는 청중의 수준에 걸맞은 전문용어를 사용할 필요도 있을 것이다.

프레젠테이션의 효과는 청중의 심리적 측면에 의한 변수가 크게 작용한다. 한 설문조사에 의하면 어느 프레젠터가 자기 자신도 잘 이해하지 못하는 어려운 이론과 전문용어를 들먹이며 프레젠테이션을 했더니 청중으로부터 '대단히 훌륭한 강연이었다' 는 평가가 나왔다고 한다. 실질적인 의사전달 효과는 차치하고라도 적어도 프레젠터에 대한 평판 내지는 이미지 연출 면에서 볼 때 전문용어의 적절한 사용이 필요한 경우도 있다.

하지만 전체적인 내용 전개에 있어서는 누구나 알아듣고 이해할 수 있도록 쉽게 표현해야 한다. 그리고 또 한 가지 중요한 것은 표현은 쉽더라도 반드시 당신 특유의 관점과 논리가 추가되어야 한다는 것이다. 평범한 표현 가운데 번득이는 재치가 엿보이는 촌철살인의 묘미를 발휘할 수 있을 때 당신은 명프레젠터로서의 가치를 인정받게 된다.

그러므로 전략상 95% 정도는 알기 쉽게 말하고 5% 정도는 어렵게 말할 필요가 있다. 그래야만 전문가로서의 체통을 잃지 않으면서 청중을 사로잡을 수 있게 되는 것이다.

● **열정을 가지고 진지하게**

어떤 일이나 마찬가지겠지만 프레젠테이션 역시 열정을 가지고 진지하게 열심히 해야 한다. 빼어난 재주는 없을지언정, 나름대로 열심히 자료를 찾아내고 논리적으로 구성하여 그것을 제대로 전달하고자 하는 성의를 가지고 프레젠테이션에 임할 때, 그러한 열정은 알게 모르게 청중에게 전달된다. 청중은 서서히 그 열정에 빨려들게 될 것이며, 프레젠테이션이 끝난 후 비록 환호와 요란한 박수소리는 없을지라도 프레젠터에 대한 호감은 남기 마련이다.

프레젠테이션은 연기와 같다. 그러므로 때때로 몸짓이나 표정 연출도 필요하다. 그러나 청중을 억지로 웃기려고 삼류 코미디를 연상시키는 저질스런 작태를 보이거나 '촐랑대는' 인상을 주어서는 곤란하다. 프레젠테이션이란 내용의 전달 못지않게 청중에게 어떤 이미지를 심어주느냐 하는 것도 중요하다. 유머는 활용하되 까불지는 말 것이며, 재치와 순발력에 의한 쇼맨십을 발휘하되 프레젠터로서의 품위를 떨어뜨리는 행동을 해서는 안 된다는 점을 항상 기억해두도록 하자.

5. 효과적인 의사보충법

청중들에게 프레젠터의 의사를 보다 정확히 전달하기 위해서는 꼭 필요한 줄거리만 가지고는 곤란하다. 따라서 적절한 의사보충법을 사용, 청중의 이해를 돕고 흥미를 유발하도록 한다.

그중 효과적인 의사 보충법으로는 자신의 직·간접 체험을 예로 들며 청중의 이해를 돕는 방법과 비슷한 이야기를 소재로 본래의 뜻을 보다 구체적으로 이해할 수 있도록 설명하는 방법이 있다. 만약 프레젠테이션에 사용할 목적으로 수집된 예화가 다소 무리가 있더라도 청중의 수준, 주어진 시간 등을 고려하여 적절하게 각색을 함으로써 필요조건을 충족시킬 수 있도록 한다.

이를테면 불필요한 부분은 과감히 생략하여 보다 더 단순하고 인상적인 예화를 만들고, 표현방법을 달리함으로써 재미를 높일 수도 있다. 이렇게 각색된 예화를 실제로 프레젠테이션에서 사용할 때는 짧지만 청중의 귀에 쏙 들어오는 예를 하나 들어서 프레젠터의 의사를 직접적으로 보충하는 방법이 있고, 여러 개의 유사한 예를 들어가며 의사를 보충하는 간접적인 방법이 있다. 아무튼 보편성과 참신함을 갖춘 단순하고 재미있는 예화라면 프레젠테이션의 효과를 높일 수 있는 훌륭한 소재가 되는 것만은 확실하다.

6. 청중의 주의력을 사로잡아라

프레젠테이션 기법의 핵심은 청중의 주의력을 집중시키는 데 있다. 프레젠터가 자기의 생각을 명확하게 전달하고 이해시키기 위해서는 무엇보다도 청중의 경청하는 자세가 전제되어야 하기 때문이다. 다음은 청중의 주의력을 끌어 모을 수 있는 몇 가지 요령을 소개한 것이다.

① 청중이 직접 몸을 움직여야 하는 실습이나 역할놀이 등을 프레젠테이션과 자연스럽게 연결시킨다.

② 활기찬 목소리로 어조의 강약, 완급을 변화 있게 구사한다.

③ 청중에게 적절한 질문을 던져 긴장의 이완을 방지한다.

④ 강조할 때 탁자를 두드리거나 칠판에 글씨를 쓰는 등 분위기를 환기시켜 주의집중을 유도한다.

⑤ 유머, 수수께끼 등을 활용한다.

⑥ 심각한 이야기, 진지한 사례를 소개한다.

⑦ 말하면서 적당히 자리를 옮기거나 또는 단상에서 내려와 청중과의 접촉을 시도하는 등 연단 연출을 변화 있게 한다.

⑧ 시청각 보조 자료를 적극적으로 활용한다.

⑨ 내용에 따라 청중의 복창을 요구한다.

⑩ 끝마무리는 확실하게 한다. '명프레젠터는 5분 늦게 시작하고 5분 일찍 끝낸다' 는 말이 있다. 이것은 10분 정도 강의를 단축해야 한다는 의미가 아니라 결코 주어진 시간을 넘겨서는 안 된다는 엄한 경고임을 알아야 한다.

프레젠테이션에 있어서 "시간이 다 됐지만 조금만 더 하겠다"든가 "준비는 많이 해왔는데 시간이 짧아서 이만 하겠다"는 등의 변명은 그야말로 쓸데없는 소리에 불과하다. 프레젠터에게 일정한 시간이 주어지는 것은 그 제한된 시간을 최대한 활용하여 하고 싶은 말을 다 하라는 절대불변의 원칙과도 같다. 특히 종료 시간을 철저히 지켜주는 것은 중요한 프레젠테이션 기법 중 하나임을 명심해야 한다.

프레젠테이션 기법 중의 또 한 가지로는 '강연의 서론과 결론은 강렬하게, 강연의 중반은 빈약하게…' 란 말이 있다. 그만큼 강연에서 서론과 결론의 중요성을 크게 보는 것이다. 아무리 유익한 내용이라 해도 시간을 질질 끌어가며 이야기를 해서는 여지없이 청중을 질리게 만든다. 이야기의 핵심을 부각시키는 짧고 명쾌한 결론으로 프레젠테이션의 종료를 알리는 절도 있는 매너는 명프레젠터의 필수조건임을 잊지 말자.

자기표현과 프레젠테이션 Skills

- 논리적 설득
- 감정적 접근
- 정서적 공감
- 언어적 커뮤니케이션
- 비언어적 커뮤니케이션
- 프레젠테이션 불안감의 원인과 대처요령
- 효과적인 프레젠테이션을 위한 기본

제13장 강의 스킬과 교수화법

1. 수강자의 분석

1) 수강자의 본질

화법연구의 핵심은 어디까지나 청중연구라고 할 수 있다. 따라서 화법연구에 들어가기에 앞서 청중의 본질을 분석해 보는 것은 필수이다. 종래의 웅변형, 독선형, 설교형 강의는 부분적 또는 전적으로 청중을 무시한 강의였다. 그러나 현대의 회화형 강의에서는 그 주체가 어디까지나 청중 또는 수강자이다. 강사의 자기도취적인 강의는 이미 받아들여질 수 없는 시대가 된 것이다. 그러면 청중, 특히 강의장에 모인 수강자는 어떤 사람인가 알아보자.

(1) 친근감을 느끼기 쉽다

강의를 들으려고 자발적으로 강의장에 온 수강자든, 억지로 강의장에 온 수강자든 강의를 듣는 동안 강사에게 친근감을 느끼기 쉽다. 강사는 수강자의 이러한 마음을 재빨리 붙잡아야 한다. 이때 강사가 풍기는 첫인상, 강사의 입에서 나오는 첫마디가 중요하다.

(2) 외적 조건에 지배당하기 쉽다

강의의 효과는 상황에 의해서도 크게 영향을 받는다. 강의를 듣기에 좋은 환경을 만들도록 주의해야 한다.

〈수강자의 수에 따른 강의장 배치〉

- 수강자 수에 따라 강의장의 크기를 선택한다.
- 수강자가 드문드문 흩어져 앉지 않게 한다.
- 전원이 정면을 향하도록 의자를 배치한다.

〈전체의 배치〉

- 출입구는 되도록 앞쪽이 아니어야 한다.
- 같은 평면에서 이야기한다.
- 강사의 책상은 되도록 사용하지 않는 것이 좋다.

〈기타〉

- 강의 도중에는 되도록 수강자의 출입을 통제한다.
- 강의 중에 전화 호출 등은 일절 금지한다.
- 출입이 빈번하거나 술렁일 때는 이야기를 잠시 멈추고 조용해지기를 기다리는 것도 효과적이다.

(3) 내적 조건이 변화하기 쉽다

수강자의 마음은 항상 유동하고 있다. 강사는 이 유동하는 수강자의 변화에 바르게 대응하지 않으면 안 된다. 또 수강자가 지루해 하고 있는 것 같을 때는 '잠깐 쉬었다가 계속할까요, 방 안 공기가 탁한 것 같은데 저쪽 창문을 좀 열까요' 등의 방법으로 임기응변하는 것도 필요하다.

(4) 싫증을 내기 쉽다

남의 이야기를 듣는다는 것은 큰 노동의 하나이다. 듣는 노동은 신체적인 노동, 눈의 노동, 머리의 노동이 복합된 큰 노동이다. 이 노동을 어떻게 하면 좀 더 가볍게 해줄 수 있느냐 하는 것이 강사의 큰 화제의 하나이다.

- **신체적인 노동 :** '여러분 편한 자세로 들어 주세요' 하고 긴장을 풀어주는 어조로 말하는 것이 좋다.
- **눈의 노동 :** 강사의 움직임에 의해서 완화된다.
- **머리의 노동 :** 예화를 많이 사용하면 두뇌활동은 크게 완화된다. 이야기를 구체적으로 그리고 알기 쉬운 말로 하는 것도 중요하다.
- **감정에 호소한다 :** 인간은 정서적인 이야기에 약하다. 희로애락의 감정을 자극하면 싫증을 내기 쉬운 수강자의 성격이 크게 약화된다.
- **격하게 한다 :** 수강자를 선동하는 것이다. 극단적인 표현을 써야 하므로 과장이나 거짓말이 될 위험성이 있다.

2. 강의의 조건

중요한 것은 말의 좋은 자료가 준비되지 않은 상황에서 강의를 재미있게 전개할 수는 없다는 사실이다. 강사는 반드시 좋은 자료들을 준비하기 위해 최선을 다하여 노력해야 할 것이다.

1) 상황에 맞아야 한다

상황은 일이 되어가는 형편이나 모양을 의미한다. 그러면 좋은 강의를 위해 좋은 상황을 이해하려면 어떻게 할까?

(1) 장소의 형편과 모양을 생각한다

강의를 하고자 하는 장소의 형편과 모양에 대하여 생각해야 한다. 강의를 하고자 하는 장소가 집, 교회, 야외, 학교, 강당 등 먼저 장소에 대하여 생각해야 한다. 장소의 크기와 특징 또는 특별한 형편 등을 자세하게 알고 그것에 대하여 잘 이해하지 않으면 안 된다. 장소의 크기, 위치, 풍기는 외부적인 분위기 등을 파악하여 그런 후에 비로소 조건에 합당한 강의를 준비하는 것이 비결이 된다.

(2) 시간의 형편이다

강의를 하고자 하는 시간의 형편은 매우 중요하다. 왜냐하면 강의를 하고자 하는 시간이 오전이 될지, 오후나 혹 밤이 될지 모르기 때문이다. 어떤 강의는 오전에 해야 재미있는가 하면, 오후나 밤에 하면 재미있는 강의도 있다. 강의를 위해 준비된 시간의 길고 짧음에 대한 활용은 강의를 위한 상황을 이해함에 있어서 중요한 부분이 된다.

(3) 강의를 들을 대상의 형편과 사정이다

좋은 강의를 하고자 한다면 먼저 자신의 강의를 들을 대상의 형편과 사정 등 처한 상황을 생각하지 않으면 안 된다. 왜냐하면 강의를 들을 대상에 따라서 전혀 달라져야 하기 때문이다. 그러므로 대상, 수준을 고려하여 형편과 사정을 이해하고 그에 합당한 강의를 시작하는 일은 매우 중요하다.

2) 재미있어야 한다

재미있다는 것은 강의를 하는 사람이나 듣는 사람이 한가지로 정다운 모습으로 기쁨이 가득하며, 그들의 마음이 만족스러움과 즐거움으로 가득하고 흥미가 있어 서로 관심이 높아가는 상태를 나타내는 것이다.

(1) 말하는 사람 스스로의 마음에 공감을 불러일으킬 수 있어야 한다

말하는 사람 스스로가 재미있지 않으면 그의 이야기는 듣는 사람으로 하여금 마음에 공감을 불러일으키지 못한다.

(2) 말하는 사람 스스로의 경험과 일치하거나 근접한 이야기로서 생동감이 있어야 한다

사람은 누구나 자신이 직접 경험한 일은 다른 사람에게 말하고자 할 때 자신만만하게 말할 수 있다. 그러나 간접경험은 스스로 체험하지 않았으나 다른 사람이 경험한 것을 이야기를 통해, 글을 통해 알고 그 일에 대하여 공감함으로써 이루어지는 경험을 의미한다. 간접 경험을 이야기하고자 할 때는 바르게 이해하고 있는가의 여부가 중요하다.

(3) 강의에 박진감이 있어 듣는 사람으로 하여금 호기심을 만족시킬만한 내용이어야 한다

박진감은 표현 등이 진실감을 느끼게 하는 감정이다. 진실함과 절정이 없는 이야기는 결코 재미있는 강의가 될 수 없다.

(4) 평소에 현실적으로 이루지 못했던 소원을 강의 속에서 성공하게 되는 통쾌감을 줄 수 있는 내용이어야 한다

사람에게는 저마다 이루고자 하는 희망이 있다. 이것은 흔히 성취욕이라고 한다(성취욕은 대리만족을 통해서 얻을 수도 있다). 사람들로 하여금 발전하게 된다. 강의를 통해 얻을 수 있는 통쾌한 만족이라면 그 강의는 진정 재미있는 강의가 아닐까?

(5) 처음 듣는 것과 같이 생소한 내용이어야 한다

사람들은 언제나 새로운 것에 대한 호기심이 많다. 이러한 호기심은 나이의 많고 적음에 관계없이 누구에게나 동일하다. 이러한 호기심은 사람에게 있어서 자기 발전을 위한 좋은 기회가 된다.

3. 교육적 가치가 있어야 한다

모든 강의는 언제나 사실에 입각하여 강의를 듣는 사람으로 하여금 마음에 어떤 교훈적인 깨달음을 줄 수 있는 내용이어야 한다.

① 영혼을 살리는 지적인 이해를 가져야 한다.

② 정서적인 반응을 불러일으킬 수 있어야 한다.

정서적인 반응을 일으킬 수 있어야 한다는 것은 강의를 듣는 사람의 마음을 감동시킬 수 있는 강의라는 것을 의미하며, 이러한 이야기가 곧 교육적 가치를 지닌 강의가 될 수 있다는 것을 의미하다.

③ 행동할 수 있는 결단을 촉구할 수 있어야 한다.

강의를 듣는 사람으로 하여금 마음에 확실한 결단을 촉구하고, 그로 하여금 행동에 옮길 수 있도록 격려할 수 있는 강의가 되어야 한다. 이와 같은 결과를 가져올 때 비로소 교육적인 가치를 지닌 이야기라고 할 수 있다.

④ 긍정적이고 생산적인 사고를 불러일으킬 수 있어야 한다.

진지하고 솔직한 강의는 언제나 긍정적이며 또한 생산적인 결과를 가져온다는 사실을 잊지 말아야 한다.

4. 명강사 명강의 교수법

잘 가르치기 위한 방법은 다양한 방법이 있으나, 가장 큰 효과를 당장 얻을 수 있는 방법은 역시 자신이 하는 강의를 타인에게 관찰하게 하고 개선해야 할 점들에 대해 세세히 지적 받는 것이다.

'백문이 불여일견' 이란 말이 있듯이 자신이 강의하는 모습을 한 번 보는 것이 교수법에 대한 이론을 백 번 듣는 것보다 더 효과적이다. 요즘은 비디오를 많이 찍고, 비디오카메라 구하기도 어렵지 않고, 그리고 앞에 서는 것이 그리 생소하고 멋쩍게 느껴지지도 않을 것이다.

비디오를 이용하여 스스로 강의하는 기술을 개선하고자 할 때 관찰할 사항으로 목소리, 몸동작, 칠판 쓰기, 강의 진행, 강의 구성, 청중에 대한 태도 등이 있다. 가장 쉽게 관찰할 수 있는 항목부터 비디오를 몇 번 촬영해서 분석할 수 있는 항목 순으로 정리해 본다.

1) 먼저 목소리에 신경 써라

목소리는 비디오를 이용하여 스스로 강의하는 기술을 개선하고자 할 때 관찰할 사항 중에서 가장 두드러지게 나타나는 것이다.

(1) 목소리의 크기를 적절하게 조정한다

라디오, 텔레비전, 비디오에도 강약을 조절하게끔 되어 있다. 그러나 불행하게도 강의실 크기와 관계없이 하나의 볼륨으로 강의하는 교수들이 있다(복식훈련을 이용한다. 배에다 손을 대고 근육이 움직이는가를 살피면서 몇 번 연습하면 금방 익숙해진다).

(2) 발음을 똑똑히 한다

말이 들리기는 하는데 도대체 무슨 말을 하는지 알아듣기 힘든 경우가 있다.

- 말을 크게 또박또박 하다가 끝에 가서 흐리는 경우
- 말을 자기에게 하듯이 혼자 중얼중얼 거리는 경우
- 느린 말의 사이를 '에', '음' 따위의 불필요한 말로 메우는 경우
- 빠른 말투로 인하여 단어들이 뒤범벅되거나 더덕더덕 붙어 나오는 경우
- 튀어나오는 침을 피하느라 말의 내용에 신경을 쓰지 못하는 경우

(3) 목소리에 변화를 준다

학생들은 단조로운 목소리로 진행하는 강의를 가장 힘들어한다. 목소리의 크고 작음, 음의 높고 낮음, 속도의 빠르고 느림에 적절한 변화를 주어야 한다. 좋은 강의를 하기 위해서는 목소리의 크고 작음, 음의 높고 낮음, 속도의 빠르고 느림에 적절한 변화를 주어야 한다. 생동감이 넘치는 강의는 교수를 열정적으로 보이게 하고, 그 열정은 학생들에게 쉽게 전달된다.

(4) 충분히 몸을 사용하라

비디오를 이용하여 스스로 강의하는 기술을 개선하고자 할 때 관찰할 사항 중 몸동작에 관하여 알아보고자 한다.

① 몸동작이 원하는 효과를 내게 한다.

커뮤니케이션에 대한 연구에 따르면 몸동작이 의사전달에 미치는 효과는 50% 이상이라고 한다. 말의 설득력을 결정짓는 요소는 목소리가 38%, 표정 35%, 자세와 제스처 20%, 나머지 7%가 말 그 자체다. 93%가 말의 내용보다는 보디랭귀지에 의해 결정되는 셈이다. 프랑스 출신의 연예인 이다 도시는 한국말을 어눌하지만 눈을 포함해 온 몸으로 열변을 토하기 때문에 설득력을 갖는다.

② 서 있는 자리를 옮겨준다.

사람은 시선을 한 시간 동안이나 한군데에 집중하다 보면 자기도 모르는 사이에 졸게 되어 있다. 그러나 너무 부산하게 이리저리 왔다, 갔다 하는 것은 오히려 산만한 분위기를 가져올 수

도 있기 때문에 절충하는 것이 효과적이다.

③ 학생들에게 시선을 준다.

학생들과 눈을 맞추는 것은 매우 중요하다. 학생들을 수시로 쳐다보지 않으면 강의 내용이 너무 쉬워서 학생들이 따분해하는지, 거꾸로 너무 어려워서 혼란스러워하는지를 제때 알 수 없다.

④ 모든 학생들을 살펴본다.

일반적으로 사람들은 대화할 때 좋은 반응을 보이거나 대하기 편안한 얼굴이 있는 쪽으로 말하는 경향이 있다. 이런 경우 학생들은 소외감을 느끼게 된다.

⑤ 몸동작의 효과를 극대화한다.

학생에게 시선을 줄 때는 마치 그 강의실에 그 학생 한 명밖에 없는 듯이 온 관심을 집중적으로 쏟아주자.

2) 칠판을 효과적으로 사용하라

(1) 학습효과를 높이는 칠판 사용

칠판 없는 강의실은 '앙꼬 없는 찐빵' 이라 할 만큼 너무나 당연한 존재이다. 칠판은 크게 4가지 효과를 낼 수 있다.

- **시각적 효과** : 말로는 충분한 묘사나 설명이 안 될 때 그림이나, 도표나, 수식으로 나타낸다.
- **악센트 효과** : 말하다가 요약해서 쓰거나, 쓴 글에 밑줄을 긋거나, 원을 그리면서 중요한 점을 지적하고 부각시킬 때
- **브레이크 효과** : 습관적으로 말을 빨리하거나 강의 진도가 급하게 나갈 때 판서를 하여 속도를 늦추고, 학생들에게 생각할 수 있는 기회를 줄 수 있다.
- **본보기 효과** : 전문인 학자의 필기 습관을 보여줄 수 있다.

(2) 판서 계획

미리 판서할 내용을 정리하여 양과 위치 등을 계획하여 놓으면 강의 중에 똑같은 판서라도 학습자들에게 깊은 인상을 줄 수 있다.

- 양이 너무 많지 않도록 핵심요소만을 미리 선정하여 판서한다.
- 칠판에서 가장 보기 좋은 판서 위치를 정하여 판서한다.
- 중요한 내용에는 밑줄 긋기, 기호 표시 등을 통하여 강조할 내용을 표시한다.
- 강의 내용의 전개사항을 감지할 수 있어야 한다.

· 판서는 중요한 내용만 다룬다. 대부분의 학생들은 판서를 그대로 적어 쓰기 때문에 칠판을 잘 이

용하면 좋은 학습 효과를 낼 수 있을 뿐만 아니라 인상 깊은 강의가 된다.

(3) 판서는 될 수 있는 한 한 줄이다

시작부터 판서만 하는 것은 강의 시간을 유용하게 보내는 방법이 아니다.

첫째, 학생들은 칠판에 쓰인 내용을 베끼는데 급급하게 된다.

둘째, 판서를 하는 동안 등을 돌리게 되면 자연히 등을 돌린 채로 말을 건네게 된다.

5. 명강사의 분위기를 연출하라

사람을 만나는데 있어서 첫인상은 앞으로의 관계를 형성하는 데에 큰 영향을 미친다고 한다. 옷은 사람의 취미나 선호하는 스타일을 나타내줄 뿐만 아니라 그 사람의 가치관과 심리상태까지 보여준다.

그 외에도 옷은 신분을 구분해 주고 사람들 간의 거리를 조정해 주기도 한다. 옷의 이러한 상징적 효과를 이용하여 비록 언행으로 청중들과의 거리를 좁히지만, 비구어적 메시지로 최소한도의 거리를 지켜나간다는 뜻이다. 한마디로 말하자면 옷차림을 강의의 도구로 사용할 수 있다는 것이다. 이는 청중들과 서로 존중하기 위한 방법이며, 강사와 청중들과의 분위기를 조정해 주는 방법이라고 생각한다.

6. 명강사가 되기 위한 8대 원칙

강사들은 학습자를 존중하는 마음에서부터 강의가 시작되어야 한다. 명강사들의 특징을 보면 강의를 잘하는 것도 중요하지만, 하나같이 학습자들을 존중하여 그들의 눈높이에 맞는 강의를 진행하고 있다는 것이다.

그러나 가끔 학습자들의 눈높이를 읽지 못하거나 학습자들의 상황을 무시한 채 강의를 진행해서 강의 평가가 상당히 부정적으로 나오는 경우가 있다. 따라서 명강사가 되기 위해서는 다음과 같은 것을 하지 말아야 할 것이다.

(1) 학습자는 지적받는 것을 싫어한다

강의 도중에 학습자를 지적해서 부정적인 표현을 하는 것은 강의 내내 적을 하나 만드는 것과 같다. 그러므로 강의 중에 학습자들이 졸거나 흥미 없어 하는 경우에는 유머나 경험담 같은 것으로 빠르게 화제를 전환해서 분위기를 바꾸어 주어야 한다.

(2) 학습자는 긴장감 있는 강의를 좋아한다

강사는 학습자들에게 희망을 주어야 한다. 그리고 학습자들은 강사나 강의 내용에 대하여 기대감이나 흥미를 가져야만 불편한 학습 환경에서도 강의를 열심히 들으려는 노력을 한다. 이것을 적당한 긴장감이라고 한다.

(3) 질문은 적당한 긴장감을 준다

적당한 긴장감을 갖게 하는 방법으로는 질문을 던지면서 강의를 진행해 가는 방법이다. 설령 학습자들이 질문에 대한 답을 알고 있거나 답을 하지 않는 경우가 있더라도 일방적으로 듣는 강의보다는 상호작용을 하면서 강의가 진행되므로 훨씬 기억에 남고 참여하는 강의가 된다.

(4) 학습자는 추상적인 것보다는 구체적인 것을 원한다

학습자들은 해박한 지식이나 이론보다는 실전적인 경험이나 구체적인 사례에 대하여 점수를 높게 주는 것을 볼 때 강사는 자신이 가진 경험을 강의 주제와 연관을 잘 지어서 학습자들에게 제공해야 명강사로 불릴 수 있다.

(5) 학습자는 강사에 따라 변한다

'명필은 붓을 가리지 않는다' 라는 말이 있다. 이는 어떤 붓도 명필을 만나면 좋은 붓이 된다는 말이기도 하다. 가끔 강의를 하고나서 학습자들의 태도가 불손했기 때문에 원하는 교육 효과를 달성할 수 없었다는 이야기를 한다. 그러나 진짜 명강사는 어떠한 어려운 환경에서도 성공적인 강의를 해내고 만다. 아무리 냉랭한 분위기에서라도 흥분의 도가니로 몰아가는 명강사들이 있다.

(6) 솔직한 것이 인간적인 아름다움을 줄 때가 있다

학습자들의 질문에 대답을 못할 경우 자칫 모르는 것을 아는 체한다든지 하다가 시간을 끌면 신뢰에 손상이 갈뿐만 아니라 강의에도 많은 지장을 초래한다. 강사가 모든 것을 알 수는 없다. 모를 경우에는 지체 없이 솔직히 모른다고 고백하고 언제 답을 주겠노라고 약속을 하는 것이 학습자들 눈에 좀 더 인간적인 강사로 기억에 남게 된다.

(7) 모든 지식을 다 줄 수는 없다

가장 좋은 강의는 모든 것을 알려주는 것보다 공부하는 방법을 알려주는 것이라고 한다. 학습자들은 아무리 명강사가 강의를 해도 그 시간에 배운 강의 내용 모두를 기억하는 것이 아니라 자신에게 인상 깊은 몇 가지만을 기억하는 경향이 있다. 따라서 너무 많은 지식을 알려주려고 욕심을 내기보다는 적당한 선에서 지식을 전달하려고 해야 하며, 중요하고 꼭 기억해야 하는 부분은 오랫동안 기억에 남도록 인상적으로 강의하는 것이 좋다.

(8) 완벽한 준비만큼 좋은 강의는 없다

학습자들은 강사에 대하여 평가를 할 때 강의를 잘하는 것도 중요하지만 강사가 얼마만큼 성의 있게 준비를 해오는지를 평가한다. 강의를 처음 하는 강사들은 강의에 대한 기대감으로 준비를 철저히 하여 자료도 준비하고 강의 순서도 연습하면서 실전에 대비한다.

그러나 시간이 갈수록 경력이 쌓이면 강의를 우습게 생각하여 전혀 준비하지 않고 예전에 사용했던 자료로 대충 때우려는 경우를 보게 된다. 따라서 생명력 있고 인기 있는 명강사는 항상 노력하는 자세를 보여주어야 한다. 학습자들은 말 잘하는 강사보다는 인간적이고 성실한 강사를 더욱 좋아하기 때문이다.

성공하는 강사의 개인적 특징 (성격, 의식, 행동 측면)

- 겸손한 태도 • 인성적 성격 • 허용적 모습
- 경청하는 습관 • 열정적인 성품
- 용기 있는 행동
- 자신감, 기획력, 판단력, 분석력, 설득력
- 창의적인 생각
- 변화의 수용 • 현대적 감각(언어, 태도, 모습, 복장) • 지성적 언행
- 풍부한 소재 • 유머 등 개인적인 특징을 소유한 사람이다.

제14장 3분 스피치의 전략

1. 3분 스피치의 중요성

'3분력' 이란 자신의 의사를 최대한 간결하고 효과적으로 전달해 상대방을 설득하는 기술이다. 순발력, 집중력, 논리력, 정확한 상황, 판단력, 의사전달, 듣기능력, 친화력 등 다양한 커뮤니케이션의 기술이 필요하다.

3분은 2가지 의미가 있다. 주의력이 지속되는 것은 24초 내외이다(3분이 넘어가면 주의가 산만하다. 남의 이야기를 듣는 것은 3배 이상의 힘이 든다. 3분이란 천천히 말할 때 800자, 빠르게 말하면 1만 자, 문서작성 400단어, 보고서 1장 분량이다. 대기업에서 선호하는 1페이지 보고서가 3분이다. 현대는 빠르면서 신속 정확한 것을 원하는 시대가 되었다. 컵라면도 3분, 권투 1라운드도 3분, 방송사고도 3초를 넘기면 안 된다.

- 3분 안에 상대를 설득할 수 있다면
- 3분 안에 상대를 사로잡을 수 있다면
- 3분 안에 상대를 감동시킬 수 있다면
- 당신의 인생은 막힐 것이 없다.

"3분은 현대사회에서 관계를 맺고 상대에게 자신을 인식시킬 수 있는 최상의 코드다."

2. 때와 장소에 맞는 3분력

① **감정조절** – 흥분하면 분리하다(3분력을 발휘하는데 가장 치명적인 것은 상황, 흥분, 감정조절에 실패하는 것).

② **유연성** – 자기생각에서 벗어나기(누구를 만나든 '저 사람의 생각은 나와 다를 수 있다' 는 사실을 염두에 둔다)

③ **기분파악** – 자기자랑이나 잘난 체는 금물(인간관계의 기본은 배려와 존중이다. 본인이 대우받기 위해서는 상대를 존중해줘야 한다)

④ **경제성** – 초고속 화법(3분 안에 요점만 간단히, 결론은 명확하게 한다)

⑤ **정확성** – 모르면서 아는 척하지 않기(사람을 만나든, 일을 하든 가장 경계해야 할 것은 '나는 이미 알고 있다' 와 같은 자만심이다)

⑥ **존중** – 남의 말허리 끊지 말기(남의 이야기를 끝까지 듣지 않고 중간에서 "알겠다!" 하며, 말허리를 자르는 사람)

⑦ **진실성** – 달변가가 말 잘한다(공자의 '교언영색 선의인' 누군가 막힘없이 설득하고 싶다면 진실한 한마디가 필요하다).

⑧ **이미지업** – 겸손함으로 언어의 윤기를 더하라(최대한 부드러운 표현으로 마무리하고 '의뢰형' 의 말투를 사용하라).

⑨ **감동전달** – 정성을 담아 말하라(상대에게 감동을 주려는 마음가짐의 표현, 엽서, 카드, 고맙다 등).

▶ 가끔은 두 얼굴이 필요하다.

▶ 다정하게 혹은 냉정하게

3. 3분력 습관하기

① 정보 감성을 키우라(신문의 칼럼은 3분력의 완결판이다 – 800자).

② 요약력을 키우라.

③ 메모를 생활화 하라 – 많은 아이디어를 얻을 수 있다. 판단력, 집중력, 요약력 등 대화능력이 향상된다. 상대방의 이야기에 경청할 수밖에 없다. 기억이나 정보를 잊어버릴까 염려하지 않아도 된다.

④ 유머감각을 길러라 – 모든 인생은 스승이다. 이야기 자체를 재미있게 말하는 것이다. 재미있는 이야기 자체를 많이 알고 있는 것이다.

⑤ 귀담아 들어라 – 신은 인간에게 두 개의 귀와 하나의 혀를 선사했다. 인간은 말하는 것의 두 배만큼 들을 의무가 있다. 내 목소리의 특성을 파악하라.

⑥ 나만의 이상형을 찾아라 – 스위스 철학자 힐티의 명언 "배우기 위해서는 직접 해보는 것을 당할 수 없다."(주변의 말 잘하는 사람 모델)

⑦ 접대형 멘트를 준비하라 – 생김새는 제각각이지만 공통심리가 있다. 내가 좋은 이야기는 남도 좋아하고, 내가 싫은 것은 상대도 싫어한다.

☞ 접대형 멘트

- 분위기가 참 좋으시네요.
- 대단하다는 이야기는 많이 들었습니다.
- 그게 바로 제가하고 싶었던 말입니다.
- 센스가 있으시군요.
- 전문가답군요.

☞ 3분력 체크리스트

- 상대가 중간 중간 웃음을 보이는가?
- 할 말은 제대로 하고 있는가?
- 상대에게 도움이 되고 있는가?
- 너무 말을 많이 하고 있는 것은 아닌가?
- 필요 이상으로 말을 장식하지 않는가?
- 자신을 위해 도움이 되는가?

4. 3분 스피치 작성법

1) 3 단계 구성법

첫째, 주제를 선언한다.

예) 저는 오늘 '효과적인 대화법'에 대해서 말씀드리겠습니다.

예) 저는 지금부터 약 3분간 '자신'에 대해서 말씀드리겠습니다.

우리 인간의 몸은 뼈대와 살로 구성되어 있듯이 말이나 글도 뼈대에 해당되는 주제와 살에 해당되는 화제로 구성되어 있다.

둘째, 화제를 전개하기(사례 말하기)

주제란 어디까지나 추상적인 이론이다. 듣는 사람을 이해시키기 위해서는 뒷받침할 사례를 들어 말해야 한다. 재미없는 말이란 예화가 없는 말이다.

셋째, 촌평 및 주제 반복하기

예) 그것을 보고 저는 이렇게 느꼈는데, 여러분은 어떻게 생각하십니까? 지금까지 ~에 대해서 말씀드렸습니다.

주제를 선언하고 화제를 전개했으면 그것에 대한 자기의 느낌을 간단하게 말하는 것을 촌평이라 한다.

제15장 설득 스피치

설득은 장기적인 안목과 인내심을 필요로 한다. 청중을 설득하지 못한다면 그것이 결과로 연결되지 않기 때문에 어렵다. 스피치 중에서 가장 많은 부분을 차지하는 것은 설득 스피치다.

유권자를 대상으로 하는 정치 연설이나 고객을 상대로 하는 영업 사원의 스피치를 위시하여 자신이 개발한 제품의 장점을 설명하는 스피치, 자신이 기안한 아이디어나 정책을 제시하는 스피치, 의견 발표 등 모든 것이 설득 스피치에 속한다. 뿐만 아니라 주목적이 설득이 아닌 스피치도 부분적으로는 설득적 요소를 포함하는 것이 보통이어서 모든 사람들이 기본적으로 필요한 것이 설득 스피치이다. (임태섭, 《스피치 커뮤티케이션》)

1. 설득의 표적

설득이란 상대방의 태도나 신념 또는 가치관을 자신이 의도하는 방향과 일치하도록 변화시키거나 재 강화시키는 행위를 가리킨다. 즉, 설득은 상대방의 태도나 신념 또는 가치관을 표적으로 하여, 이것이 자신의 입장과 같을 경우에는 그 강도를 더욱 높이고자 하는 목적을 갖는다.

1) 청중의 태도

태도란 주어진 대상을 일관적으로 평가하게 하는 기본 성향이나 경향을 일컫는다. 여기서 평가한다는 것은 그 대상이 좋다 또는 나쁘다고 생각하는 것을 가리키며, 일관적으로 평가한다는 것은 주어진 대상에 대한 평가가 시시각각 달라지지 않고 항상 일정한 방향으로 나타난다는 것을 의미한다.

(1) 태도의 속성

태도는 여러 가지 속성을 갖는데, 그 중에서 가장 중요한 것이 방향과 강도다. 방향이란 좋아하는 쪽으로 기울어 있느냐, 아니면 싫어하는 쪽으로 기울어 있느냐 하는 것을 가리킨다. 대상을 좋아하게 되면 긍정적인 태도, 호의적인 태도를 갖게 되며, 싫어하게 되면 부정적인 태도 또는 적의적인 태도를 가졌다고 한다. 사람마다 그 좋아하는 정도와 싫어하는 정도가 다르기 마련이다. 따라서 태도를 논할 때는 대상을 얼마나 좋아하느냐, 아니면 얼마나 싫어하느냐를 따지게 된다.

(2) 청중이 가지고 있는 태도의 종류

첫째, 청중은 연사에 대한 태도를 가지고 있다. 어떤 청중은 연사를 좋게 생각하고, 어떤 청중은 연사를 나쁘게 생각하며, 연사를 좋지도, 나쁘지도 않게 생각한다.

둘째, 청중은 연사가 소속한 집단에 대한 태도를 가지고 있다. 이를 테면 연사가 소속한 정당이나 회사 또는 사회단체 그리고 같은 직업을 가진 사람들 또는 같은 성, 연령층의 사람들에 대한 태도를 가지고 있다.

셋째, 청중은 스피치 주제나 주요 소재에 대한 태도를 가지고 있다.

넷째, 청중은 연사가 내세우고자 하는 주제문이나 주요 아이디어에 대한 태도를 가지고 있다.

다섯째, 청중은 연사의 스피치 목적에 대한 태도를 가지고 있다. 연사가 자기주장을 관철시키려 할 때 어떤 청중은 호의적으로 생각하고, 어떤 청중은 이를 싫어하게 된다.

(3) 태도의 세 가지 측면

태도는 세 가지 측면, 즉 이성적인 측면과 감성적인 측면 그리고 행위적인 측면을 가지고 있다. 이성적인 측면이란 사고 판단의 결과에 의거해서, 즉 여러 가지 자료에 기초해서 판단한 결과 그 대상을 좋다 또는 나쁘다고 생각하는 것을 말한다. 감성적인 측면은 사고 판단의 개입 없이 느낌만으로 그 대상을 좋아하거나 싫어하는 것을 가리킨다. 행위적 측면이란 실제 행동에서 대상에게 유리하거나 불리한 행위를 하는 것을 가리킨다.

2) 청중의 신념

신념이란 사실성에 대한 판단, 즉 무엇이 진실이고 무엇이 허위인가에 대한 개인의 생각을 가리키는 말이다. 스피치를 할 때 연사는 주제문과 주요 아이디어를 위시하여 여러 가지 주장을 내세우게 된다. 이 중에서 그것이 사실이냐, 아니냐를 따질 수 있는 주장은 모두 연사의 신념을 표현하는 것이다. 즉, 스피치에 임하는 청중은 연사가 진실 여부를 놓고 강변하는 주장에 대해서는 나름대로의 신념을 가지고 있다는 말이다. 따라서 설득력 있는 스피치를 하려면 이들의 신념을 제대로 파악해서 그에 적절한 방법을 강구해야 한다.

3) 청중의 가치관

가치관은 매우 광범위한 개념 또는 대상에 대해 그것이 얼마나 바람직한가 또는 중요한가를 판단하게 하는 비교적 지속적인 내적 체계를 가리킨다.

첫째, 가치관은 태도나 신념처럼 단순한 대상이나 주장을 상대로 해서 형성되는 것이 아니라, 교육이라든지 부 또는 국가와 같은 매우 포괄적인 대상을 상대로 해서 형성된다.

둘째, 가치관은 태도나 신념보다 훨씬 더 지속적이다. 태도와 신념은 상황에 따라 바뀔 수도 있지만, 가치관은 한번 형성되면 좀처럼 바뀌지 않는다.

셋째, 태도는 좋다 - 나쁘다, 신념은 사실이다 - 아니다를 따지는 반면 가치관은 중요하다 - 중요하지 않다, 필요하다 - 필요하지 않다를 따진다. 즉, 문자 그대로 주어진 대상의 가치를 평가하는 것이 가치관이다.

사람의 가치관은 그의 태도나 신념의 원천이 된다. 교육이 중요하다는 가치관을 가지고 있으면 교육에 투자를 많이 하는 정부를 좋아하게 된다. 가치관이나 태도, 신념의 원천이 되기 때문에 상대방의 가치관을 자기가 원하는 대로 바꿀 수만 있다면 그의 태도나 신념도 자신이 원하는 대로 바뀌게 된다. 따라서 스피치를 할 때는 청중의 가치관을 직접 공략하는 것보다는 그들의 태도나 신념을 표적으로 하는 것이 더 효과적이다.

2. 설득의 장애 요인

설득은 상대방이 가진 태도나 신념 그리고 나아가서는 그 사람의 가치관을 자신이 원하는 방향과 일치하도록 만드는 데 그 목적이 있다. 자신과 반대되는 태도, 신념을 가진 사람을 설득한다는 것은, 즉 상대방이 가진 태도나 신념의 방향을 바꾸어 놓는다는 것은 매우 어려운 일이다. 그 이유는 태도나 신념을 바꾸려 하면 이에 저항하는 여러 가지 장애 요인이 생겨나기 때문이다. 그러면 설득을 어렵게 만드는 장애 요인에는 어떠한 것이 있는지 알아보자.

(1) 청중의 선택적 수용

사람들은 아무한테나 쉽게 귀를 기울이지 않으며, 남이 하는 말을 그대로 받아들이지도 않는다. 그들은 좋아하는 사람의 이야기에만 귀를 기울이며, 그 내용 또한 자기 좋을 대로 해석하는 경향이 있다.

선택성의 배후에는 그 사람의 기존 태도가 자리를 잡고 있다. 사람은 호의적인 태도를 가지고 있는 사람에게만 시간을 할애하여 그 이야기를 듣고, 자신의 기존 태도에 부합되는 내용만을 선택하여 받아들이고, 자신의 기존 태도와 신념이 인도하는 방향으로 모든 것을 해석하며, 자신의 기존 태도와 신념에 부합되는 것만을 기억한다.

스피치를 듣는 청중도 마찬가지이다. 누구의 스피치를 들을 것인지, 스피치 내용을 어떻게 받아들일 것인지 그리고 어느 부분을 기억할 것인지 하는 것 등을 자신의 기존 태도와 신념에 의거하여 선택하게 된다.

따라서 청중에 의해 선택되지 않은 스피치나 선택되지 않은 메시지는 그 내용이 아무리 좋다 하더라도 그들을 설득하는 데에는 아무런 효과를 거두지 못하게 된다. 그러므로 청중을 설득할 때는 청중들로부터 선택받을 수 있는 스피치 그리고 선택을 할 수 있는 메시지를 만들어야 한다.

(2) 연사와 청중간의 괴리

남의 주장을 받아들일 것인가, 말 것인가를 하는 것은 그 주장이 자신의 생각과 얼마나 다른가에 따라 달라진다. 즉, 그 주장이 자신의 생각과 엇비슷하면 쉽게 받아들이고, 자신의 생각과 상반된다면 거부하게 되며, 이 둘의 중간 위치에 있을 때는 상황에 따라 받아들일 수도 있고, 거부할 수도 있다. 어떤 사안이 주어졌을 때 사람마다 그 사안에 대한 수용 영역과 거부 영역 그리고 중립 영역을 갖게 된다.

수용 영역에 들어오는 설득 메시지는 쉽게 동일시 하지만, 거부 영역에 들어오는 메시지는 더 큰 괴리를 느끼게 되어 절대 동화되지 않는다. 중립 영역에 속하는 메시지의 설득 효과는 이 둘의 중간쯤에 속한다. 설득은 불가능한 것은 아니지만 수용 영역에 속하는 메시지처럼 그렇게 용이한 것도 아니다. 충분한 증거와 효과적인 설득 기법이 뒷받침하는 경우에는 설득이 가능하지만, 그렇지 못한 경우에는 설득에서 실패할 가능성이 높다.

효과적인 설득 스피치를 하려면 청중의 거부 영역에 속하는 주장을 내세우지 말아야 한다. 가능한 한 그들의 수용 영역에 속하거나 그에 가까이 접근할 수 있는 주장을 펴서 청중이 연사와 동질감을 느끼도록 유도하는 것이 좋다.

(3) 청중의 이해관계

사람은 자기 자신의 이해(利害)관계가 걸려있지 않은 일에 대해서는 비교적 대범하게 행동하지만, 이해관계가 걸려있는 일에 대해서는 매우 집착하는 경향이 있다. 스스로 깊게 관련되어 있으면 그 사안에 대한 태도나 신념도 보다 명확해질 수밖에 없으며, 자신의 태도와 신념이 명확해지면 남의 말을 수용할 수 있는 여지가 그만큼 적어지게 된다. 따라서 설득 스피치를 할 때 청중의 이해관계가 깊게 걸려있는 사안에서 그들의 태도나 신념을 바꾸려 드는 것은 오히려 역효과를 거둘 가능성이 높다.

(4) 반항 심리 또는 반발 심리

사람은 남이 자신의 자유를 제한하려 한다는 판단이 생겨나면 무작정 반발부터 하는 경향이 있다. 아무리 상대가 하는 말이 합당하다 하더라도 그가 자신의 행동을 통제하려 한다는 생각이 들면 상대가 원하는 방향과 반대 방향으로 움직이게 된다. 이러한 심리를 반항 심리라고 한다.

청중을 비난하거나 그들이 원하지 않는 특정한 행동을 하게 하려는 설득 스피치는 그들의 반항 심리를 불러일으킬 가능성이 매우 높다. 비난이나 행위 유도는 상대가 의식을 한다면 반드시 반발하게 된다. 이런 것은 오히려 설득하려는 방향과 반대로 움직이게 되므로 상대의 비위를 자극하는 일을 피하는 것이 좋다.

3. 설득의 기본원칙

설득의 원칙과 기법만 제대로 터득한다면 이런 장애 요인을 얼마든지 극복해낼 수 있다. 그러면 우선 설득을 할 때 염두에 두어야 할 기본 원칙에는 어떤 것들이 있는지 알아보기로 하자.

(1) 증거를 활용하라

사람은 증거에 약하다. 설득 스피치를 할 때는 가능한 모든 증거를 십분 활용해야 한다. 연설, 대인간 설득, 세일즈, 자기주장을 내세울 때는 이를 뒷받침할 증거를 준비해야 한다.

증거나 입증 절차가 없는 주장을 독단적 단언이라 하는데, 이것이 지나치면 스피치는 실패로 끝나고 연사는 공신력을 잃게 된다. 증거란 사실, 구체적인 예, 통계자료, 증언 등의 주장을 입증해 주는 자료들을 통칭하는 말이다. 사실이란 실제로 존재하는 것, 실제로 일어난 사건이다. 통계자료는 여론조사, 인구조사, 연구조사 등 각종 조사를 통해 얻어낸 수치적이며 계량적인 자료를 가리킨다.

(2) 공신력을 이용하라

공신력이란 연사 또는 연사가 인용한 증거 자료의 출처가 얼마나 믿을 수 있느냐 하는 것을 가리키는 말로서 그 사람의 전문성과 신뢰감 그리고 정열에 의해 결정된다. 즉, 지식과 경험이 풍부해 그 영역에 권위가 있는 사람, 진솔하고 정직하며 항상 호의적으로 행동하는 사람 그리고 주어진 일에 대해 정열적으로 매진할 수 있는 사람이 높은 공신력을 인정받는다. 또 편견을 피하고 객관성을 유지하려 노력하며, 진지한 자세로 스피치에 임하게 되면 신뢰성 역시 높아지게 된다.

(3) 청중의 욕구를 공략하라

뛰어난 설득자가 되려면 청중의 욕구를 이용할 줄 알아야 한다. 청중이 무엇을 원하고 있는지를 파악해 이를 적극 공략하면 청중은 예상외로 쉽게 설득당한다. 심리학자 매슬로우에 의하면 인간은 크게 다섯 가지 욕구를 가지고 있다고 한다.

5단계 – 자아실현의 욕구	성숙, 창의성, 호기심, 야망, 지혜, 가치, 자질, 인품, 모험, 이상
4단계 – 존중 욕구	자존심, 명성, 권위, 존경, 인정, 우월감, 지위, 품위, 성공, 부
3단계 – 소속의 욕구	인간관계, 정, 사랑, 가족애, 헌신, 협동, 충성, 소속감, 신앙, 동정
2단계 – 안전의 욕구	질서 속의 안전, 안녕, 안정, 도덕심, 저축, 위생, 건강, 보호, 경제
1단계 – 생리적인 욕구	생리적인 욕구, 생명과 종족 보전, 의식주, 성욕

매슬로우는 사람은 한꺼번에 이 다섯 가지 욕구를 추구하는 것이 아니라, 우선 1단계~4단계 욕구를 모두 충족시킨 사람들만이 최후의 자아실현 욕구를 갖게 된다는 것이다. 따라서 생리적 욕구도 해결하지 못한 사람들에게 자아실현의 욕구를 일깨워주거나 안전의 욕구를 충족시키지 못한 사람들에게 소속의 욕구를 들먹거리는 것은 현명한 접근법이 아니다.

(4) 서두르지 마라

남을 설득할 때는 절대 서두르지 말아야 한다. 한꺼번에 모든 것을 이루겠다는 성급한 마음을 가지고 설득에 임하면 무리한 전략을 사용하게 되어 좋지 못한 결과를 거두게 된다. 성급한 설득자는 상대의 비위를 상하게 하거나, 거짓말을 하게 되거나, 때 이른 양보를 함으로써 손해를 보게 된다.

마지막으로 설득을 서두르다 보면 어떤 대가를 치르더라도 반드시 성공해야겠다는 생각을 하게 된다. 그러다 보면 불필요하게 많은 양보를 하게 되어 막상 설득에 성공하더라도 별로 남는 게 없는 상황에 빠질 가능성이 높다. 따라서 설득을 할 때는 서두르지 말고, 한걸음 한걸음 상대방에게 다가가겠다는 생각을 하는 것이 좋다.

4. 설득의 기법

(1) 미소 작전 – 미소 짓는 사람이 최후로 웃는다

'웃는 얼굴에 침 못 뱉는다'는 말이 있듯이 사람은 자기를 좋아하는 사람을 싫어할 수가 없다. 친절은 결코 남을 위해 베푸는 것이 아니라 자기의 설득 목적을 달성하기 위해 쌓아가는 '공덕'이라는 것을 명심할 필요가 있다. 당장 눈앞에 보이는 작은 이익보다는 먼 훗날에 거둘 큰 수확을 내다보고 친절한 미소를 지울 수 있는 사람은 성공적인 설득가가 될 수 있다.

(2) 선심 작전 – 뿌리는 자만이 거둘 수 있다

'가는 정이 있으면 오는 정도 있다'는 속담도 있듯이 우리 사회에는 '상호성의 원칙', 즉 다른 사람이 내게 잘해 주면 반드시 이에 보답해야 한다는 원칙이 있다. 선심 작전은 상대에게 미리 선심을 베풀어 '빚졌다는 느낌을 갖게 한 다음, 때가 왔을 때 그로부터 도움을 요청하는 기법'이다.

선심 작전은 여러 가지 측면에서 효과적인 설득 기법임에는 틀림이 없다. 우선 '되로 주고 말로 받는다'는 말처럼 조그만 선심을 베풀고도 큰 보답을 받아낼 수 있다.

(3) 양보 작전 – 작은 것을 원할 땐 큰 것을 요구하라

양보 작전은 다단계 작전으로 처음에는 상대가 받아들이기 힘든 커다란 요구를 하고, 상대가 이를 거부할 때는 한발 양보하는 척하며 보다 작고 현실적인 요구를 제시하는 작전이다. 양보 작전을 쓸 때는 첫 요구의 크기를 잘 결정해야 한다. 첫 요구가 마지막에 나올 실제 요구보다는 크면 클수록 좋지만, 그렇다고 지나치게 크게 해서 상대를 돌아서게 만들어서는 안 된다.

(4) 일관성 심리 이용기법 – 똑똑한 사람일수록 제풀에 넘어간다

사람은 말과 말 사이의 일관성, 말과 행동 사이의 일관성, 태도나 신념들 사이의 일관성 그리고 태도나 신념들과 행동 사이의 일관성이 유지되어야 마음이 편하다. 그래서 한 입으로 두 말 하는 것이나, 언행이일치하지 않는 것을 부끄러워하거나, 자기 마음속에서 태도나 신념이 서로 어긋나는 것을 혼란스러워하고 자신의 행동이 태도나 신념을 배신할 때는 당혹감을 느낀다. 특히 교육수준이 높고 아는 것이 많은 사람일수록 일관성을 유지하려는 욕구가 강하다. 그래서 스스로 똑똑하다고 생각하는 사람들을 설득할 때는 이런 일관성 심리를 이용하는 것이다.

(5) 권위활용기법

사람은 권위에 약하다. 밀그램(Stanley Milgram)이라는 미국 심리학자의 실험에 의하면 사람은 권위를 갖춘 자가 명령만 한다면 다른 사람을 죽일 수도 있을 정도라고 한다. 따라서 권위를 설득해서 활용하는 것도 좋은 방법이다. 권위를 설득하는 방법은 직접적인 방법과 간접적인 방법으로 나누어 볼 수 있다.

직접적인 방법은 자신의 공신력이나 다른 권위 있는 사람의 공신력을 이용하는 방법이 있다. 간접적인 방법은 직책이나 복장 또는 소유물 등을 통해 자신이 권위 있는 사람이라는 것을 보여줌으로써 피설득자를 압도하는 방법이다.

(6) 공포 소구 – 죽음 앞에 초연한 사람은 없다

공포 소구는 동기화 기법 중의 하나로 상대방의 두려움을 소구의 대상으로 삼는 방법이다. 즉, 상대방의 마음속에 공포를 일으켜놓고 이 공포스런 상황이 발생하지 않기 위해서는 지금 추천하는 방법을 따라야 한다고 주장하는 방법이다. 그것을 따르기만 하면 전혀 위험이 없다는 보장이 있는 한, 겁은 많이 주면 줄수록 설득 효과가 높다고 한다.

(7) 체면 의식 이용기법 – 한국인은 체면에 죽고 산다

우리나라 사람들은 생활 전반에 걸쳐서 체면에 신경을 쓴다. 체면이 우리 생활에서 차지하는 비중이 이처럼 높기 때문에 우리는 체면에 관한 한 서로 민감하게 반응한다. 자신의 체면이 손상당하는 것을 죽기보다도 더 싫어하며, 필요한 경우에는 불이익을 감수하고라도 자신의 체면을 세우려 한다. 따라서 이 같은 의식만을 잘 활용하면 의외로 사람을 쉽게 설득할 수 있다.

(8) 면역 기법 – 자신의 약점을 숨기지 마라

설득 스피치를 할 때는 자신의 장점과 경쟁사의 장점 모두를 자세히 밝히라는 것은 아니다. 자신의 단점과 경쟁사의 장점을 밝히는 것은 주로 면역 효과를 노리는 것이므로 숨길 수 없는 것만 골라 '간략히' 논의하면 된다.

5. 설득 스피치 조직 기법

설득 스피치라고 해서 다른 스피치와 특별히 다른 조직을 가질 필요는 없다. 그러나 가능한 한 청중을 중심으로 하는 조직법을 사용해야 한다. 이를 테면, 청중의 지식수준을 잘 감안해 항상 청중이 알고 있는 곳에서 출발하여 점점 새로운 것을 도입하고, 청중이 좋게 생각하는 것으로부터 출발해서 점점 자기가 주장하고 싶은 쪽으로 이동해 가는 것이 좋다.

설득 스피치에서 이용하면 효과적인 조직법에는 '문제 해결식 조직', '대안 제시식 조직', '단계화, 동기화 조직', '반항적 사고 조직', '욕구 충족식 조직'이 있다. 간략히 그 요지만 알아보고자 한다.

1) 대안 나열 후 제거식 조직

이 조직 기법은 정책 입안에 대한 논의를 한 경우에 사용하면 매우 유용한 기법이다. 여러 사람이 여러 가지 안을 놓고 토론을 벌일 때 자기가 낸 안이 가장 좋다는 것을 보여주고 싶으면 이 조직법을 사용하는 것이 좋다. 이 조직법을 요약하면 다음과 같다.

① 새로운 정책이 필요해진 배경이나 현재의 상황을 자세히 설명한다.
② 가능한 정책(대안 1, 대안 2…)을 모두 나열한다.
③ 대안 1의 문제점을 논의한 후 그 대안을 폐기한다.
④ 대안 2의 문제점을 논의한 후 그 대안을 폐기한다(폐기해야 할 대안이 남아 있으면 이 과정을 반복한다).
⑤ 최종적으로 남은 대안, 즉 자신이 제시하는 대안은 다른 대안들이 가진 문제점을 갖지 않고 현 상황에 효과적으로 대처할 수 있음을 강조한다.

2) 반항적 사고

이 조직은 여러 가지 대안을 나열하고 그 가능성을 검토한다는 점에서 앞에서 논의한 대안 나열 후 제거식 조직과 매우 유사하다. 다른 점이 있다면 이 조직은 자신이 제시하는 대안을 강하게 내세우지 않고 다른 대안들과 동일하게 취급한다는 점이다. 대안 나열 후 제거법은 초지일관 자기 안을 염두에 두고 있기 때문에 다른 안은 문제점 위주로 논의한다. 그러나 반항적 사고는 모든 안을 동일한 수준에 놓고 그 장단점을 평가하게 된다.

이러한 측면에서 반항적 사고 기법은 자기주장을 피력한다는 느낌보다는 청중과 함께 해결책을 찾는다는 느낌을 주게 된다. 이 조직 기법은 다음의 다섯 단계로 이루어진다.

① 문제 정의 - 관심을 가져야 할 문제를 찾아내어 이를 정의하고 기술한다.
② 문제 분석 - 문제가 생겨난 배경, 문제의 원인, 문제의 결과 등을 분석한다.
③ 평가 기준 - 해결책들을 평가할 기준을 결정한다.
④ 평가 - 해결책을 나열하고 설정된 기준에 따라 평가한다.
⑤ 선택 - 최선의 해결책을 선택한다.

3) 욕구 충족식 조직

욕구 충족식 조직은 앞에서 논의한 '동기화 설득 기법'을 사용할 때 쓰면 유용한 기법이다. 이 조직은 매우 단순하다. 우선 청중이 가진 욕구를 강조해 그들의 동기를 유발시킨 다음, 이를 성취할 수 있는 방법을 제시하면 된다. 즉, 욕구 충족식 조직은 다음 두 단계로 구성된다.

① 욕구 / 동기 유발
② 해결책 제시

(1)욕구 – 사람은 누구나 다 성공하기를 원한다

① 성공적인 삶을 살고 싶다는 것은 모든 사람들의 공통된 소망
② 이런 욕구가 없는 사람은 타고난 패배자

(2) 해결책 – 오직 노력만이 성공을 보장한다

① 성공과 실패는 운명에 의해 결정된다는 사고는 패배자의 변명에 불과
② 주위의 도움과 행운이 개입할 여지는 한정되어 있다.
③ 오직 노력하는 사람만이 진정한 승리자가 된다.

4) 문제 해결식 조직

(1) 문제 – 무엇이 문제인가?

① 문제의 역사적 배경
② 문제의 본질
③ 문제의 원인
④ 문제의 결과

(2) 해결책 – 이렇게 해결하자

① 해결책 제시
② 해결책의 문제 해결 능력
③ 해결책의 실용성과 실현 가능성
④ 해결책의 장점

5) 대안 제시식 조직

① 문제 – 왜 새로운 대안이 필요한가?
② 심각성 – 이 문제가 대안을 필요로 할 만큼 심각한가?

③ 본질성 - 이 문제가 현 제도나 정책 또는 제품에 내재하는 문제인가?
④ 해결책 - 새 대안이 이 문제를 해결할 수 있는가?
⑤ 실현 가능성 - 새 대안은 실행상의 문제는 없는가?
⑥ 부작용 - 새 대안이 갖는 본질적인 문제는 없는가?

6) 단계적 동기화 조직

① 시선 끌기 - 청중의 호기심이나 관심을 유발할 수 있는 자료를 제시한다.
② 욕구 - 공략하고자 하는 청중의 욕구를 일깨워 준다.
③ 충족 - 이 욕구를 충족시킬 수 있는 방안, 즉 해결책을 제시한다.
④ 시각화 - 이 해결책의 효과를 생생하게 묘사한다.
⑤ 행동 - 이 효과를 즐기기 위해 무엇을 해야 하는지를 밝힌다.

6. 설득 스피치의 실천

다른 사람을 말로 설득하여 자기의 제안대로 실천하게 하는 기법은 사회생활을 하는데 대단히 필요하다. '인생의 지대한 목적은 지식이 아니라 행동이다' 라는 말이 있듯이 사람을 실천으로 옮기게 하는 방법들에는 다음과 같은 것이 있다.

(1) 흥미를 갖게 한다

만일 청중이 연설에 흥미를 느끼지 못하면 연설에 귀를 기울이지 않는다.

(2) 진실을 말한다

청중이 연설자에 대하여 신뢰감을 갖느냐, 안 갖느냐 하는 것은 후보자의 천성과 인격 그리고 그 동안의 행동과 교양에 달려있다. 연설자가 진실된 태도와 자연스런 음성으로 연설을 하면 유권자는 연설자의 한마디 한마디에 관심을 가져 그 말을 받아들이게 된다. 진실한 연설자의 말은 그것이 비록 서투르고 세련되지 않았을지라도 유권자의 마음을 강렬하게 움직일 수 있다.

(3) 연설자 자신의 경험을 말한다

자기의 의견만을 말하면 청중의 의심을 사기 쉽지만, 연설자 자신이 경험한 것을 말하면 청중의 신뢰를 얻을 가능성이 많다. 다른 사람에게 들은 것, 책에서 읽은 것은 제2차적인 것으로 효과가 적으나 자기가 실제로 체험한 생생한 사실을 진실하게 말하면 청중은 흥미를 갖게 되고 설득당할 가능성이 높아진다. 왜냐하면 청중은 그 부분에 대해서는 연설자의 권위를 인정하게 되기 때문이다.

(4) 적당한 소개를 받는다

연설을 시작하기 전 적당한 소개를 받으면 청중의 신뢰를 얻을 수 있게 된다. 청중은 소개를 통해서 연설자와 연설 내용에 대한 예비지식을 얻게 되므로 소개는 연설에서 중요한 역할을 하는데 가끔 너무나 부적당한 소개를 하는 사회자를 볼 수 있다.

(5) 제안의 중요성을 설명한다

연설자가 자기주장의 중요성을 설명한다는 것은 연설의 중요한 핵심이다. 모든 연설을 여기에다 집중시켜 여기에서 열매를 맺어야 한다. 포슈 장군은 "전쟁터는 연구할 기회를 주지 않는다. 이미 알고 있는 지식만을 적용할 수밖에 없다. 그러므로 무엇이나 미리 완전히 연구하고 준비한 후에 신속히 그것을 적용하는 것이다"라고 말하였다. 연설자는 자기주장의 중요성을 막연히 말하지 말고, 많은 준비와 연구 속에서 자신 있게 설명한다.

(6) 인간의 근본적인 욕망에 호소한다

사람에게는 행동을 하도록 하는 인간의 근본적인 욕망이 있다. 그러므로 나의 주장을 받아들이면 청중에게 어떠한 이익이 있으며, 얼마나 즐거울 수 있으며, 어떤 결과가 생길 수 있는가를 이야기한다. 또한 사람의 욕구 중 가장 강렬하다고 말할 수 있는 명예욕 곧 자존심을 호소하는 것도 설득의 요령이 된다. 즉, 청중의 명예욕을 짓밟지 않고 자존심을 세워주도록 한다.

7. 설득 스피치의 예문

피와 땀과 눈물

- 1940년 5월 13일 영국 하원에서 신정부에 대한 신임 투표를 앞두고 한 연설문(윈스턴 처칠)

지금 금요일 저녁에 저는 폐하로부터 새 내각을 구성하라는 임무를 부여받았습니다. 이 내각은 되도록 가장 넓은 토대 위에서 구성되어야 하고, 모든 정당을 포함해야 한다는 것이 국회와 국민의 명확한 의사였습니다. 저는 이미 이 임무의 가장 중요한 부분들을 끝마쳤습니다. 전시 내각이 노동

당, 야당, 자유당을 포함해 국가의 단합을 나타내는 5명의 인원으로 구성되었습니다.

이번 내각은 사태의 급박함과 어려움으로 인해 단 하루 만에 이루어져야만 했었습니다. 다른 요직은 어제 충당되었고, 후속 명단은 오늘밤 폐하에게 제출할 예정입니다. 내일 중으로 주요 장관의 임명을 마치려고 합니다. 그 외의 장관들의 임명은 시간이 좀 더 걸리는 것이 상례입니다. 국회가 재소집 될 때 제 임무의 이 부분은 끝날 것이며, 모든 행정 기능이 완전하게 되리라고 믿고 있습니다.

오늘 하원이 소집되어야 한다고 의장에게 제안한 것은 공익을 위한 것이라고 저는 생각했습니다. 오늘의 의사일정이 끝나게 되면 하원의 휴회는 필요할 경우 더 일찍 모일 수 있다는 조건 하에 5월 21일까지로 제안될 것입니다. 거기에 대한 것도 되도록 빠른 시일 내에 의원 여러분들에게 통지될 것입니다.

저는 지금 하원이 결단력을 가지고 이미 취한 절차에 대한 승인을 기록하고 새 정부에 대한 신임을 표명해 주시기를 바랍니다. 결의는 다음과 같습니다.

"하원은 독일과의 전쟁을 승리로 이끌기 위해 국민들의 단합과 단호한 결단력을 대표하는 정부의 조직을 환영한다." 이 정도 규모와 복잡성을 띤 행정부를 구성한다는 것은 그 자체가 심각한 과제입니다.

그러나 우리는 역사상 가장 큰 전쟁 중의 하나인 이번 전쟁의 초기 단계에 도달해 있습니다. 우리는 노르웨이와 네덜란드 등 이미 여러 곳에서 작전을 수행하고 있습니다. 그리고 지중해에서의 전투에도 미리 대비해야 합니다. 공중전이 계속되고 있으며, 국내에서 많은 준비가 이루어져야 합니다.

이처럼 모든 상황이 위기에 처해 있으므로 제가 오늘 하원에서 더 이상 길게 연설하지 않아도 그것은 그렇게 실례가 되지 않으리라고 생각합니다. 정치적 재정비로 인해 영향을 받은 저의 친구, 동료 그리고 옛 동료들 누구나 절차상 필요한 예식이 생략되더라도 충분히 고려하여 주시리라 생각합니다.

저는 하원에 대해서도, 이 정부 구성에 동참한 장관들에게 말씀드렸던 대로 오직 피와 땀과 눈물밖에 제공할 것이 없다고 말씀드리는 바입니다. 우리 앞에는 가장 가혹한 시련이 놓여있습니다. 우리 앞에는 기나긴 세월의 투쟁과 고난이 놓여있습니다.

여러분은 우리의 정책이 무엇이냐고 묻습니다. 저는 육지에서, 바다에서, 공중에서 전쟁을 치르는 것이라고 말하겠습니다. 우리가 우리의 힘과 하나님이 주신 힘을 가지고 어둡고 통탄할만한, 인류 범죄사에서 볼 수 없었던 가공할 폭정과 맞서 싸우는 것입니다. 그것이 우리의 정책입니다.

여러분은 우리의 목표가 무엇이냐고 묻습니다. 한마디로 얘기해서 그것은 승리입니다. 어떠한 대가를 지불하더라도 그리고 어떠한 공포를 갖게 되더라도 그리고 그 역정이 길고 험난할지라도 우리의 목표는 승리입니다. 승리가 없으면 생존이 없기 때문입니다.

꼭 승리를 실현합시다. 그렇지 않으면 대영제국도, 대영제국이 상징했던 모든 것도, 인류가 목표를 향해 전진할 수 있는 시대의 충동력과 촉진력도 모두 사라지고 맙니다.

저는 가벼운 마음과 희망을 가지고 이 임무를 맡습니다. 저는 우리의 대의가 이 세상에서 실패하지 않으리라고 확신합니다. 이 중대한 시점에서 저는 모든 이의 협조를 부탁하고 "자, 우리의 힘을 모아 함께 나아갑시다"라고 말할 자격이 있다고 느끼는 것입니다.

이 연설문은 영국의 오랜 역사에서 어떤 수상도 이렇게 짧으면서도 엄청난 호평을 의회와 국민으로부터 받은 예가 없을 정도의 최고의 연설문이란 평가를 받고 있다.

황금 인생을 움켜쥐는 훈련

- 나이에 대한 편견을 버리자.
- 60세부터는 인생의 황금기다.
- 매력이 넘치는 학문의 유혹
- 한발 내디디면 성큼 앞으로 간다.

스피치를 빛나게 하는 핵심전략

털어놓고 이야기 하십시오 - 마고

자신을 표현하십시오. / 당신의 행동이 당신이 대변하도록 하십시오. / 당신을 있는 그대로 아끼지 말고 나타내십시오. / 매일매일 새로운 것을 배우십시오. / 이미 할 줄 아는 일도 되풀이해 연습하십시오. / 자신을 몇 가지 일에 국한시키지 마십시오. / 항상 방심하지 마십시오. / 선택하고, 도전하고, 반응하고, 스스로 알아서 하십시오. / 할 일은 선택해서 스스로를 위해 하십시오. / 만약 당신이 무인도에 혼자 남게 된다면 모든 것을 스스로 할 것입니다. / 단지 살아남기 위해서 당신은 매우 창의적으로 될 것입니다. / 왜 집에서는 당신만이 할 수 있는 높은 수준으로 살아가려 하지 않습니까.

제16장 자신의 가치창조

1. 자신의 가치창조 자아실현(목표)

선언(宣言)은 스스로 선택하고 자아실현의 목표를 확정한 다음에, 그것을 확실히 하기 위해 말과 행동으로 우주공간에 씨앗을 심는 엄숙하고도 진지한 행위다. 스스로 결심하고 결의한 선언은 그것을 창조하여 경험하기 전에는 번복할 수 없으며, 번복해서도 안 된다.

선언은 자기와의 약속임과 동시에 순수자아, 즉 신(神)과의 약속이다. 소원을 이뤄 풍요와 발전과 성공의 삶을 임의대로 사는 사람은 선언이 창조라는 법칙을 활용할 줄 아는 사람이다.

'강철왕' 앤드류 카네기(Andrew Carnegie)와의 만남에서 큰 영향을 받은 나폴레옹 힐(Napoleon hill)은 그의 저서에서 거부가 되는 방법을 여섯 단계로 제시하고 있다. 먼저 '나는 돈을 많이 벌어 거부가 되겠다' 는 목표(원칙)를 세우고, 그것을 불타는 욕망과 뜨거운 정열로 염원하라고 했다. 매일같이 선언하고 그것을 느끼라는 것이다.

제1단계 : 자신이 바라는 돈의 금액을 명확하게 마음속에 입력하라.

제2단계 : 자신이 요구하는 돈을 얻기 위해 어떠한 일을 할 것인가를 명확히 결정하라.

제3단계 : 그 돈을 언제까지 획득할 것인가 그 기일을 구체적으로 확정하라.

제4단계 : 자신의 욕망을 실현하기 위한 명확한 계획을 세워 바로 행동하라.

제5단계 : 자신의 계획을 상세하고 명확하게 수립하여 그 청사진을 제시하라.

제6단계 : 구체적으로 설정된 계획서를 매일같이 2회 이상 소리 내어 큰소리로 읽어라. 그리고 자기 자신이 이미 그 돈을 소유 하였다고 눈앞에 그려보고, 몸으로 느끼고, 믿어라.

그렇다. 처음에 불타는 욕망을 명확하게 구체화하여 그것을 제1의 진실이라고 선언하라. 끝없는 의식의 저 너머 가장자리까지 이르도록 선언하고 또 선언하라. 그것을 회의하거나 부정하는 제2의 망령됨이 일어나지 않을 때까지 계속 선언하는 것이다. 그리고 그것을 확실하게 신념하면 그것은 현실로 100% 창조되는 것이다. 이와 같은 여섯 단계를 거쳐 욕망을 신념, 대부자가 된 사람이 그 유명한 강철왕 앤드류 카네기라고 나폴레옹 힐은 밝히고 있다.

2. 자신의 가치창조(자아실현)

(1) 자아의 인생계획서

자아의 좋은 뜻 세우기는 곧 자아의 인생계획서다. 하나뿐인 목숨을 갖고 한 번뿐인 생애를 가장 효과적으로 보람되게 살기 위해서 꼭 필요한 것이 인생계획서라는 자기 삶의 이정표다. 인생에 대한 계획을 세울 때는 먼저 전체 생애에 대한 큰 테두리(평생 목표)를 정하고 그 속에서 다시 몇 년 단위로 세분하여 보다 구체적인 실천계획을 세우는 것이 바람직하다고 많은 선각자들은 가르친다.

연령에 맞춰 철저한 계획을 세우고 실천한 공자는 "나는 15세에 학문에 뜻을 두었고, 30세가 되어 홀로 설 수가 있었으며, 40세에는 미혹됨이 없었고, 50세가 되어서는 하늘이 내리신 나의 사명이 무엇인지 알았으며, 60세에 이르러서야 귀에 거슬림이 없이 남의 말을 들을 수 있었고, 70세가 되어서야 마음대로 행동해도 허믈이 없었다"고 말하였다.

오랜 역사와 전통을 간직하고 있는 영국의 속담에 '20대에 아름답지 않다면, 30대에 강직하지 않다면, 40대에 기민한 재주가 없다면, 50대에 여유 있는 재물이 없다면, 그 인생은 모든 것을 잃은 것이다' 라는 말이 전해오고 있다. 자기에게 알맞은 계획이라야 가치 있는 계획이고 현실로 100% 창조되는 계획이다. 공부하는 학생에게 알맞은, 도전하는 젊은이에게 알맞은, 살림하는 주부에게 알맞은, 경영하는 리더에게 알맞은 계획이라야 인생을 성공과 행복으로 안내한다.

노후에 건강한 심신, 다정한 친구, 넉넉한 재물, 편안한 시간을 갖고 자유롭게 여행, 골프, 대화를 즐길 수 있는 인생을 설계하고 계획하여, 선언하고 주의하여 달성하는 것이다. 자기에게 꼭 맞는 목표를 확정했다면 생각만 해도 신바람이 일어난다. 자아의 성공 의지가 선택한 목표를 달성한다는 것은 정말 즐거운 일이다. 무한지성(無限知性)에서 기쁨이 샘솟는다.

좋은 목표는 신나는 목표,
좋은 창조는 신나는 창조를 경험할 수 있다.
불타는 욕망이 갈구하는,
뜨거운 정열이 희망하는,
확고한 신념이 자신하는

내 삶의 사명과 역할을 인식하고 정립하는 것이다.
내 삶의 목적과 목표를 계획하고 확정하는 것이다.

(2) 목표를 확정하는 8가지 계획안

신나는 목표를 계획하라.
보람된 목표를 계획하라.
원대한 목표를 계획하라.
함께하는 목표를 계획하라.
승리하는 목표를 계획하라.
인정받는 목표를 계획하라.
융통성 있는 목표를 계획하라.
자아실현의 목표를 계획하라.

(3) 목표를 확정하는 8가지 성공 안

지금 여기에서 시작하는 것이다.
낡은 패러다임을 전환하는 것이다 .
잘못된 신념을 버리는 것이다.
다 함께 좋은 뜻을 세우는 것이다.
풍부한 상상력을 활용하는 것이다.
주도적으로 행동하는 것이다.
끈기와 인내로 기다렸다 이루는 것이다.
자신의 경험으로 얻는 것이다.

(2)의 계획안과 (3)의 성공 안이 정합된 목표가 확정되면, 성공법칙을 적용하여 그 목표가 현실창조로 달성될 때까지 매일매일 목표를 선언하고, 주의하고, 염원하고, 기도하는 것이다. 성공하는 힘의 비밀은 자기 목표의 주제 속에 들어있기 때문에, 자기 목표가 제대로 성취될 것인가 또는 어긋날 것인가는 목표 그 자체에서 이미 결정이 난다.

그러므로 성공 지능이 발달한 사람은 스스로 자기목표를 평가하여 성공지수를 매길 줄 안다. 자기의 목표가 자기와 맞는가, 다른가를 자문자답함으로써 성패를 예측하는 것이다.

'자아의 좋은 뜻 세우기' 란 말이 있는데 이 자아의 좋은 뜻이란, 내게 지워진 임무로서 내가 해야 할 일이고, 내가 존재하는 이유이다. 자아의 사명(mission)의식이 투철해야 자아의 목표

(vision)를 확실하게 달성할 수 있는 뜻이 서는 것이다.

뜻이 선 사람은 역사와 민족(인류)을 위해 사명감을 갖고 봉사하며, 자기의 존재가치를 창조하는 것이다. 내 인생의 목표는 자아 내면의 본성, 즉 하나의 빛이 소명(召命)한 지금 여기에 존재하는 나의 사명인 것이다.

목표를 설정하고 확정하는 여러 가지 방법에 의하여 '무엇을 어떻게 할 것인가?' 를 결정하였으면, 그 생각과 의지를 문자로 작성하여 시각화하고 말씀으로 선언하여 현실로 창조하는 것이 성공의 길이다. 누구나 자기의 뜻대로 자아의 좋은 뜻 선언서를 작성하여야 한다. 일차적으로 자아의 좋은 뜻 선언서를 작성하고, 이차적으로 가족의 좋은 뜻 선언서를 작성한다. 그리고 필요한 경우에는 조직의 좋은 뜻 선언서도 작성한다.

확정된 목표, 즉 자아의 좋은 뜻 선언서가 하나의 빛으로 깨어난 자아를 제약하거나 한계 지워서는 절대로 안 된다. 어디까지나 그 목표는 자아실현을 위해 필요한 것이고, 자아의 주의를 한 곳으로 집중하기 위하여 작성한 것이기 때문이다. 어떤 경우라도 자아의 좋은 뜻 선언서, 즉 자아 목표를 회의하거나 조령모개식(朝令暮改式)으로 자꾸 바꿔서는 안 된다. 자아 목표를 현실로 창조하여 성공적인 삶을 누리기 위해서는 그것을 초지일관(初志一貫) 신념하고 주의하는 것이다.

경우에 따라서는 자기의 목표를 강화하고 보완할 필요성은 있다. 그러나 전술은 바꿔도 전략을 쉽게 바꿔서는 안 된다. 물론 좋도록 고치고 다듬는 융통성은 필요하며, 정기적으로 목표를 검토하고 평가하여 효과성을 높이는 것은 당연한 일이다. 그리고 자아의 목표에 대하여 자신감을 가지고, 그것이 이뤄지도록 인내력을 가지고 기다리는 것이다. 그러면 반드시 뜻대로 이뤄진다.

3. 목표 선택의 중요성

사람이 뜻하는 바 기본적인 욕망은 순수한 것으로서 그 욕망을 신념하면 그 욕망은 반드시 이뤄지는 것이다. 그것이 비록 참된 자아이든, 망령된 자아이든 간에 자아 의지로 선택하고 결정하여 선언하고 신념하면, 그 욕망이 좋은 것이든, 나쁜 것이든 현실로 창조되는 것이다. 인간은 자기의 욕망을 선별하여 자기 삶의 목표로 선택하고 신념하여, 그것을 창조하고 경험하는 존재다.

선택은 언제나 자아의 자유 의지로 결정하는 나의 목표이고 책임이며, 인생으로서 성공하는 원인이 된다. 자아의 뜻으로 선택한 결과에 따라서 삶이 결정되므로 '좋은 뜻은 좋은 삶을, 나쁜 뜻은 나쁜 삶을, 애매모호한 뜻은 애매모호한 삶을, 신나고 멋진 뜻은 신나고 멋진 삶' 을 창조하여 경험하게 한다. 뜻은 창조 의지고 성공 의지다.

지금 여기의 내가 무엇을 어떻게 선택할 것인가? 그것은 매우 중요하다. 한순간의 선택이 그 사람의 평생을 좌우하기 때문이다.

무엇을?

어떻게?

선택하고 결정하여 책임질 것인가?

타의적(他意的) 목표

자의적(自意的) 목표

봉사적(奉仕的) 목표

영감적(靈感的) 목표

내 삶의 행복을 이루기 위해 내 뜻대로 어떤 목표를 선택하고 결정하여 그 목표를 현실로 창조하는 것이다. 목표가 없는 인생은 불행하다. 비참하게 좌절하고 표류하는 것이다. 실패자가 되는 것이다. 목표가 있는 인생은 행복하다. 분명하게 발전하고 전진하는 것이다. 성공자가 되는 것이다.

그러므로 의식이 깨어난 사람은 반드시 뜻이 서야 한다. 뜻은 스스로 선택한 목표로서 자아실현을 위해 절대로 필요한 것이다. 자기가 나갈 방향, 즉 인생의 목표가 분명하면 그것에 주의를 쏟고 관심을 기울여 사랑하고, 그것을 위해 신나게 일하며 전진하는 것이다. 목표가 없으면 스스로 불안하고 갈등하며, 자신의 진로를 부정하고 헤매면서 남의 시킴을 감수하며 줏대 없이 산다.

인생의 목표가 있다는 것은 참으로 신나는 일이다. 그 목표가 자신의 삶을 풍요와 발전과 성공으로 이끌어 간다. 사랑과 행복을 누리도록 한다. 당신도 지금 여기에서 신나는 목표를 정해서 실천하는 것이다.

4. 목표를 설정하는 방법

(1) 꿈과 욕망, 상상을 실제화시킨다

평소에 머리와 가슴속으로 꿈꿔왔던 자기의 욕망, 이상 등의 '무형적인 상상설계도'를, 실제의 종이나 컴퓨터에 손과 물질로써 '유형적인 사실설계도'를 그리는 것이다.

(2) 내재된 욕구, 희망을 시각화시킨다

자기가 갖고(소유하고) 싶은 것, 믿고(신념하고) 싶은 것, 하고(경험하고) 싶은 것, 되고(달성하고) 싶은 것들을 진솔하게 공개하고 정리하여, 그것을 눈으로 항상 지각하고 주의할 수 있는 형태로 만드는 것이다.

(3) 잘못된 생활습관을 재 각본화시킨다

자기도 모르게 길들여진 낡고 오래된 관습, 관행, 타성에 물든 생활 패턴을 과감하게 개선하고 개혁하여, 보다 더 효과적인 새로운 생활 패턴을 개발하고 각색하는 것이다. 새로운 인생 각본을 쓰는 것이다.

(4) 장점은 강화시키고 단점은 보완한다

자신의 생각, 습관, 성격, 성품 가운데 올바르고 굳센 장점은 더욱 좋도록 강화시키고, 그릇되고 나약한 단점은 고쳐서 완벽하게 보완하는 것이다.

(5) 올바른 역할을 정확히 자각한다

자기에게 주어진 현실적인 임무를 파악하고 자기의 역할을 성실하게 수행하는 것이다. 가정적인 역할, 사회적인 역할, 더 나아가선 민족과 하늘이 준 사명 그리고 아버지이면서 남편, 아들, 오빠, 관리자, 친목회장, 향토예비군, 시민 등의 역할이 모두 중요한 것이다. 반드시 역할과 목표를 정합하고 성취할 수 있어야 한다.

(6) 작전에는 전략과 전술이 있다

인생의 성공작전에는 반드시 전생애를 투자하고 헌신해서 이뤄야할 장기적인 전략(평생목표)이 세워진 다음에, 필요에 따라 그때그때 이뤄야 할 중·단기적인 전술(세부계획)이 수립되어야 한다. 전략은 일념으로 되고 싶은 최고의 목표이고, 전술은 꾸준하게 실천하는 일상의 임무이다.

(7) 본(本)받고 싶은 사람이 된다

자기에게 결정적인 영향을 미친 사람이 있으면 존경하는 그 사람의 자질과 업적을 자기의 목표로 삼고 배우는 것이다. 자기도 그 사람같이 되기 위해 무엇을 어떻게 할 것인가를 생각하고 실천하여 그와 하나가 되는 것이다. 삶을 공유(共有)하는 것이다. 부처가 되는 길은 부처를 흉내 내는 것이 가장 빠른 길이다.

(8) 목표와 생활을 일치시킨다

자기가 원하는 목표와 삶을 원하는 일상생활이 지나치게 동떨어진 것이면 곤란하다. 오히려 허황된 목표로 말미암아 자기의 삶을 낭비하는 어리석음을 범하고 만다. 그러나 일상생활과 상관없이 동떨어진 목표라 할지라도 그 목표에 대한 신념이 한 뜻이고 그 목표를 향하여 일관성 있게 행동할 수 있다면 무관하다. 목표에 한계지음은 성공을 제한하는 것이지만, 자기의 목표가 일상생활과 일치될 때 그 목표는 저항 받지 않고 쉽게 성취된다.

5. 자신감을 갖는 법

1) 자신감을 갖는 법[1]

나는 나 자신을 믿는다. 나와 함께 일하는 사람들을 믿으며 나의 고용주를 믿는다. 나는 내 친구들을 믿는다. 나의 가족을 믿는다. 내가 신뢰와 정직으로 최선을 다할 때 하나님이 성공하는 데 필요한 모든 것을 채워주시리라 믿는다.

나는 기도의 힘을 믿기에 매일 밤 잠들기 전에는 내가 신뢰하는 만큼 믿어주지 않는 상대방을 용서할 수 있게 해달라고 기도한다. 나는 성공이 노력의 결과라고 믿으며, 행운의 결과 또는 친구, 동료, 고용주를 배신한 결과로 얻어지는 것이 아님을 알고 있다.

내가 소망하는 바로 그 인생을 영위하리라 믿으므로, 내가 사람들한테 대접받고 싶은 대로 나도 그들을 대접하기 위해 노력할 것이다. 호감이 가지 않는 사람이라고 해서 비방하지 않을 것이다. 결코 내가 하는 일을 하찮게 여기지 않겠다. 나는 인생에서 성공하기를 갈망하며, 성공이란 언제나 성실과 충분한 노력의 결과라는 걸 알기에 최선을 다할 것이다. 마지막으로 나 역시 남을 공격하고 그들의 용서를 구할 때가 있으리라는 것을 알기에, 나를 공격하는 사람들을 용서하겠다.

이 성명서를 분석해 보면 일단 자신감을 확신하는 '나는'이라는 단어가 자주 쓰이고 있음을 알 수 있다. 인생의 성공을 향한 투쟁에서, 무엇보다도 나에게 도움을 줄만한 사람들을 끌어 모으는 긍정적인 정신 자세를 갖지 않고서는 이 성명서를 진정한 자기 것으로 만들었다고 할 수 없다. 이 성명서를 사용하면 성공의 가능성에 더욱 다가서고 결코 손해를 입지 않을 것이다.

그러나 단순히 사용하는 것만으로는 충분치 않다. 중요한 것은 실천이다. 성명서에 씌어있는 내용을 완전히 내 것으로 받아들일 수 있을 때까지 읽고 또 읽어야 한다. 그런 다음 문자 그대로 그 내용이 나의 생각이 되도록 만든다.

매일의 일과로서 성명서의 내용을 실천하겠다고 맹세하고, 성명서를 한 부 복사해 늘 지니고 다닌다. 이것은 자기 암시의 원리를 이용하여 자신감을 효과적으로 계발하기 위함이다. 성공하는 것만이 당신의 관심사임을 기억해야 한다. 완전히 내 것으로 만들고 실천할 때 이 성명서는 오래오래 당신의 동반자가 되어줄 것이다.

2) 자신감을 갖는 법[2]

성공에 도달하려면 타인의 도움과 협조도 필요하겠지만, '자신감' 이라는 긍정적인 정신 자세로 마음속에 활기를 불어넣지 않으면 타인의 협조는 결코 얻어낼 수 없다. 일단 성공하는 사람은 자기 자신을 믿는다는 점이 가장 두드러지게 나타난다.

그런 믿음에 적극적인 실천을 수반시킴으로써, 그가 자기 스스로를 믿고 있다는 사실을 주위 사람들이 알게 만든다. 자신감을 가지고 있다면 그 증거가 상대방의 모든 면면에 명백히 드러나게 되어 있기 때문이다. 상대방이 입을 여는 그 순간부터 자신감이 배어 나오게 될 테니 말이다. 이제 긍정적이고 적극적이며, 자주적인 사람으로 발전하기 위해 자기 암시를 적용하는 법으로 '자신감을 키우는 공식' 을 만들어 암기해보자.

자신감을 키우는 공식

첫째, 나는 나 자신에게 명확한 목표를 달성할 능력이 있음을 알고 있다. 따라서 목표가 달성될 때까지 끈질기고도 적극적인 실천을 계속해 나갈 것을 스스로에게 요구한다.

둘째, 나는 내 마음속의 지배적인 생각이 결국은 외적인 행동으로 드러나 점차 현실화될 것임을 알고 있다. 따라서 내가 되고자 하는 사람을 떠올리며 매일 30분씩 생각을 집중한다. 그러면 그 사람의 이미지가 실제 행동으로 옮겨지고, 결국 현실화되게 된다.

셋째, 나는 자기 암시의 원리를 통해 그리고 마음속에 품은 열망을 통해 반드시 내 목표를 실현시키고야 말겠다.

넷째, 나는 내 인생의 명확한 목표를 달성하기 위해 앞으로 5년간의 상세한 계획을 세운 다음, 글로 적어놓는다.

다섯째, 나는 성실과 정의를 기본으로 하지 않는 한, 어떠한 재물 또는 직위도 오래 지속될 수 없음을 잘 알고 있다. 그러므로 주변의 모든 사람들에게 부정적인 영향을 끼치는 행위는 결코 하지 않을 것이다. 나는 원하는 능력을 발휘하고 타인의 협조를 끌어올 수 있다. 즉, 내가 먼저 그들에게 봉사함으로써 그들이 내게 봉사하도록 유도할 것이다.

나는 증오, 질투, 탐욕, 이기심, 냉소 등을 없앨 것이다. 타인에 대한 부정적인 마음이야말로 내게 결코 성공을 가져다주지 않는 원인임을 알고 있기 때문이다. 나는 누구보다도 나 자신을 믿기 때문에 타인으로 하여금 나를 믿도록 만들 것이다. 가장 중요한 것인 '자기암시' 이다. 당당한 자신감으로 마음속을 채운다면 자기암시의 원리는 이런 믿음을 지배적인 생각으로 고정시켜 성공의 정상에 도달할 때가지 모든 장애들을 이기도록 도와줄 것이다.

제17장 자신의 가치를 높이는 화술

'어떻게 해야 그들이 나의 뜻을 오해하지 않고 정확히 받아들일 수 있을까?' '어떻게 해야 그들이 나의 뜻을 오해하지 않고 정확하게 이해하고 동감하여 받아들일 것인가?'

대화와 협상을 잘하는 사람이란 상대방이 하는 이야기를 잘 알아듣고, 그 말에 담긴 본뜻을 알아차리고, 그 필요를 충족시켜줄 수 있는 능력이 있는 것을 말한다. 따라서 대화와 협상의 테이블에서 서로의 공통부분을 넓혀가는 기술이 발휘되어야 한다.

1. 커뮤니케이션 스킬(Communication skill)

1) Communication의 정의

커뮤니케이션은 나와 함께 이루어지는 것들과의 관계 속에서 내용의 의미와 의도, 결과에 따라 관계자의 틀이 조성된다. 커뮤니케이션에는 나와 가족간의 커뮤니케이션, 이웃간의 커뮤니케이션, 나와의 커뮤니케이션, 조직간의 커뮤니케이션 등이 있다. 따라서 커뮤니케이션은 '관계의 틀' 에서 인격과 감성, 우정과 사랑, 행복과 불행, 발전과 퇴보 등을 결정지어주는 단초가 된다. 그래서 커뮤니케이션이란 단순히 말로 표현하는 것 이상이며, 사상과 감정까지도 전달하는 것이다. 다시 말하면 커뮤니케이션은 '관계의 틀' 이라고 할 수 있다.

2) Communication의 기능

- 원만하고 친밀한 인간관계를 위하여
- 설득을 하기 위하여
- 확인하기 위하여
- 정보획득을 위하여
- 의사결정을 하기 위하여

3) Communication의 구분

- 언어적 Communication
- 비언어적 Communication

※ 메르비안챠드

① 말 — 7%
② 청각적 — 38%
③ 시각적 — 55%

4) 이미지란

(1) 이미지 메이킹의 필요성

이미지 메이킹은 동서고금, 남녀노소, 지위고하를 막론하고 모든 사람에게 꼭 필요한 것이다.

(2) 이미지 평가 요인

- 능력적인 평가 차원
- 감정적인 평가 차원
- 사회적인 평가 차원

(3) 귀인(貴人)이 되는 법

- 영향력을 행사할 수 있는 사람(최고가 되겠다는 목표와 결단 그리고 실천이 뒤따르는 사람이다)
- 세련감 있는 사람
- 성공과 행복을 전하는 사람
- 덕담(德談)을 잘하는 사람, 험담(險談)을 하지 않는 사람
- EQ 지수가 높은 사람
- 감사할 줄 아는 사람, 감동이 있는 삶

(4) 이미지를 높이는 법

- 표정
- 거리 유지와 상담 자세
- 개인적 거리
- 대중적 거리
- 신체 접촉법
- 마음가짐
- 친밀적 거리
- 사회적 거리
- 시선 배치법
- 자세 및 태도

5) 성공적인 자기 홍보 위치

- 자기를 연출하는 대표적인 방법은 적절하게 이미지를 변신하는 것
- 개인적인 브랜드를 만들어라.
- 눈에서 멀어지면 마음도 멀어지기 마련이다.
- 나쁜 일은 빨리 잊어 버려라.
- 영웅처럼 살아라.
- 거절을 잘하는 사람이 되라.
- 내가 먼저 인사를 하거나 말을 건네라.
- 어떤 일도 완성 전에 공표해서는 안 된다.
- 마음은 항상 감성이 충만해야 한다.
- 아픈 곳을 보이지 마라.

6) 대화 스킬

- 경청훈련
- 듣기 기술(상대방 배려하기)
- 대화할 때의 유의점

7) 효과적인 커뮤니케이션의 장애요인

- 준거 틀의 차이
- 가치판단의 차이
- 어의상의 문제
- 시간의 압박
- 선택적 청취
- 정보원의 신뢰도
- 여과
- 커뮤니케이션의 과중

8) 커뮤니케이션의 개선방안

- 커뮤니케이션 원칙의 수행
- 추적조사

- 정보 흐름의 규칙
- 감정이입
- 상호간의 신뢰감 증대
- 언어의 단순화
- 피드백의 활용
- 반복
- 효과적인 시기의 선택

9) 경청하기

- 인정반응
- 소극적 경험의 한계
- 질문하기
- 반영적 경청 기술의 효과

10) 생활 스피치 포인트

생활의 80%는 언어생활이다. 말에는 사상과 감정이 있는데, 생활 스피치는 주로 후자 쪽이다.

(1) 화안애어(和顔愛語)

사랑스런 말, 부드러운 시선, 밝은 표정, 애정이 가득한 말을 사용해야 한다.

- 표정(부드러운 표정, 스마일)
- 화기치상(和氣致祥) : 화기는 행운을 부른다.
- 공심위상(功心爲上) : 마음을 공략하는 것이 상책(솔직, 진솔한, 칭찬, 인정)
- 마음이 곧 '나'

(2) 스피치의 4대 원칙

- 말의 강약과 속도
- 감정이 깃든 말
- 말의 쉼(Pause)
- 목소리의 변화

(3) 미소 띤 목소리 만들기

- 입술을 내밀지 말고 입 꼬리를 당기면서 말하라.
- 대답이나 질문이 평소 대화체 음보다 한 옥타브 올려 대답하라.
- 식장에서 사회 보듯 조금 빠른 듯한 템포로 대답하라.
- '입니다' 로 끝을 마무리 짓는다.
- 질문에 곧바로 대답하지 말고 2~3초 정도 생각나는 느낌을 주면서 대답하기 시작한다.

- 정확한 발음, 적당한 속도로 경쾌하고 명랑하게 말한다.
- 말끝을 흐리지 말고 분명하게 한다.

(4) 이상적인 목소리

- 밝고 맑으며 미소와 친절이 배어나는 목소리
- 건강하고 힘이 있어 자신감과 확신을 전할 수 있는 목소리
- 회화적인 음률의 변화와 음의 고저, 강약 등의 표현이 자연스러운 목소리

바람직한 목소리	개선해야 할 목소리
미소를 담은 목소리	무기력한 목소리
친절한 목소리	퉁명스러운 목소리
부드러운 목소리	거칠고 쉰 듯한 목소리
볼륨 변화가 있는 목소리	단조로운 목소리
밝은 목소리	어두운 목소리
명쾌한 목소리	비음 (콧소리)

2. 공자의 성공화법 3원칙과 설득 비결

1) 논어의 '언어의 삼계(三戒)'

- 자신의 차례가 되지 않았는데도 상대방을 가로막고 발언한다. 이것은 초조함 때문이다.
- 자신이 발언해야 할 때는 침묵을 지킨다. 이래 가지고는 상대방과 통하지 않는다.
- 상대방의 표정도 살피지 않고 혼자서 지껄인다. 이래가지고는 눈먼 소경과 다를 바가 없다.

2) 공자의 성공화법 3 원칙

(1) 우선 상대방이 충분히 발언하도록 할 것

설득하기 위해서 이쪽에서 일방적으로 지껄여댄다면 상대방은 억지로 밀어붙인다는 느낌 때문에 마음의 교류가 일어나지 않는다. 마음의 교류가 없으면 진정한 설득이 되지 않는다.

(2) 말은 필요할 때에 필요한 말을 필요한 만큼 할 것

발언해야 할 말을 정확하게 표현해야 한다. 이런 말을 해서는 안 되지 않을까 하는 망설임이 뒷날에 분쟁의 불씨를 일으킬 수도 있는 것이다.

(3) 상대방의 상황을 생각하고 그에 알맞은 화법을 사용할 것

이를테면 상대방이 흥분하고 있을 때 차분하게 얘기해야 할 것을 끄집어 내봐야 아무런 소용도 없는 것이다. 우선 상대방의 의견을 존중하고 그런 다음에 내 의견을 차분히 들을 수 있게 한다. 즉, 먼저 '당신의 의견에도 일리가 있군요?' 하면서 일단 받아들인 다음에 차분하고 조리 있게 나의 생각을 얘기하여 납득하게 한 다음에 상대로 하여금 자기의 의견이 잘못되었다는 것을 스스로 깨닫게 하는 것이다. 이것은 직접적으로 부딪치는 것을 피하고 부드럽게 받아들인 다음에 천천히 되돌린다.

3. 대화 능력 향상을 위한 착안 사항

(1) 적당히 신체접촉을 시도하라

신체접촉은 대화를 할 때 적절하게 사용을 한다. 즉, 말하면서 친구 손등에 손을 얹는다든지, 어깨를 감싸 안는다든지, 의도적으로 피부를 접촉하면 훨씬 감동적이고 의사 전달이 좋아진다(상황에 따라서 적절하게 행동한다).

(2) 그냥 말하지 말고, 말할 때는 미소를 지어라

스마일 표정 연습(입 끝이 올라가도록 U자형으로 입 모양을 연습한다)을 '위스키' 란 발음을 하면서 천천히 호흡을 내쉬며 '해피 스마일' 을 연출한다.

(3) 말과 태도

- 자신의 의견을 고집하지 않는다.
- 자연스러운 태도로 이야기한다.
- 남의 이야기를 잘 듣고 의견을 존중한다.
- 적절한 존칭어를 사용한다.
- 대화의 주제를 훌륭히 전개해야 한다.
- 시간을 감안하고 시간에 맞춰 이야기한다.
- 알아듣기 쉽고 명확하게 바른 언어로 말한다.

- 남에게 호감을 주는 언어와 태도를 취한다.
- 다른 사람의 흉내보다는 독창성을 지닌 언어를 활용한다.
- 품위가 없는 말은 삼간다.
- 말을 잘한다는 것은 말이 많은 것과 다르다. 대체로 경험이 적을수록 말이 많거나 고집이 세다.

(4) 감정 표현의 5단계

1단계 : 사실(의사전달)
2단계 : 생각(주장)
3단계 : 비판 - 논리적(이성적 접근)
4단계 : 감정 - 친밀감(感情移入)
5단계 : 공명 - 이심전심(易地思之)

4. 의사소통

1) 의사소통(communication)이란?

첫째, 의사소통이란 본래의 의미에 근접한 의미를 청자에게 전달되도록 하는 과정이다. 자신의 지식이나 관심, 태도, 의견, 생각, 감정 등을 다른 사람과 공유할 수 있게 시도하는 과정이다.

둘째, 의사소통이란 어떤 사람이 전언이라는 수단을 이용하여 다른 사람의 마음에 의미가 떠오르도록 자극을 주는 의사소통 행위이다.

셋째, 의사소통이란 서로를 설득하는 행위이다. 의사를 소통하고 정보를 교환하며, 감정을 이입시키는 행위의 수단이다. 커뮤니케이션(의사소통)의 중요성은 리더, 관리자와 작업 집단을 공고하게 결합해 주는 신경망이며, 요구되는 실적을 달성하기 위한 관건이다. 의사소통은 여러 관리 기능을 통합하는 핵심적인 요소라는 점이다. 탁월한 리더, 관리자가 되려면 반드시 효율적인 의사소통 능력을 가져야 한다고 할 수 있다.

(1) 인성과의 관계

- **베이컨(Bacon)** : 독서는 사려 깊은 사람을, 담화는 기민한 사람을, 문필은 정확한 사람을 만든다.
- **피히테(Fichte)** : 언어가 인간에 의해서 형성된다기보다는 인간이 언어에 의해서 형성된다.

(2) 사고와의 관계

- **워프(Whorf)** : 언어가 개인의 사고방식 또는 세상을 지각하는 방식에 강력한 영향을 준다 (언어의 상대성, 언어 결정론).
- 음성언어에 의한 표현은 사고의 기본이 된다.
- 언어 그 자체가 바로 사고의 기본이 된다.
- 개별 언어의 어휘 및 통사에 관한 지식은 자연 현상에 대한 이해 및 지각에 영향을 미친다.
- 개별 언어체계에 대한 지식은 문화에 대한 일정한 관점을 제시해 준다.

(3) 미래 사회와의 관계

민주주의 사회는 언론의 자유가 보장된다. 오늘의 우리 사회는 모든 계층의 개인에게 자유로운 언론이 허용되어 있다. 계급과 신분보다는 개인의 인격과 의견이 존중되어 있다. 자기의 생각을 바르고, 알기 쉽고, 곱게 말하는 힘은 민주 국가의 국민으로서 갖추어야 할 자질의 하나이다.

2) 의사소통의 특성

① 사람은 의사소통 없이는 존재할 수 없다.

② 의사소통은 닭과 달걀처럼 서로 중단되지 않는 의미 교환의 흐름이다. 지속적으로 의미를 전달하는 상호 교섭의 과정이다.

③ 의사소통은 내용층위(전달하려는 정보 자체)와 관계층위(화자와 청자와의 관계를 규정, 의사소통의 당사자들이 어떠한 태도를 취해야 하는지 알려 주는 역할을 한다)로 이루어진다.

④ 의사소통은 사람 사이의 관계를 전제로 한다. 사람들 사이에 형성되는 수평적, 수직적 관계는 의사소통의 방식이나 태도 등에 많은 영향을 미친다.

3) 화법의 유형

(1) 상황에 따른 유형

- **청자의 수 - 1 : 1, 1 : 多, 多 : 多**

말하기의 장면은 청자의 수효가 얼마나 되느냐에 따라 구별된다. 청자의 수효는 다양한데, 청자가 한 사람인 경우를 일대 일(一對一) 말하기라고 하고, 화자가 한 사람이고 청자가 많은 경우를 일대 다(一對多) 말하기라고 한다. 전자에 해당하는 장면으로는 대화, 대담, 상담, 면담 등이 있고, 후자에 해당하는 장면으로는 연설, 강연, 강의, 웅변, 유세 등의 전문적인 내용을 전달하고자 하거나 특별한 목적이 있을 경우가 해당된다.

그밖에 어떤 주제에 관하여 견해를 같이하는 몇 사람의 화자가 서로 편을 나누어 집단간의 견해를 주고받는 경우가 있는데, 이를 다대 다(多對多) 말하기라고 부른다. 토론이 그 대표적인 예이다.

- **청자와의 관계 – 대면, 비대면 / 쌍방, 일방**

말하기의 장면은 화자와 청자의 관계에 따라서 여러 가지로 나뉜다. 화자와 청자가 직접 얼굴을 마주 대한 상태에서 말하는 것을 대면(對面) 말하기라 하고, 화자와 청자가 직접 대면하지 않은 상태에서 행하는 말하기를 비대면 말하기라 한다. 전자에 해당하는 것이 일상적인 대화이고, 후자에 해당하는 것이 전화 대화나 방송에서의 말하기이다.

그밖에 화자와 청자가 서로 이야기를 주고받는 경우를 쌍방 말하기라 하고, 청자가 듣는 상태에서 화자만 이야기하는 경우를 일방 말하기라 한다. 강연이나 연설, 유세와 같은 경우가 후자에 해당한다.

4) 형식에 따른 유형

(1) 자유로운 형식

일상생활 중에서 가장 자유로운 형태로 이루어지는 말하기의 대표적인 예는 대화이다. 대화를 통해서 우리는 친교, 정보 전달, 설득 등의 다양한 목적을 수행한다. 대화가 특정한 장면이나 목적으로 제한되면 대담, 좌담, 면담 등의 형태가 되고, 인사말, 자기소개 등도 자유로운 형식의 말하기이다.

(2) 일정한 형식

일정한 형식을 갖추고 규칙을 지켜야 하는 말하기의 대표적인 예는 회의이다. 토론, 강연이나 강의, 연설, 웅변 등도 일정한 형식이 필요한 말하기다.

5) 목적에 따른 유형

(1) 친교(인사말, 대화)

친교를 목적으로 하는 말하기의 가장 간단한 형태로는 인사말이 있고, 다음 단계로는 대화가 있다. 친교를 나누기 위한 대화의 조건으로는 다음 네 가지를 들 수 있다.

첫째, 당사자 간에 신뢰와 이해심이 밑바탕에 있어야 한다. 둘째, 부드러운 표현을 사용하는 것이고, 셋째, 상대방의 말을 곡해하지 않고 있는 그대로 받아들일 수 있어야 하며, 넷째, 자기주장만을 내세우지 말고 상대방에 대한 관심을 나타내는 것이다.

(2) 설명(지정, 정의, 분류와 구분, 비교와 대조, 예시)

말하기의 중요한 목적 중의 하나가 설명이다. 설명은 청자가 모르는 사실을 알아듣기 쉽게 풀어서 말하는 것으로, 우리가 알아낸 정보를 전달하거나 지식 체계를 쉽게 이해시키고자 하는 경우에 사용되며, 설명의 방법에는 지정, 정의, 분류와 구분, 비교와 대조, 예시가 있다.

지정은 가장 단순한 설명의 방법으로 사물을 지적하듯이 말하기를 통하여 지적하는 방법이다. 정의는 어떤 용어나 단어의 뜻과 개념을 밝히는 것으로 충분한 지식을 가지고 있어야 정확한 정의를 내릴 수 있다. 어떠한 대상을 파악하고자 할 때 대상을 적절히 나누거나 묶어서 정리해야 하는데, 하위 개념을 상위 개념으로 묶어 가면서 설명하는 분류의 방법과 상위 개념을 하위 개념으로 나누어가면서 설명하는 구분의 방법이 있다.

설명을 할 때에 서로 비슷비슷하여 구별이 어려운 개념에 대하여 그들 사이의 공통점이나 차이점을 지적하면 이해하기가 쉬운데 둘 이상의 대상 사이의 유사점에 대하여 설명하는 일을 비교라 하고, 그 차이점에 대하여 설명하는 일을 대조라 한다. 이러한 방법을 통해서 말하게 되면 평이한 화제를 가지고도 개성 있는 말하기를 할 수 있게 된다.

예시는 어떤 개념이나 사물에 대한 이해를 돕기 위하여 이에 해당하는 예를 직접 보여주거나 예를 들어 설명하는 것이다. 말로만 설명하는 것보다 보조 자료를 사용하여 실제 예를 보여주는 것이, 추상적인 설명보다 구체적인 예시를 하는 것이 훨씬 효과적이다. 예시의 말하기에 해당하는 좋은 예는 비유를 하는 것이다.

(3) 설득(인격, 이성, 감정에 의한 호소)

설득이란 듣는 이의 생각이나 행동을 바꾸고자 하는 것으로 설득을 위해서는 화자와 청자 상호간의 믿음이 중요한데, 먼저 평소 쌓은 화자 자신의 인격에 호소하기도 하고, 자신의 주장을 뒷받침해 줄 수 있는 합당한 증거를 가지고 논리에 맞게 말하기도 하며, 청자의 감정이나 정서를 정확히 이해함으로써 이에 호소하기도 한다.

6) 대화를 잘하는 법

'말 잘하는 사람이 세상을 지배한다' 는 말이 있듯이 오늘날 스피치 능력은 성공의 가장 중요한 요소 중의 하나이다. 의사전달이 명확한 사람에게는 그만큼 기회가 더 많이 부여되기 때문에 성공화법으로 기회를 잡아보자.

(1) 침묵은 금이고, 웅변은 은이다

성공한 사람은 절대 자기 이야기나 해서 듣는 사람을 지루하게 만들지 않는다. 모임에 가면 말을 잘하는 사람도 있고 못하는 사람도 있다. 능력 있는 리더라면 말을 잘한다고 해서 일방적으로 떠들 것이 아니라 가장 숫기 없는 사람에게 질문을 던져 참석한 모두가 대화에 참여하도록 분위기를 유도할 수 있어야 한다.

자기 말만하고 남의 말을 듣지 않으면 타인으로부터 아무런 정보도 얻을 수 없다. 정보가 빈약하니 당연히 성공할 수 없다. 반대로 남의 이야기를 많이 듣는 사람은 많은 정보를 얻기 마련이다. 성공하는 사람은 어떤 경우에도 말을 독점하지 않는다.

(2) 목소리 역시 외모처럼 가꾸기 나름이다

예쁜 아가씨를 보고 말을 걸었는데 목소리가 칼날같이 귀에 거슬리는 고성이어서 멋진 청년이라고 생각했는데, 모기처럼 기어들어가는 목소리여서 실망한 경험들을 누구나 한 번씩은 가지고 있을 것이다. 이와 같이 목소리는 외모만큼이나 그 사람의 인상을 결정짓는데 강력한 힘을 발휘한다.

모든 사람이 탄력 있고 꾀꼬리 같은 목소리를 가질 수는 없지만 노력 여하에 따라 개선할 수는 있다. 목소리를 개선하려면 먼저 자신의 목소리를 녹음해보자. 그리고 가능한 한 목에서 소리를 내지 말고 배에서 내는 습관을 들어보도록 하자. 신문이나 책을 소리 내어 읽어보는 것도 좋은 방법이다. 가꾸려고 마음만 먹으면 목소리는 충분히 달라질 수 있다 .

(3) 때로는 안개작전도 필요하다

노련한 정치인일수록 핵심을 빼고 책임질 말은 요리조리 피하면서 말한다. 그러나 이러한 화법은 정치인에게만 필요한 것이 아니다. 대답을 회피하고 싶은 질문을 받을 때 누구나 사용할 수 있다. 어렵거나 까다로운 질문을 피하는 요령이 되는 셈이다. 그러나 화법을 자주 사용하는 사람일수록 공식적인 말은 명확하게 해야 한다.

(4) 자신만의 스타일을 갖자

말을 잘하는 사람들의 공통된 특징은 자기만의 스타일을 가지고 있다는 것이다. 제스처를 많이 쓰는 사람이 있는가 하면 감정이 느껴지는 큰 목소리로 말하는 사람이 있다. 이처럼 개성이 살아있는 스피치는 청중에게 주목을 받는다. 나만의 독특한 말하기 스타일을 개발하자. 이렇게 함으로써 개성 없는 생김새까지도 보완할 수 있다.

(5) 달변보다는 진실한 한마디가 훨씬 감동적이다

자신을 돋보이게 하는 화려한 미사여구보다 진실한 마음이 담긴 한마디가 남들을 감동시킨다. 진짜 말을 잘하는 사람은 허세부리지 않고 자신을 솔직하게 드러내 보이는 방식으로 타인에게 감동을 준다. 상대방을 설득하고 행동에 옮기도록 힘을 발휘하는 기술이 바로 진실임을 잊지 말자.

(6) 거절과 부탁은 확실하게 하자

누구나 살다보면 남에게 도움을 받고 도와주며 살아가게 된다. 그렇기 때문에 누군가에게 부탁을 받았을 때 거절하기란 매우 어렵다. 누군가에게 부탁을 받았을 때 이를 거절하지 못하면 서로 낭패 보기 십상이다. 능력 밖의 부탁을 우물쭈물하지 말고 즉시 거절해야 한다. 이때는 부탁을 들어주지 못해 미안하다는 마음을 전하고 예의 바르게 거절해야 상대방에게 상처를 주지 않는다.

(7) 상대방의 눈높이에 맞춘 화제를 이끌어내자

어떤 그룹 안에서 인기가 있는 사람은 이야기를 잘한다고 인정받는 사람이다. 이런 사람들은 금기시 되는 이야기뿐만 아니라 다른 사람들이 알고 싶어 하는 궁금증을 알아듣기 쉽게 설명해 준다. 아무리 풍부한 지식을 갖고 있어도 자기만 아는 용어를 사용하면서 말하면 주변 사람들의 호응을 얻을 수 없다. 어려운 이야기도 상대방의 입장에서 말하는 습관을 들이면 화제를 이끌어가는 중심인물이 될 수 있다.

(8) 솔직함이 깃든 화법은 즐거움을 준다

남을 웃기는 재주를 가지고 있다는 것은 큰 능력이다. 보통 말하기를 어렵게 생각하는 사람들은 자신에게는 남을 웃기는 재주가 없다고 생각한다. 그런데 남을 웃긴다는 것은 곧 솔직함과 연결된다. 인기 코미디언 이홍렬은 '내숭떨지 않고 솔직하게 이야기하면 사람들이 좋아하더라' 고 말한 바 있다. 그렇다고 무조건 솔직한 이야기가 재미있는 것은 아니다. 가능하면 가벼운 화법으로 그림 그리듯이 상황을 자세하게 묘사해야만 재미가 있다.

(9) 눈을 맞추고 이야기하는 것이 설득력을 갖는다

이처럼 눈의 표정은 의사를 전달하는데 있어 적극적으로 응시하라고 말한다. '사랑한다' 는 고백에는 눈빛이 뿜어내는 감정이 큰 비중을 차지한다. 효과적인 연설은 눈 맞춤으로 완성되며, 이러한 태도는 마음의 여유에서 비롯된다. 어떤 상황에서라도 침착함을 잃지 않는 태도야 말로 성공적인 스피치를 할 수 있는 자세이다.

(10) 옷차림과 말은 곧 하나이다

때와 장소에 어울리는 옷을 고를 줄 아는 감각은 적절한 대화를 나누기 위한 기본 조건이다. 옷은 단순히 몸을 가리는 도구가 아니라 한 사람의 성품과 개성을 알리는 매개체 역할을 한다. 따라서 옷차림은 사업이나 직장생활의 성패를 좌우할 만큼 강력한 힘을 지니고 있다.

공격적인 성격의 사람이 목이 빳빳한 셔츠에 교복을 연상시키는 단색의 양복을 입는다면 더욱 사나워 보일 수밖에 없다. 이러한 사람이 사업에 성공하려면 부드러운 질감의 버튼다운 셔츠를 입어 부드러운 분위기를 연출해야 한다. 대통령 선거를 앞두고 후보들이 옷차림에 신경을 쓰는 것은 다 이러한 뜻이 있다. 말과 옷은 곧 하나이다. 늘 준비되어 있어야 한다.

(11) 쉽게 말하는 것이 기억에 남는다

황수관 박사는 '신바람 건강법' 으로 일약 유명인사가 된 사람이다. 황수관 박사의 인기비결은 바로 쉽게 말하는 화법에 있다. 텔레비전은 물론 신문연재 글에서도 그는 누구나 이해하기 쉬운 예를 들어 건강법을 강의한다.

이처럼 말 잘하는 사람은 평범한 이야기 속에 핵심을 담아 청중의 마음을 움직이게 한다. 생각한 바를 글로 정리하는 습관을 기르면 자신이 표현하고자 하는 바를 정리할 수 있다. 아름다운 문장으로 멋지게 말해야 한다는 강박관념을 버리자. 쉽게 말하는 것이 곧 감동을 줄 수 있다.

(12) 감성스피치를 적절하게 사용해야 감동을 줄 수 있다

감성스피치는 한마디로 청중들의 감성에 어울리는 혹은 그들의 감성이 좋아하는, 자극적인 정보를 통해 스피치에 대한 호의적인 감정 반응을 일으키고 경험을 즐겁게 해줌으로써 청중을 감동시키자는 것을 목표로 하고 있다.

감성스피치는 스피치에서 말투나 행동과 같은 외부적인 자극뿐만 아니라 한 걸음 더 나아가서 청중의 마음을 상대로 감각정보를 통해 청중의 감성욕구에 부응하자는 것이다. 그러면 인간이 가진 감각(시각, 청각, 미각, 후각, 촉각)에 기초하여 정보를 받아들인다는 점을 핵심으로 하여 이러한 감성적 측면을 자극할 수 있는 스피치 계획을 세워야 한다.

7) 대화능력 자가진단표

흔히들 자신의 결점은 자신이 가장 잘 안다고 말하지만, 그렇지 않은 경우도 상당히 많다. 단점이라는 것은 그것이 무엇인지 정확히 알고만 있다면 마음먹기에 따라서 얼마든지 고칠 수 있는 것이다. 스피치도 마찬가지다.

대중스피치의 자세를 염두에 두면서, 다음 사항을 스스로 체크해보자.

대화능력 자가진단표

1. 말이 얼마나 정확한 내용을 가지고 있는가?
2. 듣는 사람을 어떤 식으로 이해시켰는가?
3. 스피치의 목적이 충분히 달성되었는가?
4. 자신감을 가지고 말했는가?
5. 흥분하거나 소극적인 자세로 말하지는 않았는가?
6. 태도는 당당했는가? 자세는 좋았는가?
7. 듣는 사람 쪽을 잘 바라보면서 말했는가?
8. 목소리는 좋았는가? 빠르기는 적당했는가?
9. '아…' 라든지, '저…' 등의 쓸데없는 말을 연발하지 않았는가?
10. 같은 말을 몇 번씩 되풀이하지 않았는가?
11. 과장된 말투나 동작을 하지 않았는가?
12. 틀린 말이나 실언은 하지 않았는가?
13. 내용을 잘 소화시켜 요점을 부각시켰는가?
14. 화제에 대한 지식은 부족하지 않았는가?
15. 듣는 사람이 잘 알 수 있는 흥미로운 재료를 선택했는가?
16. 주장 / 이유 / 증거 / 실례를 솜씨 좋게 말했는가?
17. 결론이 잘 정리되었는가?

제18장 자신의 가치를 높이는 이미지 매너

서양에서의 '예절' 이란 인간이 사회생활을 할 때 서로가 지켜야 할 기본질서를 말하며, 교양 또는 에티켓이라고 할 수 있다. '에티켓' 이란 용어는 원래 불란서의 '출입금지' 란 뜻이 현재는 예절이란 뜻으로 쓰이고 있다고 한다.

그 유래는 옛날 불란서의 베르사이유 궁전의 화원에 어느 몸가짐이 나쁜 사람이 들어가 아름다운 꽃들을 밟아버려서 '화원 출입금지' 라는 뜻으로 말뚝을 박아 출입을 막았는데, 그 말뚝에 써있던 말이 불란서어의 '에티켓' 이었다. 그리고 그 후 사람들은 단순히 화원 출입금지라는 뜻뿐만 아니라 '남의 마음의 화원을 해치지 않는다' 는 뜻으로 넓게 해석하여 예절이란 뜻으로 사용하게 된 것이다.

이와 같이 에티켓은 민주주의에서 남의 인권을 존중하는 사상에서 비롯된 것의 하나로, 각양각색의 사람이 집합하여 생활을 하고 있는 현대의 기업 사회 생활에서는 좋은 인간관계의 유지를 위해 필요한 몸가짐으로 강조되고 있다.

1. 예의범절(禮儀凡節)의 기본

인간은 혼자 살 수 없는 사회적 동물로서 상호 의존하며 무리지어 사는 특성을 갖고 있다. 따라서 타인과의 관계를 맺으며 오래도록 같은 생활문화권에 함께 사는 동안, 인간관계를 원만히 하고 서로가 편리하고 원활하게 살기 위한 방편으로 서로 공감하는 바람직한 생활방법이 자연스럽게 형성되는 것이다.

이렇게 형성된 생활방법은 관습적이고 사회계약적 생활규범의 성격을 갖게 되는데 이것이 바로 예절인 것이며, 결국 예절은 질서를 유지하고 상대방을 편안하게 하는 수단인 것이다. 예절은 예의(禮儀)와 범절(凡節)로 구분할 수 있으며, 모든 행동의 근본이 되는 바른 마음가짐과 그 마음가짐을 바르게 나타내는 몸가짐을 의미하는 것으로 요약할 수 있다. 고전에 나오는 구사, 구용에 대해서 알아보고자 한다.

1) 구사(九思)

사람이 갖는 마음은 구체적 행동으로 나타난다. 따라서 행동의 전제가 되는 마음가짐은 진실과 신의, 사랑과 공경, 정성과 감사를 바탕으로 해서 절제되고 다듬어진 예로 표현되어야 한다.

다음은 동양의 고전인 논어와 소학에 인용되고, 율곡 이이 선생 역시 격몽요결 지신장(擊蒙要訣 持身章)에 인용한 마음가짐의 지침인 구사이다.

(1) 시사명(視思明)

어떤 사물을 볼 때는 밝게, 바르게 보겠다는 마음을 가져야 하며 편견없이 진의(眞意)를 살려 보아야 한다.

(2) 청사총(聽思聰)

들을 때는 지혜를 모아 말의 진정한 의미를 똑똑히 알아듣기를 생각해야 한다.

(3) 색사온(色思溫)

얼굴빛을 항상 옳게 하려는 생각으로 욕심과 화를 나타내지 않고, 고요하고 부드러운 표정을 잃지 말아야 한다.

(4) 모사공(貌思恭)

몸가짐이나 옷차림은 공손해야 한다. 남을 의식하지 않는 행동은 버릇없고 건방지며 교만한 마음이 있을 때는 공손한 모습이 되지 않는다.

(5) 언사충(言思忠)

말을 할 때는 진실되게 하기를 생각한다. 참된 말을 요령 있고 바르게 하며, 헛된 말, 필요 없는 말을 삼가야 한다.

(6) 사사경(事思敬)

일을 할 때는 공경하기를 생각하라. 어른을 섬기는 일은 공경스러워야 하며, 일을 할 때는 최선을 다해 기획, 진행, 마무리를 해서 소홀함이 없어야 한다.

(7) 의사문(疑思問)

의심이 나면 물어서 깨달아야 한다. 묻는 것은 간접체험을 하는 것이며 의심을 푸는 일이다.

(8) 분사난(忿思難)

분한 마음을 그대로 표현하면 어려움이 생기게 됨을 생각해서 분한 마음을 다스리는 인내를 갖도록 해야 한다.

(9) 견득사의(見得思義)

이득이 생기면 정당한 것인가 생각해서 화근이 생기지 않도록 한다.

2) 구용(九容)

율곡 이이 선생이 격몽요결에서 훈계하기를 "마땅히 자기 몸을 바르게 해서 속과 겉이 한결 같아 어두운 곳에 처해서라도 밝은 속에 있는 것 같고, 혼자 있어도 여러 사람이 있는 것 같이 한다"라고 했다. 사람은 한결 이 몸을 바르게 하는 태도가 필요하다.

예의의 기본이 되는 소학과 격몽요결에서 인용된 '아홉 가지 모습' 이란 뜻을 갖는 구용에 대해 알아보자.

(1) 두용직(頭容直)

머리는 곧게 들고 자세가 흐트러지지 않게 한다.

(2) 목용단(目容端)

눈은 단정하고 바르게 가져야 한다.

(3) 기용숙(氣容肅)

호흡은 조용하고 고르게 하며 엄숙해야 한다.

(4) 구용지(口容止)

입은 함부로 열지 않는 신중함이 있어야 한다.

(5) 성용정(聲容靜)

말소리는 항상 조용하고 품위가 있어야 한다.

(6) 색용장(色容莊)

얼굴 표정은 장엄하고 밝고 씩씩해야 한다.

(7) 수용공(手容恭)

손은 공손해야 하며 쓸데없이 손장난이나 손놀림이 없도록 한다.

(8) 족용중(足容重)

발은 무겁게 해서 경망스럽지 않으나 어른 앞에서는 민첩해야 한다.

(9) 입용덕(立容德)

서 있는 모습은 의젓하고 덕스러워야 한다.

2. 자기관리 및 이미지 메이킹

1) 이미지 메이킹(image making) 이란?

"모든 사람은 당신이 어떤 사람인 것처럼 보이는가를 알지만 당신이 실제로 어떤 사람인가를 아는 사람은 거의 없다." – 마키아벨리

매일 어디서나 만나고 보는 수많은 이미지…. 무엇보다도 이미지 메이킹은 외적(시각)을 꾸미기가 전부가 아니라는 것부터 인식이 되어야 한다. 우리나라의 이미지 메이킹에 대한 개념의 현실은 이미지 메이킹을, 겉모습을 보기 좋게 하고 친절 서비스를 위한 수단이라는 선입견을 갖고 있다는 점이 모순된 점이라고 말할 수 있다.

2) 이미지 메이킹의 개념

이미지(image)는 마음속에 그려진 모습, 형상, 영상, 심상 등으로 풀이된다. 자신이 원하는 일을 하기 위해 가장 중요한 것은 바로 자신의 이미지가 다른 사람에게 어떤 눈으로 자신의 어떤 면을 시각적으로 보았느냐에 따라 이미지는 실제의 자신과 다르게 왜곡될 수도 있다. 마셜 맥루한(Marshall McLuhan)의 "매체가 곧 메시지"라는 유명한 말이 있듯이 우리는 자신이 갖고 있는 매체를 어떻게 사용하는가에 따라 상대방에게 전달하는 이미지를 얼마든지 다르게 할 수 있다.

개인 이미지 창출에 있어서 성별, 연령, 역할, 직업에 맞는 복장, 얼굴 표정, 화장, 머리색, 눈동자, 말투, 말씨, 보디랭귀지, 음성 등과 같은 이미지는 자신이 가진 능력 이상으로 중요하다. 그 결과 우리 내면에 충실한 명실상부한 이미지를 만들기 위해서도 외부로 드러나는 요소들을 효과적으로 활용할 줄 아는 사람이 현실적으로 유리하다.

이미지 메이킹이란 궁극적으로 자신의 바람직한 상을 정해놓고, 그 이미지를 현실화하기 위해서 자신의 잠재능력을 최대한 발휘하여 자신이 될 수 있는 가장 훌륭한 모습으로 자신을 만들어가는 의도적인 이미지 메이킹, 의도적인 변화 과정이다. 그러므로 이미지 메이킹은 자기 성장과 자기 혁신을 목표로 하는 모든 사람들의 평생과업이다. 그러므로 내적 성숙을 외적으로 훌륭하게 표출될 수 있도록 끊임없이 노력해야 한다.

3) 이미지 메이킹의 현실

(1) 이미지만으로는 안 된다

우리는 새로운 시작이라는 것에 부단한 부담감을 가지고 있다. 오늘의 자신감과 용기는 생각이란 것을 신뢰와 바탕의 결실로 이어가야 한다. '생긴 대로 살겠다' 는 편안한 생각을 갖고 있으면 영원한 아마추어로 살 수밖에 없다. '상대방을 신뢰하고 더불어 함께 가야 된다' 는 것을 잘 알고 있으면서 정작 자신은 실천으로 옮기지 않으면 안 된다는 말이다.

(2) 이미지에서 메이킹으로

우리 조상들의 "말(언어) 한마디로 천 냥 빚을 갚는다"라는 말은 언어를 사용해도 어떤 표현을 담고 있느냐에 따라 달라진다는 말이다. 그런가 하면 퇴계 이황은 "친절은 장님도 볼 수 있고, 귀머거리도 들을 수 있는 것", 즉 진심은 보고, 듣지 못해도 알 수 있다는 것이다.

인간의 이미지는 첫인상, 성격, 버릇, 화술, 유머감각, 직업, 학벌, 직위, 외모, 패션 스타일, 가치관, 목소리, 패러다임, 이름 등 여러 가지 요소가 결합되어 만들어진다. 이미지 메이킹은 발등에

불을 처리하는 것처럼 급하게 서둘러서 될 일이 아니며, 생각에서 실천으로 현실화시키는 작업이 필요하다. 이미지 메이킹의 자산 가치를 깨닫고 어떻게 이미지 메이킹을 활용해 가는가를 살펴보아야 한다.

(3) 이미지 역할

사람이나 모든 사물들의 시각적, 감정적인 이미지가 이루어지는 과정은 참으로 다양하다. 어떤 일이든 각자가 자신의 이미지를 상대방에게 어떤 모습으로 전달해야만 하는가에 따라, 잘못된 이미지도 다시 볼 수 있다는 것을 각자 알게 되는 것이 이미지 역할이다.

4) 이미지는 만들어지는 것

자신의 이미지를 향상시키기 위해서는 적극적으로 연구하고 노력하는 자세가 필요하다. 좋은 이미지를 위해서는 때론 연기력도 필요하다.

(1) 6초~7초 안에 자신을 보여라

첫인상은 말 그대로 두 번 다시 심어줄 수 없는 것이므로 처음 만나는 순간에 긍정적인 모습으로 보일 수 있도록 평소에 표정, 말투, 자세 등을 연습할 필요가 있다.

(2) 건강한 자아 이미지를 가져라

긍정적이고 건강한 자아 이미지만이 당신을 성공으로 이끌어간다(실수보다 더 무서운 것은 그 실수를 마음에 간직하고 있는 것이다).

(3) 외모는 자신의 또 다른 명함이다

지나치게 외모를 중시하는 현실이 안타깝기는 하지만, 어쨌든 우리는 매력적인 외모와 내적인 아름다움을 동시에 가꾸려는 노력을 해야 한다. 외모도 중요한 능력의 일부가 될 수 있다.

(4) 웃는 표정이 성공을 부른다

메릴랜드 대학의 '웃음공학연구소' 에는 웃음을 연구하는 의사 모임이 있다. 결과에 따르면 '성인의 20%는 우스울 때 웃고, 80%는 사회적인 연대감을 위해 웃는다' 고 한다. 밝은 모습은 선택이 아니라 누구에게나 필요한 필수다. 호감 가는 표정은 상대방에게 좋은 이미지를 심어주어 그것이 대인관계와 사업에 좋은 영향을 미친다. 모든 만남의 시작에 있어서 가장 중요한 것은 느낌이며,

첫인상을 좌우하는 핵심적인 요소는 바로 스마일이다.

(5) 인상을 좌우하는 것은 표정이다

일반적으로 얼굴 표정에는 웃는 상, 우는 상, 슬픈 상, 추운 상, 비웃는 상의 크게 다섯 가지의 모습이 있다고 한다. 본인이 우는 상을 지녔다고 하자. 그러면 꾸준히 웃는 연습을 하면 인상이 바뀐다. 그래서 웃으면 운명이 바뀐다고 한다.

5) 호감 가는 표정과 음성훈련

(1) 표정의 중요성

자신의 얼굴은 하루 중 거의 전부를 타인에게 보이는 것이므로 표정이 기본적인 요소이다. 표정은 첫인상을 결정짓는 요소로서 6 ~ 7초 안에 80%가 결정된다. 그리고 미소는 돈이 들지 않는 최고의 화장술이다.

- **눈의 표정**

눈은 마음의 거울이다.
온화한 시선으로 상대방을 바라본다.
상대의 눈높이와 맞춘다.
상대의 눈을 보면서 반응하며 확인한다.
눈에 마음을 담아서, 친절하고 포근한 눈으로 상대방을 바라본다.
부드럽게 상대의 미간을 바라본다.

- **입의 표정**

입의 양 꼬리가 올라가게 한다.
입은 가볍게 다물거나, 윗니가 살짝 보이도록 한다.

- **밝은 표정**

마음을 편하게 하고 웃음의 소재를 연상한다.
입술은 '히' 를 발음한 상태로 입 꼬리를 위로 올린다.

- **좋은 표정의 주요 포인트(point)**

상황과 대상에 맞는 표정을 짓고 있는가?
턱을 너무 들거나 당기고 있지 않는가?
고개를 한쪽으로 기울이고 있지 않는가?
바른 시선으로 바라보고 있는가?

- **호감 받는 표정 연출**

밝은 눈빛 – 희망의 메시지
밝은 표정 – 사랑의 메시지
밝은 음성 – 성공의 메시지
밝은 내용 – 신용의 메시지

(2) 첫인상

첫인상은 2～3초 늦어도 7초 안에 결정된다.
이미 형성된 첫인상을 바꾸는 데는 많은 시간과 노력이 필요하다.
우리의 첫인상을 남길 수 있는 기회는 단 한번뿐이다. 즉, 첫 만남에 승부를 걸어야 한다.

(3) 미소의 효과

상대방을 편하게 하고, 인간관계를 좋게 하며, 호감 가는 인상을 줄 수 있고, 자신의 마음도 즐겁게 한다.

- **호감 주는 미소 짓기**

웃는 얼굴의 입가(whiskey), 눈동자가 빛나는 미소, 마음의 창을 열고 상대의 매력을 느끼는 웃는 얼굴 릴레이.
웃는 얼굴은 바로 리더의 조건이다.

- **웃는 얼굴을 보이는 거리(문화 인류학자인 에드워드 T. 홀)**

- 밀접거리(0 ～45cm)
- 개체거리(45～120cm)
- 사회거리(120～360cm)
- 공중거리(360cm 이상)

(4) 표정과 음성과의 관계

- **눈 – 상대방의 눈을 부드럽게 주시하면서**

눈동자는 항상 중앙에 위치하도록 한다.
상대의 눈높이와 맞춘다.
부드럽게 상대의 미간을 바라본다.

- **몸의 표정**

- 표정 – 밝은 눈과 표정으로 말한다.

• 자세 – 등을 펴고 똑바른 자세를 취한다.
• 동작 – 제스처 사용을 적절히 한다.

● **입의 표정**

• 어조 – 입은 똑바로 정확한 발음으로 말을 한다.
• 말씨 – 알기 쉽게 친절한 말씨, 경어를 사용한다.
• 목소리 – 한 톤을 올려서 적당한 속도, 맑은 목소리를 낸다.

● **마음 – 성의와 선의를 가지고**

▶ 표정은 첫인상을 결정짓는 요소로서 6 ~ 7초 안에 80%가 결정된다.
▶ 미소는 최고의 화장술이다.

(5) 표정훈련하기

● **눈의 표정**

눈을 꼭 감는다.
갑자기 반짝 뜬다.
눈을 크게 뜬 상태에서 눈동자를 위 – 왼쪽 – 아래 – 오른쪽으로 천천히 원을 그리며 움직인다.
다시 눈을 감고 양미간을 찡그리듯 꽉 누른다.
다시 눈을 떠서 편안한 표정을 한다.
눈동자를 정중앙에 두고, 상하좌우로 고개를 돌리며 쳐다본다.

● **입의 표정**

입의 양 꼬리가 올라가게 한다.
입은 가볍게 다물거나 윗니가 살짝 보이도록 한다.

● **부드러운 미소 연습**

눈을 꼭 감는다.
입을 크게 벌린다.
입을 다물고 뺨을 부풀린다.
부풀린 상태에서 상하좌우로 움직인다.
입술을 떨면서 공기를 뱉어낸다.
입 꼬리를 쭉 빨아들이면서 입술 상하를 어긋나게 움직인다.
입 꼬리를 당겨 초승달 모양으로 만든다.
큰소리와 큰 모양으로 "아– 에– 이– 오– 우– 에– 이–"를 발음하고, "위스키~ "의 발음으로 미소를 만든다.

▶ 풍부한 표정을 익히기 위해서 평상시에도 시간을 내어 연습해보자.
▶ 스마일(SMILE)을 익히기 위해서는 눈 주위, 입 주위 근육운동이 중요하다.

- **눈썹**

찡그린 표정의 눈썹을 만들어본다.
웃을 때 눈썹을 만들어본다.
손가락을 수평으로 눈썹에 닿을까 말까 한 정도나, 자를 대고 눈썹만 상하로 올렸다 내렸다 한다.

- **눈, 눈두덩**

조용히 눈을 감고, 마음을 안정시킨다.
반짝 눈을 뜨고 '오른쪽 – 위 – 아래 – 왼쪽' 으로 굴린다.
눈두덩에 힘을 주어 꼭 감는다.
(가, 나, 다…)를 반복한다.
깜짝 놀란 표정으로 눈과 눈두덩을 올린다.
곤란할 때의 표정으로 미간에 힘을 준다.

- **입, 뺨**

발음을 겸하여 "아– 에– 이– 오– 우– 에– 이–"하고 크게 입을 벌린다.
입을 다물고 뺨을 부풀린다. 그렇게 한 채 입을 좌우로 재빨리 반복적으로 움직이게 한다. 입가를 옆으로 최대한 당긴다. 입술을 뾰족하게 내미는 것을 반복한다.

- **턱, 코**

아래턱을 오른쪽, 왼쪽으로 움직인다.
코를 단번에 쑥 올린다(더러운 냄새를 맡을 때와 같이).

- **웃는 얼굴**

"위스키~ "하며 입 모양을 끝까지 "이–"하는 모습을 유지한다.

♬ 모든 만남의 시작에 있어서 가장 중요한 것은 첫 느낌이며, 첫인상을 좌우하는 핵심적인 요소는 바로 스마일이다.

3. 바른 자세

바른 자세와 태도는 상대방에게 안정과 정숙한 느낌을 준다. 또한 업무처리에 대한 신뢰감도 높여준다. 바른 자세에서 하는 일은 훨씬 힘이 있어 보이고 그런 자세에서 하는 말은 한층 더 설득력 있게 들린다. 무엇보다도 바른 자세는 자신의 신체를 건강하게 유지시켜준다.

(1) 선 자세 및 대기 자세

① 발뒤꿈치는 붙이고, 발은 V자 모양으로 약간 벌린다.
② 무릎을 붙이도록 허벅지에 힘을 준다.
③ 배도 힘을 주어 앞으로 내밀지 않도록 한다.
④ 어깨는 힘을 빼고 팔을 바닥을 향해 수직으로 내린다(여자는 손을 모은다. 오른손이 왼손을 덮도록).
⑤ 턱은 몸 쪽으로 당기고 시선은 정면을 향한다.
⑥ 전체적으로 위에서 끌어당기는 듯한 느낌이 들도록 가볍게 선다.

(2) 앉은 자세

① 상반신은 서 있는 자세와 같다.
② 힙을 의자 깊숙이 앉되 등과 등받이는 주먹 1개 정도의 간격을 두고 앉는다.
③ 손은 무릎 위 다리에 놓는다. 남자는 양발을 약간 벌리고 손가락을 가볍게 쥐어 손등이 보이도록 다리 위에 얹어놓는다.
④ 여자는 무릎을 꼭 붙이고 뒷굽이 무릎보다 앞으로 나오지 않도록 한다. 손은 오른손이 왼손을 덮도록 엄지를 깍지 끼어 스커트 끝자락을 누른다.

(3) 걷는 법

① 선 자세에서 허리에 중심을 두고, 허리와 가슴부터 앞으로 나가는 기분으로 가슴과 발끝이 일직선이 되도록 한다.
② 좌우 발은 평행으로 하여 일직선으로 옮긴다.
③ 시선은 정면을 보고 살짝 미소를 머금는다.
④ 큰소리가 나지 않도록 한다.
⑤ 여자는 무릎을 스치면서 발끝부터 바닥에 닿게 한다.

(4) 자세 동작 포인트

① 등줄기를 곧게 편다.
② 손가락을 가지런히 모은다.
③ 동작 하나하나를 끊어 연결한다.
④ 상대방을 바라본다.

4. 인사매너

1) 인사 하나로 당신의 이미지가 달라진다

인사는 상대방에 대한 예의 표시이며 또한 이해관계를 연결 짓는 대화의 시발점이다. 인사는 마음속에서 우러나오는 감정과 겉으로 드러나는 형식이 복합되어 상대방에게 전달되기 때문에 인사를 할 때는 내면의 친절, 정성, 감사의 의미와 정형화된 인사로서 형식을 갖춰 정중하면서도 밝고 경쾌하게 하여야 한다.

오늘날과 같이 바쁘게 돌아가는 현대사회에서 관계를 맺고 있는 많은 사람들에 대해 깊이 있게 알 수 있는 기회는 많지 않기 때문에, 스치면서 몇 번 주고받은 인사나 첫인상만으로 한 인간의 됨됨이를 판단하는 경우가 다반사다.

인사는 주고받아야 제격이다. 인사를 하는 사람과 받는 사람은 따로 있는 것이 아니라, 인사는 서로 주고받아야 한다. 한 사람이 다른 사람에게 인사를 했는데 인사를 받은 상대방이 그 인사에 대한 반응이 없다면 분위기는 굉장히 어색해진다는 것을 독자들도 한번쯤은 경험해 보았을 것이다. 설령 그것이 인사를 받는 사람의 고의가 아니라 할지라도 말이다.

따라서 우리는 대인관계에 있어서 내가 먼저 인사를 한다는 마음가짐으로 생활에 임해야 하겠다. 이는 나의 이미지를 제고시키고 상대방에게 나에 대한 우호적인 반응을 보일 수 있으니 사회생활에 도움이 될 것이다.

2) 인사의 의미

① 인간관계가 시작되는 첫 신호이다.
② 인사는 섬김의 자세, 환영의 표시, 신용의 상징, 친근감의 표현이다.
③ 직장인에게는 애사심의 발로이다.
④ 상사에 대해서는 존경심의 표현이다.
⑤ 동료 간에는 우애의 상징이다.

⑥ 고객에 대해서는 서비스를 바탕으로 한 상인 정신의 표현이다.

⑦ 당신의 인격과 교양을 외적으로 나타내는 것이다.

3) 올바른 인사법의 6가지 포인트

(1) 올바른 인사 방법

- **인사는 내가 먼저한다.**

  인사는 순간을 놓치면 하려던 입장에서 받는 입장으로 바뀐다.

- **얼굴의 표정은 밝게 한다.**

  밝은 표정 없이는 어떤 인사도 좋은 느낌을 줄 수 없다. 허리를 굽히지 못해도 인사말을 하지 않아도 좋은 표정만으로도 인사의 효과가 전달된다.

- **상대의 눈을 바라본다.**

  아무리 좋은 표정으로도 눈을 마주치지 않은 상태에서는 상대방에게 전달력이 약해진다.

- **인사말은 밝은 목소리로 다양하고 친근감 있게 한다.**

  시각적으로 좋은 이미지에, 밝고 친근감 있는 인사말을 하면 훨씬 더 좋은 서비스가 됨을 주지시킨다. 밝은 표정으로 날씨, 칭찬, 관심, 배려의 표현을 덧붙임을 강조한다.

예문

안녕하십니까? + 휴일 즐겁게 지내셨습니까?

안녕하십니까? + 날씨가 많이 쌀쌀해졌지요?

안녕하십니까? + 쇼핑을 많이 하셨네요?

- **반드시 허리를 굽혀서 잠시 멈추었다 천천히 일어선다.**

  허리 인사는 자신을 높여준다.

- **상대방의 인사를 잘 받는 것도 또 한 번의 인사이다.**

  인사를 성의껏 받는 것도 한 번 더 인사하는 것 못지않게 중요하다.

4) 잘못된 인사의 표현 방법

- 망설이다 하는 인사는 효과가 없다.
- 고개만 까닥이는 인사는 경망스러워 보인다.

- 무표정한 인사는 상대방을 기분 나쁘게 한다.
- 눈 맞춤이 없는 인사는 신뢰성이 떨어진다.
- 아무런 동작 없이 말로만 하는 인사는 가벼워보인다.
- 기본 인사말만 하는 인사
- 뛰어가면서 인사하는 것은 무례한 행동이다.
- 아쉬울 때만 인사하는 것은 인사의 진실성을 의심받게 된다.

5) 상황별 인사말 표현

(1) 첫 응대의 경우

- 안녕하십니까?
- 안녕하십니까? 처음 뵙겠습니다.

(2) 고객을 맞이할 경우

- 어서 오십시오, 어서 오세요.
- 무엇을 도와드릴까요?
- 어떤 제품을 찾으십니까?

(3) 감사의 마음을 표할 경우

- 대단히 고맙습니다.
- 찾아주셔서 고맙습니다.
- 이용해 주셔서 감사합니다.

(4) 질문이나 부탁을 할 경우

- 죄송합니다만 주소를 다시 말씀해 주시겠습니까?
- 번거로우시겠지만 다시 한 번 연락해 주시겠습니까?

(5) 기다리게 할 경우

- 잠시만 기다려주시겠습니까?
- 죄송합니다만, 조금 더 기다려주시겠습니까?

(6) 잠시 다른 용무를 볼 경우

- 잠시 실례하겠습니다.

(7) 고객 방문을 마치고 떠날 때나 고객을 배웅할 때

- 대단히 고맙습니다, 안녕히 계세요.
- 안녕히 계세요, 다음 ( )요일에 뵙겠습니다.
- 찾아주셔서 고맙습니다, 안녕히 가십시오, 건강하세요.

6) 인사하는 자세

① **시선은 정면** : 자신감 있는 모습으로 정면을 바라본다.

② **올바른 손 모음** : 남성은 계란 하나를 쥐듯이 손을 모아 바지 재봉선에 가볍게 댄다. 여성은 오른손을 왼손의 위로 잡고 아랫배 정도에 모은다(공수).

③ **다리 및 발의 위치**

- 다리는 가지런히 모으고 무릎은 구부리지 않는다.
- 허리에 힘을 주어 머리, 등, 허리는 일직선을 유지하도록 하며 몸이 일직선이 되도록 올바른 자세를 취한다.
- 뒤꿈치를 붙인 상태에서 양발의 각도를 유지한다.
- (남성 : 발뒤꿈치를 붙인 상태에서 앞부리를 30도 정도 벌린다.)
- (여성 : 발뒤꿈치를 붙인 상태에서 앞부리를 15도 정도 벌린다.)
- 무릎을 펴서 붙인다.
- 양다리에 적당히 힘을 주어 인사할 때 몸의 균형을 유지하도록 한다.

7) 인사동작 순서

① 웃는 얼굴로 고객의 눈을 보며 인사말을 한다.

② 허리를 굽힌다.

③ 상체를 들 때는 숙일 때보다 천천히 든다.

④ 웃는 얼굴로 고객의 시선을 다시 본다.

8) 인사의 종류

10도(목례) 가벼운 목례	1. 용건을 묻는 자세, 대답을 듣는 자세 2. 상대방의 상냥한 모습을 바라보며 묻거나 듣는다. 3. 가슴을 펴고 10도 각도로 상반신을 수그린다.
15도(목례) 간단한 인사	1. 마주칠 때, 출입문 통과시, 복도 등에서 사용하는 인사 2. 인사 속도는 1에 빨리 숙이고 2, 3에 걸쳐 고개를 든다. 3. 인사말을 '실례합니다, 네 잘 알겠습니다. 죄송합니다, 잠시만 기다려 주시겠습니까? 오랫동안 기다리셨습니다.
30도 보통 인사	1. 일반적인 인사로 '안녕하십니까? 어서 오십시오. 감사합니다. 2. 속도는 1에 숙이고 반 박자 정도 정지하고 2, 3에 걸쳐 천천히 고개를 든다.
45도 정중한 인사	1. 일반적인 인사에서 정중함을 나타내는 인사법 2. 죄송합니다, 감사합니다, 안녕히 가십시오. 3. 속도는 1에 숙이고, 반 박자 정지하고 2, 3, 4의 속도로 일어난다.

★ 정중히 등대하여야 하는 경우 굽힌 상태에서 1초 정도 정지하며, 시선은 자신의 발끝으로부터 허리 숙임에 따라 1 ~ 3m 앞을 자연스럽게 바라본다(15도 - 3m / 30도 - 2m / 45도 - 1m로 앞쪽을 바라본다. 시선은 상대와 상황에 따라 적절히 사용해야 한다. 단 여기서 각도란 머리의 각도가 아닌 허리의 각도를 말한다).

9) 상황별 인사 자세

상황별로 인사 자세를 실습하면 보다 갖추어진 모습으로 자연스러운 인사를 할 수 있다.

(1) 걸어가다가 하는 인사 요령

먼 거리에서 상대를 발견했거나 눈이 마주친 순간 멈추고 목례를 한다. 거리가 3m 가까워지면 환한 미소와 함께 인사말을 하며 멈추어 선다. 정중히 머리를 굽히고 상대가 이동해서 지나갈 때까지 잠시 기다린다.

(2) 일어서서 하는 인사 요령

• 의자를 뒤로 밀고 자연스럽게 일어난다.

- 웃는 얼굴로 상대를 바라보며 일어나는 동안 인사말을 한다.
- 선 자세에서 정중히 허리를 굽혀 15도 또는 30도 정도의 인사를 한다.
- 상체 굽힘과 함께 시선을 내린다.
- 웃는 얼굴로 고객을 다시 본다.

(3) 앉은 상태에서의 인사

- 밝은 표정으로 고객을 보며 '안녕'까지 말하고,
- 상체를 가급적 일직선으로 숙이며 '하십니까'라고 말한다(1초간 멈춤).
- 고개를 천천히 들어 다시 고객을 본다.

5. 올바른 악수법

로마인들에게 손은 신뢰의 상징이었으며, 따라서 악수하는 행위는 상대방을 신뢰한다는 표시였다. 선서를 할 때 손을 들고 하는 것도 같은 맥락에서 시작되었다. 중세시대까지만 해도 악수는 손에 무기가 없으며, 따라서 적의가 없음을 확인시키기 위한 수단으로 사용되었다.

그러나 오늘날 악수는 일반적인 인사법이 되어 모든 사람들이 기계적으로 악수를 나누고 있다. 현대사회에서 악수는 비즈니스 사회의 격식과 사람간의 친근한 정을 함께 담고 있는 인사법으로서 사회활동과 사교 활동의 문을 여는데 매우 중요한 행위이다.

서양에서는 악수를 사양하는 것을 실례로 여기므로 외국인과 만났을 때는 친분의 정도를 떠나 형식적으로라도 그에 응해야 한다. 악수를 할 때에는 정중하고 경건한 마음으로 해야 하며, 자연스러운 표정과 바른 자세를 취하는 것이 중요하다.

유럽에서 악수를 가장 좋아하는 사람들은 프랑스인, 이탈리아인, 스페인인 등 라틴계 사람들이다. 특히 프랑스인과 러시아인들은 악수의 대가들로 하루에도 몇 번씩이나 동일인과 악수를 한다. 반면 영국인과 독일인은 회합이나 파티를 열 때만 악수를 하는 경향이 있다.

프랑스에서는 남성과 여성, 초면과 구면에 관계없이 악수를 하는 반면, 영국에서는 처음 대면할 남성들 사이에서 회합의 장소에서만 제한적으로 악수를 하는데, 이는 영국인들이 신체적 접촉을 매우 꺼려하기 때문이다. 악수는 반가움의 표현이다. 손을 맞잡음으로써 마음의 문을 열고 손을 흔들면서 서로가 마음이 통함을 나타낸다.

1) 악수할 때의 주의할 점

① 상대와 적당한 거리에서 손을 잡는다.
② 손은 윗사람이나 고객, 여성이 먼저 내밀어야 한다.
③ 악수하기가 곤란한 상황일 때는 양해를 구한다.
④ 상대가 윗사람이거나 고객일 때는 상체를 10도 정도 숙이고 왼손을 팔꿈치 위치에 가볍게 댄다.
⑤ 계속 손을 잡은 채로 말을 해선 안 된다.
⑥ 오른손으로 손을 가볍게 쥐고 눈을 보며 위아래로 2 ~ 3번 흔든다.
⑦ 의식용 장갑은 벗지 않아도 된다.

2) 악수하는 순서

악수는 상호 대등한 의미이지만 먼저 청하는 데에는 나름대로의 순서가 있다. 원칙적으로 손윗사람이 아랫사람에게 손을 내밀게 되어 있으며, 기준은 다음과 같다.

① 윗사람이 아랫사람에게 청한다.
② 여성이 남성에게
③ 기혼자가 미혼자에게
④ 상급자가 하급자에게
⑤ 선배가 후배에게
⑥ 국가원수, 왕족, 성직자 등은 이러한 기준에서 예외가 될 수 있다. 남성의 경우 국가원수나 왕에게 소개되면 머리를 숙이고 공손히 인사를 한다. 그리고 국가원수나 왕이 청하면 재차 머리를 숙이며 인사하고, 악수에 응한다. 여성의 경우도 국가원수나 왕이 악수를 청하면 머리를 숙이고 악수를 받는다.

3) 악수 요령

① 바른 자세
② 오른손에 적당히 힘을 주어 잡고
③ 밝고 호의적인 표정
④ 상대의 눈을 보며
⑤ 상체를 가볍게 숙이면서
⑥ 맞잡은 손을 2 ~ 3번 정도 가볍게 흔든다.

4) 악수하는 방법

악수는 서로 마주서서 손을 잡고, 상하로 흔들어 움직이는 동작이다. 올바른 악수 방법은 다음과 같다.

① 악수는 원칙적으로 오른손으로 한다. 오른손에 부상을 당했을 경우에는 원칙에 얽매이지 않고 왼손으로 할 수도 있으나, 흔히 왼손은 부정적으로 여기므로 양해를 얻어 악수를 사양하는 것도 방법이다.

② 손을 쥘 때 우정의 표시이므로 너무 느슨하게 쥐는 것은 냉담한 느낌을 줄 수 있고, 스치듯 가볍게 쥐는 것은 상대를 경멸하는 인상을 준다. 너무 세거나 약하지 않게 쥐는 것이 가장 좋은 방법이지만, 남자들끼리는 오히려 힘을 주는 편이 좋다. 또 너무 오래 동안 손을 쥐고 있는 것은 좋지 않다.

③ 손을 흔들 때 손을 상하로 가볍게 흔드는데 자신의 어깨보다 높이 올려 흔들어서는 안 되며, 여자와 악수할 때는 남자처럼 손을 흔들지 않는 것이 좋다.

④ 상대가 악수를 청할 때 남성은 반드시 일어서야 하는 것이 에티켓이며, 여성은 앉은 채로 악수를 받아도 상관없다. 그러나 연배의 여성은 제외하더라도 젊은 여성이 앉아있는 모습은 외관상 좋지 않으므로 일어나서 하는 것이 좋다.

⑤ 악수를 할 때는 양손을 걸치거나 어깨를 껴안는 등 필요 없는 과장된 행동은 품위가 없어 보이므로 삼간다.

⑥ 여성의 경우, 먼저 악수를 청하는 것이 에티켓이므로 외국인과 만나는 사교모임에서는 여성들도 주저하지 말고 즉시 악수를 청하며 손을 내미는 것이 자연스럽다.

⑦ 여성은 정장용의 팔꿈치까지 긴 장갑을 끼었을 때와 거리에서는 장갑을 벗지 않아도 되지만, 방한용 장갑은 아무리 추워도 오른쪽 장갑만은 벗고 해야 한다. 공식 파티에서 호스티스인 경우에는 손님에게 장갑을 낀 채로 악수를 청한다. 리셉센 파티시에도 리시빙 라인에 서서 장갑을 끼고 할 수 있다. 부인이 꼭 장갑을 벗어야 하는 경우는 승마장갑 내지는 청소용 장갑을 꼈을 때뿐이다.

⑧ 악수를 할 때는 반드시 일어서서 상대방의 눈을 보면서 해야 한다. 상대방의 눈을 보지 않고 하는 악수는 큰 실례가 된다. 그리고 부드럽게 미소를 지은 채, 손을 팔꿈치 높이만큼 올려서 잠시 상대방의 손을 꼭 잡았다 놓는다.

⑨ 동양인 중에는 악수하면서 절을 하는 사람들이 꽤 많은데 악수가 바로 서양식 인사이므로 절까지 할 필요는 없다. 따라서 허리를 굽힌다거나 두 손으로 손을 감싸 안을 필요가 없다. 특히 외국인과 악수할 때는 상대방이 절이라는 인사법을 모른다는 것을 명심하고 허리를 꼿꼿하게

세워 그야말로 상호 대등하게 악수를 나누는 것이 좋다.

5) 악수에 있어서의 특례

(1) 왕이나 국가원수간의 악수

● **왕과 왕족**

남성의 경우, 왕에게 소개되면 머리를 숙이고 공손히 인사한다. 그리고 왕이나 왕족이 악수를 청하면 재차 머리를 숙이며 인사하고, 악수에 응한다. 여성은 왕에게 예의(왼발을 뒤로 빼고 가볍게 무릎을 굽혔다 편다)를 표하고 왕이 청한 손을 잡고 악수를 한다.

● **대통령**

왕의 경우와 같은 방법으로 남성은 머리를 숙여 인사를 한 후 대통령이 내민 손을 잡고 악수를 한다. 대통령에 대해서는 여성이라도 먼저 악수를 청할 수 없으며, 대통령이 악수를 청하면 여성은 머리를 숙이고 악수를 받는다.

● **손에 하는 입맞춤**

유럽이나 라틴계 중남미 나라에서는 신사와 숙녀가 악수를 할 때 남자가 부인의 손을 잡고 상반신을 앞으로 굽혀 정중한 태도로 손가락에 입술을 가볍게 대는 풍습이 있는데, 이것은 기혼 부인에 대한 전통적인 인사법이다.

이런 인사법에 대하여 우리나라 사람들은 어색함을 느끼겠지만, 서양의 사교모임 등에서 기혼 여성에 대한 존경의 뜻으로 여성의 손에 남성이 가볍게 입맞춤하는 인사는 자연스럽게 이루어졌다.

그러나 오늘날에는 미국은 물론 영국의 왕실에서조차 이런 행위가 구태의연한 관습으로 여겨져 많이 사라졌다. 다만, 유럽이나 라틴계의 남미국가에서는 아직도 행해지고 있는 인사법 중 하나다.

● **코트시(Curtsy : 부인의 절)**

주로 부인들이 행하는 인사의 일종으로 가장 공손하게 존경을 표시하는 부인의 절이다. 보통 왼발을 뒤로 물리며, 무릎을 굽히고 몸을 숙인다. 남자들은 신과 아주 높은 성직자 앞에서만 이와 같은 인사를 하나, 부인들은 황제, 황후, 황족에 대해서까지 코트시를 한다.

● **포옹(Embrace)**

반가움과 친밀함을 담아 온몸으로 표현하는 애정의 표현이기도 하거니와 만남에 대한 즐거움을 자연스레 교감하는 인사법이다. 라틴이나 슬라브계 나라에서 가까운 친구나 부모형제가 오래간만에 만나면 서로 껴안고 볼에 키스를 하면서 반가워한다. 악수보다는 훨씬 깊은 애정의 표현으로 보기에도 좋고 아주 다정스럽다. 이것은 악수보다는 훨씬 더 사적인 방법에 속한다.

6. 소개법

(1) 소개의 중요성

직장인으로서 소개하거나 소개를 받는 데는 이후의 일에 대한 책임감이 뒤따르게 마련이므로 사람을 소개하려면 먼저 자기가 소개할 사람에 대해 잘 알고 있어야 하며, 소개하기 전에 양쪽의 처지를 고려한 후에 균형을 맞추어 소개하는 것이 바람직하다. 사회생활에서 사교의 시작은 만남에서 비롯된다.

이러한 만남에 있어서 그 중간 역할을 하는 것이 소개이다. 사람을 처음 만났을 때 받은 인상은 오랫동안 기억에 남는 법이다. 그래서 사교사회에서는 사람을 소개하는 형식과 예를 퍽 중요하게 여긴다. 소개시 염두에 두어야 하는 것은 소개하는 순서 및 올바른 악수 자세 등이다.

(2) 소개하는 순서

① 반드시 손아랫사람을 손윗사람에게 먼저 소개한다.
② 연소자를 연장자에게 먼저 소개한다.
③ 남성을 여성에게 먼저 소개한다.
④ 사내의 사람을 고객에게 먼저 소개한다.
⑤ 지위가 낮은 사람을 높은 사람에게 먼저 소개한다.
⑥ 미혼인 사람을 결혼한 사람에게 소개하는 것은 자연스러운 것이다.
⑦ 집안 식구의 경우는 중요한 사람이거나 여성일지라도 자기 식구를 다른 사람에게 소개하는 것이 예의이다.
⑧ 중요한 사람에게 덜 중요한 사람을 소개한다. 이 경우 기준이 모호하여 제대로 지키기 어렵다. 또한 남성이 아무리 중요한 사람이라 하더라도(아주 높은 경우가 아니면) 여성을 먼저 남성에게 소개하는 것은 실례가 된다.
⑨ 한 사람을 많은 사람에게 소개하는 경우, 한 사람을 우선(높은 사람) 전원에게 소개하고 그룹 구성원들을 한 사람씩 소개한다.

(3) 소개시 지켜야 할 매너

① 동성끼리 소개를 받을 때는 서로 일어난다.
② 성직자나 연장자 그리고 자신보다 지위가 매우 높은 사람을 소개받을 때는 남녀에 관계없이 일어서는 것이 원칙이지만, 환자나 노령인 경우는 예외이다.
③ 남성이 여성을 소개받을 때는 반드시 일어선다.

④ 여성이 남성을 소개받을 때는 반드시 일어날 필요는 없다.
⑤ 파티를 주최한 호스티스의 경우에는 상대가 남성이더라도 일어나는 것이 예의이다.

(4) 소개시 악수 매너

① 소개를 받았다고 곧 바로 손을 내밀지 않는다.
② 연소자가 연장자에게 소개되었을 때는 상대방이 악수를 청하기 전에 손을 내밀어서는 안 된다.
③ 연장자가 악수 대신 간단히 인사를 하면 연소자도 이에 따른다.
④ 악수나 간단한 목례시에는 얼굴에 미소를 띤다.
⑤ 외국인 부부를 소개받은 경우 동성간에는 악수를 하고, 이성간에는 간단한 목례로 대신한다.

7. 명함 매너

명함은 업종이나 직위를 초월하여 새로운 만남을 약속하는 데 사용되기 때문에 '인간관계의 재산'이라고 할 수 있다. 우리는 가끔 모서리가 구겨진 명함이나 한쪽 면에 무언가가 쓰인 것을 그대로 건네거나 상대방이 읽어보기 어려운 반대 방향으로 팽겨 치듯 건네는 사람을 볼 수 있다.

누구나 좋은 인간관계를 바라며 유지하고 싶어 하면서도 이러한 관계를 맺는 과정에서 주고받는 명함을 함부로 다루는 것은 실례가 되므로 바람직하지 못하다.

명함은 회사의 얼굴이자 자신의 얼굴임을 잘 알고 있는 사람은 딴 사람의 것이나 자신의 명함을 주고받을 때 겸허하고 공손함이 깃든 올바른 매너로 주고받음으로써, 한 장의 명함을 통해서도 새로운 인간관계를 만들 수 있는 것이다.

(1) 명함 교환의 요령

① 만날 약속을 해서 명함을 주고받을 때는 미리 상대방에 대한 정보를 어느 정도 준비하는 자세가 중요하다.
② 명함을 다루는 태도는 그 사람의 인상을 좌우하므로 깔끔한 명함지갑에 넣어가지고 다니는 게 좋다.
③ 지저분한 명함, 구겨진 명함, 전화번호나 주소 등을 고쳐 쓴 명함을 사용해서는 안 된다.
④ 평소 명함을 충분히 가지고 다니는 습관을 들이자.
⑤ 명함은 일단 간단히 인사나 악수가 끝난 뒤에 교환하는 것이 바른 순서이다. 서양인들은 명함을 주고받는 것을 서로 알게 되고 나서 교제를 더한층 긴밀히 하기 위한 예의의 하나로 생각

한다.

⑥ 앉아서 대화를 나누다가도 명함을 교환할 때는 일어서서 건네는 것이 원칙이다.

⑦ 명함이 없을 때는 자기가 예의를 갖추지 못했음을 사과하고 필요에 따라 이름과 연락처 등을 적은 메모를 건네준다. 명함이 없다고 얼버무리면서 상대방의 명함만을 받는 것은 결례이다.

(2) 명함을 주는 방법

① 명함은 전용지갑에 깨끗이 보관한다.

② 명함은 상의 안주머니에 넣는다.

③ 언제나 충분하게 준비한다.

④ 나의 명함과 상대로부터 받은 명함을 구분하여 관리한다.

⑤ 인사말과 함께 이름을 정확히 말하며, 고객에게 먼저 명함을 건넨다.

⑥ 상대방이 바로 볼 수 있도록 돌려서 전하는데, 상대의 가슴과 허리선 사이에서 내밀면 자연스럽다.

(3) 명함을 받는 방법

① 가볍게 목례하며 오른손으로 받고 왼손으로 팔꿈치를 가볍게 받친다.

② 명함을 받으면 두 손으로 받쳐서 회사와 부서, 성함을 바로 확인한다.

③ 모르는 한자가 있을 때는 물어도 결례가 아니다.

④ 상대의 명함으로 부채질하거나 상대가 있을 대 명함에 메모하는 것은 결례이다.

⑤ 명함을 받을 때에도 일어서서 두 손으로 받아야 한다.

⑥ 상담시에는 테이블 위에 올려놓고 보면서 이야기한다.

(4) 명함을 동시에 주고받을 때

① 오른 손으로 건네고 왼손으로 받은 다음, 두 손으로 받고 읽는다.

② 언제나 충분하게 준비한다.

③ 나의 명함과 상대로부터 받은 명함을 구분하여 관리한다.

④ 인사말과 함께 나의 이름을 정확히 말하며, 고객에게 먼저 명함을 건넨다.

⑤ 상대방이 바로 볼 수 있도록 돌려서 전하는데, 상대의 가슴과 허리선 사이에서 내밀면 자연스럽다.

명함을 주면서 동시에 받는 경우가 비즈니스관계에서 상식화되어 있다. 이런 경우에는 한 손으로 받는 것도 가능하다. 자신의 명함을 오른손으로 내밀면서 상대방의 명함은 왼손으로 받은 다음,

두 손으로 받고 읽는다.

(5) 명함 관리와 활용

① 명함을 받으면 뒷면이나 여백에 상대방에 대한 사항을 반드시 메모해 두는 습관을 갖자. 받은 명함은 소중하게 취급한다. 메모를 그 사람의 면전에서 하는 것은 결례이다.
② 명함은 전용 지갑이나 상의 안주머니 또는 명함 주머니에 보관한다. 내 명함과 상대 명함은 구분하여 관리한다.
③ 명함은 명함 홀더나 명함 바인더에 잘 정리하여 보관하면서 인맥관리의 자료로 수시로 활용한다.
④ 직장(업무)관계 명함은 업종별로 나누어 색인을 만들어 관리하고 개인적인 관계는 '가나다' 순으로 정리하는 게 편하다.
⑤ 1년에 1회씩 연하장을 주고받는 연말연시가 좋다. 명함을 정리하여 필요 없다고 생각되는 것은 제거하며 연하장을 통하여 주소가 변경되었음을 알게 되면 추가로 기재하여 관리한다.

(6) 명함에 메모하는 내용

① 만난 날짜, 장소, 만난 이유
② 소개자의 이름, 소개 이유
③ 학력이나 경력
④ 상대방의 인상, 대화 내용에 대한 특기 사항
⑤ 상대방의 업무, 취미, 가족관계 등

(7) 잘못된 명함 교환 예절 포인트

① 명함을 찾는데 시간이 걸린다.
② 구겨지거나 지저분한 명함을 건넨다.
③ 눈앞에서 상대의 명함에 메모를 한다.
④ 뒷주머니에서 명함을 꺼낸다.
⑤ 아무 말 없이 명함을 건넨다.
⑥ 테이블 위에 질질 끌면서 내 놓는다.
⑦ 명함을 거꾸로 상대방에게 건넨다.
⑧ 상대방의 이름을 잊어 명함을 찾는다.
⑨ 받은 명함을 잘 보지도 않고 집어넣는다.
⑩ 받은 명함으로 손장난을 하거나 다른 용도로 사용한다.
⑪ 받은 명함을 두고 온다.

(8) 명함의 규격

① 명함은 일정한 크기의 사각형 순백지에 인쇄된 것이 규격 폼이다(보통 3.3 × 2.25인치).
② 남자라고 해서 여자보다 큰 것을 쓴다거나 여자라고 해서 4각을 둥글게 하라는 원칙은 없다.

③ 영·미 양국에서는 남녀 모두 같은 형태의 명함을 사용하며, 일반적으로 여성 명함이 남자용보다 크다.

④ 프랑스를 비롯한 유럽 쪽에서는 영·미와 반대로 남성용이 여성용보다 조금 더 크다.

*** 루이 14세 때 명함은 시작…**

명함이 생겨난 것은 프랑스의 루이 14세 때라고 전해진다. 그러나 중국에서는 아주 오랜 전부터 아는 사람의 집을 방문했을 때 상대방이 부재중이면 이름을 적어 표시를 남겨놓았다고 하며, 독일에서도 16세기경에 이름을 적은 쪽지를 사용했다고 한다.

8. 전화 매너

오늘날 의사소통을 위한 수단이 발달함에 따라 일상생활이 매우 편리하게 되었다. 특히 전화의 등장으로 아무리 먼 곳에 있는 사람과도 대화를 할 수 있게 되어 우리의 손과 발이 되어 주고 있다.

전화기는 상대방에게 목소리만을 전달해주는 매체이다. '가는 말이 고와야 오는 말도 곱다' 라는 속담은 전화 통화에서도 그대로 적용되는 말이다. 그러므로 전화를 할 때는 바로 눈앞에 고객을 마주한 채로 중요한 대화를 나누고 있다는 마음가짐이 필요하다.

그런데 전화는 상대방의 얼굴을 직접 보지 못하고 대화하기 때문에 자칫 소홀해지기 쉽다. 따라서 전화를 거는 방법이나 태도에 따라 실례가 되기도 하고 또 상대방의 기분을 상하게도 하게 되므로 일상생활에서 전화의 기본예절을 알아둘 필요가 있다.

(1) 전화의 기본예절

① 항상 밝은 목소리로 응대한다.

② 회사의 전화는 많은 사람이 사용하므로 미리 용건을 준비하여 짧게 통화한다.

③ 통화 도중 주변 사람의 대화를 엿듣고 같이 웃거나 하면 안 된다.

④ 사적인 대화를 되도록 삼간다.

⑤ 다급한 상황이 아니라면 벨이 두 번 정도 울리고 나서 받는 것이 좋다. 상대방에게도 통화할 마음의 준비가 필요하기 때문이다.

⑥ 항상 통신 보안에 신경을 쓴다.

⑦ 항상 바른 말로 정확하게 표현한다.

⑧ 직급이 낮은 부하직원에게도 반말을 삼가는 것이 기본적인 예의이다.
⑨ 항상 바른 말로 정확하게 표현한다.

(2) 전화의 중요성

① 전화는 정보화 시대의 요체이다.
② 전화는 업무상 중요한 수단이다.
③ 회사의 이미지 결정의 중요 요소이다.

(3) 전화예절의 특성

① 고객 접선의 제1선
② 얼굴 없는 만남
③ 예고 없이 찾아오는 방문객
④ 경비발생
⑤ 보안성이 없음

(4) 전화응대의 3대 원칙

① 신속
② 정확
③ 정중

(5) 전화를 받는 요령

① 전화벨이 3번 이상 울리기 전에 받는다.
② 왼손으로 받고 오른손으로 메모 준비를 한다.
③ 인사말과 소속, 성명을 명확히 밝힌다.
④ 메모하면서 응대를 한다.
⑤ 중요 용건에 대하여는 복창하며 확인한다.
⑥ 정중한 마무리 인사를 한다.
⑦ 고객이 끊은 후 수화기를 (살~ 짝) 내려놓는다.

(6) 전화를 거는 요령

① 고객의 T. P. O(Time, Place, Occasion)를 고려한다.
② 용건, 말할 순서를 메모한다.
③ 다이얼은 정확하게 확인한다.
④ 고객이 응답하면 자신을 밝힌 후 상대방을 확인한다.
⑤ 간단한 인사를 한 후 T. P. O를 고려하며 용건을 말한다.

⑥ 정중한 마무리 인사를 한 후 조용히 끊는다.
⑦ 고객이 끊은 후 수화기를 살짝 놓는다.

(7) 전화를 바꿔주는 요령

- **받을 사람이 있을 경우**
  - 전화를 받는다.
  - 인사하고 자신을 밝힌다.
  - 전화 받을 사람을 확인한다.
  - 전화 건 사람을 확인한다.
  - 송화구를 막고 받을 사람에게 이야기한 다음 전화를 바꿔준다.
  - 연결음이 고객에게 들리지 않도록 함을 주지시킨다.
  - 전화를 받을 사람이 보이지 않거나 멀리 있을 때 전화로 받을 사람을 확인 후 연결시켜준다.
  - 전화 받을 사람이 즉시 받을 수 없을 때는 그 상황을 알려준다.
- **찾는 사람이 없을 때**
  - 전화를 받는다.
  - 인사하고 자신을 밝힌다.
  - 전화 받을 사람을 확인한다.
  - 부재중인 사유와 예정을 알려 준다.
  - 용건 해결 가능한 경우 – 알고 있는 내용을 말해 준다.
  - 용건 해결 불가능한 경우 – 메모를 받아 적는다.
  - 복창하면서 확인한다.
  - 전화 받은 사람의 이름을 말한다.
  - 정중한 마무리 인사를 한다.
  - 고객이 끊은 후 수화기를 살짝 내려놓는다.

(8) 이동전화 에티켓 10계명

우리나라 이동전화 보급은 국민 두 사람 중 한 사람이 지니고 있는 꼴이라고 한다. 남녀노소가 없고, 초등학생부터 어른에 이르기까지 무분별하게 필수품처럼 사용하고 있는 실정이다. 그러나 우리 주위에는 기본적인 '이동통신 에티켓'을 갖추지 못해 주위 사람들의 눈살을 찌푸리게 하는 '휠래족'이 여전히 눈에 띈다.

우리나라에서 무선호출기나 이동통신과 관련된 예절의 정착을 가로막는 가장 큰 요인은 다른 민족보다 유난히 큰 목소리와 남다른 과시욕 그리고 자기중심적인 사고라고 분석된다. 우리는 의식적이든, 무의식적이든 상대방에게 폐를 끼치는 것을 삼가야 한다.

- 병원에서는 사용을 하지 않는다.
- 공공장소에선 꺼둔다.
- 운전 중에는 사용을 자제한다.
- 꼭 필요할 때만 사용한다.
- 청소년들의 가입을 자제한다.
- 볼륨을 줄여서 사용한다.
- 가급적 공중전화를 이용한다.
- 보행 중에는 사용을 자제한다.
- 통화할 때는 조용히 말한다.
- 공연관람, 수업시간 등에는 반드시 꺼둔다.

(9) 전화 응대의 에티켓

① 전화한 상대를 물어볼 경우 반드시 '실례합니다만 어디신지 여쭈어 봐도 되겠습니까?'라는 정중한 표현을 사용한다.

② 공중전화나 핸드폰으로 전화를 걸 때는 미리 양해의 표현을 하는 것이 에티켓이다. 그래야 통화 도중에 갑자기 끊겨도 상대가 불쾌하게 느끼지 않으며, 상대에게 신속, 간단하게 전화해야 함을 알려주는 것이 된다.

③ 전화를 거는 것은 남의 집을 방문하는 것과 같은 배려가 필요하다. 전화를 걸 때에는 가급적 오전 10시에서 오후 5시 사이에 거는 것이 좋고, 식사시간은 피한다.

④ 전화 응대는 음성만으로 의사를 전달해야 하기 때문에 상대를 보고 대화하는 것보다 음성이나 말투, 말의 정중한 표현법 등에 세심한 신경을 써야 한다.

⑤ 통화중 상대의 말이 잘 들리지 않을 경우 '네, 뭐라구요?' 라고 하지 말고 '죄송합니다만 다시 한 번 말씀해 주시겠습니까?' 라고 말한다.

제19장 웃는 사람이 성공한다

1. 웃음이란?

웃음(laughter)이란 쾌적한 정신활동에 수반된 감정반응이다. 그리고 고정관념이 사라질 때 나타나는 놀람의 소리를 웃음이라고 한다.

웃음은 미소(微笑), 고소(苦笑), 홍소(哄笑), 냉소(冷笑), 조소(嘲笑), 실소(失笑), 파안대소(破顔大笑), 박장대소(拍掌大笑) 등이 있다. 웃음 속에는 희로애락이 있다 하지만, 진정한 웃음은 기쁨과 즐거움을 소리 내어 표현하는 웃음이다. 또 웃음은 신체적 자극에서, 기쁨에서, 우스꽝스러움에서, 겸연쩍음에서, 연기로서 또 병적인 데서 오는 것으로 분류할 수도 있다. 웃음의 원인이나 종류에 대해서는 여러 가지 설이 있다.

웃음은 횡경막의 짧은 단속적인 경련적 수축을 수반하는 깊은 흡기로부터 생긴다. 배를 움켜쥐고 웃을 때 몸이 흔들리므로 머리는 앞뒤로 끄덕여지고, 아래턱이 상하로 흔들리며, 입이 크게 벌어진다. 싱글벙글 웃는 것은 만족감을 나타내고, 능글능글 웃는 것은 비밀을 감추고 있는 것이며, 히죽히죽 웃는 것은 악의를 나타내는 것이다.

또한 깔깔 웃는 것은 기품이 없음을 나타내고 큰소리로 웃는 것은 대범함을 나타낸다. 일반적으로 유아나 어린이의 웃음은 신체적, 감정적이다. 즉, 간지러울 때나 배설물이 나올 경우에 흔히 볼 수 있으며, 표현은 복잡하다. 아동기 이후는 정신적, 사회적인 웃음이 많아지며, 표현은 미소로 변한다. 청년기 이후가 되면 유머가 발달한다. 유머는 자기를 객관시하고 웃음의 자료를 제공하려는 마음에서 생겨난다. 웃음은 자신의 건강은 물론 타인에게까지 즐거움을 준다.

(1) 웃음의 효능

웃음의 효능을 살펴보자.

① 1회 크게 웃을 때마다 200만 원어치의 엔도르핀이 나온다.
② 1일 15초 크게 웃을 때마다 이틀을 더 살 수 있다.
③ 성인이 1일 15번 웃는데, 아이들은 400번 웃는다.
④ 1회 크게 웃으면 650개 근육에서 231개의 근육과 얼굴 근육 80개 중 15개가 움직인다.
⑤ 여자가 남자보다 7~8년 오래 사는 이유는 자주 웃기 때문이다.
⑥ 웃을 때마다 몸속의 나쁜 공기를 배출하고 깨끗한 공기를 공급한다.
⑦ 웃으면 산소공급이 2배로 증가하여 신체 등이 시원해짐에 따라 머리가 좋아진다.
⑧ 정력 증강에는 웃음이 최고다.
⑨ 웃음은 성공과 장수의 지름길이다.
⑩ 서양 속담에 웃음은 내면의 조깅이다.
⑪ 웃음은 동서양을 막론하고 묘약이며 명약이다.
⑫ 조선 왕조 때에는 웃음 내시가 있었다.
⑬ 웃음의 반대는 스트레스다. 스트레스가 쌓이면 몸에 병이 생기고 배꼽잡고 웃으면 스트레스가 풀린다.
⑭ 웃음이 최고의 마케팅이다.

(2) 웃음의 효과(임상 결과)

① 미국 인디아나주 볼 메모리얼 병원에서는 외래 환자들을 조사한 결과 웃음은 스트레스 호르몬인 코티즐의 양을 줄여주고 우리 몸에 유익한 호르몬을 많이 분비함을 통해서 '하루 15초 웃으면 이틀을 더 오래 산다' 고 했다.
② 미국 UCLA 대학병원의 프리드 박사는 하루 45분 웃으면 고혈압이나 스트레스 등 현대적인 질병도 치료가 가능하다고 소개했다.
③ 웃음에 관한 국제학술회의가 스위스 바젤(98년 10월 9일)에서 열렸었는데, 한 보고서는 독일인이 40년 전에 비해 하루 웃는 회수가 3분의 1로 줄었고, 어린이가 하루 400회 웃는 데 비해 성인은 15회밖에 되지 않는다고 지적하면서 웃음 부족이 성인 건강에 나쁜 영향을 미치고 있다고 우려하고 있다.
이 회의에서 독일인 정신과 전문의 미하엘 티체 박사는 웃음이 스트레스를 진정시키고 혈압을 낮추며, 혈액순환을 개선하고, 면역체계와 소화기관을 안정시키는 작용을 한다고 지적하였다. 그는 그 이유로는 웃을 때 통증을 진정시키는 호르몬이 분비되기 때문이라고 설명했다

(조기 폐경 25%, 남자들의 고환 정자 수 30% 감소는 면역체계 이상 때문이라고 한다).

④ 소리 내어 웃는 웃음은 명약이다. 우리들 병원장(신경외과)은 강직성 척추염 환자에게 항상 소리 내어 웃기를 권한다. 강직성 척추염이란 서로 분리되어 움직여져야 할 경추-요추들이 달라붙어 로봇처럼 뻣뻣해지는 병이다. 처음엔 요추 강직으로 허리를 굽히지 못하거나 병이 악화되면 목뼈까지 굳어지게 된다. 그런데 병원장이 만난 이들 환자는 대부분 잘 웃지 않는 사람들이었다. 병원장은 그때마다 "TV 코미디를 보며 크게 웃으세요, 유머집 《헬프미 추기경》을 사서 보세요"라며 소리 내어 웃는 웃음 요법을 처방하였다.

⑤ 스탠퍼드 윌리엄 프라이 박사는 한바탕 크게 웃는 것은 에어로빅 운동을 5분 동안 하는 운동량과 같으며, 20분 동안 웃는 것은 3분 동안 격렬하게 노젓는 운동량과 같다고 하였다. 웃음 치료사들은 한번 쾌활하게 웃을 때 몸속의 650개 근육 중 231개 근육이 움직이며, 얼굴 근육은 15개가 움직여 많은 에너지를 소모한다고 설명한다.

(3) 웃는 것도 노력이 필요하다

① 누구든지 친밀하게 대하라.
② 만나는 사람마다 칭찬을 하며, 1일 칭찬을 50회 이상 하라(습관적으로).
③ 아이들을 만나면 항상 칭찬을 해주고 함께 놀아준다.
④ 긍정적인 사고를 하라.
⑤ 웃기는 사람들과 자주 만나라
⑥ 웃기는 책, 영화, 비디오, 텔레비전 프로그램을 보라.
⑦ 거울을 자주보면서 "거 참, 매력 있다. 멋있게 생겼다"고 자화자찬하라.
⑧ 웃음은 찾아오는 것이 아니라 내가 만들고 찾는 것이다.
⑨ 억지로라도 웃자. 미국 UC샌프란시스코의 폴 에크먼 박사는 '사람이 특정한 감정표현을 흉내 내면 몸도 거기에 따른 생리적 유형을 따라간다며 일부로라도 웃는 것이 건강에 도움이 된다' 고 강조하고 있다. 웃는 것도 연습이 필요하다. 억지로 웃는 연습을 자꾸 하다 보면 어느새 인상 찡그린 표정이 사라지고 만다.
⑩ 크게 웃으면 상체는 물론 위장, 가슴, 근육, 심장까지 움직이게 만들어 상당한 운동효과가 있다. 따라서 웃을 때는 배꼽을 잡고 크게 웃는 게 좋다.

(4) 웃음소리와 심리상태

킥킥킥 : 호기심이 강하며, 변덕이 심한 사람이다.
하하하 : 주변 환경에 개의치 않는 안정된 기분의 웃는 웃음이다.

히히히 : 공격적인 기분으로 불안이 내포되어 있으며, 상대에게 비판적, 경멸적일 수 있다.
와하하 : 활동력이 넘치는 타입이나 타인에게 위압감을 주기 쉽다.
킬킬킬 : 싫은 일을 웃음으로 감추고 있으며 자신이 없다.

2. 웃음 훈련

1) 웃음 종류(웃음과 울음(笑泣))

가소(假笑) : 거짓 웃음 또는 꾸밈 웃음
고소(苦笑) : 쓴 웃음 또는 달갑지 않은 웃음
교소(嬌笑) : 애교 있고 요염한 웃음
냉소(冷笑) : 상대방을 깔보며 쌀쌀하게 웃는 웃음
미소(微笑) : 소리 내지 않고 빙긋이 웃는 웃음
실소(失笑) : 참아야 할 자리에서 툭 터져 나오는 웃음
치소(嗤笑) : 빈정거리며 웃는 웃음
폭소(爆笑) : 폭발하듯 갑자기 웃는 웃음
홍소(哄笑) : 큰 소리를 내며 웃는 웃음
희소(喜笑) : 기뻐서 웃는 웃음
감읍(感泣) : 몹시 감격하여 우는 울음
곡읍(哭泣) : 통곡하며 우는 울음
비읍(悲泣) : 슬피 우는 울음
애읍(哀泣) : 애처롭게 슬피 우는 울음
원읍(怨泣) : 남을 원망하여 우는 울음
제읍(啼泣) : 소리 높여 우는 울음
체읍(涕泣) : 눈물을 흘리며 우는 울음
호읍(號泣) : 목 놓아 소리 내어 우는 울음
호탕한 웃음 – 덩치 큰 사람이 기분이 좋아 마음 놓고 웃는 모습
감동의 웃음 – 감동적인 순간을 만나거나 보았을 때 눈물과 소리 없이 웃는 모습
함박웃음 – 통쾌한 장면을 보고 크게 웃는 모습
조용한 웃음 – 종교적인 성인의 모습

자지러진 웃음 – 떼굴떼굴 구르면서 어쩔 줄 몰라 하며 웃는 모습
얌전한 웃음 – 새색시가 조용히 손으로 입을 가리고 웃는 모습
흐뭇한 미소 – 아들, 딸들이 자랑스럽거나 바라던 일을 해냈을 때 웃는 모습
비웃음 – 상황의 앞뒤가 맞지 않을 때 웃는 웃음
놀란 웃음 – 죽었던 사람이 살아 돌아왔을 때 생각지도 않은 상황이 벌어졌을 때 웃는 웃음
억지웃음 – 웃을만한 여건이 아닌데도 시도 때도 없이 웃는 웃음

2) 웃는 얼굴과 스마일 발성법

운동을 할 때도 효과를 올리기 위해서 워밍업이 필요하다. 웃는 얼굴을 만드는 연습에서는 입 언저리의 근육을 부드럽게 하기 위해 다음과 같이 발성 연습을 해보자. 부드러운 입매를 연출하기 위해 제일 먼저 '하, 히, 후, 헤, 호' 연습을 해보자. 하하, 후후, 호호는 품위 있는 웃음소리이다. 히히, 헤헤는 그 반대이므로 이런 웃음소리는 내지 않는 것이 좋다. 하지만 입 꼬리 올려주기 근육운동에는 꼭 필요한 소리이므로 주의 깊게 발음해 보자.

(1) '하' 소리내기

큰소리로 '하, 하' 하고 두 번 소리를 낸 다음 '하, 하, 하, 하, 하' 소리를 낸다. 턱이 움직일 정도로 될 수 있는 한 크게 입을 벌려 소리를 낸다.

(2) '히' 소리내기

큰소리로 분명하게 '히, 히' 하고 두 번 소리를 낸다. 입 꼬리를 한 일자로 좌우로 힘껏 당기고 입술의 근육을 긴장시킨다.

(3) '후' 소리내기

큰 소리로 '후, 후' 하고 두 번 소리를 낸다. 입 꼬리를 약간 긴장시키는 것처럼 입술을 앞으로 가볍게 내밀고 소리를 낸다. 촛불 끌 때 입 모양을 생각하면 된다.

(4) '헤' 소리내기

큰 소리로 '헤, 헤' 하고 두 번 소리를 낸다. 입 꼬리를 의식하고 힘을 넣어 위로 올라가는 것처럼 한다.

(5) '호' 소리내기

큰소리로 분명하게 '호, 호' 하고 두 번 소리를 낸다. 입술을 뾰족하게 내밀고 입에 알사탕을 넣었다는 기분으로 한다.

(6) 깜짝 놀란 표정 짓기

입술을 오므린 뒤 눈을 크게 떠 깜짝 놀랐을 때의 표정을 짓는다. 이때 양손으로 볼과 목뒤를 가볍게 서너 번 두드린다.

(7) 입술 좌우로 삐죽 삐죽하기

입술을 오므려 앞으로 쭉 내밀고 좌우로 움직인다. 5～6회 계속하면 입 주위와 볼 근육이 움직이는 것을 느낄 수 있다.

(8) 입술 한쪽으로 당기기

입술을 한쪽으로 힘껏 끌어당기고 어금니를 꽉 깨문다. 좌우로 삐쭉거릴 때와는 다른 근육이 움직인다는 것을 알 수 있다. 좌우 번갈아 5～6회 반복한다.

(9) 입술을 좌우로 당기기

아래 입술과 윗입술을 동시에 힘껏 양옆으로 끌어당겨 위, 아랫니를 깨물듯이 힘을 준다.

(10) 입 벌려 하늘 보기

크게 입을 벌리면서 목을 천천히 뒤로 젖힌다. 목덜미의 피로가 풀리고 전신에 활력을 준다. 마지막 단계로 반드시 해주면 좋다.

3) 아름다운 입술을 위한 근육운동

관상학적으로 육체를 상징하는 입술은 눈과 함께 나란히 주목도가 높은 곳이다. 입술도 그냥 내버려두면 입술의 근육이 점점 탄력을 잃게 되어 아름다운 매력을 잃어버리고 만다. 매일 구륜근을 단련시키면 입 언저리의 주름도 방지하고 매력적인 입매를 만들뿐 아니라 입 꼬리의 모양을 단정하게 하는 효과가 있다.

(1) 입 꼬리 누르기

두 집게손가락으로 입 꼬리를 누르고 입술을 앞으로 내민다. 입 꼬리가 느슨해지는 것을 방지한다.

(2) 볼 당기기

입술은 긴장을 풀고 다문 채로 두 손을 볼에 대고 가볍게 귀 방향으로 끌어올려주듯 당긴다.

(3) 볼 당겨 '후 후' 소리내기

손은 볼 당기기 상태대로 손의 힘을 빼지 말고 '후, 후' 하고 몇 번 더 되풀이하여 소리를 낸다.

4) 웃는 얼굴과 호흡법

웃지 않는 얼굴을 살펴보면 입 주위 근육이 굳어있어 웃는 모습이 어색하기 짝이 없다. 웃는 얼굴도 근육으로 이루어져 있으므로 몸의 근육을 움직인다는 의미에서는, 즉 웃는 얼굴을 위해 얼굴 근육을 단련시키는 것이다.

아침에 잠자리에서 일어나면 신체의 단련을 위해 운동을 하듯 웃는 얼굴을 위해서도 입 꼬리 주위의 근육을 잠에서 깨워 운동으로 단련시켜야 한다. 지금부터 '웃는 얼굴'을 만들기 위한 근육 운동이 자연스럽게 익힐 때까지 며칠 정도 꼼꼼히 따라해 보자.

당신은 1분에 숨을 들이쉬고 내 쉬는 것을 몇 번이나 반복하는가. 인간은 1분에 네 번 호흡을 하게 되면 거의 120세까지 같은 모습으로 살 수 있다는 주장이다. 이렇게 숨을 들이쉬고 내쉬기를 네 번 반복하는 것을 네 번 호흡이라고 한다. 또한 내쉬는 숨은 장수의 삶이고, 들이쉬는 숨은 빨리 죽는 삶이라고 한다.

인간이 슬퍼서 흐느낄 때 숨을 들이쉬기만 하는 것을 보면 일리가 있는 것 같다. 어찌됐건 웃는 얼굴을 효과적으로 개발하기 위해서는 내쉬는 호흡법을 응용하자. '하, 하, 하' 하고 웃어보자. 역시 숨을 내쉬게 될 것이다. 얼굴 근육 운동을 할 때에 웃는 얼굴의 효과를 최대한 올리기 위해서 스마일 호흡법이 필요하다. 멋지게 웃는 얼굴을 만들 때는 숨을 내쉰다.

천천히 조용히 내쉬면서 미소 짓는 것이 최고이다. 숨을 내쉴 때는 몸의 긴장이 풀려서 근육도 부드러워지므로 그만큼 멋지게 웃는 얼굴을 만들기 쉽다. 반대로 숨을 들이쉬거나 숨을 멈춘 채로 미소 지으면 어딘가 표정도 어색하고 몸도 움직이기 곤란하다.

5) 웃음을 연습하는 방법

처음에는 어색하지만 웃음에 대한 의식을 바꾸고 연습을 하다보면 지금까지 굳어있던 웃는 근육이 풀리게 되어 자연스럽게 웃을 수 있게 된다. 우선 거울을 보면서 자신의 얼굴 모습이 어떤지 자세히 살펴보고 한 번 웃어보고, 웃는 모습이 어떤지 관찰해 보기도 하고, 작은 미소부터 시작해 온 몸을 흔들며 기절할 정도까지 웃어본다.

이럴 때 웃음은 얼굴이 웃다가 가슴이 웃고, 배꼽이 웃고, 나중에는 발가락까지 웃게 된다. 거울을 볼 때마다, 사람을 대할 때마다, 혼자 있을 때에도 마음껏 웃어보자. 웃음은 우리들의 지친 마음과 몸에 새로운 생명력을 불어넣어줄 것이다.

3. 웃음에 대한 명언

① 웃는 사람은 실제적으로 웃지 않는 사람보다 더 오래 산다. 건강은 실제로 웃음의 양에 달렸다는 것을 아는 사람은 거의 없다. －제임스 월쉬

② 웃음은 전염된다. 웃음은 감염된다. 이 둘은 당신의 건강에 좋다. － 윌리엄 프라이

③ 당신이 웃고 있는 한 위궤양은 악화되지 않는다. － 패티우텐

④ 우리는 행복하기 때문에 웃는 것이 아니고, 웃기 때문에 행복하다. － 윌리엄 제임스

⑤ 나는 웃음의 능력을 보아왔다. 웃음은 거의 참을 수 없는 슬픔을 참을 수 있는 어떤 것으로, 더 나아가 희망적인 것으로 바꾸어줄 수 있다. － 봅 호프

⑥ 유머감각이 없는 사람은 스프링이 없는 마차와 같다. 길 위의 모든 조약돌마다 삐걱거린다. － 헨리와 드 비쳐

⑦ 그대의 마음을 웃음과 기쁨으로 감싸라. 그러면 1천 해로움을 막아주고 생명을 연장시켜줄 것이다. － 윌리엄 셰익스피어

⑧ 웃음은 마음의 치료제일 뿐만 아니라 몸의 미용제이다. 당신은 웃을 때 가장 아름답다. － 칼 조세프 쿠 쉘

⑨ '笑門 萬福來'(웃는 사람에게는 많은 복이 온다.)

⑩ 一笑一少, 一怒一老(한 번 웃으면 한 번 젊어지고, 한 번 노하면 한 번 늙는다.)

4. 일상생활 속에서의 웃음 훈련

일상생활 속에서 우리는 웃음이 습관화되어야 한다. 어느 기회가 주어졌을 때만 웃는 것이 아니라 언제, 어느 때든지 웃을 준비가 되어야 한다.

그러면 가정에서부터 웃는 습관을 들여 보자.

① 잠자리에서 일어나면 살짝 미소를 지어보고 혼자 빙그레 웃어본다.

② 일어나서 감사하다는 마음으로 하, 하, 하, 하, 하… 호탕하게 웃어본다.

③ 화장실에서 거울을 보면서 여러 가지의 표정을 지어본 다음, 큰 목소리로 입을 벌려 하, 하, 하, 하… 통쾌하게 웃어본다.

④ 나는 행복한 사람이다. 표정을 짓다가 하, 하, 하, 하… 신나게 웃어본다.

⑤ 가족들한테 "감사합니다" 하고 말을 건넨 다음, 하, 하, 하, 하… 겁나게 웃어본다.

⑥ 화장을 하면서 미소를 지으며 예쁘게 웃어본다.

⑦ 걸어가면서 싱글벙글 웃으면서 화끈하게 걸어간다.

⑧ 나는 잘 웃는 사람이다. 하늘을 바라보면서 큰소리로 시원하게 웃어본다.

⑨ 만나는 사람마다 미소를 보낸다.

⑨ 운전 중에도 신나게 웃으면서 목적지를 향해 운전한다. 하, 하, 하, 하….

⑩ 잠자리 들기 전에 두 눈을 감고 "감사합니다"라고 말을 하면서 미소를 짓다가 천정을 바라보면서 화끈하게 웃어본다. 떼굴떼굴 굴러다니면서 하, 하, 하, 하….

웃음이란 언제, 어느 때든지 천진난만한 어린아이처럼 웃을 때 진정한 웃음이 나오면서 마음의 치료가 되는 것이다.

(1) 박장대소 10계명(가정, 직장, 학교)

1계명 – 아침에 일어나자마자 "오늘도 상쾌하게 하, 하, 하, 하…."

2계명 – 세수할 때 거울 보며 "예쁘게 하, 하, 하, 하…."

3계명 – 아침식사할 때 "거뜬하게 하, 하, 하, 하…."

4계명 – 집을 나설 때 "활기차게 하, 하, 하, 하…."

5계명 – 직장에서 만나는 사람과 "하이파이브 하면서 신나게 하, 하, 하, 하…."

6계명 – 점심 식사할 때 "맛있게 하, 하, 하, 하…."

7계명 – 일하면서 책상을 치며 '책상대소', 아랫배 두들기며 '뱃살대소'로 "튼튼하게 하, 하, 하, 하…."

8계명 – 퇴근할 때 "보람차게 박장대소로 하, 하, 하, 하…."
9계명 – 저녁운동 시작하며 "건강하게 요절복통으로 하, 하, 하, 하…."
10계명 – 잠자기 전 "감사합니다. 홍소로 하, 하, 하, 하…."

(2) 박장대소 7대 운동(가정, 직장, 학교)

① 웃음 bow – 4단계 인사법은 1단계(안녕하세요), 2단계(악수), 3단계(하, 하, 하), 4단계 (칭찬)
② 웃음 line – 웃음 라인을 지정하여 그 선을 넘거나 밟을 때마다 10초간 웃기
③ 웃음 time – 하루 세 번 9시, 12시, 18시 등 특정시간을 정하여 전체가 웃기
④ 웃음 zone – 웃음 지역을 선정하여 그 장소에서 머물거나 통과할 때 20초 이상 웃기
⑤ 웃음 day – 맵시 데이, 과일 데이, 비타민, 피자, 아이스크림, 사다리타기, 족구, 피구, 문화, 안마, 사우나 데이, 회의시간의 유머, 웃기 등 먹거나 활동을 하는 날로 정한다.
⑥ 웃음칭찬 mail – 핸드폰, 이메일, 카드, 칠판, 홈페이지 게시판
⑦ 웃음 leader – 1주간, 1개월, 1년간 가장 많이 웃는 직원에게 펀리더, 킹, 퀸을 선정하여 왕관 수여

5. 스팟

1) 스팟 (SPOT) 이란?

우리 생활 속에서 spot이란 단어는 스팟 광고, 스팟 뉴스, 스팟 라이트, 스팟 테스트 등의 표현처럼 짧고 간단한 즉석의, 번뜩이는 등의 뜻으로 주로 쓰이고 있었다. 스팟에 대한 명확한 정의를 내리기는 어렵지만 이 내용에서의 스팟 프로그램이란 짧은 시간에 기본 도입이나 동기부여 측면으로 활용되는 한 프로그램으로 규정하도록 하겠다.

프로그램이나 교육에 앞서 집중이 필요할 때나 프로그램 중간에 산만해진 분위기를 수습할 때 효과적이고, 기억에 남는 종료를 위해 스팟 프로그램은 각 급 학교의 교사나, 단체나, 모임의 진행자들에게도 꼭 필요한 기법이 될 것이다.

2) 스팟 기법의 특성

스팟 방법은 짧은 시간에 최대의 효과를 거두기 위한 가장 경제적인 활동이다. 즉, 그것은 시간 가치의 극대화를 위한 개념이라고 할까? 물론 스팟 기법의 특성에는 다음과 같은 것들이 있다.

① 즉흥성 : 상황이 전개되는 즉시 실행한다.

② 함축성 : 내용이 짧고 간결하다.

③ 공감적 : 참가자 모두 같은 느낌을 가진다.

④ 역동성 : 순간적으로 큰 변화를 가져온다.

⑤ 효율성 : 적은 시간투자에 비해 매우 효과적이다.

3) 스팟 게임

- **신체접촉을 이용한 안마게임**
- 방법 : ① 전체가 손으로 할 수 있는 것을 유도한다.
  ② 옆으로 몸을 돌려 주무르기, 두드리기, 간질이기, 꼬집어 주기, 긁어 주기, 쓰다듬어 주기
  ③ 반대로 돌아서 반복한다.
  ④ 노래에 맞추어서 행한다(예, 퐁당, 송아지).
- **엄지, 검지 바꾸기**
- 방법 : ① 오른손은 엄지를 펴고 왼손은 검지를 편다.
  ② 진행자의 '바꿔' 구호에 맞추어 반대로 오른손은 검지, 왼손은 엄지로 바꾼다.
  ③ 노래에 맞추어 진행하면 효과적이다.
- **아버지는 나귀타고**
- 방법 : ① 오른손으로 머리를 두드리고 왼손으로 배를 두드린다.
  ② '아버지는 나귀타고' 노래를 부르면서 '고' 자에서 양손을 바꾼다.
  ③ 이때 지도자는 '고' 자에 상관없이 이리저리 바꾸면 정신을 안 차린 대상은 틀리게 되어 벌칙을 줄 수도 있다.
- **손가락 접기**
- 방법 : ① 양손을 들어 엄지로부터 1에서 10까지 세도록 한다.
  ② 오른손 엄지를 구부리고 둘째손가락이 1번이라고 생각하고, 둘째부터 시작하여 10까지 세어 보도록 한다.

③ 왼손은 정상대로 하고 오른손만 구부리고, 왼손은 검지부터 시작하여 1부터 10까지 세도록 한다.

- **상하박수**

• 방법 : ① 위로, 위로 짝짝(위를 2번 연속 쳐다본다. 박수 2번)
② 아래, 아래 짝짝(아래를 연속 쳐다본다. 박수 2번)
③ 위로 짝(위로 1번 보고, 박수 1번)
④ 아래 짝(아래 1번 보고, 박수 1번)
⑤ 위로, 아래로 짝짝(위 1번, 아래 1번 보고, 박수 2번)

- **수다쟁이**

• 방법 : 벌칙으로도 할 수 있고, 팀 대항 게임으로도 활용할 수 있는 게임이다
① 사회자는 각 팀의 대표 1명씩을 앞에 나와 서게 하고, 이야기나 주제를 정해준다. 예를 들어 상대방의 좋은 점이라든가 내가 좋아하는 음식, 여행, 친구 이름대기…. 참가자는 주제에 벗어나지 않는 이야기를 무엇이든 끊임없이 해야 한다.
② 주제를 많이 벗어났거나 상대의 말을 따라 하면 실격된다. 중간에 말문이 막히는 경우에는 실격된다.

- **나도 웅변가 – 하, 하, 하 자신감 키우는 훈련**

• 방법 : ① 각 팀의 대표는 앞에 나와 선다.
② 사회자가 웅변할 내용을 알려준다.
③ 1명씩 관중을 향해 모션과 함께 웅변을 시작한다.
④ 상대를 압도할 만큼 웅변을 잘하고 말이 막히지 않으면 되는데, 관중의 박수로써 우승팀이 결정된다.

- **신체에 대해서 웃음 감사훈련**

• 방법 : 몸에 대해서 감사한 마음을 갖게 하는 훈련이다. 사회자를 따라서 하게 한다(동작은 최대한 크게 한다).

① 두 손을 양팔로 크게 벌려서 위로 쳐든다. 그리고 머리야, 고마워. 내 곁을 떠나지 않고 있어줘서 고맙다. 사랑해. 하, 하, 하, 하… 입을 크게 벌려서 웃는다.
② 얼굴아, 고마워. 눈, 코, 입, 귀 다 있어서 고맙다. 사랑한다. 얼굴아, 사랑해. 하, 하, 하, 하….
③ 팔아, 고마워. 살랑 살랑 흔들고 다니면서 남을 도와주는 일을 많이 하니까 고맙다. 사랑해. 하, 하, 하, 하….
④ 배, 다리 등 하고 싶은 것을 지적해 가면서 ①번처럼 멘트를 정해서 하면 된다(자신감이 없는

사람은 이 훈련을 몇 개월만 하면 성격이 밝은 모습으로 바뀌어 지고, 긍정적인 사고방식을 갖게 되며, 자신의 몸에 대해서 감사한 마음을 갖게 된다).

● **연상되는 이야기하기**

• 방법 : 처음에는 사회자가 "여러분 '산' 하면 무엇이 연상되세요?" 하면, 맑은 공기, 높다, 나무 등 재빨리 연상되는 단어를 말해야 한다. 연관이 되는 말을 빨리 대답해야 하는 것이 이 게임의 규칙이다.

한 가지 질문에 전부 다른 답을 말해야 되며 질문은 다른 팀에 반복 되도 좋으나, 대답은 반복되면 안 된다. 질문 후 10초 내에 대답하지 못하면 감점된다.

● **나의 자랑거리**

• 방법 : ① 한 사람씩 돌아가면서 자기 차례가 되면 자기 소지품을 꺼내서 모두에게 보이며 자랑하는데, 엉뚱하게 말이 되지 않는 것 같아도 그럴듯하게 재치 있게 설명하는 사람에게 박수를 보내준다.

② 자리에 앉아있는 사람은 한 사람이 자랑을 하는 동안 시작서부터 끝까지 웃어준다.

● **이렇게, 요렇게**

• 방법 : 사회자가 '이렇게' 라고 말하면서 동작을 하면 모두 사회자의 동작을 따라 하다가 사회자가 '요렇게' 라고 말하면서 동작을 했을 때는 따라하지 않는다. 사회자가 '요렇게' 라고 하며 동작할 때 사회자의 동작을 따라한 사람을 골라내어 벌칙을 준다.

● **웃음소리 마음껏 지르기**

• 방법 : 사회자는 모자나 수건을 갖고 나와서 모두에게 모자나 수건을 위로 들어 올릴 때는 마음껏 큰 웃음소리로 지르고, 아래로 내리면 작은 웃음소리를 내기로 약속한다. 수건을 높이 들어올린다. 참가지 전원은 마음껏 큰 웃음소리를 지른다. 들어 올리고 내리기를 여러 번 반복하다가 들어 올리는 척 했을 때 큰 웃음소리 지르는 사람을 지적해서 앞에 나오게 하여 벌칙을 준다.

● **안녕하세요**

• 방법 : 사회자가 참가자 사이를 거닐다가 손바닥으로 가리키며 '안녕하세요' 하고 인사하면 지적당한 참가자는 인사가 끝나기 무섭게 '하, 하, 하' 하고 대답한다.

사회자는 처음엔 천천히 인사하고 점점 빠르게 인사를 나눈다. 빠르게 하다보면 긴장하던 참가자가 손바닥으로 가리키기만 해도 '하, 하, 하' 한다거나, 가리키는 데도 '음…' 하고 당황하며 대답하지 못하거나 해서 모두에게 즐거운 웃음을 선사한다(응용 : '새해 복 많이 받으세요, 축복받으세요, 건강하세요).

● **짜릿짜릿 웃음**

• 방법 : 옆 사람과 팔을 서로 엇갈리게 잡고 서로 하, 하, 하… 웃는 것이다.

- **웃음 달리기**
- 방법 : 인원(4명)
  ① 준비자세
  ② 달리기(웃으면서 제자리에서 달리는 흉내를 낸다)
  ③ 멈춤(호흡)
- **웃음 거울**
- 방법 : ① 손바닥 거울을 이용해서 온갖 표정을 짓는다(작은 거울).
  ② 대중 앞에서 웃음, 행동, 표정을 여러 가지로 정해서 청중이 따라하게 한다(큰 거울).
- **사자 웃음 - 머리가 좋아짐**
- 방법 : ①단계 - 자리를 올바르게 한 다음, 턱은 살짝 아래로 하면서 혀를 최대한 길게 내민다. 복식에서 나오는 목소리로 하, 하, 하… 웃는다.
  ②단계 - 혀를 길게 내민 상태에서 눈을 뒤집으면서 신나게 웃는다. 하, 하, 하….
  ③단계 - 마무리로서 뇌를 사랑하는 마음으로 지그시 눌러준다.
- **웃음 권총**
- 방법 : 웃음 권총으로 대상을 웃음 총으로 쏜다. 웃음 총을 맞은 사람은 신나게 웃으면서 쓰러지는 흉내를 낸다. 웃지 않고 있으면 웃을 때까지 신나게 웃음 총을 쏜다(스트레스, 소화불량을 가진 사람에게 큰 도움이 된다).
- **하, 하, 하, 하 박수치기 방법**

박수치기가 우리 인체에 얼마나 좋은가에 대하여 알아보자. 환자나 남녀노소, 모임 등 어느 장소에서나 놀이삼아 아주 좋다. 또한 박수를 치면서 특별히 아픈 부위를 진찰하여 보면, 모르고 있던 병도 알아낼 수 있으므로 박수 치료를 권장한다.

박수는 손의 기맥과 경혈을 부분적으로 자극해서 손과 연결된 내장 및 각 기관을 자극함으로써 갖가지 질병을 예방하고 치료하는 데 효과가 있다. 하나의 동작을 10 ~ 20초씩 지속해서 친다. 치다가 아픈 부위가 있는 경우는 30초~ 1분 정도 연속해서 쳐야 효과가 있다.

박수 치면서 찬양(노래)을 하며 웃으면서 치면 더욱 재미있고, 효과는 10배 이상이다.

찬양(노래)을 한 소절 할 때마다 순서를 바꾸면 흥미 있고, 지루하지 않고 신체 여러 부분을 자극하고 즐겁기 때문에 좋다. 또한 스트레스가 쌓이거나 불안하고 초조할 때는 박수 시간을 조금 더 늘리면 긴장 해소에도 큰 도움이 된다. 발과 귀도 자극을 주면 손과 같은 효과가 있다. 처음 시작할 때는 1 ~ 3번까지를 2 ~ 3번 반복 한 후, 다른 종류의 박수를 진행한다.

- **합장박수(하, 하, 하 웃으면서)**

혈액순환 장애로 생기는 손발 저림, 신경통, 심장이 약한 사람에게 좋다.

열 손가락을 쫙 펴서 마주 대고 양손을 힘차게 부딪치며 박수를 친다. 10초에 60회를 치면 심장에 아주 좋은 효과가 있다. 이때 생기는 마찰 진동으로 손바닥의 14개 기맥과 3백45개의 경혈이 자극을 받아서 혈액순환에 효과적이다. 얼굴이 벌겋게 될 때까지 친다.

- **손바닥 비비기(하, 하, 하 웃으면서)**

합장박수 친 손바닥을 그대로 힘껏, 빠르게 비비면 열이 나게 된다. 이때 그 손바닥을 어디든 아픈 곳에 1분씩 반복해서 대면 아픈 곳에 통증이 사라지고, 치유도 되고, 피부도 예뻐진다.

- **손 감싸 주무르고 손목 털기**

합장박수를 치고 손바닥 비비기를 한 후, 양손을 서로 주무르면 긴장된 손 근육을 풀어주고 부드럽게 된다. 그리고 아래위로 손목을 털어주고 또 전후로 털어주면 손에 유연성이 생겨서 다음 박수를 치는데 큰 도움과 효과가 있다.

- **손바닥 박수**

손가락을 쫙 펴고 약간 뒤로 젖힌 뒤, 손바닥만으로 박수를 친다. 손바닥만 부딪쳐서 박수를 하면 손바닥에는 오장육부가 있어 강하게 자극을 주므로, 심장과 내장 기능, 특히 대장 활동에 탁월한 효과가 있다.

- **손등 박수**

한쪽 손등과 손가락 등을 다른 한 손으로 위에서 때리듯이 치기도 하고, 손등을 서로 맞대고 치기도 하는 박수이다. 양손을 번갈아 가며 손등을 친다. 이 박수는 특히 허리와 목을 강화시키며, 등과 척추 건강에도 효과가 있다. 요통이나 목통증이 심하거나 평소에 허리를 많이 사용하는 일을 하는 사람들에게는 이 박수를 꾸준히 쳐주면 좋다.

- **주먹 박수**

손가락 끝을 손목 가까이까지 주먹을 쥐는 것 같이 한 후, 양손을 손가락이 맞닿고, 손목부분도 맞닿으면서 치는 박수다. 처음엔 손가락 뼈마디가 아프지만 익숙해지면 통증을 느끼지 않는다. 두통과 어깨 부위 통증 등의 예방과 치료에 효과적이다.

- **손가락 박수**

양손을 마주 대고 손바닥은 뗀 채로 손가락끼리만 치는 박수이다.

손가락을 집중 자극하는 이 박수는 기관지를 자극해서 이와 관련된 질병 예방 및 치료에 효과적이다. 특히 코 부위가 좋지 않은 사람은 손가락 박수를 종종 쳐주면 아주 좋다.

- **손가락 끝 박수**

양손가락을 마주 대고 손가락 중에서 손가락 끝 부위만 댄 채로 박수를 친다. 손가락 끝만을 지속해서 자극을 주면 그 부위와 연결된 눈, 코, 팔, 다리, 간, 신장, 폐 등이 좋아진다. 시력이 안 좋은 사람, 만성 비염, 코감기에 자주 걸리거나 코피가 자주 나는 사람에게 효과가 있다. 또한 치매 예방에도 아주 탁월한 박수이다.

- **손목 박수**

손목 끝 부분만 마주치는 박수이다. 이 부분은 방광과 전립선, 자궁을 자극하는 효과가 있으며, 생식기 기능을 강하게 하여 정력 증강에도 효과적이다. 오줌소태에 자주 걸리는 분들에게 치유의 효과가 있다.

- **꽃봉오리 박수**

손끝과 손목을 서로 맞대고 꽃봉오리 모양을 만든다. 이 상태로 박수를 치면 손끝과 손목에 자극이 동시에 되므로 두 가지 효과를 낼 수 있다.

- **목뒤 박수 및 등 뒤 박수**

양손을 얼굴 앞에서 치고 목뒤에서 치는 박수이다. 또 배 앞에서 치고 등허리 뒤에서 치는 박수이다. 어깨 부위의 근육과 옆구리 근육의 피로를 푸는 데 매우 효과적이다. 평소 자세가 좋지 않거나 운동을 하지 않아서 몸 전체가 뻣뻣한 사람에게 효과적이다. 처음에는 이 동작이 매우 불편하지만, 몇 차례 반복하면 곧 익숙해진다. 어깨통증 완화 효과 외에 어깨나 팔 부위에 군살이 많은 사람에게는 다이어트 효과도 있다.

- **죔죔, 곤지곤지, 짝짜꿍짝짜꿍**

옛날 어른들이 아기들에게 '죔죔, 곤지곤지, 짝짜꿍짝짜꿍' 하고 놀이삼아 하던 것은 아기들의 성장 발육에 아주 지혜로운 놀이운동이다. '죔죔, 곤지곤지, 짝짜꿍짝짜꿍' 하면 손안에 있는 경혈을 아주 많이, 크게 작용하므로 어린이의 신체 모든 기능이 좋아지고 지혜 발육에도 탁월한 놀이운동이다.

- **귀 바퀴 잡고 돌이 돌이하기**

귀는 엄마의 자궁 속에서 아기가 웅크리고 있는 모습으로 귀에도 오장육부 신체의 모든 기능이 있기 때문에 자극을 주면 아주 좋은 효과가 있다. 귀 위 끝, 귀 바퀴, 귀 볼을 잡고 위로 아래로, 앞으로 뒤로 비비기도 하고 잡아당기기도 하고, 손끝으로 귀 전체의 이곳저곳을 지압하면 자극이 되어 온몸에 혈이 통하고 기가 통하므로, 피로도 풀리고 치유 효과가 있다.

- **양팔을 옆으로 벌리고 엉덩이 흔들고 손 위 박수**

양다리는 어깨 넓이로 벌리고 양손도 옆으로 벌린 상태에서 엉덩이를 빠르게 좌우로 흔들고 박자에 맞추어 머리 위로 박수를 친다. 이 박수는 뱃살과 옆구리 살을 자극하여 살을 빼주는 효과가 탁월한 박수이다.

- **엄지 볼 박수**

엄지손가락 밑에 불룩한 곳끼리 마주 닿게 하고 손등이 거의 보이는 상태로 치는 박수이다. 이곳을 칠 때 아프면 간에 이상이 있는 사람이 많다. 이 박수는 간 기능을 좋게 한다.

● **손바닥 옆치기 박수**

손바닥을 나란히 펴고 새끼손가락 밑 부분 손바닥끼리 닿게 하면 손바닥을 보게 된다. 이러한 상태로 치면 신장 기능에 효과가 좋다.

● **웃음 다이어트 박수**

박장대소, 책상대소, 뱃살대소, 포복절도, 요절복통, 파안대소, 폭소, 홍소

● **기쁨과 감사를 생각하며 웃기**

로또당첨, 시험합격, 상을 탔을 때, 아파트 당첨, 오랜 친구, 선물

4) 맛있는 유머 & 난센스

● **회개**

외국 선교사가 회개에 관한 설교를 했다. 그런데 교회에 처음 나온 한 할머니가 설교시간 내내 눈물을 뚝뚝 흘리는 것이었다. 예배 후 선교사님은 그 할머니를 만났다. "할머니 왜 그렇게 우셨어요? 기도해 드릴 일이 있습니까?" "아네요. 며칠 전에 하나 있는 염소가 죽었는데 목사님의 얼굴이 우리 염소와 똑같이 생겨서 염소 생각이 나 울었어요!"

● **어이없는 승객**

시골 할머니가 서울로 오셔서 택시를 탔다. 목적지에 도착하자 요금이 3,000원이 나왔는데 가지고 있던 돈은 겨우 2,500원이었다. 쳐다보는 택시기사에게 할머니가 말했다. "기사 양반, 500원어치 뒤로 갑시다."

● **파리**

엄마 – 애, 아가 밥상의 파리 좀 쫓아라.

땡구 – 참 어머니두, 그까짓 파리가 먹어봤자 얼마나 먹겠어요.

● **천국에 가려면**

교회의 목사님이 초등학생들을 모아놓고 성경공부를 마친 후 진지하게 질문을 했다. "자 여러분 천당에 가기 전에 무엇을 해야 되는지 아는 사람?" 잠시의 침묵을 깨드리고 한 아이가 당당하게 이야기했다. 다름 아닌 맹구였다. "천국에 갈려면 먼저 죽어야 합니다."

● **주례 사례**

노총각이 결혼을 하게 되었다. "목사님 주례 사례를 얼마나 하면 되겠습니까?" "신부가 이쁜 만큼만 하게" 노총각은 고민을 하더니 주례 사례금으로 천원을 내놓는 것이었다. 목사는 기분이 나빴지만 아무 말도 하지 않았다. 결혼식 날 신부의 얼굴을 보니 정말 너무 못생겼다. 목사님은 주례를 하시다말고 신랑의 귀를 끌어당기며 물었다. "자네 거스름돈은 얼마 줄까?"

• **임신**

지하철에 올라탄 여자가 좌석에 앉아 있는 남자에게 말했다. "실례지만 제가 홀몸이 아니라 자리 좀 양보해 주시겠어요?" 남자는 자리를 양보해 주었다. 그런데 아무리 보아도 임산부 같지 않았다. "실례지만 임신한지 얼마나 되셨는지요?" "1시간 됐어요."

• **철학자의 의문**

왜 붕어빵에는 붕어가 없을까? 왜 빈대떡에 빈대가 없을까?

왜 칼국수에는 칼이 없을까? 왜 총각김치에는 총각이 없을까?

왜 갓김치에는 갓이 없을까? 왜 곰탕에 곰이 없을까?

젊게 사는 비결

- 나이와 상관없이 전두엽이 젊고 건강해야 진짜 젊은 사람이다.
- 나이가 들면서 가장 빨리 노화가 진행되는 뇌 부분은 전두엽이다.
- 전두엽을 젊게 유지하는 방법을 소개한다.

1. 큰 소리로 자주 웃어라.
2. 감사할 줄 알고 항상 기뻐하라.
3. 지적인 자극을 많이 주어라.
4. 혼자 있을 수 있는 힘, 자립심을 길러라.
5. 균형 잡힌 식사와 지속적인 운동을 하라.

• **외판원**

"이거 하나 팔아 주십시오." "안사, 파리 날리고 있는 거 안 보여!" "네, 그래서 파리약 가지고 나왔습니다."

• **여자의 화장**

여자를 화장에 비유하면 20대 - 화장, 30대 - 분장, 40대 - 변장, 50대 - 포장

• **시력**

맹구가 칠판 글씨가 잘 보이지 않자. "선생님, 칠판 글씨가 잘 안 보이는 데요"라고 말했다. 그러자 선생님이 눈이 몇이냐고 물었다. "제 눈은 둘인데요." "그게 아니고 눈이 얼마냐고?" 맹구 왈, "내 눈은 안 파는데요."

- **소변금지 구역에서 대변을 보면? '무죄'**
- **세상에서 가장 쉬운 것과 어려운 것은? '내가 아는 것, 내가 모르는 것'**
- **물에 살면서도 다시 물에 들어가면 죽는 것은? '소금'**
- **안 마셔도 취하는 술은? '체면술'**
- **가장 달콤한 술은? '입술'**
- **닭이 뛰어가다 벽에 머리를 꽝하고 부딪히다'를 2자로 줄이면? '닭꽝'**
- **'할아버지 발은 큰 발이다'를 4자로 줄이면? '노발대발'**
- **아주 오래 전에 건설된 다리를 무어라 부르나? '구닥다리'**

- 허수아비의 아들 이름은? '허수'
- 흑인과 백인 사이에 태어난 갓난아이의 이빨 색은? '이빨이 없다'
- 세계에서 기형아가 가장 많이 태어나는 나라는? '네팔'
- 돼지가 열 받으면 어떻게 되나? '바비큐

IV 부 록

발성, 스피치 예문

발성, 스피치 예문

▣ 발성의 기본훈련

가	구	거	고	그	기	게	개	갸	교	겨	규
나	누	너	노	느	니	네	내	냐	뇨	녀	뉴
다	두	더	도	드	디	데	대	댜	됴	뎌	듀
라	루	러	로	르	리	레	래	랴	료	려	류
마	무	머	모	므	미	메	매	먀	묘	며	뮤
바	부	버	보	브	비	베	배	뱌	뵤	벼	뷰
사	수	서	소	스	시	세	새	샤	쇼	셔	슈
아	우	어	오	으	이	에	애	야	요	여	유
자	주	저	조	즈	지	제	재	쟈	죠	져	쥬
차	추	처	초	츠	치	체	채	챠	쵸	쳐	츄
카	쿠	커	코	크	키	케	캐	캬	쿄	켜	큐
타	투	터	토	트	티	테	태	탸	툐	텨	튜
파	푸	퍼	포	프	피	페	패	퍄	표	펴	퓨
하	후	허	호	흐	히	헤	해	햐	효	혀	휴

▣ 단모음 발음 연습

- 단모음(홑홀소리)의 연습 – 아, 어, 오, 우, 으, 이, 애, 에 외의 9개

가	나	다	라	마	바	사	아	자	차	카	타	파	하
거	너	더	러	머	버	서	어	저	처	커	터	퍼	허
고	노	도	로	모	보	소	오	조	초	코	토	포	호
구	누	두	루	무	부	수	우	주	추	쿠	투	푸	후
그	느	드	르	므	브	스	으	즈	츠	크	트	프	흐
기	니	디	리	미	비	시	이	지	치	키	티	피	히
개	내	대	래	매	배	새	애	재	채	캐	태	패	해
게	네	데	레	메	베	세	에	제	체	케	테	페	헤
괴	뇌	되	뢰	뫼	뵈	쇠	외	죄	최	쾨	퇴	푀	회

▣ 중모음 발음 연습

- 중모음(겹홑소리)의 발음 연습 – 야, 여, 요, 유, 얘, 예, 위, 의, 와, 워, 왜, 웨의 12개

갸 냐 댜 랴 먀 뱌 샤 야 쟈 챠 캬 탸 퍄 햐
겨 녀 뎌 려 며 벼 셔 여 져 쳐 켜 텨 펴 혀
교 뇨 됴 료 묘 뵤 쇼 요 죠 쵸 쿄 툐 표 효
규 뉴 듀 류 뮤 뷰 슈 유 쥬 츄 큐 튜 퓨 휴
걔 냬 댸 럐 먜 뱨 섀 얘 쟤 챼 컈 턔 퍠 햬
계 녜 뎨 례 몌 볘 셰 예 졔 쳬 켸 톄 폐 혜
귀 뉘 뒤 뤼 뮈 뷔 쉬 위 쥐 취 퀴 튀 퓌 휘
과 놔 돠 롸 뫄 봐 솨 와 좌 촤 콰 톼 퐈 화
궈 눠 둬 뤄 뭐 붜 숴 워 줘 춰 쿼 퉈 풔 훠
괘 놰 돼 뢔 뫠 봬 쇄 왜 좨 쵀 쾌 퇘 퐤 홰
궤 눼 뒈 뤠 뭬 붸 쉐 웨 줴 췌 퀘 퉤 풰 훼

▣ 모음 종합 연습

갸 괴 겨 귀 교 궤 규 계 과 괘 궈 걔
냐 뇌 녀 뉘 뇨 눼 뉴 녜 놔 놰 눠 냬
댜 되 뎌 뒤 됴 뒈 듀 뎨 돠 돼 둬 댸
랴 뢰 려 뤼 료 뤠 류 례 롸 뢔 뤄 럐
먀 뫼 며 뮈 묘 뭬 뮤 몌 뫄 뫠 뭐 먜
뱌 뵈 벼 뷔 뵤 붸 뷰 볘 봐 봬 붜 뱨
샤 쇠 셔 쉬 쇼 쉐 슈 셰 솨 쇄 숴 섀
야 외 여 위 요 웨 유 예 와 왜 워 얘
쟈 죄 져 쥐 죠 줴 쥬 졔 좌 좨 줘 쟤
챠 최 쳐 취 쵸 췌 츄 쳬 촤 쵀 춰 챼
캬 쾨 켜 퀴 쿄 퀘 큐 켸 콰 쾌 쿼 컈
탸 퇴 텨 튀 툐 퉤 튜 톄 톼 퇘 퉈 턔
퍄 푀 펴 퓌 표 풰 퓨 폐 퐈 퐤 풔 퍠
햐 회 혀 휘 효 훼 휴 혜 화 홰 훠 햬

▣ 입모양과 혀 굴림 연습

가. 혀 운동

다 댜 더 뎌 도 됴 두 듀 드 디
라 랴 러 려 로 료 루 류 르 리
달 댤 덜 뎔 돌 됼 둘 듈 들 딜

나. 입술 운동

마 먀 머 며 모 묘 무 뮤 므 미
바 뱌 버 벼 보 뵤 부 뷰 브 비
밤 뱜 범 볌 봄 뵴 붐 븀 븜 빔

다. 턱 운동

카 캬 커 켜 코 쿄 쿠 큐 크 키
칵 캭 컥 켝 콕 쿅 쿡 큑 크 킥

▣ 웃음 개발 훈련

오 …………… 호 호 호 호 호 호 호 호 호
우 …………… 하 하 하 하 하 하 하 하 하
으 …………… 헤 헤 헤 헤 헤 헤 헤 헤 헤
으 …………… 하 하 하 하 하 하 하 하 하
호 호 하 하 호 하 호 하 히 히 해 해 히 호 하 히
후 후 호 호 후 호 후 호 흐 흐 하 하 흐 하 후 하
와 이 키 키 와 이 키 키 와 이 키 키 와 이 키 키
위 스 키 위 스 키 위 스 키 위 스 키 위 스 키
지 지 배 배 지 지 배 배 지 지 배 배 지 지 배 배

▣ 굳어진 입 모양 풀어주기

아…………………… 에…………………… 이 오 우

☞ 입을 상하좌우로 크게 벌리고 혀를 당기면서 발성

에…………………… 이…………………… 오 우 아

☞ 입을 좌우로 크게 반만 벌리고 혀를 약간 내밀며

이…………………… 오…………………… 우 아 애

☞ 입을 반쯤 벌리고 윗니와 아랫니 틈새로 발성

오…………………… 우…………………… 아 에 이

☞ 입을 둥글게 하고 혀를 중간 위치로 놓아 발성

우…………………… 아…………………… 에 이 오

☞ 입을 붕어 입처럼 모아 앞으로 내밀며 발성

▣ 어려운 발음 연습

① 들의 콩깍지는 깐 콩깍지인가. 안 깐 콩깍지인가. 깐 콩깍지이면 어떻고 안 깐 콩깍지면 어떠냐. 깐 콩깍지나 안 깐 콩깍지나 콩깍지는 다 콩깍지다.

② 간장 공장 공장장은 강 공장장이고, 된장 공장 공장장은 공장장이다.

③ 저기 저 뜀틀이 내가 뛸 뜀틀인가, 내가 안 뛸 뜀틀인가.

④ 우리 집 옆집 앞집 뒷창살은 홑겹창살이고, 우리 집 뒷집 앞집 옆 창살은 겹홑창살이다.

⑤ 고려고 교복은 고급 교복이고, 고려고 교복은 고급원단을 사용했다.

⑥ 칠월 칠은 평창 친구 친정 칠순 잔칫날이다.

⑦ 경찰청 쇠창살 외철창살, 검찰청 쇠창살 쌍철창살.

⑧ 저기 있는 상 장수는 새 상 장수냐, 헌 상 장수냐?

⑨ 저기 있는 저 분이 박법학 박사이고, 여기 있는 이 분이 백법학 박사이다.

⑩ 생각이란 생각할수록 생각나는 것이 생각이므로, 생각하지 않는 생각이 좋은 생각이라 생각한다.

⑪ 동해 파도 철썩 찰싹 철찰싹, 남해파도 찰싹 철썩 찰철썩

⑫ 된장공장 주방장 김공장 주방장은 박 주방장이고, 마늘공장 주방장과 파 공장 주방장은 곽 주방장이다.

⑬ 양양역 앞 양장점은 양양양장점이고, 영양역 옆 양장점은 영양양장점이다.

⑭ 똘똘이네 알뜰이는 한 푼 두 푼 알뜰살뜰. 털털이네 홍청이는 세 푼 네 푼 홍청망청

▣ 발성 연습 – 발성 1단계~ 5단계

(1) '아' 소리를 짧게 1/2초 발성 연습

- "아"(10음성), "아"(20음성), "아"(30음성), "아"(40음성), "아"(50음성)
- "아~ ~ ~ ~ 길게 발성, 음은 고르게 끝을 올리는 기분으로 발성할 것.
- "아~ ~ ~ ~"(10음성), "아~ ~ ~ ~"(20음성), "아~ ~ ~ ~"(30음성)
- "아~ ~ ~ ~"(40음성), "아~ ~ ~ ~"(50음성)

(2) 발성 1단계~ 5단계

– 하나 하면 하나요(10의 음성), 둘 하면 둘이요(20의 음성), 셋 하면 셋이요(30의 음성), 넷 하면 넷이요(40의 음성), 다섯 하면 다섯이요(50의 음성).

(3) 응용발성

● **1음절 발성**

여러분!(10음성), 여러분!(20음성), 여러분!(30음성), 여러분!(40음성), 여러분!(50음성)

● **2음절 발성**

사랑하는 여러분!(10음성~ 50음성까지 발성)

친애하는 여러분!(10음성~ 50음성까지 발성)

존경하는 여러분!(10음성~ 50음성까지 발성)

● **3음절 발성**

만나고 싶었던 여러분!(10음성~ 50음성까지 발성)

언제나 그리운 여러분!(10음성~ 50음성까지 발성)

뜨거운 피가 끓는 여러분!(10음성~ 50음성까지 발성)

● **4음절 발성**

눈물과 사랑을 가지신 여러분!(10음성~ 50음성까지 발성)

희망과 용기를 잃지 않는 여러분!(10음성~ 50음성까지 발성)

절망과 좌절을 모르시는 여러분!(10음성~ 50음성까지 발성)

(4) 응용 발성

(10의 음성) 책읽기는 완전한 사람을 만들고

(20의 음성) 대화는 우정을 꽃피우고

(30의 음성) 회의는 유연한 사람이 되게 하고
(40의 음성) 글쓰기는 정확한 인간을 만들고
(50의 음성) 스피치는 위대한 스타와 영웅을 만듭니다.

▣ 발성 연습 - 발성 6단계 ~ 10단계

(1) "아" 짧게 1/2초

- "아"(60음성), "아"(70음성), "아"(80음성), "아"(90음성), "아"(100음성)
- "아~ ~" 길게 발성, 음은 고르게 끝을 올리는 기분으로 발성
- "아~ ~"(60음성), "아~ ~"(70음성), "아~ ~"(80음성), "아~ ~"(90음성), "아~ ~"(100음성)

(2) 발성 6단계 ~ 10단계

여섯 하면 여섯이요(60음성), 일곱 하면 일곱이요(70음성), 여덟 하면 여덟이요(80음성), 아홉 하면 아홉이요(90음성), 열하면 열이다(100음성).

(3) 응용 발성

해 없는 하늘(60음성), 구름 낀 하늘(70음성), 비 오는 하늘(80음성), 폭풍 치는 하늘(90음성), 천둥치는 하늘(100음성)

(4) 응용 발성

성공이란?

(60음성으로) 남이 누워있을 때 나는 일어나고
(70음성으로) 남이 일어나면 나는 걸어가고
(80음성으로) 남이 걸어가면 나는 달려가는 정신으로 살아야만
(90음성으로) 남보다 먼저 성공할 수 있는 사람이라고
(100음성으로) 나는 확실히 단언합니다.

▣ 발성 연습 - 1단계 ~ 10단계 종합 발성

(1) "아" 10단계 종합 발성

- "아" 짧게 1/2초 발성으로 - 10음성에서 100의 음성까지 발성
- "아~ ~ " 고르고 길게 발성 - 10음성에서 100의 음성까지 발성

(2) 10단계 종합 발성

하나 하면 하나요(10음성), 둘 하면 둘이요(20음성), 셋 하면 셋이요(30음성), 넷 하면 넷이요(40음성), 다섯 하면 다섯이요(50음성), 여섯 하면 여섯이요(60음성), 일곱 하면 일곱이요(70음성), 여덟 하면 여덟이요(80음성), 아홉 하면 아홉이요(90음성), 열 하면 열이다(100음성).

(3) 10단계 리듬 발성 연습

다섯 하면 다섯이요 - 일곱 하면 일곱이요 - 둘하면 둘이요 - 여섯 하면 여섯이요 - 하나하면 하나요 - 넷 하면 넷이요 - 셋 하면 셋이요 - 아홉 하면 아홉이요 - 여덟 하면 여덟이요 - 열하면 열이다.

(4) "아" 리듬 발성 연습(한 호흡에 길게 발성)

아(20의 음성) - 아(40의 음성) - 아(60의 음성)

아(20의 음성) - 아(40의 음성) - 아(60의 음성) - 아(40의 음성) - 아(20의 음성)

(5) 응용 발성

해지는 바다(10음성) 파도치는 바다(60음성)

고요한 바다(20음성) 번개치는 바다(70음성)

잔잔한 바다(30음성) 폭풍치는 바다(80음성)

넘실대는 바다(40음성) 흔들리는 바다(90음성)

출렁이는 바다(50음성) 쪼개지는 바다(100음성)

▣ 평음, 고음, 저음 발성 훈련

(1) 평음 발성(고르게 소리내기) - 음의 높이를 처음부터 끝까지 똑같은 음성으로 소리 내는 발성 연습

- 꽃이 - 피고 - 잎이 - 솟는 - 봄이 - 오네.

- 물소리 – 새소리 – 바람소리 – 하늘과 – 땅에 – 가득하다.
- 달빛은 – 호수에 – 머물고 – 별빛은 – 눈 속에 – 어리네.
- 두견새 – 슬피 우는 – 밤에 – 잠 못 – 이루는 – 시인들이여.

(2) 고음 발성(점점 크게 소리내기) – 첫 시작음보다 점점 크게 높게 소리를 내는 발성

- 하늘(10) – 보다(20) – 높은(30) – 뜻을(40) – 어이(50) – 다(60) – 말하리까(70).
- 땅(10) – 보다(20) – 넓은(30) – 끝을(40) – 어느 때나(50) – 펼쳐(60) – 보리(70).
- 이제는(10) – 참을 수도(20) – 없고(30) – 견딜 수도(40) – 없는(50) – 마음의(60) – 분노가(70) – 솟구친다(80).
- 같이 가자(10) – 함께 가자(20) – 이 세상(30) – 다하도록(40) – 너와(50) – 나는 (60) – 같이 가자(70).

(3) 저음 발성(점점 낮게 소리내기)

시작음보다 조금씩 낮아지면서도 감정과 말이 힘을 잃지 않도록 내는 발성 연습이다. 낮은 소리라고 해서 말이 가볍고 높은 소리라고 해서 반드시 말에 힘이 있는 것은 아니다.

- 놈이(70) – 나를(60) – 미워하지(50) – 않는다면(40) – 신은(30) – 내곁에(20) – 있으리라(10).
- 땅이(70) – 우리를(60) – 버리지(50) – 않듯이(40) – 나도(30) – 흙속에(20) – 살리라(10).

▣ 장음 발성 연습

① 콰~ ~ ~ ~ ~ ~ 알콸(20, 40, 60, 80, 100음성으로 연습)
② 철~ ~ ~ ~ ~ ~ 썩(20, 40, 60, 80, 100음성으로 연습)
③ 쭈~ ~ ~ ~ ~ ~ 욱(20, 40, 60, 80, 100음성으로 연습)
④ 쪼~ ~ ~ ~ ~ ~ 아악(20, 40, 60, 80, 100음성으로 연습)

☞ 발성훈련의 효용

① 성량의 증가로 보다 공명 있고 듣기 편안한 음성을 만들 수 있다.
② 보다 열정적인 스피치를 하는데 도움을 준다.
③ 부자연스런 음성을 어느 정도 교정해 준다.
④ 자신감을 갖게 하는 효과도 있다.
⑤ 목소리의 지구력을 길러준다.

⑥ 다양한 음성표현을 하는 밑거름이 된다.

▣ 짧은 문장 연습 – 내용의 의미 전달에 중점

- 친애하는 학생 여러분! 이 자리에 모이신 여러분!
  (20 또는 50의 음성으로 정중하면서도 힘 있게)
- 저의 이름은 ○○○이라고 합니다.
  (20의 음성으로 조용하면서 명확하게)
- 국회 의장님 그리고 존경하는 국회의원 여러분!
  (40의 음성으로 정중하고 엄숙하게)
- 성공의 계단을 뛰어 올라갔습니다.
  (50의 음성으로 '성공'과 '뛰'에 힘을 준다)
- 깊은 물속에 몸을 던졌습니다.
  (20의 음성으로 약하고 좀 느리게)
- 그러나 비겁한 행동을 규탄하는 바입니다.
  (70의 음성으로 강하게)
- 오! 자유여! 너의 이름 밑에서 얼마나 많은 범죄가 이루어졌느냐?
  (90의 음성으로 비장하게)
- 온 세상 사람들아, 들어보아라.
  (50의 음성으로 힘차게)
- 자유가 아니면 차라리 죽음을 달라.
  (80의 음성으로 강하고 힘있게)
- 기쁠 때 함께 웃고, 슬플 때 같이 울던 동포 여러분!
  (20의 음성으로 좀 느리고 감정을 넣어)
- 한들한들 바람결에 흔들리는 코스모스가 제 마음을 뒤흔들고 있습니다.
  (30의 음성으로 느리고 은은하게)
- 살이 뛰고 피가 끓은 울분을 어찌하리요.
  (50～80의 음성으로 강하면서 비분한 감정으로)

▣ 단계별 발성훈련

중국의 속담 중에 이런 말이 있다. (20음성)

잘 살려면 우리의 생활 우리 자신 (40음성)
그리고 우리의 일에 믿음을 가져야 한다. (60음성)
청년 시절에는 노인처럼 행동하고 (80음성)
노인 시절에는 청년처럼 행동하라. (100음성)

나쁜 버릇을 버려라. (20음성)
나쁜 버릇을 가질 시간이 없다. (40음성)
나는 청년의 방황, 고통, 추억 (60음성)
그리고 고독을 그리워하지 않는다. (80음성)
그 대신 나는 날마다 변화를 갈망한다. (100음성)

나는 노인이 되면 따사로운 햇볕에 앉아 (20음성)
청년 시절의 열정, 고통, 불만이 가득한 (40음성)
고독을 다시 음미할 것이다. (60음성)
나는 죽는 날까지 청춘의 열정을 담아 (80음성)
무덤 속까지 가져갈 것이다. (100음성)

인생의 단계는 4계절과 같은 것이다. (20음성)
봄, 여름, 가을, 겨울이 있듯이 (40음성)
유아기, 청년기, 중년기, 노년기가 있다. (60음성)
나는 지금 어느 위치에 있는가? (80음성)
나는 지금 무엇을 위해 여기 있는가? (100음성)

매일 매일은 새로운 시작이다. (20음성)
비관주의란 밤이 얼마나 어두운가를 보기 위해서 (40음성)
불빛을 항상 끄려고 하는 사람이다. (60음성)
닫힌 마음보다 어두운 것은 없다. (80음성)
이 세상을 밝게 환하게 보아라. (100음성)

▣ 발성훈련 1 ~ 10단계

성공적인 생활 방법은 (10음성)
다음의 상반된 두 가지를 의미한다. (20음성)
첫째로, 영원히 살 것처럼 장기적으로 계획을 세우고 (30음성)
두 번째로, 내일 죽을 것처럼 행동하는 것이다. (40음성)
인생은 당신이 생각하는 것보다 쉽다. (50음성)
항상 당신이 해야 할 일은 불가능을 (60음성)
극복하고 과감하게 행동하는 것이다. (70음성)
어렵다고 생각하는 습관을 버려라. (80음성)
나는 나이를 한 살 더 먹을 때마다 (90음성)
인생 속에 있는 낭비를 사랑하지 않을 것이다. (100음성)

가만히 있는 것, (10음성)
어떤 모험도 하지 않으려는 무사안일, (20음성)
그래서 우리는 성공을 하지 못하거나 (30음성)
행복을 얻지 못한다. (40음성)
당신은 인생이 아무리 비천한 것이라고 해도 (50음성)
그것을 직시하고 개선시켜야 한다. (60음성)
그것을 피하거나 나쁜 이름으로 부르지 말라. (70음성)
당신 생각처럼 인생은 괴로운 것만은 아니다. (80음성)
비관하지 말라. 사람은 다 마찬가지이다. (90음성)
이제부터 당신의 인생을 뜨겁게 사랑하라. (100음성)

▣ 자기소개 견본

① 안녕하십니까? 저는 '씩씩이' 입니다. 제가 태어났을 때 이 세상에서 가장 똘똘하고 용감한 사람이 되라고 우리 할아버지께서 지어주신 이름입니다. 감사합니다.
② 안녕하십니까? 이곳에서 가장 못생기고 가장 놀기 좋아하는 '꿀꿀이' 입니다. 최고의 꾸러기 스타 꿀꿀이 인사드립니다. 감사합니다.
③ 안녕하십니까? 우리 반에서 마음이 예쁜 '백설이' 입니다. 여러분들을 위해서 열심히 일하겠

습니다. 감사합니다.

④ 안녕하십니까? 항상 분주하게 돌아다니는 '떠돌이' 입니다. 심부름 시킬 것이 있으면 언제든지 연락주세요. 도와드리겠습니다. 감사합니다.

⑤ 안녕하십니까? 여러분의 귀염둥이 ○○○ 인사드립니다. 감사합니다.

⑥ 가슴이 뜨거워 정열이 넘치는 남자 ○○○입니다.

⑦ 이 밤의 주인공이 되고 싶은 여자, 볼수록 마음이 가는 여자! ○○○입니다.

⑧ 다가오는 미래에 최고를 향해 최선을 다하는 남자 ○○○입니다.

⑨ 상큼한 남자, 항상 마지막에 웃는 남자 ○○○입니다.

⑩ 레몬의 향기가 빛나는 산소 같은 여자 ○○○입니다.

⑪ 말보다 행동을 최고의 목표로 살아가는 ○○○입니다.

⑫ 처음은 미약하나 나중은 위대하리라. 항상 마지막에 웃는 ○○○입니다.

⑬ 먹구름 속에도 태양은 빛난다. 항상 희망이 샘솟는 ○○○입니다.

▣ 나의 결심

① 할까 말까 주저하지 않는다. 마음먹으니 자신 있게 말이 잘 나온다.

② 될까 안 될까 망설이지 않는다. 마음먹으니 용기 있게 말이 잘 나온다.

③ 틀릴까 맞을까 머뭇거리지 않는다. 마음먹으니 배짱 있게 말이 잘 나온다.

④ 자신 있게 행동하자. 마음먹으니 자신 있게 행동한다.

⑤ 용기 있게 결단 짓자. 마음먹으니 용기 있게 결단한다.

⑥ 배짱 있게 앞장서자. 마음먹으니 배짱 있게 앞장선다.

⑦ 천천히 말한다. 마음먹으니 말이 천천히 잘 나온다.

⑧ 느긋하게 말한다. 마음먹으니 말이 느긋하게 잘 나온다.

⑨ 똑똑히 말한다. 마음먹으니 말이 똑똑히 잘 나온다.

⑩ 정확히 말한다. 마음먹으니 말이 정확히 잘 나온다.

⑪ 분명히 말한다. 마음먹으니 말이 분명히 잘 나온다.

⑫ 조리 있게 말한다. 마음먹으니 말이 조리 있게 잘 나온다.

▣ 나의 슬로건

① 나는 적극적이다.

② 나는 희망이 있다.

③ 나는 합리적이다.

④ 나는 부지런하다.

⑤ 나는 도전적이다.

⑥ 나는 끈기가 있다.

⑦ 나는 확고한 신념이 있다.
⑧ 나는 뚜렷한 목표가 있다.
⑨ 나는 열정적이다.
⑩ 나는 나의 능력을 믿는다.
⑪ 나는 나의 일이 자랑스럽다.
⑫ 나는 꼭 성공한다.
⑬ 나는 나의 일로 겨레에 공헌한다.
⑭ 나는 불가능이란 없다.
⑮ 나는 긍정적이다.
⑯ 나는 낙천적이다.

▣ 문장 발성 연습

아! 훌륭하구나. 아! 훌륭하구나.
오천만 중에 하나밖에 없는 잘생기고 멋있는 ○○○는 정말! 정말! 훌륭하구나.

깨어나라 생명들아! 깨어나서 행동하라 생명들아!
언젠가는 나의 시대가 오리라.
언젠가는 여러분의 시대가 오리라.
우리 모두 열심히 노력해서 스피치의 일인자가 됩시다.

존경하는 여러분!
누가 ○○○보다 정직하다 말할 수 있습니까?
누가 ○○○보다 깨끗하다 말할 수 있습니까?
덥석 잡은 손길마다 인정과 의리를 느낄 수 있는 사람 ○○○는 우리의 희망, 우리의 선택입니다.

※ *연습만이 자신을 극복할 수가 있습니다. 자신감 있게 입을 벌려서 발성 연습을 할 때 노력의 대가는 반드시 주어집니다.*

▣ 신념 구호

(1) 용기
용기는 훌륭한 덕성이다.
용기는 자아성취의 특효약이다.
용기는 생명의 비타민이다.
용기는 삶의 기관차이다.

우리 모두 용기를 냅시다.

(2) 미소

미소는 세계에서 제일 아름다운 꽃이다.
미소는 공통의 여권이다.
미소는 희망이요, 최후의 무기이다.
미소는 상대의 환영의 표시이다.
우리 모두 얼굴에 미소를 띱시다.
우리 모두 목소리에 미소를 담읍시다.

(3) 성공

언젠가 할 거면 지금 하고,
누군가 할 거면 내가 하고,
기왕 할 거면 성공합시다.
말이 인격이고, 실력이고, 힘이다.
우리 모두 인격이 훌륭한 사람이 됩시다.
우리 모두 실력이 뛰어난 사람이 됩시다.
우리 모두 힘이 넘치는 사람이 됩시다.
우리 모두 다 같이 '성공인' 이 됩시다.

▣ 미쳐야 성공한다

일에 미치면 일꾼이 되고,
돈에 미치면 부자가 되고,
노래에 미치면 가수가 되고,
연구에 미치면 발명가가 되고,
사명감에 미치면 애국자가 되고,
운동에 미치면 운동선수가 되고,
공부에 미치면 박사가 되고,
한 가지 일에 미치면 전문가가 되고,
글쓰기에 미치면 작가가 되고,

남을 도와주기에 미치면 봉사자가 된다.

▣ 말 한마디

적극적인 말 한마디가 활력을 가져다주고,
긍정적인 말 한마디가 실패를 몰아내고,
자신감 있는 말 한마디가 내 인생을 밝혀주고,
활기 있는 말 한마디가 즐거움을 안겨주고,
재치 있는 말 한마디가 위기를 극복하고,
소신 있는 말 한마디가 대업을 달성하고,
감정이 살아 있는 말 한마디가 모든 이의 마음을 움직인다고
이 스피커 ○○○은 여러분에게 자신 있게 주장합니다.
으하하하…….

▣ 슈퍼리더가 되자

21세기를 준비하는 월드리더 여러분 만나서 반갑습니다.
제가 오늘 여러분께 말씀드릴 주제는 슈퍼리더입니다.

인간에게는 누구나 상상하지 못했던 힘이 잠재되어 있습니다. 스스로 생각하지 못했던 초월적인 힘, 그것은 바로 초능력입니다.

국가와 민족에 대한 끝없는 애정과 완전한 자기 헌신으로 미래에 대한 식견을 갖고 용기와 도덕과 결단의 민주적인 지도력을 갖추면 상상하지 못했던 리더십이 발휘되어 슈퍼리더가 됩니다.
21세기에는 슈퍼리더가 되겠다고 각오하고 행동하십시오. 목적을 설정하고 노력하는 사람 이상을 향하여 도전하는 사람, 상황과 환경에 적응하고 새로운 시대를 만드는 사람이 슈퍼리더입니다. 슈퍼리더는 예리하게 살피는 관찰력, 현실을 밝게 보는 통찰력, 미래를 향하는 투시력이 뛰어납니다.

20세기의 슈퍼리더 영국의 정치가 윈스턴 처칠은 말하기를 "나는 배우는 것은 그리 좋아하지 않으나, 배울 준비는 항상 돼 있다"라고 말했습니다.

그렇습니다. 여러분! 준비하는 사람은 실패를 겁내지 않습니다.
준비하는 사람은 실수를 두려워하지 않습니다.
실패와 실수를 두려워하지 않고 준비하는 사람이 슈퍼리더입니다.

21세기의 슈퍼리더!
오늘도 '파워 스피치' 훈련을 하는 바로 여러분입니다.

▣ 시간관리

여러분!
안녕하십니까? 만나서 반갑습니다.
언제나 최선을 다 하는 ○○○입니다.
오늘은 시간관리에 대해 말씀드리겠습니다.
모두들 시간이 없다고들 합니다만 출근시간 지하철에서 50분, 점심식사 후 30분, 커피타임 20분, 퇴근시간 지하철에서 또 50분 그리고 자투리 시간 30여 분…….

하루에 귀하가 죽이는 시간은 약 3시간, 한 달이면 90시간, 일 년이면 45일. 귀하가 앞으로 50년을 살아가면서 죽여 갈 시간은 무려 6년 하고도 2개월…….

시간을 살립시다.
무심히 죽여버리는 시간을 살립시다.

소설도, 수필도, 전문서적도 좋고 잡지라도 좋습니다.
귀하의 삶을 윤택하게 해주는 책이면 더 바랄 나위가 없겠죠. 자! 오늘 당장 책 한 권을 선정해서 퇴근길, 지하철에 올라보십시오.

속절없이 죽어서 사라졌던 시간들이 초롱초롱 살아나 귀하를 새로운 세계로 안내할 것입니다.

여러분! 시간 관리를 잘하시어 인생의 성공을 낚으시기를 바랍니다.
감사합니다.

▣ 나비효과

MIT 기상학자 로렌츠는 1961년의 어느 날,

자신이 직접 자료를 입력했던 컴퓨터의 출력 결과물을 보고 깜짝 놀랐습니다.

지난번과 분명히 똑같은 자료를 입력했는데 결과는 완전히 달라진 것입니다. 지난번과의 차이를 굳이 찾는다면 예전에는 소수점 여섯 자리까지 입력하던 것을 편의상 소수점 셋째 자리까지만 입력한 것뿐입니다.

1,000분의 1 정도의 수치는 실질적으로 별로 영향을 미치지 못한다고 생각했기 때문이죠. 그런데 결과는 아니었습니다.

그 사소한 차이가 엄청나게 다른 결과를 만들어 낸 것입니다.

제임스 클리크는 자신의 저서 《카오스》란 책에서 이 현상을 '초기 조건에의 민감성' 이라고 말하고 있습니다.

이것이 바로 다른 말로 그 유명한 '나비효과' 입니다.

나비효과란 미국 샌프란시스코에서 나비 한 마리가 날개 짓을 한 번 한 것이 중국 상하이의 기상 이변을 일으킬 수 있다는 것입니다.

우리의 인생도 마찬가지 아닐까요? 사소한 것이 큰 차이를 만들어냅니다.

성공한 사람과 실패한 사람의 차이도 사소한 것에서부터 비롯됩니다.

엄청난 재산을 가진 부자와 가난한 사람간의 차이도 사소한 것에서부터 출발합니다.

목표를 가지고 사는가? 계획을 세우고 실천에 옮기는가?

긍정적인 태도로 살아가는가? 어떻게 보면 이런 것들이 사소한 것으로 여겨질지 몰라도 결국엔 큰 차이를 만들어내고 맙니다.

여러분! 모두 행복한 '성공인' 이 되시기를 바랍니다.

▣ 나는 누구인가? - 본회퍼

대체 나는 누구인가
의젓하고 밝은 표정과 힘찬 걸음으로써
영주가 자기 성으로부터 나오듯이
감옥으로부터 내가 나온다고 사람들은 말하지만

나는 대체 누구인가

태연하게 미소 짓고 자랑스럽게
승리에는 항상 익숙한 것처럼
불행의 나날을 내가 견디고 있다고 사람들은 말하지만

부드러운 말, 인간적인 친근감을 그리워하고
멋대로와 사소한 모욕에도 노여워하며 몸을 떨고
대사건에 대한 기대로 쫓기고 있으며
멀리 떨어져 있는 친구를 염려하여 의기소침하고
기도와 명상과 활동하는 일에 지쳐
멍청하고 의욕을 잃고 모든 것에 대해 이별을 고할 준비를 한다

나는 대체 누구인가. 이 고독한 물음이 나를 비웃는다
내가 누구이든지 간에
아! 아! 하나님, 당신께서는 나를 아시나이다
나는 당신의 것입니다.

▣ 서시 – 윤동주

죽는 날까지 하늘을 우러러
한 점 부끄럼이 없기를
잎새에 이는 바람에도
나는 괴로워했다
별을 노래하는 마음으로
모든 죽어가는 것을 사랑해야지
그리고 나한테 주어진 길을
걸어가야겠다
오늘 밤에도 별이 바람에 스치운다.

▣ 초혼 – 김소월

산산이 부서진 이름이여

허공 속에 헤어진 이름이여
불러도 주인 없는 이름이여
부르다가 내가 죽을 이름이여

심중에 남아있는 말 한마디는
끝끝내 마저 하지 못하였구나
사랑하던 그 사람이여
사랑하던 그 사람이여

붉은 해는 서산마루에 걸리었다
사슴의 무리도 슬피 운다
떨어져 나가 앉은 산위에서
나는 그대의 이름을 부르노라

설움에 겹도록 부르노라
설움에 겹도록 부르노라
부르는 소리는 비껴가지만
하늘과 땅 사이가 너무 넓구나

선 채로 이 자리에 돌이 되어도
부르다가 내가 죽을 이름이여
사랑하던 그 사람이여
사랑하던 그 사람이여.

▣ 다시 – 박노해

희망찬 사람은 그 자신이 희망이다
길 찾는 사람은 그 자신이 새 길이다
참 좋은 사람은 그 자신이 이미 좋은 세상이다
사람 속에서 들어 있다
사람에서 시작된다

다시 사람만이 희망이다.

▣ 초겨울 아침 – 정유찬

왜 그리도 서러운지
바람에 잎새를 모두 바쳐 앙상한 나무

강물은 냉정하고 무심한 듯 차갑게 지나가고
모이를 찾아 이리저리 후드득거리는 새들
찬 공기에 코끝이 찡하면……

그냥
아름다워 서글펐던 것이리라
그 허전함은
아마 싸늘한 바람 탓이리라

심장이 저려오는 상실의 아픔
절대로 그건 아니라고
초겨울 아침 한적한 강가에서
나는 내게 말하고 또 말한다.

▣ 그리움 – 남여울

꽃이 떨어져서야
열매를 맺었었고

열매가 익은 후에
나뭇잎은 떠나갔지만

잎이 진
아픈 자리에

새 눈을 두고 갔다.

▣ 인생은 미완성 - 이한분

인생은 모태에서부터
배움이 시작되어
요람에 가기까지 배워야 합니다

인생은 끊임없이
배우고 또 배워도
다 알 수 없네

인생이 배우지 않으면
어두운 밤중에
길을 가는 것과 같아

우리는 묵묵히 머리를 숙이고
겸손한 마음으로
배우는 자세로 돌아가야 합니다.

▣ 오늘도 하루가 - 이한분

하루가 다할 무렵이면
저녁노을을 바라보며
아쉬움과 미련만이
나의 마음속에 소용돌이친다

조금만 더 최선을 다 할걸……
지금 이 순간은 돌아오지 않는데
오늘 하루를 보내며
끝없는 길을

걸어가는 나그네처럼 걸어가야 합니다.

▣ 초대 대통령 취임연설 - 이승만

여러 번 죽었던 이 몸이 하나님의 은혜와 동포의 애호로 지금까지 살아 있다가 오늘의 이와 같이 영광스러운 추대를 받은 나로서는 일면 감격한 마음과 일면 감당키 어려운 책임을 지고 두려운 생각을 금하기 어렵습니다. 기쁨이 극하면 울음으로 변하여 눈물이 된다는 것을 글에서 보고 말로 들었던 것입니다. 요사이 나의 치하에는 남녀 동포가 모두 눈물을 씻으며 고개를 돌립니다. 각처에서 축전 오는 것을 나의 감상으로 남에게 촉감 될 말을 하지 않기로 매양 힘쓰는 사람입니다.

그러나 목석간장이 아닌 만치 뼈에 맺히는 눈물을 금하기 어렵습니다. 이것은 다름이 아니라 40년 전 잃었던 나라를 다시 찾은 것이요, 죽었던 민족이 다시 사는 것이 오늘 이곳에서 표현되는 까닭입니다. 대통령이 선서하는 이 자리에 하나님과 동포 앞에서 나의 직무를 다하기로 일층 더 결심하며 맹세합니다.

여러분이 나에게 맡기는 직책은 누구나 한사람의 힘으로 성공할 수는 없는 것입니다. 이 중대한 책임을 내가 용감히 부담할 때에 기능이나 지혜를 믿고 나서는 것이 결코 아니며, 전혀 애국 남녀의 합의 합력함으로만 진행할 수 있는 것을 믿는 바입니다.

우리가 정부를 조직하는데 제일 중대히 주의할 바는 두 가지입니다. 첫째는 일할 수 있는 기관을 만들 것입니다. 둘째로는 이 기관이 견고해서 흔들리지 않게 해야 될 것입니다.

그러므로 사람이 사회 명예나 정당 단체의 노력이나 또 개인 사정 관계로 나를 다 초월하고 오직 기능 있는 일꾼들과 함께 모여 앉아서 국회에서 정한 법률을 민의대로 진행해 나갈 그 사람끼리 모여서 한 기관이 되어야 할 것이니 우리는 그분들을 물색하는 중입니다. 여러분들은 인격이 너무 커서 적은 자리에 채울 수 없는 이도 있고 큰 자리를 채울 수 없는 이도 있으나, 참으로 큰 사람은 능히 큰 자리에도 채울 수 있고 적은 자리에도 채울 수 있을 뿐 아니라 적은 자리 차지하기를 부끄러워하지 않습니다.

기왕에도 누가 말한 바와 같이 우리는 공산당을 반대하는 것은 아닙니다. 공산당의 매국주의를 반대하는 것이므로 이북의 공산주의자들은 절실히 깨닫고 일제히 회심개과해서 우리와 같은 보조를 취하여 하루바삐 평화적으로 남북을 통일해서 정치와 경제상 모든 복리를 다같이 누리게 하기를 바라며 부탁합니다. 만일 종시 깨닫지 못하고 분열을 주장해서 남의 괴로가 되기를 감심할진대 인심이 결코 방임치 않을 것입니다.

대외적으로 말하면 우리는 세계 모든 나라와 친선해서 평화를 증진하며 외교 통상에 균평한 이익을 같이 누리기를 절대 도모할 것입니다. 교제상 만일 친선에 구별이 있으면 이 구별은 우리가 시작하는 것이 아니요, 타동적으로 되는 것입니다.

과거 40년간에 우리가 국제상 정당한 대우를 받지 못한 것은 세계 모든 나라가 우리와 접촉할 기회가 없었던 까닭입니다. 일인들의 선전만을 듣고 우리를 판단해 왔었지만, 지금부터는 우리 우방들의 도움으로 우리가 우리나라를 찾게 되었은즉, 우리가 우리 일도 할 수 있으니 세계 모든 나라들은 남의 말을 들어 우리를 판단하지 말고 우리 하는 일을 보아서 우리의 가치를 우리의 분량대로 판정해주는 것을 우리가 요청하는 바이니, 우리 정부와 민중은 외국의 선전을 중요히 여겨서 평화와 자유를 사랑하는 각국 남녀로 하여금 우리의 실정을 알려 주어서 피차에 양해를 얻어야 정의가 상통하여 교제가 친밀할 것이니, 이것은 우리의 복리만 구함이 아니요, 세계 평화를 보장하는 것입니다. 새 나라를 건설하는데 새로운 정부가 절대 필요하지마는 새 정신이 아니고는 결코 될 수 없는 일입니다.

부패한 정신으로 신성한 국가를 이룩하지 못하나니 이런 민족이 날로 새로운 정신과 새로운 행동으로 구습을 버리고 새 길을 찾아 날로 분발 전진하여야 지나간 40년 동안 잃어버린 세월을 다시 회복해서 세계 문명국에 경쟁할 것이니 나의 사랑하는 3천만 남녀는 이날부터 더욱 분투용진해서 날로 새로운 백성을 이룸으로써 새로운 국가를 만년 반석 위에 세우기로 결심합니다.

▣ 기초 단체장 후보 연설문 – 단위 농협장

존경하는 ○○시 ○○읍 주민 여러분! 그리고 현명하신 ○○농협 유권자 여러분! 21세기의 꿈과 희망이 넘치는 풍요로운 농협을 만들어 보겠다는 열정으로 이번 ○○시 ○○단위농협장에 출마한 기호 ○번 ○○○ 인사 올리겠습니다.

저는 대대손손 ○○읍에서 살아가고 있는 사람으로서 군대 제대 후 농협에 투신, 인접한 대월과 ○○농협에서 10여 년을 근무하다 뜻한 바 있어 명예 퇴직하였습니다. 이러한 경력이 말해주듯이 기호 ○번 ○○○은 농협에서 잔뼈가 굵은 사람입니다. 농협에 근무하면서 세심하고 꼼꼼한 성격과 치밀한 일처리로 실무능력만큼은 누구보다 인정받았다고 생각합니다.

풍부한 경륜과 검증받은 능력은 ○○농협 조합장으로서의 역할을 그 누구보다도 잘 해낼 수 있다는 믿음을 여러분에게 드리기에 충분하다고 생각되며, 오로지 조합원의 권익을 위해 열심히 일하겠다는 각오와 결의가 저의 마음속에 가득합니다. 그동안 지역에서 선배, 친구, 후배들과의 믿음과 신의를 지키며 살아온 저의 삶을 보면 조합장으로서의 역할과 능력이 충분한 미래 일꾼이라고 생각됩니다.

존경하는 조합원 여러분! 저 ○○○은 이번 선거에 출마하면서 참으로 많은 고민을 하였습니다. 날로 황폐해져가는 우리 농촌과 농민을 위해 제가 할 수 있는 일이 무엇일까 생각했습니다. 결국은 이러한 농촌의 어려운 현실을 타파하고 우리 ○○농협의 발전을 위해 다시 한 번 일해 보겠다는 결심과 용기를 가지고 이번 선거에 출마를 결심하게 되었습니다.

존경하고 사랑하는 조합원 여러분! 우리는 지금 개혁과 변화의 시대에 살고 있습니다. 모든 부문에서 새로운 제도와 새로운 인물을 필요로 하고 있으며, 우리 농협에도 새로운 비전을 제시할 새로운 일꾼이 필요한 때라고 생각됩니다.

"집안이 잘 되려면 사람이 잘 들어와야 한다"는 옛말이 있습니다. 그러나 여러분! 사람도 사람 나름이요, 일꾼도 일꾼 나름입니다. 우리 ○○농협의 현안 문제가 과연 무엇이며, 조합원들의 숙원사업은 무엇이며, 조합원들은 무엇을 원하고 있는지를 잘 알고 실천할 수 있는 사람은 과연 누구이겠습니까?

저는 그동안 이 지역에 살면서 여러분들의 의견을 많이 들어보았기에 조합원 여러분들의 소망이 무엇이고, ○○농협 발전의 걸림돌이 무엇인지를 잘 알고 있습니다. 그리고 그러한 일들을 해낼 수 있는 자신도 있습니다.

존경하는 조합원 여러분! 믿을 수 있는 사람, 맡긴 일을 잘 해낼 수 있는 사람, 농민을 사랑할 줄 아는 사람, 여러분 곁에는 ○○○가 있습니다. 한번 믿어주십시오.

그동안 ○○읍을 지켜온 사람! 앞으로도 ○○읍을 지켜갈 사람! 기호 ○번 ○○가 21세기 우리

○○농협의 일꾼으로서 정말 딱 어울리는 적임자라고 생각하는데, 여러분 생각은 어떠십니까? 여러분들께서도 잘 알고 계시는 것처럼 이번 선거는 우리 ○○조합원과 여러분 모두에게 매우 의미있고 대단히 중요한 선거입니다. 분명한 것은 ○○농협의 조합장은 명예를 얻기 위해 출마해서는 절대로 안 된다는 사실입니다. 농협을 올바르게 감시할 줄 알고 우리 조합원을 위해 열심히 맨발로 뛰어다니며 부지런히 일할 수 있는 사람을 뽑아야만 한다는 것입니다.

그렇습니다. 여러분! 아이들을 가르치는 것은 부모님이 최고요, 음식을 만드는 것은 전문 요리사가 최고인 것입니다. 단위농협에 들어가서 지역발전을 위해 일을 하는 데에는 능력이 있고 경험 많은 기호 ○번 저 ○○가 최고라고 생각하는데 여러분은 과연 어떻게 생각하십니까? 맞는다고 생각하시면 박수 한 번 힘차게 쳐주시기 바랍니다.

존경하는 조합원 여러분! 아직도 우리 ○○읍에는 해야 할 일들이 많이 남아 있습니다. 이번 선거에서 저, ○○가 ○○농협 조합장에 당선되면 저는 지난 10여 년 동안의 농협활동 경험을 토대로 다음과 같은 일을 하겠습니다.

첫째 : 조합경영 투명성 제고를 위해 조합원에게 알권리를 충족시키고 항시 쓴 소리를 귀담아 듣고 조합운영에 반영하겠습니다.

둘째 : 쌀 판매 경쟁력을 위한 지원을 확대하기 위하여 고품질 쌀 생산지원 및 친환경 쌀 단지를 조성하겠으며, 쌀 거래처 대량 확보운동에 앞장서겠습니다. 책임지는 경영을 위해 쌀 판매 전담부서를 운영하겠으며, 저온 저장고 신설을 추진해 나가도록 하겠습니다.

셋째 : 조합원이 생산한 모든 농산물은 농협에서 책임지고 판매함으로써 농민은 생산에만 전념할 수 있도록 유통구조를 제도화하겠습니다.

넷째 : 조합원님들의 소득증대를 위해 친환경 소득 작물의 발굴 및 육성지원을 위해 노력하겠으며, 조합원에게는 대출 금리를 우대하겠습니다.

다섯째 : 조합 직원들의 의식을 개선하고 구조조정 등을 통해 봉사하는 농협이 되도록 노력하겠으며, 조합장실을 개방하여 조합원과 한가족처럼 지내도록 하겠습니다.

여섯째 : 여성조합원들을 위해 문화센터를 개설하고, 원로조합원을 위한 지원을 확대해 나가도록 하겠습니다.

기호 ○번 ○○○은 약속한 일은 꼭 하고야 마는 책임 있고 추진력 있는 사람입니다. 어떤 일이 있어도 여러분들과의 약속은 철저하게 지킬 것입니다. 우리 ○○농협의 일꾼이요, 여러분들의 심부름꾼이라는 정말 소박하고 순수한 마음으로 항상 주민 여러분과 함께 할 것입니다. 그리고 지금까지도 그래 왔듯이 부정한 일에는 관심조차 갖지 않을 것이며, 여러분을 위하고 우리 ㅇㅇ농협을 발전시키고 감시하는 일에만 최선을 다하겠습니다.

친애하는 조합원 여러분! 조합원 제일주의를 가슴에 새기면서 여러분의 작은 목소리에 귀 기울이겠습니다. 그리고 땀방울로 평가를 받겠습니다. 여러분 도와주십시오! 한번만 밀어주십시오! 한번만 기회를 주십시오! ㅇㅇ농협 조합을 지켜나가겠습니다. 열심히 일하겠습니다.

여러분! 불편한 자리임에도 끝까지 제 이야기를 경청해 주신 조합원 여러분! 대단히 감사합니다.

(OO조합장 출마원고 – 이한분)

▣ 기초 단체장 후보 경선 연설문 – '살림꾼이냐 정치꾼이냐'

존경하는 ㅇㅇ구민 여러분, 안녕하십니까? 공직생활 30년에 ㅇㅇ구청에서 부구청장과 구청장으로 주민 여러분을 보살피면서 일해 온 ㅇㅇㅇ 구청장 후보, ㅇㅇㅇ당의 기호 ㅇ번 ㅇㅇㅇ입니다.

존경하는 유권자 여러분! 주민을 보살피고, 주민을 모시면서 일하는 구청장이 필요합니다. 주민의 혈세를 소중하게 생각하고, 구 예산 2천억 원을 가지고, 2천억 원의 가치를 창출해낼 살림꾼 구청장이 필요합니다.

존경하는 유권자 여러분! 구정을 알뜰하게 경영해낼 사람이 필요합니다. 주민 여러분께서 저를 구청장으로 선택해 주신다면 그동안에 ㅇㅇ에서 살았기 때문에 손해 본 것을 복구하도록 하겠습니다.

저는 여러분께 물어보겠습니다. ㅇㅇ구청장을 경험이 없는 정치 구청장을 들어앉히겠습니까? ㅇㅇ의 신화를 창조해낼 경영 전문가 ㅇㅇ 후보를 선택하시겠습니까? ㅇㅇ구청장을 정치꾼 구청장으로 뽑아서 반쪽짜리 구청장을 만들고, 우리 구의 재정을 파탄내고, 우리 구민들이 손해를 보고, 우리 구민들이 농락당하기를 원하십니까?

행정 전문가로 공직의 말단에서부터 다양한 부서에서 30여 년간 주민 여러분을 보살펴온 저 ㅇㅇㅇ이를 선택해서 우리 ㅇㅇ구의 재정을 살찌우고, 우리 ㅇㅇ구를 일류 도시로 함께 만들어 가시겠습니까?

존경하는 유권자 여러분! 저는 구청장이 되면 정직한 자세로 일하겠습니다. 그리고 청렴결백한 마음으로 일하겠습니다. 또 구정을 효율적으로 경영해내겠습니다. 뿐만 아니라 열린 행정과 공개 행정을 펼치겠습니다.

○○○당의 기호 ○번 저 ○○○이는 구청장이 되면 구청장 시대가 아니라, 구민의 시대로 확실하게 바꾸어놓겠습니다. 그리고 꼭 한 마디 덧붙이고 싶은 것은 주민 여러분께서 절대로 손해 보는 일이 없도록 성실하게 일하겠습니다.

진지하게 경청해 주시고, 적극적으로 성원해 주신 유권자 여러분께 진심으로 감사를 드립니다.

여러분! 열심히 일하겠습니다. 감사합니다.

(○○구 구청장 출마원고 - 이한분)

▣ 나에겐 꿈이 있습니다 - I have a dream

자유를 위한 가장 위대한 시위로 우리 역사에 길이 남을 오늘 이 모임에서 여러분과 함께할 수 있음을 기쁘게 생각합니다. 백 년 전 우리로 하여금 그의 상징적 그늘 아래 서게 해준 한 위대한 미국인이 노예 해방 선언문에 서명을 했습니다. 이 선언은 불의의 화염 속에서 고통당하던 수백만 흑인 노예들에게는 희망의 봉화였던 것입니다. 그것은 압제의 긴긴 밤을 종식시킨 즐거운 여명이었습니다.

그러나 백 년이 지난 지금 흑인은 여전히 자유롭지 못합니다. 백년이 지난 지금 흑인은 흑백 분리의 족쇄와 인종 차별의 쇠사슬에 묶여 답답한 잠금 상태를 벗어나지 못하고 있습니다. 백 년이 지난 지금, 흑인은 물질적 풍요와 번영의 대양 위에 외로이 떠있는 빈곤의 섬에서 살고 있습니다.

백 년이 지난 지금, 흑인은 여전히 미국 사회의 한쪽 구석에 처박혀 무관심의 대상이 되고 있으며, 제 나라에 살고 있음에도 불구하고 추방당한 자처럼 살고 있습니다. 그래서 우리는 우리가 처한 이 부끄러운 생황을 극복하기 위해 여기에 모였습니다.

어떤 의미에서는 우리가 여기 모인 이유는 정부로부터 오래된 약속어음을 결제받기 위해서입니다. 우리나라를 세우신 분들이 독립선언문과 헌법 속에 그 찬란한 말들을 적어 넣을 때는 모든 미국인이 물려받을 약속어음에 서명한 것이나 다름없습니다. 이 어음은 모든 사람들, 그렇습니다. 백인

뿐만 아니라 흑인까지 포함한 모든 사람들이 생명, 자유 그리고 행복을 추구할 권리를 보장받게 된다는 약속이었습니다.

오늘날 미국은 유색인종에 대해서는 약속을 부도낸 게 분명합니다. 자기가 져야 할 신성한 의무를 지키기는커녕, 검은 피부를 가진 국민들에게는 '결제 잔금이 불충분합니다' 란 도장이 찍혀서 돌아올 부도 수표를 써준 것입니다. 그러나 우리는 정의의 은행이 파산했다고 믿기는 싫습니다. 이 나라가 가지고 있는, 거대한 기회의 금고에 돈이 없다는 것을 믿을 수는 없습니다. 그래서 우리는 이렇게 어음을 가지고 나타났습니다. 우리가 요구하기만 하면 그 즉석에서 자유에 기초한 풍요로움과 정의에 기초한 안정을 가져다 줄, 그런 어음 말입니다.

우리는 또 정부에게 지금 당장 결제해 줘야 한다는 것을 깨우쳐주기 위해 이 성스러운 장소에 모였습니다. 지금은 냉정을 되찾으려고 노력할 여유도 없고 점진주의로 가는 진정제를 취할 시간도 아닙니다. 지금이 바로 약속했던 민주주의를 실현할 때입니다. 지금이 바로 흑백분리라는 황폐한 계곡과 어둠을 벗어나 인종적 정의라는 햇빛 비치는 길로 나가야 할 때입니다.

지금이 바로 인종적 불평등이라는 수렁으로부터 우리나라를 건져 형제애라는 견고한 반석 위에 올려놓을 때입니다. 지금이 바로 정의를 신의 모든 아이들에게 실현시켜 줘야 할 때입니다.

이 순간의 절박함을 무시하는 행위는 이 나라라에 치명적인 상처를 안겨다 줄지도 모릅니다. 자유와 평등으로 활기를 되찾은 가을이 오지 않는 한 흑인들의 정당한 요구로 가득 찬 이 무더운 여름은 결코 끝나지 않을 것입니다. 1963년은 끝이 아니고 시작입니다.

이전에는 흑인이 화를 낼 필요가 있었지만, 이제는 만족해야 한다고 생각하는 사람들에게는 나라가 평정을 되찾은 뒤에도 갑작스레 놀라서 깰 일이 생길 것입니다. 흑인들이 시민으로서의 권리를 인정받을 때까지 미국에는 휴식도 평온도 없을 것입니다. 정의의 밝은 해가 솟을 때까지는 우리나라의 기반을 흔들어 놓을 회오리바람이 계속될 것입니다.

그러나 정의의 궁전으로 가는 따스한 문턱에 서 있는 동포들에게 반드시 해주고 싶은 말이 있습니다. 우리의 정당한 자리를 되찾는 과정에서 옳지 못한 일을 하는 죄를 범해서는 안 된다는 것입니다. 원한과 증오의 술잔을 마심으로써 자유에 대한 갈증을 풀려고 하지 맙시다. 우리는 언제나 품위와 절제의 드높은 평원에서 우리의 투쟁을 전개해야 합니다. 우리는 우리의 창의적인 저항이 물리적인 폭력으로 추락하는 것을 막아야 합니다. 나아가고 또 나아가 물리적인 힘을 정신적인 힘으로 대항할 수 있는 찬란하고 높은 경지에 도달할 수 있어야 합니다.

흑인 사회에 깊이 침투한 놀랍고도 새로운 호전성이 우리로 하여금 모든 백인을 불신하도록 유도하는 것을 막아야 합니다. 왜냐하면 오늘 이곳에 참석함으로써 입증된 바와 같이 많은 백인 형제들이 자신의 운명과 우리의 운명이 함께 묶여 있다는 사실을 깨닫고 있기 때문입니다. 우리 혼자 걸을 수는 없습니다.

우리는 걸으면서 우리가 앞장서 걸을 것을 맹세해야 합니다. 돌아서서는 안 됩니다. 우리 민권운동에 몸 바친 사람들에게 "당신은 언제 만족할거요?"라고 묻는 사람들이 있습니다. 흑인이 이루 말할 수 없이 잔인한 경찰 폭력의 희생물이 되는 한 우리는 결코 만족할 수 없습니다. 여행에 지친 우리의 무거운 몸을 고속도로 주변의 모텔이나 도시 속의 호텔에서 잠재울 수 없는 한, 우리는 결코 만족할 수 없습니다. 흑인들이 기껏 출세해봤자 '작은 흑인촌에서 큰 흑인촌으로 옮기는' 상황에서 우리는 결코 만족할 수 없습니다.

우리의 아이들이 '백인 외 출입금지' 라는 팻말에 자긍심을 갈취당하고 존엄성을 약탈당하는 한 우리는 결코 만족할 수 없습니다.

미시시피주의 흑인들에게 투표권이 없고 뉴욕주의 흑인들이 투표로 지지할 대상이 없는 상황에서 우리는 결코 만족할 수 없습니다. 아니죠. 정말 아니에요. 우리는 만족하지 않습니다. 정의가 물처럼 흘러내리고 공정함이 급류처럼 쓸고 지나갈 때까지는 결코 만족하지 않을 것입니다.

여러분 중에는 큰 시련과 고난을 겪고 이곳에 온 사람도 있다는 것을 저는 잘 알고 있습니다. 여러분 중에는 비좁은 감방에서 갓 나오신 분들도 계십니다. 여러분 중에는 자유를 찾으려 하다가 박해의 태풍과 경찰 폭력의 폭풍에 강타당해 비틀거리는 지역에서 오신 분들도 계십니다. 여러분들은 창의적으로 고통을 당하는 데 숙달된 조교들입니다. 부당하게 당한 고통은 보상받게 된다는 신념을 가지고 매진하십시오.

미시시피로 돌아가십시오. 앨라배마로 돌아가십시오. 남캐롤라이나로 돌아가십시오. 조지아로 돌아가십시오. 루이지애나로 돌아가십시오. 북부에 있는 도시의 빈민굴과 흑인마을로 돌아가십시오. 어쨌든 지금의 상황은 바뀔 수 있고 또 바뀌어야 한다는 것을 믿은 채 말입니다. 우리가 절망의 골짜기에서 나뒹구는 일이 있어서는 안 됩니다.

친구들이여, 그대들에게 말씀드리겠습니다. 이 순간의 많은 어려움과 좌절에도 불구하고 나는 아직도 꿈을 가지고 있습니다. 이것은 아메리칸 드림에 깊이 뿌리박힌 꿈입니다.

나에겐 꿈이 있습니다. 어느 날 이 나라가 똑바로 일어서서 '모든 사람은 평등하게 창조되었다는 것은 자명한 진리다' 라는 국가적 신조가 갖는 진정한 의미를 실현하게 될 것이라는 꿈이 있습니다.

나에겐 꿈이 있습니다. 어느 날 조지아의 붉은 동산 위에 전 노예의 아들과 전 주인의 아들이 형제애의 테이블에 앉게 될 것이라는 꿈이 있습니다.

나에겐 꿈이 있습니다. 어느 날 불의의 열기로 사막처럼 뜨겁고 억압의 열기로 사막처럼 뜨거워져 있는 미시시피주조차 자유와 정의의 오아시스로 변할 것이라는 꿈이 있습니다.

나에겐 꿈이 있습니다. 내 어린 네 아이들이 어느 날 피부색에 의해서가 아니라 그들의 인격에 의해 평가될 수 있는 나라에서 살게 되리라는 꿈이 있습니다. 오늘 나에겐 꿈이 있습니다.

나에겐 꿈이 있습니다. 어느 날 저 남쪽 앨라배마에서, 입만 열었다 하면 개입과 무효화 등으로 인종 차별을 고착시키는 주지사와 악랄한 인종 차별자들이 있음에도 불구하고 어느 날, 어린 흑인 소년 소녀들이 어린 백인 소년 소녀와 손을 맞잡고 마치 형제나 자매처럼 나란히 걸을 수 있을 것이라는 꿈이 있습니다. 오늘 나에겐 꿈이 있습니다.

나에겐 꿈이 있습니다. 어느 날 모든 계곡이 높아지고, 모든 언덕과 산이 낮아지고, 거친 곳이 평탄해지고, 구부러진 곳이 똑바로 되며, 주님의 영광이 드러나고, 모든 사람들이 다 함께 그것을 보게 될 것이라는 꿈이 있습니다.

이것이 우리의 희망입니다. 이것이 내가 남부 지방으로 돌아갈 때 가지고 갈 신앙입니다. 이 신앙으로 우리는 절망의 산에서 희망의 돌을 다듬어 낼 수 있을 것입니다. 이 신앙으로 우리는 시끄러운 불협화음을 아름다운 형제애의 교향악으로 바꾸어놓을 수 있습니다. 이 신앙으로 우리는 함께 일할 수 있고, 함께 기도할 수 있고, 함께 투쟁할 수 있고, 함께 감옥에 갈 수 있고, 그리고 우리가 어느 날에는 해방될 것이라는 것을 알고 다 함께 자유를 얻기 위해 궐기할 수 있을 것입니다.

이날 이 바로 그날일 것입니다. 이날이 바로 하느님의 모든 아들딸들이 새 마음 새 뜻으로 다음과 같이 노래할 수 있는 날일 것입니다. "내 조국이여, 그대를 위하여 달콤한 자유의 땅 그대를 위하여 내 노래하리. 내 조상들이 돌아가신 땅, 순례자들에게 긍지가 되었던 땅, 이 땅 방방곡곡으로부터 자유의 종소리가 울려 퍼지게 하소서."

그리고 만약 미국이 위대한 국가가 되려면 이것이 실현되어야 합니다. 그러니 뉴햄프셔의 경이로운 동산 위에서부터 자유의 종소리가 울려 퍼지게 하십시오. 뉴욕의 위용 있는 산으로부터 자유의 종소리가 울려 퍼지게 하십시오. 펜실베이니아의 높다란 알레게니산맥으로부터 자유의 종소리가 울려 퍼지게 하십시오. 콜로라도의 눈 덮인 록키산맥으로부터 자유의 종소리가 울려 퍼지게 하십시오. 캘리포니아의 동그란 산기슭에서 자유의 종소리가 울려 퍼지게 하십시오. 그것뿐이 아닙니다. 조지아의 스톤 마운틴으로부터 자유의 종소리가 울려 퍼지게 하십시오. 미시시피의 모든 동산과 야산으로부터 자유의 종소리가 울려 퍼지게 하십시오. 모든 산 모든 기슭으로부터 자유의 종소리가 울려 퍼지게 하십시오.

그리고 이렇게 될 때, 우리가 자유의 종을 울릴 수 있을 때, 우리가 모든 마을과 모든 벽촌으로부터 그리고 모든 주와 모든 도시로부터 자유의 종을 울릴 수 있을 때 백인이든, 흑인이든, 유대인이든, 비유대인이든, 신교도든, 가톨릭이든 신의 자식이라면 누구나 손에 손을 마주잡고 오래된 흑인 영가 '마침내 자유입니다. 마침내 자유입니다. 전능하신 하느님 감사합니다. 우리는 마침내 자유입니다'를 부르게 될 날을 재촉할 수 있을 것입니다.

이 내용은 흑인 인권운동가 마틴 루터 킹 2세의 연설로, 미국 역사상 가장 훌륭한 격력 스피치로 알려져 있다. 이 스피치는 시종일관 멋들어진 은유법을 사용하고 있으며, 반복기법을 이용해 청중의 감정을 고조시키고 있다.

▣ 웅변 원고 - 잊혀진 금수강산

여러분! 여러분은 금수강산을 아십니까? 물론 모두 잘 알고 계시리라 생각합니다. 그럼 요즘도 우리나라를 금수강산이라 합니까? 또 여러분이 지금의 우리나라를 금수강산이라 생각하십니까? 옛날 우리의 조상들은 우리나라, 우리 영토를 금수강산이라고 불렀습니다. 비단에 수를 놓은 것처럼 우리 강산은 맑고, 깨끗하고도 아름다웠습니다.

아름다운 산, 깨끗한 강에선 강태공이 한가로이 낚시를 하고, 개천에서는 아낙의 수다 소리와 아이들의 물장구 소리가 어우러지며, 산에서는 산새들의 지저귐과 함께 막 잠에서 일어난 다람쥐가 도토리를 찾으러 다니던 한 폭의 아름다운 그림 같은 풍경…….

이 연사는 그 풍경을 알지 못합니다. 하지만 불과 30, 40년 전만 해도 어느 곳에서든 볼 수 있었다는 것을 주위 어르신들께 들었을 뿐입니다. 제 기억으로도 초등학교에 다닐 무렵에는 운동장에 있는 수돗물을 수도꼭지에 입을 대고 아무렇지도 않게 꿀꺽 꿀꺽 아주 맛있게 마신 기억도 생생하게 생각납니다.

그러나 여러분! 우리는 그동안 급격한 사회 발전을 핑계로 그보다 더 중요한 우리의 자연을 파괴시켜왔습니다.

개천에서의 아름다운 모습은커녕 물고기 대신 구더기가, 아니, 구더기조차도 살지 못하는 시커멓고 불쾌한 냄새가 나게 변화시켰고, 산에는 골프장 등을 만든답시고 산의 나무를 모조리 베어버렸습니다. 설사 그렇지 않은 데가 있다 하더라도 쓰레기를 마구 버려 쓰레기장이 된지 오래입니다.

여러분! 이게 말이 된다고 생각하십니까? 여기 계신 여러분은 어떻게 생각하십니까? 이 한순간의 물질적인 이익을 위해 영원한 재산인 우리의 자연을 버린단 말입니까! 자연이 죽은 나라에서 사는 우리 자신의 후손에 관해 생각해 보셨습니까? 당장 우리의 20년 후일 수도 있습니다. 왜 앞을 내다보지 못합니까! 이것이 바로 우리의 현실입니다.

여러분! 그래도, 그래도 이런 사람들도 있습니다. 이런 자연의 중요성을 알고 환경단체, 봉사활동 단체 등을 만들어 열심히 열심히 노력하고 있는 사람들……. 이 사람들은 아무런 대가를 바라지 않고 강가의 쓰레기를 주우며 자연을 조금이라도 살려내고자 바라고 있습니다. 하지만 이것 역시도 잘못되어 가고 있습니다. 쓰레기를 버리는 사람은 많은데 비해 자연을 지켜야 한다고 환경을 위해 노력하는 사람들은 극소수라는 점입니다.

이제는 나서야 할 때입니다. 많은 사람도 아닌 우리 모두가 나서야 할 때입니다. 그래서 아직 남은 희망이라도 지켜서 우리의 금수강산을 만들어가자고 이 연사 강력히 또 강력히 외칩니다. (장금옥 연사, 웅변대회 수상)

어느 날 잠자리가 하루살이하고 신나게 놀다가 저녁때가 되어서 "우리 내일 만나서 놀자" 그러니까, 하루살이가 "내일이 뭔데?" 하고 물어본다. 개구리가 잠자리하고 신나게 놀고 나서 "우리 다음해에 만나서 놀자" 하니까, 잠자리가 "내년이 뭔데?" 하고 물어보았다.
(단 하루뿐인 인생에게 내일을 설명한들 무슨 소용이 있겠는가? 일 년뿐인 인생에게 1년을 기약한들 무슨 소용이 있는가?)

참고 문헌 및 자료

● 참고 문헌

김석호(2003), 《발성훈련과 화술》
김현기(2007), 《파워 스피치 특강》
김창옥(2005), 《목소리가 인생을 바꾼다》
김충성(2007), 《김충성의 폭소 유머》
다카이 노부오(은미경 옮김)(2004), 《3분력》
이창호(2002), 《성공한 사람들의 스피치 전략 5단계》
이창호(2006), 《생산적 말하기》
이창호(2005), 《성공한 사람들의 리더십과 커뮤니케이션》
이규태(2002), 《말더듬 최신 교정법》
이정윤 · 권정혜 · 조선미 공저(2004), 《수줍음도 지나치면 병》
이선재 · 서방흥 · 박운학 · 고재갑(2002), 《현대화술론》
이원재 · 최기종 공저(2001), 《국제매너》
이요셉(2006), 《하루 5분 웃음 운동법》
이은원(1994), 《레크리에이션게임》
이한분(2006), 《파워 스피치 성공전략 3단계》
우애노 나오키(신금순 옮김)(2005), 《5분 만에 목소리가 좋아지는 책》
임태섭(2004), 《스피치 커뮤니케이션》
전도근 · 이창호 · 서필환 공저(2006), 《돈버는 스피치 인맥 넓히는 커뮤니케이션》
전도근 · 최운실(2005), 《명강사가 되기 위한 명강의 비법》
전도근(2005), 《프리젠테이션》
조벽(2001), 《조벽 교수의 명강의 노하우 & 노와이》
채용식 · 박재완 · 주영환 공저(2004), 《매너학》
편기범(2007), 《선거연설의 방법과 실제》
하우석(2005), 《발표의 기술》
한광일, 《웃음치료사 과정》

● 인터넷 자료

www.speechkorea.org
www.hm.co. kr
www.uplife21.com
www.myspeech119.co.kr
www.nicespeech.com
www.speech119.co.kr
www.sncspeech.com
www.okspeech.com
www.speech114.com
www.speech119.net